U0925724

与青春的战争

In My Secret Life

刘学兵 

文匯出版社

图书在版编目（CIP）数据

与青春的战争 / 刘学兵著. —上海：文汇出版社，
2020.6
ISBN 978-7-5496-3130-8

Ⅰ. ①与… Ⅱ. ①刘… Ⅲ. ①长篇小说- 中国- 当代
Ⅳ. ①I247.5

中国版本图书馆CIP数据核字(2020)第060019号

与青春的战争

著　　者 / 刘学兵

责任编辑 / 熊　勇
特约编辑 / 肖萌萌
封面绘图 / 刘学兵
封面装帧 / 青原封面设计工作室

出版发行 / 文匯出版社
上海市威海路755号
（邮政编码200041）

经　　销 / 全国新华书店
内文排版 / 南京展望文化发展有限公司
印刷装订 / 启东市人民印刷有限公司
版　　次 / 2020年6月第1版
印　　次 / 2020年6月第1次印刷
开　　本 / 720mm×1000mm　1/16
字　　数 / 480千字
印　　张 / 27.25(插页4)

ISBN 978-7-5496-3130-8
定　　价 / 58.00元

缀学、糜烂、堕落、牢狱之灾……

No No No

我只不过是一个多重人格与信仰坚定的奋斗之士

我不逢迎别人

我是刘子轩

父母溺爱、生活优越、古灵精怪、特立独行

No No No

我也可以成为一个斗士背后真诚稳重不失可爱的双面玉女

我不谿别个

我是米亚

他们说我野心勃勃、狂妄自大、迷失在物欲王国

No No No

我也可以成为一个极端主义的隐形“圣人”

我不成为别人

我是刘延烈

高中缀学、三流歌手、副导演、小明星

No No No

我不过其貌不扬、随遇而安、率性而活，成名成腕不是我的初衷

我不重复别人

我是王勃

一触就碎、一碰就痛、应召女郎、疼痛的青春

No No No

我也不想成为一个复杂矛盾又有着非凡境遇的红颜薄命女

我不欺骗自己

我是郁红晓

漂亮干练、痴心恋人、疯狂少妇、爱得卑微虚伪

No No No

我也可以成为一个左手温柔右手泼辣只为一人倾心的小女人

我不纠缠彼此

我是徐梦莲

关于青春　关于梦想与迷茫

初识学兵，他风华正茂，心怀影视梦奋力闯京城，阳光下的激语飞扬总是让人久久难忘。因属同行，交流渐多，听他讲述剧组的坎坷与收获，想他侃侃而出的新电影构想，以及欣赏他闲暇静心时所作的画作，愈发觉得年轻有梦就该勇敢追就是这般模样。

随着影视行业红遍半边天，随后又跌落低谷，和无数从业者一样，学兵也在这起起落落的蹉跎中成长。把酒言欢间，难免透露出躁动与迷茫。“辛苦努力这么久，为何还没有得到功成名就的肯定?”这是个无解的超级命题，我不能给予解答，甚至是更多一丝安慰。

影视是个造梦的行业，如果自己都没有梦，能坚持走多远？这个问题，在问他，亦是在问自己。还记得那些以梦为马仗剑天涯的豪情壮志吗？梦想与情怀不能谋生，却是于苦难或迷茫时，唯一能坚持向前的明灯。坚实地走好脚下的路，不时抬头看指引的明灯，这就是于迷茫困惑之际唯一能勉励的！

学兵带着似有所悟的神态一头扎进了他的星辰大海，音讯寥寥。直到有一天他兴奋地约了我，说以自己这么些年的经历感悟写了一本青春成长励志小说，即将出版，邀请我帮他写个小序。推脱不掉，亦诚惶诚恐，思虑再三，遂决定分享我眼中的学兵成长史吧。读罢几十万字初稿，着实有些感动。那些字里行间、笑泪相见的故事里，有太多身边这个老男孩——刘学兵的影子。无论是成长的伤痕、梦想的奋斗还有青春的爱情，真实地扎根在这个开化与浮华并存的现实世界。而那些书中的主人公就如我们的父兄或邻家姐妹般亲近，在高度浓缩又力求真实的叙写间，深沉的浸入感扑面而来。

无意做更多个人推广，毕竟小说观感是“仁者见仁、智者见智”的事情，但有近水楼台先得月的便利，我见证了这本书出生的前前后后，可以毫不犹豫肯定的是，这是一个用生命热爱梦想、以真诚浸润时代的诚挚青年，在他细腻与粗犷并存的笔触下，在开合的人物命运间，您一定会读出思悟与感触。

谁的青春不迷茫？谁的青春又没有梦想？无论是夸张或搞笑，梦想总要有的，万一哪天实现了呢？而不顾一切去追梦的过程，就是我们激情四射的青春。一切与青春有关的日子，无论是云淡风轻，还是狂风逐浪，都值得被闪亮铭记！

《与青春的战争》，向我们都曾不朽的青春致敬！

毛成胜

2019 年 11 月 14 日

（毛成胜，知名影视策划人及制作人，参与策划制作影视作品 20 余部，电影作品有《小时代》1—4 系列、《老男孩之猛龙过江》《夏有乔木雅望天堂》《小情书》《Hello 北京》等，电视剧作品有《铁齿铜牙纪晓岚 4》《冰与火的青春》《北平无战事》《爱情的边疆》《老酒馆》等）

永远不要低估梦想的力量

盛放的生命已经在奔腾，我们没有理由不去大爱奔腾不息的梦想，不要让罪恶霸占了心灵，不要让迷茫遮挡了双眼，不要让空虚侵袭了时光，如果旅途中有坎坷，那就用笑脸迎接悲惨的厄运，用百倍的勇气来应对一切的不幸，如果有宿命，就在宿命中做自己的英雄。

有梦想的青春最美丽——致敬路上的我们永远有一颗奔腾不息的心。

这是学兵在小说《与青春的战争》文末最后的一段字句，它描述了当代年轻人刘子轩在追求影视艺术创作中所经历的种种磨难，最终在机缘中遇到一帮志同道合的年轻人共同来完成梦想的故事……

这正是学兵他们这代年轻人的写照。

青春好比早上的阳光，令人充满了热力和活力，而人生只不过是由一段段时间轴的故事组成，人若掌握了青春的岁月加以努力奋斗，那接下来的人生必是一段段精彩的故事。

和学兵的相识是2011年在厦门拍摄电影《幸福摩天轮》时，在我印象中他是一个做事井然有序的年轻副导演，拍片休息时间他会向我分享他的电影梦。在追梦的同时，他把点点滴滴的人生经历和梦想也投射在他的《与青春的战争》小说中。相信许多年轻人可在这本书中找到自己的影子。拍电影的行业本身就是个梦工厂，而干电影的人就是加工的工人。学兵把他这十多年在北京求学求知，和从事影视工作扮演的种种角色，借由这本书的人物来架构他自己的电影世界；他将其中父子情仇、兄弟情义、男女间的爱恨、商场的尔虞我诈、追梦者的锲而不舍，都毫无冷场地呈现出来。这是一本有着极强视听语言的小说，如果有朝一日能拍成影视剧，相信将是可看性极高的作品。

人生苦短，我常想月球距离地球38万公里，如果一个人一天保持走12小时休息12小时，一小时走5公里，一年下来就有21 900公里，走到月球一趟含闰月要花17.2年，那一个来回就是34.4年。而后如在上面住4年也不过38.8

年，如果17岁出发，回来时也就51岁多点，在今天的影视界中仍是个小伙子（好莱坞许多著名导演如伍迪·艾伦、雷利·史考特、克林·伊斯特伍德年逾八十仍活跃于片场中）。这提醒了我们，如果在青春岁月中我们能成为一个勇敢的青春战士，朝着目标前进，梦想中的月球我们用走就可走上去，去跳舞，去俯瞰地球，去做梦。

林良忠

2019年11月25日

（林良忠，出生于台湾地区台中市，电影摄影师，代表作品《推手》《喜宴》《饮食男女》《上海纪事》《我爱贝克汉姆》《向日葵》《我们天上见》《驴得水》等）

年轻好打仗

有血气的年纪总是主动寻找枪林弹雨、刀山火海。荷尔蒙是祸首，另外就是胃口好、消化猛、排泄快，存不着什么，也就没什么可沉淀、可深思熟虑的。凡事一往无前，恨不得多负几处伤才好，多了几枚“军功章”，以防是个人就敢在面前拍老腔(摆老资格)。

轰轰烈烈地搞几场生死未卜的恋爱，舔舔伤口摸摸疤痕掩埋好记忆，站起身抖抖一身毛，前进，向着太阳升起的地方前进！这段金子般的人生段落就是“青春”，这是个让人又爱又恨又失落的词——青春即将到来的小家伙们，他们大舌头舔着嘴两眼闪着饿狼般的光芒，等着青春一露头就一口咬下去，汁水四溅；青春已经被消灭的老家伙们扛着超重的生活大包勉强蹒跚，一不小心回首了一下多半会黄鹤一去不复返，黯然神伤。而正大口吃着青春饭的中家伙们，荷枪实弹到处喷射瞎折腾。当然，青春就是用来折腾的，没折腾过的青春就像一大笔存款还没取出来用过就赶上银行倒闭了。长篇小说《与青春的战争》中就是这样一帮家伙，虎啸龙吟，一刻也不消停。

学兵是湖北黄冈人，黄冈中学百分之九十八的高考升学率和红安县两百多名开国将帅让这个地区金光闪闪。十年前拍摄电视剧《九河入海》，我一人分饰两角演一对孪生兄弟，近千场的戏量和绵绵不绝的台词令我既精神亢奋又精神恍惚，对周围的人几乎视而不见，见而不记。每天有个戴眼镜的中家伙像个小尾巴老在我附近出现，盯着我按时出发进入拍摄现场，镜片后面的目光是温和的，然而是不屈不挠的，他叫刘学兵，就此记住，交往数十载。不常见，但常听说他不断折腾，进电影学院、签公司、当编剧、干副导演、写作、筹资、画画……现在，他竟然折腾出一部40多万字的长篇小说，我被逼得只能另眼相看。书中的主角叫刘子轩，与我在《九河入海》中扮演的老大异姓同名，我不知道刘子轩与刘学兵有多少命运的重合，但能感受到两颗狂野的心跳动起来发出响声的分贝应该差不多。子轩同学虽历经坎坷却不乏红颜环绕，也算英雄仗剑飘零，远方树下总有美人守候。学兵同学也是磨难不断，百折不回，但远方有没有树，树下有没有人等，他没有告诉我，我也不知道。全书透着股梦想之兽的生猛之气，这也是与青春不断发生战争的导火索。有一类人的青春王国里注定没有和平，注定没完没了的金戈铁马，没有勋章没有礼炮也在所不惜，不求惊天动地，但愿生而无悔。我想子轩和学兵都是这样的人。

有战争就有伤亡，胜利与失败相伴，青春就要怒放，哪怕伤痕累累，也不停歇。如书中所言：永远不要低估梦想的力量，许多奇迹，我们相信，才会存在！

赵立新

2019 年 11 月 12 日

（赵立新，影视男演员、导演、编剧，代表作品《永不消逝的电波》《九河入海》《英雄曹操》《于无声处》《中国式关系》《远大前程》《我不是潘金莲》《芳华》《中国合伙人 2》及话剧《父亲》等）

成都，一个不得不去倾诉的地方

对于成都，在本书的“序幕·沉浮”中，我是这样描述的：众所周知，成都不仅拥有着“世界美食之都”的闪亮名片，还是美食精髓所在之处，更具有丰富多彩的美食文化底蕴。街知巷闻的民间美食，红色麻辣王国的氛围，使得这里全民皆厨……

在没来到成都之前，我对它的认知只停留在书本和影视剧上。

尤其是成都籍导演谢洪先生先后拍摄的两部脍炙人口的影片：《神秘的大佛》与《海灯法师》。这两部影片对我的影响至今仍很深，它也是我从事影视剧创作的起源之一。之所以提到它们，是因为它们让我在小学的时候便对巴蜀大地有了粗略的感观，至于“蜀道之难，难于上青天”和巴金先生的《激流三部曲》那是初中以后的情节了。

在2007年8月1日之前，如果世界上有人对我说，刘学兵，你很快将在巴蜀大地上开启另一番事业，而且还会在那里结交最真挚的好友，会书写多个可歌可泣的故事，会经历一段轰轰烈烈的爱情时……我一定觉得他疯了，因为在此之前，我在武汉从事的是大学所学的专业——“环境艺术设计”。大三实习的时候，我认识了一位四川巴中籍的王姓项目经理，在工作半年后，应他的要求我离开了实习单位，开始在武汉市东西湖开发区替他打理园林公司。没过多久，第一位改变我人生轨迹的人出现了——他是王姓经理的同乡兼同窗，人称“勇哥”。很快，他变成了我的另一位老板和创业伙伴。

成功有一万种理由，而失败只有一种原因。

公司在量产后，三个臭皮匠并没有实现当初的壮志豪言，而是凄惨奚落地收场，变卖一切值钱的东西后，我陷入了人生第二个迷茫期，不知何去何从。

在武汉沉沦一个月后，收到勇哥的邀请，力劝我前往成都。勇哥神秘兮兮地告诉我，他认识两个搞出版的熟人，让我带上所写的三部小说去找他。

我的梦想要实现了吗?

那时候的梦想,是将手上写完的两部长篇小说和一部中长篇小说合集出版,做一个有责任、有影响力的作家。勇哥之所以知晓我的梦想,缘于刊录在《武汉晚报》上的那篇让我热泪盈眶的报道"26 岁前的戏剧文学生涯"。那是我第一次大声地将自己的梦想喊出来,让更多的人去知道,哪怕并未能激起涟漪。

芙蓉花开,锦官城初见。

经过二十多个小时的跋涉,我在成都火车北站见到了久违的勇哥,他是从郫县(今郫都区)城区驱车来接我的,虽然事情已过去 11 年,但我依然记得那种感动与感激流转全身的感受。接下来的一个月,勇哥尽了他的全部努力帮助我,但所写的小说还是未能寻到出版的门路,于是勇哥建议我留在成都等待机会。在他家吃住三个月后,我决定做出改变。

梦想、坚韧和不甘于等待的耐心。

如果第一个梦想死在胚芽时,那我的第二个梦想一定要破芽开花——从事自己毫无经验的影视编导。勇哥工作太忙,便让他的司机开车陪我在成都市区找影视行业相关的工作。第一天就通过了一家三维动画公司的面试,第四天复试结束后就正式成为十多人团队中的一分子。公司主营房地产动画,而我主要是跟着首席导演听候他的差遣。我最初所知的影视专业知识,有一部分是从他的教诲与责骂中学来的。

初生牛犊不怕虎,更要致力于进步。

从一无所知的门外汉,到熟能生巧的学徒,再到能自如地与客户谈判的文案策划,花费了我好几个月的磨炼。在三维动画公司感觉已经找不到挑战梦想的难度后,我离职前往成都当时规模最大、影响力最深的一家影视公司应聘影视广告编导。经过三轮面试后,我顺利进入梦想之地。

在面试之前,为了能顺利进入这家公司,我写了一个剧本,然后组建团队,租赁摄影机与器材,导了一部叫《宅门归真》的短片。那是我第一次做导演,当时的感觉糟糕透了,片子虽不长,却拍了四天,最后整个团队几近崩溃。这次经验让我清晰地看到了自己离梦想中心的距离,缩短这段距离所需要的,甚至不仅是更多的努力与付出。

进入公司后,我将积累的经验和自己收纳整理的创意融入广告文案中,并针对每一项产品做市场调查、产品特性提取、精练卖点与买点等,最终将有针对性的创意及编导语言融汇于 PPT 中。当我离开这家公司去追逐更艰难的梦想时,有三件事情令我略感得意:第一,我能独当一面拍影视广告和形象宣传片;第二,结交了一群交心的好朋友;第三,我所写的文案成了成都部分影视公司的模板。

在找寻拍摄电影的机会之余，我的交际面不断扩大，认识了更多影视圈内的专业人士，并着手参与在成都拍摄的影视剧。仅2009年，在接拍零碎的商业广告之外，我在成都参与拍摄了三部电影，其中一部是徐浩峰导演的处女作《有她的地方》。在和徐浩峰导演相处的三十多天中，他一直鼓励着我，告诉我要怎样看待自己的梦想，一句“苍穹之顶再高，也无法限制热血的人时刻不忘为梦想去拼杀、去征伐”让我印象深刻。所以，我需要努力去实现它，让自己在梦想之途上变得更专业、更全面。

2009年深冬，我怀着激情与热爱去了北京电影学院。走在寒风凛冽的校园里，却感到一股热风贯彻周身，浑身每一寸肌肤仿佛都在燃烧。看见屹立在导演系前方的“金字塔”时，我没能忍住眼眶的泪水——请原谅我的感性。犹记得当时，我带着敬畏和喜悦在导演系听了几天课，然后决定来年一定要来这里学习深造。

回成都后，我为自己的梦想计划既兴奋又有些不安，因为在北京学习与生活的费用对于大学毕业两年多的我来说，仍然是一笔不小的数目，不过这道坎并没有围困我太久。

在知晓我的规划之后，另一位改变我人生轨迹的良师益友主动给予我莫大的帮助，他是一名性格学专家和企业规划师，并且在西南财经大学开课，在成都中大型企业界有一定的知名度，大家都亲切地叫他何昱含老师。与何老师的相识要追溯到2008年，那时他所在的企业要做一个形象宣传片，于是找到了我所在的公司，最终他成了我的客户，也成了我事业和生活上的老师与大哥。在我低迷或者遇到困难的时候，他总有很多方法去剖析其中缘由，然后以他高超的专业知识帮我化整为零。跟着他学做人处事和处世，经过两年不间断地相处，我受益匪浅，至今仍在他的感怀与影响之下生活和前进。当何老师知道我的难处时，他二话不说，慷慨解囊，说梦想最大，学费我赞助你。当时我没有接受这笔钱，一是因为我没有做好心理准备，从未无缘无故接受过这么大一笔钱。二是因为这钱是何老师对我的信任和期冀，我深感压力重重。后来，在何老师的苦劝和开导下，我接受了他的恩泽，并在心里发誓一定不会让他失望，要在梦想的道路上越走越远，以感谢他的知遇之恩。

第二次接收到何老师的帮助是在2010年的深秋，那时我已在北京电影学院导演系上课。他和合伙人来北京公干，工作完成后专门驱车来学院看我，本来说好我在学院二楼食堂请他们吃饭，他却硬载着我去了附近一家高档餐厅。吃完饭后，我们在酒店聊天，聊彼此的变化、聊未来的规划、聊生活中的闲趣和烦恼。那一晚我们聊到凌晨4点。第二天一早他留下一个信封，就匆匆离开。当我打开信封，看到两万元现金时，不争气的泪水又流了下来。何老师的仗义，让我感受到了亲友般的关怀，那是一种家人间的情感浓度。

人生最美妙的时光是在成都度过，或许是我目前最幸福的事情。有太多的第一次都是在这个城市经历的：第一次面试，第一次合租房，第一次吃火锅，第一次主持婚礼，第一次当导演，第一次与圈内知名前辈合作共事，第一次与谢洪导演畅聊，第一次在峨眉电影制片厂看电影拍戏，第一次当演员，第一次完成电影剧本……

在成都遇见的贵人，远远不止这几位，在成都绽放的故事，又何止是在梦想与工作之间。程静波、王林、吕昊洋、小虎、唐灿、超哥、谢飞、孙孙、赵启卫、曾勇奇、余江波、李绍华、周红……大家一起奋斗的故事并没有因为我的离开而散迹在天涯，相反，它历久弥珍，值得我用余生去欣赏和珍惜。如果把那些可歌可泣、轰轰烈烈的事情写成一本自传编年体，那近四年的故事也许三十万字才能诠释得完。

我和成都的渊源虽不久，却很深刻。我是一个家乡情结比较重的人，但我一度把自己当成一个成都人，不是我学会了她的方言，不是我适应了她的生活节奏，而是有太多的羁绊和恩情系在我心间，我常说，成都是一个有人情味的地方。在后来参与剧组拍摄制作时，每每需要介绍自己时，我总说自己来自成都，以至于现在很多伙伴都以为我是土生土长的成都人。

可生我养我的地方是黄冈。

在成都，我身边那些亦师亦友的朋友和同事教会了我很多，懂得感恩正是其中非常重要的一部分。如今我常年生活在北京，在更高维度的梦想之旅踏上征程，偶尔回一趟成都，对于此，我内心深处充满了敬畏与感激。如果不是在成都的磨砺和洗礼，我又怎能从一个门外汉到如今拥有电影编剧导演技能的专业人士，又怎能与梦想如此之近。

毫不夸张地说，那几年我在成都可谓风生水起，总被“守护天使”眷顾和贵人关照，在离开成都来到北京的这些年，我经历的又是另一番天地。虽然从北京电影学院毕业后顺利签约了经纪公司，得到了不少同行前辈的关怀与提携，在不少影视剧中担任过重要角色，也给一些知名导演做过副手，写了十多个电影剧本，但属于自己的电影梦想一直未能破茧成蝶。

人是一个喜欢怀旧的物种。

我认为自己的意志很坚强，骨子里也镌刻着迎难而上积极进取的“黑曼巴”精神和态度，但每每在遇到艰难困苦时，我想的不是“天将降大任于斯人也，必先苦其心志，劳其筋骨，饿其体肤”等励志话语，想念最深的却是在成都的那些日子。如果我没有去成都，就不可能知道在奔腾的道路上，梦想到底有多大的力量。如果我没有在成都生活的时光，就不可能感受得到弥足珍贵的感情和成长。如果我没有在成都的磨炼，估计早倒在坎坷与深渊之中，更不会给自己的未来设定高度。

成都，让我理解了成功，梳理了困境，在生活与梦想边缘挣扎时，它让我这颗奔腾的心沉淀了下来。

此心安处是吾乡，感谢成都。

谢谢你以开放热情的胸怀支持与接纳着我，谢谢所有在我踏上梦想征程之时为我加油打气的人们，是你们的善良、尊重和鼓励，让我感受到了成都不仅是美食之都，它更有着多种多样的色彩和温度，这也是成都的魅力所在。

这也是为何我将长篇小说《与青春的战争》的故事主场地放在成都的原因。

任何空间，任何时间，任何条件，我们都不要低估梦想的力量。

时至今日，我仍在充实自己，在成长与困难中不忘去寻找乐趣、寻求进步。

2014 年 10 月 14 日，我捡起十年未触碰的画笔，开始进行水彩画创作，从一个画石膏像都不及格的差等生，到如今创作了八十来幅“好色之徒”系列水彩人体画。一路的经历无不告诉我，时间在流失，现实何等残酷，我仍然需要保持高度的警惕和敬畏，保持着谦逊和勤奋，随时接受新的挑战，否则在梦想的道路上很快便会被淘汰或者销声匿迹。所以，每当我遇到困境和磨难时，都会想起在成都的那些岁月，并不断提醒自己，能够出版《与青春的战争》，能够从事自己喜爱的影视事业，是上苍给予的机会，是周围的朋友和贵人的帮助与提携，这些都是我奔腾不息的动力及源泉。

所以，我更需要常怀感恩之心。

有些事情不能只看结果，比如梦想，它不是理所当然，也不是一件看起来很容易的事情。有梦想的人，要微笑面对困难，在危难中积聚能量，在沉思中增长勇气，在自我激励中学会成长。

否极泰来，《与青春的战争》是我在地狱之旅后迈出的第一步，坚信往后珍珠玛瑙翡翠般珍贵的时光里，我会在影视、绘画和其他方面迈出第一步和很多很多步。试想，当我咽下最后一口气，尘埃落定之时，人生的创作之旅会像一部老电影，在脑海里回放。那时我依然会感恩梦想，因为经历的一切都是梦想创造的奇迹！

当然发自肺腑地感恩曾经帮助、现在正在帮助和将来会帮助我的亲朋好友和贵人，我会努力再努力，加油再加油，去创造和迎接一个又一个的奇迹。

感恩为《与青春的战争》写序言的亦师亦友的林良忠先生、赵立新先生和毛成胜总，三位大佬见证着学兵近十年的成长和磨砺，是你们的帮助、提携与鼓励，让学兵对未来信心满满。

《与青春的战争》不是梦想的结局，而是刚刚起航。

生命不止，梦想不尽，奔腾不息。

最后，感谢为《与青春的战争》费尽心血的熊勇老师、张勇老师、各位编辑老师和幕后一直支持与帮助我的柯总，感恩遇见你们。

这里，将 2017 年 12 月 28 日为纪念电影诞辰一百二十二周年所写的小诗，送给大家，愿每一个有梦想的人儿，幸福，美梦成真！

我心犹在

六岁时即对这片土地举首戴目/在梦里/浓密的云彩下尽是光怪陆离的光影和幻象/金菊的香草气味浸漫着它/乘云气御飞龙的藐姑射山的小仙告知我/它是一元/它是两气/它是三籁/它千容万状恢恑憰怪/因为存在所以才有灵魂的主宰

一只迷途的金猪走在满眼都是黄金甲的土地上/他身后一匹黝黑的驮马在蜿蜒的小河边甩着尾巴吟唱/头顶厚密的云彩漫不经心的动荡/这一路/看见过被雨水冲刷开的盘根错节下的金子发出的耀斑/看见过闪动着翅膀的人儿在人马座的近邻穷奢极欲/看见过灾难降临日的乱世狂屠/物是人非是一个让人胆战的字眼/时过境迁唯有道不变

在雨中的眼泪里轻唤一声她的名字/她鬼魅般的眼神里期冀神迹的共鸣/男人总该有一个让人赞叹的特点/如你所见如我所成/即便矗立在黑暗中的沼泽里也能找到你/梦想/如浓情朱古力一样让人上瘾/又如戈壁上的海市蜃楼让人哀号/她说/只有意志易碎的人才会独自沉沦/所幸的是我心犹在

圈在铁网泥栅里的黄白相间的畜生们似乎在低语/那渺小的人啊/在嘲笑我们这在荒凉肮脏的土地里等待黎明前的红刃/殊不知/你上山只见峰顶敖包上的梵旗/不曾留意脚下开得正酣的山菊/像绵羊一样倒下的人永无赞誉/是聋者的念念有词/是恶人的自欺欺人/是游魂的自怨自艾/从那从容不迫没有自由的自由中/我读懂了它的忠谨之言/可笑啊可笑/心一霎间在电闪雷鸣和严霜烈日中绞痛

都说否极泰来/经历过最黑暗/将后来的每一天每一分每一格都将十分晴朗/不迷乱于汝/不荒诞于酒色/不喜怒于日无常/在下山的脚步里/留恋上山时那朵绽放在脚下的视而不曾见的山菊/我的心犹在六岁那一年/不苍老未改变

刘学兵

2020 年 5 月 8 日

目 录 | Contents

与青春的战争

2

In My Secret Life

序幕 ······ 沉浮

每个人都有悲伤，

过去不该成为现在和未来的束缚。

这些年，米亚习惯了只用左眼哭泣，

因为她喜欢走在刘子轩的左手边，

走左边，变成了一种习惯，

这样别人就不会从侧脸看到她的思念，

看到她的自欺欺人，看到她的脆弱无能。

久违的一场大雨让夏日炎炎的蓉城温和了许多，和发展中的许多大城市一样，随处可见的城市建设让她仿如置身一个超级大工地，交通寸步难行，用一句蓉城人耳熟能详的话“蓉城，一个来了就走不脱的地方”来形容毫无违和感。

日新月异的城市节奏并没有改变蓉城人固有的生活方式。茶楼与火锅店的生意依旧火爆，人声鼎沸，树荫下刮风下雨杠上花的麻将声不绝于耳；奔跑在府南河边的孩子们脸上的笑容依旧天真无邪；喝着盖碗茶皱纹横生的老人们谈古论今；地铁里挤满了神情各色的人们，一对热恋中的小情侣紧紧相拥，女孩问男孩：“天府广场往地下挖多深，才能让六条地铁线都从蓉城中心点经过？”男孩俏皮地摇了摇头，然后坏笑着在女孩耳边深情吟唱：“你问我爱你有多深，我爱你有几分，我的情不移，我的爱不变，月亮代表我的心。”

毛大爷依然雄踞于天府广场的要塞边，武侯祠一如往昔地庄严肃穆，春熙路依旧车水马龙。没变的，没有丝毫变化，流年依然安然无恙。面对斗转星移物是人非的过程，变化的可能只有人心。那曾经徘徊在宽窄巷子的人儿，那曾经流连在爱情斑马线的情侣，那曾经沉浸在望江楼的戏迷，或许不再是当年的模样。

在我们这一世的生命里，时间是一位最冷酷无情的老妖婆，她驾着一辆循环来往的列车，不会怜悯你一不小心的晚到和临门摔倒，持票上车，刷票出站，在她面前人人平等，投机取巧只会被她抛弃。还好这段生命之旅中会有人陪同着你，当他或她下车的时候，即使彼此流连忘返或深恶痛绝，也该心存感激学会释怀，然后笑着挥手道别，因为下一站会有另外一个人陪你走得更远。

2014 年 8 月 18 日，蓉城国际机场。熙熙攘攘的人们在这里有着各自的方向，行色匆匆地起飞，行色匆匆地降落，旅程背后各有各值得留恋或者逃离的理由。一批刚下机的乘客提着行李箱从通道走向出口，其中一位鼻梁上架着一副黑框眼镜，脸颊蓄着胡碴，休闲装配着九分裤，再加一双白色运动鞋，肩上挎着单肩包的男人，不紧不慢地走在人群中。此时此刻的他有一种成熟稳健的气息，用深沉与干练来形容他恰如其分。

他就是曾经纵横蓉城商界的汉风集团董事长刘延烈之子，多次获得过报刊及电视台等媒体的大肆报道，一度被誉为汉风集团的未来之星——刘子轩。这位“90后”率直无畏的性格被人广为赞扬。

可是，再多的光环都只是曾经。

这是刘子轩离开蓉城前往北京后，三年来第一次踏上故土。从机场出来的他，并没有携带繁重的行李，肩上的挎包里装着他一辈子的梦想和财富。他的右手紧紧地搭在外包上，从容地走出机场。

他坐进出租车后排，看着机场熟悉的风景线，微微闭上眼，那些爱恨情仇、生死离别的往事一刹那涌上心坎，像一部编年体的往事影片，伴着老电影的影像风格在他的脑海落下一串串光影斑斓。那是一种奇异和错综复杂的感觉。但他并不想一踏上这片热土就多愁善感、感今怀昔，为了转移脑海中的思绪，他随手拿起座椅后背上的一本宣传册翻阅起来。

当看到“食尚蓉城·味趣世界”几个大字时，刘子轩抬头看向窗外，思量间冷静地告诉出租车司机，目的地改为正在举办美食节的蓉城会展中心。

于是，出租车司机改变了方向，车子往蓉城会展中心驶去。

众所周知，成都不仅拥有着“世界美食之都”的闪亮名片，还是美食精髓所在之处，更具有丰富多彩的美食文化底蕴。街知巷闻的民间美食，红色麻辣王国的氛围，使得这里全民皆厨……

此时的蓉城会展中心里人头攒动，各大食品推介商家都聚集在此。第五会馆里飘溢着美食美酒的香味，最热闹的莫过于酒类推介现场，女模特们穿着性感热裤，微笑着摆着撩人的姿势，她们双手托着红酒、洋酒、白酒，任凭观众将镜头聚焦在她们的身上。

熙熙攘攘的人群中，一瘦一胖一高一矮的两位女子显得格外惹眼。瘦高的女子有着白稚乖巧的面容，尤其是那双水汪汪的大眼睛和性感丰厚的嘴唇让人一眼便能记住她。一身白底细红花点缀的束腰短裙，映衬着她的身材玲珑别致又风韵迷人，绝不比当红头条里的女明星逊色。她身边那位满手提着各式美味小吃和食品资料的胖妹，就没那么多漂亮的形容词去概括她的容与颜，用她自己的话说，“人家不过是体重超支那么一丁点儿而被打入凡间的天使，相信人家，有一天人家会轻得飞上蓝天，让你们顶礼膜拜”。

“米亚，快看那个调酒师，动作好帅啊！”谢丽娜用手顶了一下身边的瘦高女子，不禁激动地抬手指向一旁展台上展示高超调酒技术的帅哥。

米亚抬头看向那位调酒师，飘逸的刘海下有一双深邃的黑瞳，调酒服下健硕的身材让他看上去更加迷人，凭着调酒杯在空中旋转起落的炫酷动作和冰块撞击着杯壁发出的魔幻节奏，让展台下一群围观着他的女生惊声尖叫。

米亚看了调酒师一眼，回身看向谢丽娜，对着她轻轻一笑。看着米亚不回话却一直打量着自己，谢丽娜停下嘴里的零食，不由自主地查看自己，问："我有哪里不对吗？"

"当痴心遇见妄想是什么？"

"痴心妄想。"

米亚微笑着拨开眼前的人群离开，谢丽娜紧紧地跟在她身后，理论道："痴心妄想怎么了，又不丢人，有痴心才能妄想嘛。再说食色，性也，人家可是两不耽误。"

"你就知道吃吃吃，等一下还需要吃饭吗？"

"当然要！"一听米亚想要耍赖不请她吃鞠香雅苑的招牌菜宫爆小龙虾，谢丽娜顿时一把拉住米亚，瞪大了双眼看着她，调皮地说道："你要相信人家的胃和十二指肠嘛，它们能把美味幻化成人世间最神奇的力量！"

"你说的是脂肪吧！"

"你什么理解能力啊，人家明明说的是知足常乐。"

"你所谓的知足常乐让你成了一个远看是水桶，近看是鸭梨的胖子。"米亚停下脚步，一本正经地看着谢丽娜，无奈地摇了摇头，"你啊，就是管不住你那张嘴，不求上进！自甘堕落"！

"人家只不过是体重超支那么一丁点儿而被打入凡间的天使，相信人家，有一天人家会轻得飞上蓝天，让你们顶礼膜拜。"

对于谢丽娜说了无数次的自我安慰，米亚装作没听见，一边走一边说："我们还得去下一家看看，你要把这些资料都拿好，弄丢了我唯你是问。"

听着米亚的提醒，谢丽娜憨憨一笑，赶紧将手里装满了各种推介资料的纸袋子往手臂上揽了一下，跟着米亚往下一家走了过去。

然而，太多的巧合演成了错过，唯独遗憾的是每个人不能将错过当作过错，然后遗憾余生。

在米亚和谢丽娜迈出第五会馆门口，挤着挨肩擦背的人群，朝第六会馆拥挤而去的时候，东张西望的刘子轩正从第六会馆朝第五会馆挤着过来，他们擦肩而过，三人之间的距离只有中间相隔的两个肩膀那么近。

此刻，和会展中心一样热闹非凡的便是火车北站的广场，这里挤满了回来或者离去的人，他们之间夹杂着一些手零脚碎的贼娃子，还有叫喊着"四十通城"的黑车司机。

刘延烈提着一个黑色长形包，从出站口半佝偻着身体，一步一晃地走了出来。岁月在他身上遗留下来的痕迹，与三年前离开蓉城的时候相比，简直是天壤之别。虽然经过了一番精心地梳理打扮，他整个人看起来精神了不少，但双鬓的白发和泛白的胡碴仍旧挡不住他衰老的容颜。不认识他的人不会知道，三年前的他是这个城市里叱咤风云的人物——汉风集团董事长。

然而，即便是知道的人也不会再去提及他。时光荏苒，没有人知道，到底是刘延烈成就了当年的汉风集团，还是当年的汉风集团造就了如今的刘延烈。

抬首之间，刘延烈不经意看到了悬挂在出站口对面大楼的广告牌，泛黄而褶皱的照片里，刘毅珑西装笔挺，俨然一副胜者为王的样子。刘延烈平静地看着广告牌上的刘毅珑，不禁想此刻的刘毅珑会在什么地方，变成了什么模样。

将刘延烈排挤出汉风集团的刘毅珑尝到了站在巅峰的滋味，贪婪与骄纵也让他迷失自我坠落崖底。在他出现在蓉城东郊某个小镇的时候，正在茶楼赌钱的吴笠得到了这一消息。哥哥吴铭的入狱，让吴笠对刘毅珑痛恨不已，一直在寻觅刘毅珑的踪迹。可两年之间，刘毅珑仿佛人间蒸发一般。如今他出现了，吴笠自然不能放过。刘毅珑也没有料想到，在他刚回到蓉城的第一天就被吴笠发现，真是冤家路窄。

逃窜成为刘毅珑唯一能做的事情。可现在的他已经变得狼狈不堪，瘦弱的身躯看上去如同风中朽木，头发蓬乱满是污渍。他身上破旧的棉服随着奔跑起来的剧烈动作，发出悲鸣似的叫响声，整个人像极了被遗弃的地下黑工。

他惊慌，他恐惧。在他的身后，吹着泡泡糖的吴笠带着十个小弟，个个手握钢刀，满目愤怒地追着。一路逃窜后，刘毅珑被逼进了一条死胡同，望着挡在眼前的墙壁，他变得绝望起来，一转身，看着冒着寒光的刀和气势汹汹的汉子们。他毫无神采的双眼，惴惴不安地闪烁起来。

吴笠笑了起来，将钢刀指向刘毅珑问道："怎么不跑了？"

"笠哥，放过我行吗？你哥的事情也不全赖我啊。"刘毅珑乞求着，整个人死死地靠在墙上。

"不赖你？不是你，我哥能终身监禁吗？"说着，吴笠双眉一锁，将手一挥。应着他的指示，十个小弟当即举着钢刀，大喊着朝刘毅珑砍了过去。

死亡的边缘，谁都不能说清自己为活下去能做些什么，刘毅珑也是如此。他在嘶喊声中突然变得镇定下来，从身上掏出一个小瓶，将瓶子里不多的白色粉末全部吸进了鼻孔。冲他而来的人群人影朦胧，他晃了晃头，看清来人后将小瓶猛地往地上一砸，原本萎靡不振的他瞬间变得精神百倍。应着玻璃破碎的声音，他顺手拾起一根木棍，大喝一声便冲着人群而去。

强烈的阳光下，十把钢刀折射出刺眼的冷光，拼杀现场混乱得让人毛骨悚然。钢刀铁器的碰撞声，身体被刺破伤到筋骨的惨叫声，撕心裂肺的怒吼声掺杂在一起，如同一首末日的摇滚曲，奏响在这个早已了无人烟的小镇角落里。混战十余分钟，刘毅珑虽是身负重伤却依然屹立不倒，他手握带血的钢刀，双眼愤怒地仇视着吴笠。

"来啊！"

吴笠的跟前，六七个小弟躺在地上痛苦地呻吟着，剩下的几个也是身受重伤相互搀扶着，他们看着狰狞的刘毅珑没了上前的勇气。吴笠没想到刘毅珑会这般顽强，他吐出口中的口香糖，俯身拾起一把钢刀，朝刘毅珑稳步而去。

此时的刘毅珑气势犹在，但体力已全然不支，吴笠轻易就能解决掉他。正当吴笠逼近刘毅珑，扬刀而起时，不远处响起了警笛声。在吴笠等人惊慌分神的时候，刘毅珑爆发出不可思议的力量，借着一堆石材翻过了堵住他去路的高墙。

逃走，只是为了重生。刘毅珑知道，他和刘延烈、刘子轩等人的恩怨还需要做一个了断。

悄然临近的危险被会展中心的喧嚣所淹没。逛完所有商家，吃饱喝足之后，谢丽娜打了一个饱嗝，摸着圆鼓鼓的肚皮冲米亚一笑，问道："米亚，今天的宫爆小龙虾能不能先欠着啊？我吃不下了，嘿嘿。"话音未落，她又打了一个饱嗝，赶紧抬手捂住了嘴。

闻着谢丽娜满是咖啡味的口气，米亚一边将接收到的资料放在车的后座上，一边应着："过了这村儿没这店儿，你自己放弃的，别说我赖你一道菜。"

"那人家撑死了也要吃！"说着，谢丽娜上了车。75公斤的重量，让悬挂性能极好的白色奔驰在她坐下的瞬间晃荡了一下。

米亚一边扣着安全带，一边摇头叹息，不知道说什么才好。

听着米亚的叹息，谢丽娜装没听见，而是扭头朝车窗外看去。忽然，她双眼大睁，一张嘴张得快成了一个满月，她反手拍着米亚说："米亚，米亚，快看，那是谁？"

米亚已经将车启动，她觉得谢丽娜一定又犯花痴，所以只是笑了笑，没有理睬谢丽娜，便换挡轰油门打转方向盘，朝停车场出口而去。

"是刘子轩！"

熟悉的名字让米亚的右脚下意识地猛踩在刹车上，一道刺耳的刹车声在安静的广场停车区响起，白色奔驰车滑行一米开外，水泥地上遗留下一道黑色的车轮印。

愣了片刻，米亚转头看向谢丽娜，苦笑着说道："娜娜，能不开这样的玩笑吗?”

米亚不敢相信谢丽娜的话。这几年的经历让她明白了一个道理：错过了一个人，也许这辈子便失去了那份缘分，连同失去的还有“永远在一起的”梦想。花开花落，云卷云舒，痛心入骨之后，唯有这个城市寒蝉凄切的清晨和黯然神伤的黄昏，陪自己度过一天又一天。那个失去了缘分的人，即使在同一个城市里也是不太容易碰到的。

“真的，真的是他！我要看错，你罚人家一个星期不吃晚饭!”

“他不会回来了，北京的生活比蓉城好，而且他已经找到他的幸福了。”

“他不是解释过嘛，对那个辛小诺，只是因为她长得很像郁红晓，所以他才做了些糊涂事。”

看着米亚疑惑地看着自己，谢丽娜焦急起来：“哎呀，刚才人家看到的人真的是刘子轩。”

看着谢丽娜坚定的眼神，米亚有些慌神，急忙探头往会展门口张望过去，她努力在人群中搜索那个熟悉的身影。虽说要去遗忘，给彼此一个解脱，可谁又能做到那么彻底的遗忘和忽略已扎根内心的情愫呢?

“当你就在我面前的时候，我又怎么可以再让自己放开手。”

可惜的是，她并没有寻到那个熟悉的身影，一番波澜过后，米亚相信谢丽娜不会骗自己，不会拿自己的伤口开玩笑，她也相信刘子轩就在附近！于是，她稳了稳情绪，解开安全带开门走到车外，抬手握成喇叭形状，冲着会展门口大声喊：“小轩！小轩!”

停车区出口的一辆出租车上，后座上的刘子轩似乎听到了米亚的喊声，赶紧摇下车窗往外探头看了出去，可他在人群中并没有发现米亚。

“先生，请不要探头。”

会展出口的协警友善地提醒着刘子轩，他赶紧将身子回到位置上。沉默了一会儿，刘子轩苦涩一笑，心想或许是因为思念太久才会产生幻听，曾经说过“我不想再见到你”的她，不会再喊出那个亲昵的称呼。

当出租车司机关上车窗，米亚的声音也渐渐消失。

一滴眼泪不禁从米亚的左眼滑落。这些年，她习惯了只用左眼哭泣，因为自己喜欢走在刘子轩的左手边，走左边，已变成了习惯，这样别人就不会从侧脸看到她的思念，看到她的自欺欺人，看到她的脆弱无能。

所以，当她流着泪回到车上的时候，谢丽娜并没有看出任何的异常来，可是明显的低气压让这个胖妹子选择了沉默，她闭上眼假装沉睡。

“你……真的看见他了吗?”米亚终究是没能忍住问了出来。

“如果骗你，就让饿死鬼今晚收了人家。”谢丽娜回答道，她并没有睁开眼，反而是侧了一个身让自己睡起来更舒服一些。

米亚深吸一口气，接过出口处工作人员的收费小票，开车往市区的鞠香雅苑驶去。

她奢望过自己能和刘子轩再见面，也想过如果见了面第一句说些什么。是"我等你好久了，你怎么才回来"，还是"对不起，我不想见到你"。可想久了，总觉得第一句太矫情，第二句太虚伪，连自己都骗不过去，最终变成"好久不见，你好吗"，或许最好。

路口红灯亮起的时候，刘子轩所乘坐的出租车停在最左侧的道路上，米亚的车与出租车仅隔几辆车的距离，停在直行道上。看着红彤彤的红灯，米亚心底有些发怵，她将额头抵在方向盘上，却无意间触碰到喇叭按钮，刺耳的鸣笛声顿时响起。出租车里的刘子轩侧过头看了看窗外，随即收回了视线，继续听着车里的广播。

惊慌失措的米亚抬起头，晃了晃脑袋让自己精神起来，一旁的谢丽娜木讷地看着她，递了一袋零食。米亚没有接零食，而是打开车内的CD，歌手莱昂纳德·科恩的《Everybody Knows》随之萦绕在车厢内，当莱昂纳德·科恩忧伤感性地唱到"Everybody wants a box of chocolates, And a long stem rose, Everybody knows, Everybody knows that you love me baby"时，米亚的泪水再也绷不住，宛如水银泻地，花雨缤纷。在米亚心底，她和所有喜欢浪漫的女孩一样，也只不过想要一盒巧克力和一支玫瑰花，可是此刻却显得极其昂贵与奢侈。那一刹那，车窗外的车流和躁动声悠然升起，深深地将米亚撕心裂肺的哭声淹没在阴暗的空间里。透过玻璃窗，能发现孤傲的米亚悲恸欲绝，好生脆弱。然而，错过似乎是一种注定，当两人眼前的绿灯亮起，前面的出租车往左走，后面的白色奔驰则选择直行，画面像极了电影《向左走·向右走》中的剧情。

行驶一段距离后，装睡的谢丽娜睁开眼来，脑海里无缘无故想起一句话，"失去了缘分的人，即使在同一个城市里也是不太容易碰到的，一次转身可能意味着一辈子的分离"。她安静地看着米亚，目光中饱含着怜悯，语气中带着一丝肯定，轻声细语地问道："你还爱着他，对吗？"

米亚不知道如何回答她的话，只是沉默地看着前方的路。

出租车里，车载收音机正播着罗小刚主持的《小刚方言》，那机智而风趣的语气很是吸引人。

"说起苏东坡，估计收音机前的朋友第一时间会觉得他是个能诗会赋的大文豪和发明了东坡肉的美食家，但很少有人晓得他还写了本《东坡志林》，满篇都是段子。'子虚乌有'这个成语大家都听过，估计也会常说，它出自哪里呢？

它出自《史记·司马相如列传》。但苏东坡在《东坡志林》里有一个子虚和乌有的故事，来讽刺他的政敌。子虚一日问乌有：一坑，百尺深，您若在其中，怎样脱身？乌有回答：用针，把脑袋扎个洞，里面的水流出来，把坑填满就能脱身了。子虚又问：为什么您脑袋里有这么多水呢？乌有笑着说道：我要是脑袋里没有这么多水就不会跳进这个坑里了。”

看着刘子轩笑了出来，出租车司机也笑了起来。

只是，和司机不同的是，刘子轩笑的却是这个城市的过往。

在这个喧嚣繁华的城市里，谁又在思念着谁，谁还在记恨着谁。

每个人都有自己的选择与宿命，无论是遗忘过去，还是为过去赎罪，抑或是开始一段崭新的路程，他们都会重新在这个城市相聚，因果循环，概不能免。

Chapter 1 ······ 恨不如江月

手卷真珠上玉钩，依前春恨锁重楼。

风里落花谁是主？思悠悠。

爱情，需要幻想，

且产生于合适的条件中，

什么样的开始，便注定着什么样的结局，

关乎合适与逆时。

当春秋迭易与岁月轮回都无迹可循时，蓦然回首，我们会发现有两样东西藏在时光长河的背后，一个是转瞬又绚丽的梦境，另一个是悠长而残酷的现实。逝去的故事再也回不到过去，我们曾经的欢笑和悲伤也只能在回忆里寻踪觅迹。

2010年，初秋里的某一天中午，刘子轩站在戒毒所即将打开的铁门后，昂起头安静地望着灰蒙蒙的天，脸上带着一抹释然般地浅笑。

一辆黑色奔驰商务车远远地停在戒毒所大门外，车里坐着四个西装笔挺的男人，他们目不转睛地盯着戒毒所的大门，等待着刘子轩从里面出来。

一个戴着墨镜进行了一番伪装的女孩，正藏在路口的转角处吃着香蕉。她远远地观察着奔驰商务车的一举一动，直到听到"嘎吱"的开门声，才将目光转到戒毒所里将要走出来的刘子轩身上。她扔掉香蕉，戴起口罩，注视着前方。

"事情进展如何？"蓉城锦江王朝大酒店的总统套房客厅里，西装笔挺的汉风集团总经理刘毅珑一副萎靡不振的模样。他站在落地窗前，对着电话那头的下属询问着戒毒所外奔驰商务车里的人。

"他还没有出来。"其中一个梳着大背头的男人回答着刘毅珑的话，其他三人则目不转睛地看着戒毒所的大门。

"办事儿的时候手脚利索干净点儿，要像意外，意外懂吗？"指挥着手下的刘毅珑边说边拿出一个玻璃小瓶，倒出一丁点白色粉末在手背上，用鼻子大力吸完，昂头后飞快地眨闪着眼睛，瞳孔瞬间放大，眼睑里泛着蓝光，一副欲仙欲死的神态。

"懂，懂，懂……"

男人应声之时，抬头看向戒毒所的大门，对刘毅珑说道："出来了。"

"专业一点！"

"毅珑？"

穿着一身杰尼亚高级定制的黑色西装，踩着一双蜜橘色佰鲁提限量版皮鞋的刘延烈忽然刷卡进入总统套房，微醺的他走路已经有些踉跄，喊完刘毅珑,他不禁打了一个酒嗝,顺势将伯爵腕表摘下放在进门的木柜上。

身后突然响起刘延烈的声音,吓得刘毅珑赶紧收起小玻璃瓶,挂断了电话,浑身上下随之微微颤抖了一下。生怕刘延烈知道自己的计划,刘毅珑故作深沉地松出一口气,对刘延烈微微鞠躬,笑着应道:“二叔,对方签字了吗?”

“一笔事先就谈妥的生意,签字还会耽搁太久?走个程序而已。”说着,刘延烈笑着坐在落地窗后的沙发上,从这个角度可以俯视整个九眼桥的独特风貌。

在酒桌上谈生意,是刘延烈已经习惯的方式,用他自己的理论来解释,这属于中国自古以来的传统。所以,作为一个地地道道的中国人,作为一个喜欢江湖的蓉城人,酒对他来说成了特别的伴侣。当然,小喝怡情。大喝,或许伤的就不只是身体。

刘毅珑看着倒仰在沙发上,已经闭着眼打着呼噜的刘延烈,脸上的笑容平静了下来,进而露出诡异漠视的神情。

刘毅珑也是认定刘延烈嗜酒如命这一点,自然是投其所好地一步一步设下陷阱。不过嗜酒如命的刘延烈,对刘毅珑这个侄子的小心思并不是毫不知情。可是,他选择了容忍。一方面,刘毅珑尚未成年时父母便在一场车祸中丧命,而原本遭遇这场车祸的人应该是自己,可当时自己恰巧有事,就让大哥大嫂,也就是刘毅珑的父母,代替自己出席招标会议,才有车祸一事。因此,刘延烈觉得愧对刘毅珑。另一方面,则是真的疼刘毅珑这个侄子,待他视如己出。

突然,闭着眼睛的刘延烈半坐起身,抬手揉着太阳穴,问道:“今天你弟弟出来,你安排人去接了吗?”语罢,又打了一个酒嗝。

“回二叔的话,已经安排妥当了。”应着刘延烈的话,刘毅珑的嘴角闪过一丝微笑。

此时,从戒毒所门口走出的刘子轩,恭敬地对着门口的警卫鞠躬致谢,他是在和过去的岁月道别,也是在迎接即将开始的新生。

“出去之后,重新做人。”送行的狱警友善地警告着刘子轩。

狱警如此应景的话,让刘子轩微微一笑,点头应着。可是他今后要走的路,就如同眼前这条回城的路一般,难以看到终点。家,不是暖他心的地方。跨出门槛的刘子轩一副怅然若失的模样,在他犹豫与彷徨时,全然不知设计好的危险已经在窥视着他。

“子轩少爷!”

右前方传来的喊声,让刘子轩扭头看去。刚刚还在和刘毅珑通电话的男人,已挂断了电话,从车里走了下来,拉了拉黑色西装的衣角以显得正式,然后迈步朝着刘子轩走了过去。

刘子轩并不认识朝自己走来的男人，可是这个人叫得出自己的名字，这让刘子轩的心里少了一份戒备。

“子轩少爷，我是董事长派来接您的，董事长因为临时有会议，不能前来，已托我向您致歉。”男人说着，自觉地伸手去拿刘子轩手里的黑色皮箱。

当男人伸出的手快触到刘子轩手中的黑色皮箱时，刘子轩伸手挡住，用狐疑的眼神打量着男人。他笑着问道：“等等，他托你向我致歉？”

“是的，董事长是这么说的。”

刘子轩听到男人的回答，深有其意的笑容在脸上荡漾开来，明显他不相信男人的话语。面对刘子轩的质疑，男人淡定的微笑，然后再次伸手去拿刘子轩手中的黑色皮箱。

突然，一道黑影从刘子轩和男人之间闪过。

见皮箱被抢，刘子轩也顾不上和男人搭话，对着他尴尬一笑，转身朝抢了自己皮箱的黑衣背包女孩追了过去。

男人见状，迅速回了车，追着刘子轩而去。追出一段距离后，黑色奔驰商务车突然停了下来。任凭司机如何点火，车子也无法发动，司机下车，围着车子转了一圈，最后从尾气管里挑出一根香蕉来。

四个轮子显然要比两条腿跑得快，很快黑色奔驰商务车追上了刘子轩。

随着一声刹车声，商务车的后门忽然打开，坐在后排的两个男人伸出手来，对奔跑中的刘子轩喊道：“少爷，上车！”

很显然，如果刘子轩不上车，他们会将他强行拖上车。

女孩也听到了身后的喊声，回头看了看，当即转身跑进身侧的工厂之中。半开的厂门只有一人可通过的空隙，看样子车子无法驶入。刚想要停下来上车的刘子轩，只好随着女孩追进了厂房里。

“下车！”男人看形势不对，吼着其他人拿上家伙下车继续追。

这是一个木材加工厂，入了厂门能看到堆砌成山的木料，其中一部分是半成品，一部分是原料，锯成各式形状的成品被盖上了绿色帆布。在通往车间的水泥路上，停满了破旧的货车和裸露的废柴，这让原本就显得拥挤的厂区寸步难移。当然，这也让这个地方成了捉迷藏的最佳地点。

“人呢？”望着眼前密密麻麻的木料，却不见了刘子轩的踪影，追进厂区的男人吼了起来。

“分头找！”男人右手一挥，身旁的其他三名黑衣男人，应着命令往另外三个方向走进木料堆里，分散式搜索着刘子轩。男人则顺着眼前的路，一步一探地往前走去。

眨眼的工夫过去，四个人从不同的方向摸索到了车间门口。看着紧闭的车间大门和窗户，以及四周难以翻越的围墙，但依然没能找到刘子轩。男人不禁焦急起来，问着其他三人："找到没？"

"没有！"三个人应了男人的问话，面面相觑。

如果刘子轩跟丢了，事情办不成，这趟差事就办砸了，且不说快到手的钱财会不翼而飞，恐怕还要受些皮肉之苦。

就在四人准备进入车间之时，有两个人出现在厂区大门口。

走在最后的一名男子用余光发现异样，扭头看去，见正是刘子轩和那个抢了刘子轩黑色皮箱的女孩，不禁大声喊道："老大，在那儿！"

"追！"

当他们追出厂区的时候，刘子轩和女孩已经消失不见。

见事情办砸，梳着大背头的男人猛地将手里的铁棍往地面一砸，然后寻思起来回去该如何向刘毅珑交代。

劫后余生的刺激感，让上了公交车的刘子轩不由自主地大笑起来。等笑完了，他扭头看向坐在身边的女孩，问道："你怎么知道他们要对我不利啊？"

"天机不可泄露！"女孩神秘莫测地回答着，并对着刘子轩做了一个调皮的鬼脸。

"我们见过？"刘子轩看着女孩努力地回忆着。

"没有。"

女孩斩钉截铁的回答让刘子轩顿时有些云里雾里，一心想要知道真相的他，急切地追问起来："我们怎么算也是共患难过的朋友，有什么秘密需要藏着掖着的呢？"

"谁跟你是朋友？你这人怎么这么自以为是？"女孩故作生气地瞪着刘子轩。

看女孩生了气，刘子轩只好闭了嘴，可心里对女孩的出现依旧疑惑重重。

等刘子轩安静下来，女孩掏出手机，向一个没有保存的号码发了一条短信："人已接到，安好。"等信息发送成功，女孩立马删除了短信。

在删除短信后，女孩的余光扫见奔驰商务车正行驶在他们乘坐的公交车一侧，一个瘦高个子的男人正趴在副驾驶室的门上朝公交车内寻探。

就在关键性的那一秒，女孩强硬地拉着刘子轩蹲了下来，避过了男人的搜索。在奔驰商务车开走后的下一站，刘子轩才被女孩拉起。

"没想到你这么怂。"女孩轻蔑地看着刘子轩，然后不顾不管地从公交车后门下车。

刘子轩还未反应过来，女孩已经站在马路上，而公交车后门已经关闭。刘子轩喊了好几声师傅才勉强让其将车停下，打开后门，下车之后，他快速走向女孩。

“你脾气还不小。”

女孩完全不理会刘子轩，径自朝马路对面的一个普通宾馆走去，刘子轩喋喋不休地跟在她后面问东问西。

进到宾馆，乘坐电梯上了五楼，女孩从背包里掏出房卡，打开其中一间客房。

就在刘子轩以为女孩有着什么心思的时候，女孩将背包扔给了刘子轩，对刘子轩说道：“去把背包里的衣服换上。”说完，将房卡交到了刘子轩的手里。

“你葫芦里卖的是什么药啊?”刘子轩看着手里的房卡疑惑地问道。

女孩置之不理，直接下楼。

房间里，刘子轩狠狠洗一把脸后，迅速换上了衣服。等他下楼回到大厅的时候，女孩也已经换上了一套灰色的运动装。不过她依然戴着墨镜与口罩，此刻正站在吧台前和女服务员聊天。

见刘子轩已经换洗妥当，女孩朝女服务员打了一个响指，女服务员心领神会地从吧台下面端出一个白碗来，里面盛着一块洁白的豆腐。女孩从女服务员手中接过白碗，顺势递给了刘子轩。刘子轩见此，怯怯地笑了起来，他没想到鬼马精灵的神秘女孩还有如此迷信和细心的一面。

他爽快地接过白碗，正要表达感激之情时，女孩狠狠地瞪了他一眼，眼里的潜台词是“我不吃你这一套，快吃吧，小心噎死你”。这一瞪，让刘子轩心虚起来，他收住欢笑，闻了一下豆腐，然后吃了起来，吃着吃着竟有些欢乐。

见此，女孩朝吧台的女服务员挥手再见，女服务员站起身毕恭毕敬地向女孩微笑告别，咽着豆腐的刘子轩心想，女孩的身份一定不一般。

心底越来越多的疑问让刘子轩难以释怀，可是女孩一派冷酷傲骨的模样让他不知所措。刘子轩安静地跟着女孩上了一辆她事先约好了的出租车，继续往城里行去。

一路上，女孩听着摇滚乐一直埋头沉默着，偶尔跟着音乐节奏摇晃着身体。刘子轩试图从司机口中得到心中疑虑的答案，可一番问话之后，唯一得到的线索就是司机和女孩也不相识。

在进城最后一站，黑色奔驰商务车逼停了刘子轩适才乘坐的公交车，三个男人一前一后一中正在搜索着公交车。刚好路过的刘子轩看见后，长长地呼出一口气，再看向身边的女孩，女孩依然气定神安地听着音乐，一动不动。

“君子成人之美，不成人之恶。”刘子轩冷嘲热讽后，靠着座位紧闭双目。女孩鄙夷地看了一眼刘子轩，低头翻阅着手机。

一炷香的工夫，出租车停靠在了人南立交桥西的桥头。刹车的惯性惊醒了刘子轩。刘子轩揉眼看向车窗外，发现这里是他最熟悉的地方，因为这里离他的家已经很近，走路也不过五分钟的路程。

浑身不舒服的刘子轩，在半眯着眼看了女孩一通之后，赶紧下车，他想逃离这个是非之地。可是，当他双脚站到地面时，三个穿着黑色西装的中年男人将他围了起来。定眼一看，刘子轩当即认出他们，他们正是刘延烈的贴身保镖。

"你认识我爸?!"刘子轩愤怒地回过头看向出租车，想要问个清楚，却发现女孩已经不知所踪。

就在他诧异之时，一个威猛健硕的男人拿过了他手里的黑色皮箱，抬手指向一辆停靠在路边的黑色保时捷，对刘子轩说道："少爷，请。"

刘子轩恼羞成怒地一拳打在身边的银杏树上，悲叹自己为何还是没能逃出刘延烈的掌控。

听完米亚对和刘子轩见面的回忆，谢丽娜将装满推介资料的纸袋放在米亚办公室的办公桌上，摇着头说道："未免也太狗血了点儿吧，这剧情、这画面好像在哪部韩剧里看过。"

一旁整理办公桌的米亚倒是冷冷一笑，叹息一声应道："也不算。因为当我得知刘子轩是刘延烈的儿子时，我感觉曾经在哪儿见过他。怀揣着好奇心，我就应下了他的请求，去接他出狱的儿子，结果……"

"结果你把自己给赔进去了，好奇害死猫啊!"

谢丽娜的话让米亚哭笑不得。她心想：命运总是喜欢和她开玩笑，只是一个好奇，就能牵扯出太多的过往。

此时的刘延烈正提着他的黑色长形包，从公交车的后门吃力地挤了出来。他那沧桑的面庞和朴素的衣裳，让人怎么也无法相信他就是曾经那个叱咤商界的刘延烈，反倒更像是一个外出务工却被老板欠了工资的建筑工人。但刘延烈的脸上没有显得半分的不适合和遗憾，反而一脸的皱纹在他双脚落地的瞬间舒展开来。看得出来，他的内心在这一刻十分的轻松自在。

似乎还要转车才能到米亚给他订好的酒店，刘延烈提着黑色长形包一步一声"借过"，挤到了公交站牌前，半眯着眼在站牌上寻找目的地。

"延烈兄。"

身后一道熟悉的声音，让刘延烈回过头来。一辆黑色宾利车停在他的左后方，一个年龄和他相仿但看上去至少年轻十岁的男人从车后门走下来，对着他微微一笑。

"善钦，噢不，何董。"

“延烈兄见外了，赶紧上车，我已经吩咐米亚在鞠香雅苑安排了晚宴，我们得好好喝一杯才行。”

应着何善钦的话，开车的司机一阵小跑到了刘延烈的跟前，将他手里的黑色长形包接过，显得有些吃力地放进了后备厢。刘延烈迟迟没能上前，他明白现在的自己已经没有资格与何善钦平起平坐，更别说自己从头到脚的行头也不及何善钦的一条领带，上了车无疑会丢了何善钦的颜面。

生活的变故是会改变每个人的思维，刘延烈也不例外。现在的他不会去想别人是否配得上自己，想得更多的是自己是否配得上别人。

何善钦见刘延烈一直都不上车，有些急切起来，上前劝慰着：“延烈兄，上车走吧，我有好多龙门阵要和你摆呢。”

“何董，我还是搭公车吧……”刘延烈坚决地拒绝了何善钦的邀请。恰巧，一辆公交车正好进站，刘延烈拍了拍何善钦的肩膀，坦然地道：“谢谢何董善意，我们鞠香雅苑见。”说完和一帮老头老太太往公车上挤去。

在刘延烈投币的时候，他不忘向司机点头致意。这是离别三年的故土，他想怀揣着最好的敬意回到这里，他曾经习惯了这样的敬意。

看着远去的公交车，何善钦叹息了一声，自言自语：“终究是性格决定着命运……”话音落下，上了车，车子往鞠香雅苑驶去。

看着车窗外的变化，刘延烈镇定自若，并没有悲从心生。如今，这座城市的公交车有了专用车道，地铁更是串联起这个城市的东西南北，二环高架在蓉城的上空绕了一个圈，透过K字头的公交车窗，几乎能览尽蓉城风貌。

刘延烈这一次尾随刘子轩回来，并不是回到这里颐养天年，而是继续自己的赎罪之路。当公交车从天府广场的毛主席雕像前驶过时，刘延烈赶紧往后门挤了过去，下一站他就要下车。

“人民公园站到了，请依次从后门下车，下车请注意安全……”

透过写着“地铁2号线人民公园站C出口”的站牌，刘延烈一眼就看到了金河宾馆。因为是下班的时间，这个路口和以往一样拥挤不堪，车头已经堵到了通惠门与西安路交界口。

随着通行的绿灯亮起，刘延烈夹在人潮之中涌向马路对面。现在已经没有人会注意这样一个糟老头的存在，即使汉风集团的广告还在路旁的广告牌上翻滚放映。刘延烈驻足看着广告牌发呆，身边是匆匆忙忙的人群，他在人群中显得特别异样，可与他擦肩而过的人连看都不愿意看他一眼。

走过金河宾馆的广场，刘延烈远远地就看见了等候着的米亚。

“刘叔叔，怎么没有坐我爸的车一起回来啊？”

“习惯了挤公交车。”刘延烈说着，却没有丝毫的尴尬，岁月的经历已经让他看淡了一切，再难以启齿的话如今也能用很平和的语气说出来。

米亚尴尬一笑，心里一阵酸楚，不敢相信这句话是从一个商界传奇人物的嘴里蹦出来的。

“刘叔叔，我带您先去酒店吧。”

刘延烈跟着米亚拐过一个街道口，进入宽窄巷子里的一家五星级酒店。

酒店大厅，刘延烈走出电梯，已经换上了米亚给他准备的一套黑色中山装，整个人的精神气大不一样。

瞧见刘延烈出电梯，挂完电话的米亚连忙走上前。

“回来就要你和你爸费心破费，真的不好意思。”

“刘叔叔见外了，先不说你和我爸是生意上的伙伴，就算看在我俩的交情上也是应该的。”米亚回答着刘延烈，语气真诚而羞涩。

米亚嘴里所谓的交情，是指在过去的三年里，米亚和刘延烈断断续续地保持着联系，她通过刘延烈知道了刘子轩在北京有个莫逆之交叫王勃，知道了刘子轩的电影梦在北京终于扬帆起航。当然，她更加知道刘延烈为了赎罪，付出了所有的父爱。

米亚和刘延烈有说有笑地走在宽巷子里。

穿过宽巷子，往巷西口北面走，便到了鞠香雅苑。鞠香雅苑的门口站着两位迎宾小姐，和以前一样依旧是二十一二岁的女孩。不过女孩们的工作装从原来的低胸低领换成了亮色高领，短袖也改成了半长袖，下身则从刺绣裙子换成了职业长裤。

唯一让刘延烈有些诧异的是，这样一个讲究高端高消费的餐馆，此时在大厅里招呼客人的却是一个身材像鸭梨的胖妹子。

米亚也注意到了刘延烈的反应，浅笑着解释道：“刘叔叔，千万别用三年前的观念来看现在的鞠香雅苑。你也知道我们之前所有的食材都是漂洋过海不远万里运过来的，不仅耗费巨大，普通消费者也消费不起，很多食材都浪费掉了。再者，随着时代的变化和大众消费者的习惯，我们的经营之道也在转变，像铁板阿拉斯加鳕鱼、香辣波士顿龙虾、西班牙黑猪嫩肉、日本神户牛肉等高消费的菜品我们都不卖了，现在主打亲民路线。”

“与时俱进是嘛。”

“对。之前我们迎宾和服务员都是清一色的漂亮小姑娘，迎宾的要求身高一米七五以上，服务员均按照空姐和模特的标准挑选和培训。现如今，只要样貌端正，服务态度好就可以上岗。”

“改得好，革旧维新值得赞许。”

“就是，管他什么门面和档次，消费者喜欢就行。”

听着米亚的话，刘延烈笑了出来。或许正是这份随性，让这里的每个人感觉到了什么是真正的宾至如归。试想一下，有哪家雅趣别致的餐厅允许客人挽着袖子，脚踩凳子尽兴大喊着划酒令呢？

来鞠香雅苑用餐的除了游客之外，大抵都是些商贾熟客，里面不乏曾经和刘延烈认识的人。刘延烈还能一眼从人群里认出他们来，但他心想，没有谁会看出他是谁来。但事实却和他想得有些不一样，还是有人认出了他，而且让他惊讶的是那个男人坐的位置离自己还有点远。

"刘董。"男人端着一杯酒，来到刘延烈的面前，打量着刘延烈。显然，他对刘延烈现在的境遇很是惊愕，"几年不见，您这是……"

刘延烈乐呵一笑，回答道："岁月无可回顾，人总要经历些挫折才能成长。"

"成长？对对对！所以我要敬您一杯，如果……不是当初您教导我，我可能还是一个碌碌无为的……司机。"

打着酒嗝，小张一边将手中的酒杯恭敬地交到刘延烈手里，一边显得有些微醺地说道："刘董，今天……您不要骂我，我没有多喝，只是……只是生意上的应酬，而且我也把她带了来的。"

应着小张指的方向，刘延烈朝着人群看了过去，一位女人站起来，微笑着向刘延烈浅浅鞠了一躬，刘延烈点头回应，笑了起来，问道："和方萌萌结婚了？"

"结了，而且孩子能叫……爸爸了。"小张的脸上泛着幸福的笑容，微醺的红光让他看上去更加的快乐。

"那我就借这杯酒，恭喜你。方萌萌是一位非常优秀的女孩子，祝你们阖家幸福，事业有成。"说着，刘延烈仰头将杯中酒一饮而尽。

从两人的谈话中，米亚感觉到了曾经从未看到过的东西。在刘子轩的描述里，曾经的刘延烈是一个嗜酒如命十恶不赦的男人，但这个在刘子轩眼里的坏男人，却让另外一个男人明白了什么是责任和奋进。

或许这是一个莫大的讽刺，可这也让米亚知道了，为什么刘延烈这三年一定要追随着刘子轩，在他的背后默默地支持他。

赎罪的过程总是漫长痛苦，但他坚持着，虽然还不知道这条路的终点会在哪里。

"米总，包间已经准备好了，前菜已上桌。"一名服务员来到米亚的跟前，对米亚轻声说道，然后转身离开。

米亚接过刘延烈手中的酒杯，婉婉一笑说道："嗯……实在不好意思打扰二位叙旧，不知张总能否赏脸，和我们一起进餐？"

"不了，我就不打扰你们了，有时间我再请……请刘董。"说着，小张转身离开，在迈步之时回过头来，对米亚说："对了，我能否拜托米总一件事？"

"请说。"

"能不能……让刘董少喝些酒？"

看着小张眼中的担忧，米亚深吸一口气，心想：这句叮嘱应该来自刘子轩，现在却是一个毫不相干的人在关心。

在米亚还未应话时，刘延烈说道："放心，曾经的刘延烈不复存在。"

小张没有再说什么，显得很是欣慰地抿嘴一笑，然后回了自己的餐桌细语回答着同伴的疑惑。米亚不知道说什么才好，愣了几秒之后，引着刘延烈朝楼上的雅间而去。

出租车里，主持人罗小刚还在妙趣横生地讲着故事，逗得司机从天府一街一路笑到了刘子轩落脚的酒店外。

锦江王朝大酒店，又一个刘子轩熟悉的地方，它曾经是汉风集团旗下的主营业务之一，之所以以王朝命名，是刘延烈希望酒店能千秋万代，见证他的实业王朝。可笑可悲的是，而今已是一代旧物易新主。酒店矗立在交通要道老南门大桥一侧，酒店比邻繁华的人民南路，与锦江宾馆隔街相望，是一家具有国际水平的豪华酒店。

刘子轩从出租车下来时，一名身着职业服装漂亮干练的年轻女人迎接着他。她轻盈地走过来，看着刘子轩微笑着，胸前的名牌赫然印着"副总经理徐梦莲"几个字。

"在北京过得怎么样？"这是徐梦莲见到刘子轩的第一句话，并递上一杯冰咖啡。

刘子轩没有立即回答徐梦莲的问题，他接过咖啡尝了一口，浓郁香甜，是他最喜欢的加酒意式咖啡。再抬头看向徐梦莲时，他发现眼前的她，已经不再是三年前那个稚嫩单纯的小女生。他脑海中刹那间出现一段歌词："我突然想起从前陪我那个洋娃娃，我不想我不想不想长大，长大后世界就没童话，我不想我不想不想长大，我宁愿永远都笨又傻，我不想我不想不想长大，长大后我就会失去他，我深爱的他深爱我的他，已经变得不像他。"可是，人始终是要长大的，这个过程很痛，痛得让人宁愿长不大，但岁月却毫不留情地往前走着，容不得我们去选择。

现在的徐梦莲看上去风韵稳重，温柔文雅了许多。一袭卷发落落大方地从双肩散下，不长不短地到了胸口的名牌位置，原来里面会穿的高领衬衫也变成了现在的低领花边衬衫。

刘子轩注意到徐梦莲脖子上的吻痕，凑近，道出熟悉而又陌生的蓉城话：

"要朋友得低调，你再咋个说也是副总经理咯。"

听到刘子轩的调侃，徐梦莲赶紧抬手摸着脖子上的痕迹，一对洁白的门牙咬着淡红的嘴唇，有些害羞地低着头说："是……是我女儿的。"

"女儿？"

看刘子轩惊愕不解的样子，徐梦莲苦涩一笑，说道："三年前，你走之后，我……"徐梦莲犹豫着，还是将后面想说出口的"我有一段时间无法忘掉你"埋没了下去。

按下电梯最高层的数字键，徐梦莲继续说道："那时我有些颓废，借酒消愁了一段时间。有一天半夜，在回家路上被几个人欺负，是现在的老公搭救了我，他比我大十三岁，人很好……"

刘子轩在听徐梦莲的故事时，一直在脑海中想象着，他离开后她经历的画面，她老公的模样，她老公是如何照顾她、爱护她的细节。

故事末梢，刘子轩神情酸楚，带着一丝尴尬对徐梦莲说道："对不起，都是我的错。"

"其实你不用道歉，感情的事儿很正常。不过我很庆幸，因为现在的他很爱我，对我的好让我已经忘记了当初对你是什么感觉。"应着刘子轩的话，徐梦莲笑了起来，现在她的笑容里带着一些妩媚和成熟，还有一些温暖。

听着徐梦莲的解释，刘子轩松了一口气，紧握着咖啡杯的双手也松弛开来，整个人靠着电梯的扶柄，对徐梦莲道："那我得找个机会，把份子钱交了。"

"那必须的，而且你还得给你的干外甥女准备点儿见面礼才行。"

"哈哈！"刘子轩陡然间笑了出来，不知如何以对。叹息一声后应道："你这是准备让我倾家荡产吗？"

"大导演，你不用这么抠门吧？"说着，徐梦莲也笑了起来。

大导演或者导演这组词用在刘子轩身上是不合时宜的，他听着徐梦莲的话，知道自己的处境，不过，他的心底暗涌着一股奔腾的劲道，他要为自己的梦想去拼搏去打一个漂亮的翻身仗。他这几年的经历，仿如一只历经暴风骤雨的蜻蜓，在太阳的光芒下烘干了翅膀，便要展开双翼，准备飞过沧海桑田，去见证彩虹底下的奇迹。

当然这个是后话。

随着一声提示音，电梯来到最高层，徐梦莲客气地请出刘子轩，刘子轩很绅士地走出电梯。青春的痛苦与艰难的磨炼，都已经让两人长大，让他们再一次面对自己惦记的人时，会更加的理智、成熟，只是这种理智、成熟编织了一张面具，让他们可以在这个失去本真的世界里得以存活。

徐梦莲将刘子轩领到房间门口，微笑地看着刘子轩。短暂的对视，刘子轩从她的眼里能读出一些信息来，他没有和徐梦莲诉说自己和米亚的故事，似乎这三年的岁月里，他的记忆中，米亚的模样只存在于当初他离开时带走的那一张照片。徐梦莲也没有开口询问，刘子轩和米亚的将来会何去何从？她的心里似乎还驻扎着不甘。

看着徐梦莲离开的背影，他在想伤心欲绝的思念会变成怎样的哭泣？这大概只有徐梦莲买醉时，一个人躲在洗手间里，哭得歇斯底里的眼泪知道。

站在酒店外景房的落地窗后，刘子轩看着眼前既熟悉又陌生的九眼桥，想起几年前，只是那个时候他不知道自己及自己拥有的世界即将骤然巨变。

此刻的刘子轩向往电影《蝴蝶效应》中伊万·泰瑞博的超凡能力，能回到过去改变那些悲痛欲绝生死别离的故事。不过，回首一笑后，他明白这种超能力也只存在于好莱坞类型影片中，妄自菲薄和善意的浸淫只会徒增更多的烦恼。

烦恼不是与生俱来的。当我们的杂念和贪欲多起来的时候，它便会侵袭我们的故事和人生，留下一处处无法淡化的伤疤。

痛，会持续着，连绵着。

Chapter 2 ······ 朝花夕拾

既不秉烛，又不扬声，

突然相遇，是先生犯鬼，非鬼犯先生。

从未想过我们会有交集，爱情来得那样猝不及防。

❤
❤
❤

时光荏苒，岁月静好。

2009 年，蓉城的二环绕城高架路还在如火如荼的建设之中，地铁 2 号线还未开通城市最东的一站——龙泉驿站，一环也没有如今这般拥堵。不过府南河的水照样清澈明艳，两岸柳树成荫，不变的还有望江亭里的日常川戏。

蓉大的北门正对着望江亭，夏天的河风让这座亭子成了学子们喜欢，戏骨们竞相争夺的地方。不过很多时候，却又彼此不打扰地各自玩耍着。

盛夏的夜晚，难得有几许繁星点缀在安静的长空，透过繁密的竹丛顶端还可以看到若隐若现的月亮，与望江亭里骚动的场景相比，形成了一种明暗与阴阳平衡的对比，那场景好像凡・高画笔下的《星空》。

望江亭的戏骨们正演绎着川剧《白蛇传》，刘子轩躬着背，双手托着脑袋，入神地看着在亭子里咿呀说唱戏词的演员。青涩帅气的刘子轩和当下红透银幕的小鲜肉们毫无二致，只是他没有那么忙，有大把大把的"档期"可以让他在期末考试前夕，陪心爱的女孩异想天开。此时，他的后背靠着他心底的那个姑娘。

姑娘的背依着他的背，她的胸口盖着一本《主持人概论》，口中默默地念着即将要考试的课题。姑娘有着一张被精心雕刻过的脸蛋，加上深邃的五官，清纯脱俗的容貌像极了刚出道时的徐若瑄，与她抿嘴时的笑容一样甜美无敌。

马上就要期末考试了，每个学生都在努力地复习着。刘子轩却显得有些超然物外，即便带上了明天上午就要考的《电影学导论》，也只是放在了一边，一个小时里连扉页都未曾打开，心思全放在了看戏上。

"晓晓，你说，法海是不是爱着白素贞？不然他怎么那么想把白素贞困在雷峰塔里，这是虐恋啊。"

"啊……啊？你是在问我吗？"姑娘愣了一下，应了刘子轩的话。

转身而坐的刘子轩白了姑娘一眼，叹息之间抬手抢过她手里的书，"啪"地合上之后说："我说郁红晓，你是想科科拿满分吗？都大学了，有必要这么拼吗？"

"你以为人人都和你一样，脑子挺好使却靠一张脸来考试，连你的女老师都不忍心给你打59分。”

“所以她给我打了59.5分，欺负我一个对数字迟钝的人……”说完，刘子轩自言自语地道：“帅也是一种罪吗？”

郁红晓听到他在自鸣得意，皱着眉，故意恶狠狠地看向刘子轩。刘子轩心中得意不已，对她的小动作装作没看见。

一想到上学期的期末考试成绩，刘子轩就觉得那个分数就是个荒诞的喜剧，有些扫兴地转回头来，双眼无神地看着前方发呆。或许在评分系统当中，四舍五入之后刚好及格，但教学科还是没有多给他0.5分。最终刘子轩只得补考，及格后才能获得通过。

郁红晓见刘子轩一副精神不振的模样，将头靠在了他的肩上，双手挽着他的手臂说：“放心，我昨天已经向春哥祈祷过了，我们一定会过的。”

“信春哥，考必过？”

“这不是你们经常说的吗？”

“我……呵呵，这种骗鬼的话你也能信？”刘子轩捏了捏郁红晓的鼻头，说：“真要如此，全中国上千万的大学生都是玉米了。”

应着刘子轩的动作，郁红晓紧闭着嘴，原本俊美的瓜子脸蛋顿时鼓得满满的，很是可爱。

待刘子轩松了手，郁红晓顿时松了一口气，软趴在刘子轩的身上。他们的调情并没有影响到唱戏的戏骨半分，或许是因为谁都青春过，所以才分外理解他们。

安静下来的气氛不由让郁红晓回想起刘子轩刚才问自己的问题，爱情都是自私的，或许法海是爱着白素贞的，不然他为什么要把白素贞囚禁在自己跟前？可惜的是，他是个出家人。剃度三千烦恼丝之后，本该断了七情六欲的他，面对红尘凡心时，除了自欺欺人或许别无他法。

想着，郁红晓挑眼看向刘子轩那一张俊朗帅气、轮廓分明的脸庞。这张脸不知道已经迷倒过多少小师妹，俘获过多少学姐的心，可她是幸运的，她得到了他的爱情，得到了他的心。

亭中央，众仙随着小青围住了法海，《白蛇传》演到了最后一幕《倒塔》。

报仇雪恨返江南，
救姐姐，出磨难。
再找法海上金山，
邀请火神来助战。
摧毁那雷峰塔，

娘娘再现彩云间。

随着小青娓娓哀怨的戏词唱尽，一曲《白蛇传》在微风徐徐之中谢幕。戏骨们满足地笑着，收拾着各自的行头，准备搭乘最后一班公交车各自回家。

意犹未尽的刘子轩站起身来伸了一个懒腰。罢了，他一边搂住郁红晓的腰，一边不开心地说："完了，今晚得通宵自习，不然明天又要考一个59.5，我可不想青史留名。"

听着刘子轩的话，郁红晓轻叹一声，无奈地摇着头。

"走吧，我陪你。"

"啊？"刘子轩冲着郁红晓摆着手指，说："不行。我一个人就可以，你特殊时期不能熬夜，要好好休息。"

"没事儿。"郁红晓说着，看了看四周，见四下无人，凑近到刘子轩的耳边羞涩地说道："今天已经好了，所以陪你没问题的。"

但刘子轩还是拒绝了郁红晓，抬手搂着郁红晓的双肩。他靠近郁红晓的耳际，然后闭起眼睛轻轻地嗅了嗅她身上的味道，那种味道是处子之身才有的，迷人的引人遐想却无法形容的味道。

刘子轩像猎狗一样嗅探着自己的猎物，郁红晓被这股嗅探弄得轻轻在颤抖，用力抱着胸前的书籍，在她准备轻吻刘子轩时，刘子轩却一本正经地说道："不行。一来就算你好了，也应该好好休息；二来我人懒，你要是有个什么好歹，我可没精气神来照顾你。"

郁红晓当即不知道如何应付刘子轩的话，明明听着是那么让人想生气，但心里却是暖暖的。她抬手将刘子轩的手握住，然后在他的唇边留下一个轻吻，说道："那好吧，你是去图书馆自习吗？明早我给你带早餐。"

见郁红晓终于听了自己的话，刘子轩笑了起来，点头应道："宝贝就是乖，明早图书馆不见不散。"说着，刘子轩忽然一惊，抬手一看时间，离闭馆只有20分钟，在郁红晓额头吻了一下后转身离开。他一边挥手作别，一边往图书馆狂奔而去。他得快马加鞭赶到图书馆寻个隐秘的角落躲起来，等闭馆熄灯之后再出来，点一盏明灯奋战一夜。

郁红晓看见远处驶来的车灯，冲着刘子轩离开的背影，大喊了一声："小心车子！"刘子轩头也没回地扬着手，回应着她说"沙扬娜拉"。郁红晓心底忽然荡漾起一股忧愁，那股忧愁瞬间让她跌落到无尽深渊，心底幻想的画面她没敢再去多想，摇摇头让自己清醒。再看刘子轩，他已经消失不见。于是，她也迈动脚步往宿舍走去。

匆匆忙忙的两个人都忘了刘子轩用来垫坐的书籍《伯格曼论电影》。

蓉大图书馆还没有通宵开馆的惯例，馆长甚至会亲自拿着手电一层一层地搜寻“小偷”，确定无人之后才会锁上馆门。但漏网之鱼总是存在，刘子轩也不是唯一。

随着漆黑之中传来一阵轻微的脚步声，刘子轩赶紧灭掉手电，将桌面上的课本麻利地藏到角落里，整个人蜷缩成一团，躲在了桌子下。

过了片刻之后，脚步声来到了他的跟前，并停在那里。这不禁吓得刘子轩吞了一口口水，心脏紧张得跳到了嗓子眼，却只能屏住呼吸静静地躲藏。憋得满脸通红的他，无意间发现，眼前的鞋子并不是馆长习惯穿的棕色皮鞋，而是一双嵌着一只橘色小熊的运动鞋。

借着熹微的亮光，探出脑袋的刘子轩，瞧见鞋子的主人拥有一双白皙水嫩的细腿，白花短裙的裙摆正好盖住了她的双膝。

这是刘子轩第一次从这个角度看女孩，半遮半掩的姿态总会撩动少年的心。刘子轩不禁有些害羞，也有些慌张。结果头不小心撞到了桌脚上，两个人同时叫喊了出来。

女孩赶紧起身，往后退了一步，双眼紧盯着桌底，将手机紧紧捏住照在桌下的刘子轩身上。刘子轩双手挡着射来的亮光。

女孩严厉地训斥道：“是鬼是妖，给老娘出来，不然收了你在雷峰塔关禁闭。”

刘子轩被女孩强大的气场给镇住了，慢慢地从桌底钻了出来。在他探出头的一瞬间，女孩的手机瞬即狠狠地落在了他的天灵盖上，口中不停喊着：“色狼，打死你个无耻混蛋！”

“瞧的麻得（等一下）！”刘子轩被这突如其来的袭击弄得不知所措，下意识的喊停，却因为口快说成了日语。

一听是日语，女孩更是气不打一处来，一边继续猛敲着刘子轩，一边说：“打死你个小鬼子，你们大和民族的男人果然都不是好东西！”

“等等！”刘子轩用普通话喊了出来，抬手一把擒住了女孩再一次落下的手腕，另一只手揉着被打痛的脑袋，说：“同学，我是人，是 Chinese。不是鬼也不是妖，也是来通宵自习的。你这么大声地喊，是想把馆长唤来吗？”

“别以为你说着一口流利的汉语，就能说自己是中国人。”说着，女孩猛地将手从刘子轩的手中挣扎出来。

刘子轩深吸一口气，不由上下打量着眼前的女孩，优雅的白花裙上是一件白色的花边短袖收腰单衣，胸前的沟线微微露了出来，这身打扮完美地勾勒出她的身段曲线。一张樱桃小嘴上涂了水彩唇膏，显得有几丝诱惑，净白的脸蛋上打了浅浅的粉底，却并没有显得特别的做作。一双圆圆的大眼睛看上去很是水灵，长长的睫毛上画了一对柳叶眉，落到心口的卷发让女孩更是添了几分妩媚。

若不是女孩的火暴脾气完全毁了她的完美形象，刘子轩只会觉得眼前的女孩，是只会存在于画中的人，仿佛画卷《韩熙载夜宴图》中的美人。除去郁红晓，刘子轩自认自己是第一次见到如此可人的女孩。

女孩见刘子轩看着自己入了神，连口水都快从嘴角流出，赶紧提了提领口，双手挡在胸前，双眼怒视着刘子轩说："还不是色狼，眼里迸出的都是些不健康的东西！"

见自己有些失态，刘子轩赶紧收回眼，尴尬地轻笑着，抬手做了噤声的手势，说道："对不起，我刚才以为您是馆长，所以才躲在桌子下面，并不是有意偷看的。"

"你看到什么了?!"女孩听完刘子轩的解释，瞪大了双眼，脸蛋一下羞红起来。

"没……没有，您的裙摆盖在了膝盖上，我没看到。"刘子轩意识到自己说错了话，赶紧摆手解释，却没想越说越错，越描越黑。

"你还想看到什么?"女孩怒斥着。

"除了您的胸……怀之外，我还真没看上其他地方。"

"臭不要脸的死鬼色狼，你祸害了多少花季少女？老娘今天非打死你不可，让你再敢偷看?"说着，女孩撸起袖子，准备和刘子轩大干一仗。

不过这一次刘子轩反应挺快，见自己惹了祸赶紧扯开话题，嬉皮笑脸地抬手伸向女孩："美少女请息怒，在下刘子轩，传媒学院导演系三年级学生。"

伸手不打笑面人，见到伸向自己的手，女孩犹豫了一下，双手紧紧环抱在胸前，冷静而孤傲地介绍着自己："法学院刑法专业四年级米亚。"

"师姐？师姐好，师姐真漂亮真迷人。"

"口蜜腹剑是吧？别以为是学弟，老娘……我就姑息养奸了。"

"不敢不敢。请学姐放心，就算您老人家借我十个豹子胆，学弟也不敢。"

刘子轩收回手拨弄着头发，帅气凌人地盯着米亚，脸上露出优雅又痞气的微笑，思索着问道："我们在哪见过？怎么看您有些面熟呢?"

刘子轩的确已经忘记，他和面前的这个女孩，曾经有过短暂的搭讪之缘。

当米亚鄙视刘子轩的无赖与耍帅后，就要转身离开时，忽然听到了外面楼道传来急促的脚步声，这让她和刘子轩赶紧藏到了书架后面。当脚步声靠近两人时，米亚发现自己的背包还在长桌上。她告诉刘子轩后，刘子轩屏住气息等待时机，在手电筒照向对侧时，刘子轩快如闪电地从长桌上拿过米亚的背包，不幸的是，他弄出了声响。馆长做出夸张的动作来回应，拿手电筒四下扫射。手电筒的光快速地从远处移到长桌跟前，脚步也愈来愈近。当馆长将光亮从长桌上照向刘子轩与米亚刚才藏匿的地方，那地方却空空如也，地上只留下一本应用类书籍。馆长捡起书籍置于书架上。书架背面的角落，刘子轩举着背包俯视着米亚，装出一副高高在上的模样，冷静的米亚用鄙夷的眼光坚毅地回击着刘子轩。随着一阵灯光扫射过后，馆长的脚步声从楼道渐行渐远，片刻之后便听到了楼下关门锁门的声音。

刘子轩冲着米亚窃笑了起来，米亚没好脸色地给了刘子轩一巴掌，然后起身抢过背包离开，刘子轩捂着脸看着米亚的背影，做出一副凶残狰狞的鬼脸来。

回到长桌前，米亚轻轻地将复习的书本从背包里拿了出来。刘子轩拿着书本坐在米亚一侧，米亚每拿一本书出来，他都会偷瞄一眼。当他看见那本熟悉的《伯格曼论电影》被拿出来时，他情不自禁猛地站了起来，毫不犹豫地把书抢了过来，翻开扉页查看。

扉页上写了几行苍劲有力的好字："你没有过去，因为你的过去不曾发生；你也没有未来，因为你的未来已经过去；你不可能变老，因为你从未年轻过；你也不可能年轻，因为你已经老了；你不会死亡，因为你没有生活过……"

"这本书怎么在你这儿？"刘子轩将扉页上的那一行字亮在米亚的眼前，略带着惊讶，又夹杂着丝丝的责问，质疑着米亚。

米亚被刘子轩的动作吓了一跳，有些惊魂未定地愣了一小下，抬手指着望江亭的方向说："（我刚刚）在……在……在望江亭捡到的……"。

"捡的？你怎么不捡个飞机大炮坦克潜艇什么的给我看看。"

忽然，米亚想起了什么，在刘子轩喜笑颜开的瞬间，快速抬手，将书抢回到自己的怀里，轻声吼道："那也是我的，你抢它干吗？"

"这是我的书！"刘子轩说着抬手伸向自己的书，当他的手指触碰到米亚的身体那一瞬间，一股暖暖的电流流窜他全身。他赶紧收回手，低头说道："扉页上的话是伯格曼的经典言论，是我在十二岁的时候写上去的。"

"十二岁？你也太能编了吧，十二岁能写出这么好的字吗？"

"对于一个拿过书法第一的人来说，我是不是该谦虚低调地告诉你，我的字本来就很好？"刘子轩坏笑着说完，然后将面前的《电影学导论》推给米亚。米亚接过书后，翻开书页查找里面的笔记，书页间的钢笔字迹果然铿锵有力清新飘逸。

"现在知道什么叫字如其人了吧！"刘子轩骚劲十足地扮酷。

米亚合上书，果断地抛向刘子轩，然后将《伯格曼论电影》放在了桌面上，用手死死地压住，用审问的口气回击着刘子轩："编！你继续编！学导演的没一个好苗子，不学无术。”

“嘿，你这人有点意思啊。不过我没骗你，你将书裹成一个圆筒的形状，在下侧就可以看到这段话的作者名字。”刘子轩说着，想抬手去拿自己的书，却担心触碰到米亚的身体，不敢伸出手去。

米亚低头看了一眼桌面上的书，半信半疑地拿起，按照刘子轩的说法，她果真看到了“伯格曼”三个字。

“看来真的是你的……”意识到自己误会了刘子轩，米亚尴尬一笑，将书推回到刘子轩的跟前。在米亚松手的瞬间，刘子轩赶紧将自己的爱书拿起，压在那一本《电影学导论》下面。

两人开始互不作声地复习着课本，安静地间隙，米亚会偷偷地观察刘子轩。她发现面前的这个男孩，虽然痞气十足，但阳光帅气。温习起功课来，也是全情投入，一副孜孜不倦的神情……每每想到深处，她会拍打一下自己的脑门，让自己静下心来，然后脸颊上露出一抹清新的笑容来。

郁红晓洗漱完毕，拿着脸盆毛巾回到宿舍时，其他女孩都已经睡下。一个胖同学发出“呼噜呼噜”的声音别有特色，郁红晓忍住笑，轻声关门锁门，踮着脚尖回到了自己的铺位前，轻轻地放下脸盆后，她爬上了床铺。

刚躺下，一条短信闪进了她的手机。郁红晓拿出来一看，诺基亚的显示屏里写着让她窒息的一段话：“已安排妥当，第一笔款随时可以打到你妈妈的账户上，愿意请回复。”

随着屏幕的光变黑，郁红晓压抑着声音哭了出来，泪水“吧嗒吧嗒”滴落在被单上，散开成一朵水花。

她的内心在绞痛中纠结，脑子里不停地闪回着刘子轩的笑容，闪回着病床上妈妈那一张苍白憔悴的脸庞，闪回着医院开出的确诊单，闪回着那一串难以支付的医药费数字。

在艰难困苦前，郁红晓想了各种渠道，可所获甚微。在生活面前，她唯一能选择的就是活下去。毕竟，生容易，活容易，生活不容易。

“容我再考虑一下。”郁红晓最终回应了来信，即刻关了机。

这一夜，她没能睡着。她在想，自己要不要把自己的绝境告诉刘子轩？但她想起刘子轩并不快乐的家庭，她还是打消了这一念头。她在想，自己的第一次要不要给了刘子轩？给了自己最爱的男孩，再去做那种肮脏恶心的交易。可是，她觉得自己已经变得肮脏，肮脏到已经不值得拥有刘子轩。

“有什么好考虑的，你那些师姐师妹不是过得很好吗？尽快给我确定答复，客人在等。”

陌生电话的回信，直到第二天郁红晓从噩梦中惊醒过来，开机之后才看到。手机里，还有刘子轩发来的短信："晓晓，等了很久还是没能等到你，上午8时15分还有考试，我走了，对不起。"

窗外刺眼的阳光，让她知道自己错过了给刘子轩送早餐的时间，而那一句"对不起"更是如同一把尖刀，每看一次就在她心口划过一道永远也愈合不了的伤口。

"对不起……"郁红晓掩面哭了起来，她的手心仿佛还残留着昨晚在望江亭时依偎刘子轩的体温。

突然响起的开门声，吓得郁红晓赶紧抹去脸上的泪痕，假装什么事都没有发生地冲着回来的室友笑着问道："怎么样？考得还好吧？"

女孩瘪着嘴，摇头叹息了一声，说道："状态不好，上台之后就发错了音，恐怕要挂科了。"

"看你这说的，我岂不是下午也要挂？"

"晓晓，你就别安慰我了，你哪一次不是大满贯啊？赶紧起床吧，该吃午饭了。"女孩说着，从背包里取出一份蛋糕来，放在郁红晓的书桌上，说道："看你没睡好，早上就没叫你起床。你饿了吧？先垫个肚子。"

望着桌面上自己最爱吃的提拉米苏，郁红晓想起刘子轩也是经常买来给自己吃，以至于刘子轩只要出现在蛋糕店里，服务员问也不问地就会拿一块提拉米苏递给他。

这是一种谁也无法享用的宠爱，可是这种宠爱此时却变成了枷锁，让郁红晓有些透不过气来。

谢过室友后，郁红晓吃着提拉米苏，在吞下第一口时她做了最后的决定，决定和刘子轩在一起，让那些肮脏的邪念见鬼去！如果错过了刘子轩，她这一辈子都不再会有快乐的时光，对她来说，刘子轩就如同她世界里的太阳，给了她温暖，也给了她方向。

可惜的是，她就要失去这颗太阳，她的世界将变成漆黑一片。

或许用文字记录下这一段最为美好的过往，是郁红晓唯一能做的。于是她拿出一个空白的笔记本，在扉页上写下了自己和刘子轩的名字，并题记："如果你是我的天使，而我注定堕入黑暗，就让我再一次在你的怀抱里，奢侈地享受几日的温暖。"

当她准备翻页时，手机响了起来，是刘子轩的来电。

若是曾经，她会赶紧接过来电，迫不及待地听到刘子轩的声音。可此刻，她望着手机的屏幕发呆，左手安静地压着笔记本，右手安静地握着笔，笔尖安静地落在"暖"字的最后一画收尾处。

一分钟过去，铃音停了下来，手机的屏幕也黑了下去。郁红晓有些失落地收回眼，望着那一行自己写的字发着呆。

“这就是堕落笔记吗？”郁红晓的心里忽然自问起来，心底冷笑了一下。

笑声落下，那个专属铃音又响了起来，这一次她毫不犹豫地接过了电话，但是她的声音却冷得让人在这个夏天里都感觉到了一股刺骨的寒冷。

“喂……”

“晓晓，我考完了。”

“嗯……”

“今天下午你要考试……应该要准备一下吧？”已经站在郁红晓宿舍楼下的刘子轩，听出了郁红晓的心不在焉，改变了原来的主意，后面的半句“中午我们一起吃饭吧”并未说出来。

“好……”

“那……加油，考完了我们去看电影！”

刘子轩鼓励完郁红晓，电话那头连回应都没有，只留下刘子轩一个人站在楼下，抬头望向郁红晓的寝室窗口。沉默了一眨眼的工夫，刘子轩回头转身朝着食堂走去，说了一声：“挂了。”没等那边回复，便挂断了电话。

走了几步，刘子轩停了下来，他感觉到了郁红晓的不对劲，有些担心地回头看向了郁红晓的寝室。望了一会儿，他自嘲地一笑，自言自语，“乱想什么呢？或许她是犯了考前综合征，所以才没心情回复呢”？

简单的一个电话，他与她虽已不像刚在一起的时候那般缠绵，甚至恨不得24小时电话都不断，可也绝不会简单到只有三个字的敷衍，甚至连一个称谓也没有。这样想着，带着忽然沉重的心情，刘子轩朝食堂而去。

在食堂门口，刘子轩收到了一条短信，是郁红晓发来的：“给我打饭，我马上下来。”

看着短信，刘子轩笑了起来，他的笑容如同三月的阳光般灿烂明媚。而在郁红晓的笔记本上，她写下了“第一天”三个字。

没有人可以预料未来的日子会发生什么，也没有资本去后悔过往，唯独能做好的就是活在当下，珍惜眼前，“且行且珍惜”。

不过，郁红晓那几日的日记，刘子轩日后得以再见，除了徒生悲伤哀叹之外，还有深深地怨恨，他怨恨的不是郁红晓，而是怨恨自己粗心大意，竟未能发现其中的端倪，这不仅毁掉了一个女子的人生，也震塌了自己倾尽全力想要保护的世界。

Chapter 3 ······ 不即不离

缘起缘灭，都已注定，

再多的彷徨和挣扎，

也不过是因为还放不下过去。

陌生人，我也为你祝福，

愿你有一个灿烂的前程，

愿你有情人终成眷属，

愿你在尘世获得幸福。

岁月易逝，人易老。

锦江王朝大酒店楼下是一个空旷的休闲广场，刘子轩倚在窗口俯瞰着这个城市的繁华与过往的年轻人。他曾经和眼前人一样，青葱年华，朝气蓬勃。一霎几载，那个住在阳光里的少年，早已将自己深藏在内心最灰暗、最坚强的角落里。走过万丈深渊，刘子轩变得寡言少语，且增了几分多愁善感。一些回忆在他的脑海里挣扎，很多过去令他无法释怀。

遥想，当初的欲望已是记忆。可笑，可悲，可怀念。

2009 年的蓉城九眼桥，临河一街的酒吧，在夜幕降临之后依然喧嚣热闹。

华彩初上，走在河边就能听到倒卖山寨手机的人拉开衣服的一边，紧跟在路过的人身后，指着内兜里的山寨手机，神秘兮兮地问道："要不要 iPhone4？崭新的，便宜卖给你。"

在这里，便宜的不只是名牌手机，还有名牌自行车和摩托车，蓉城人都知道这里的捷安达自行车比其他地方要便宜一半，个中缘由，各自都懂。

三年前的刘子轩就在这里买过一辆捷安达自行车，那时候他是和郁红晓一起来买的，是在她写日记的第二天。

2009 年 6 月 20 日，星期六，晴，晨。

子轩早早地等在宿舍楼下，见到他时，他手里端着从"念时光西点屋"买的，我最喜欢的提拉米苏和旺仔牛奶。那一刻，我的眼中噙满了泪水，看着子轩，想象着无法预知的未来时光。亲爱的，如果我们可以打破宿命论里不怀好意的设定，我愿与你牵手，不离不弃，倾尽我对你一世的痴迷，享受我们点点滴滴的幸福快乐。

当郁红晓出现在刘子轩眼前时，她身上的那一种美让刘子轩看得发呆。板鞋，纯白的 T 恤，撕裂的破洞牛仔裤，简单的装束看上去更加清新怡人、出尘脱俗，绝不比系列电影《小时代》里的女明星逊色。

郁红晓还涂了一点儿唇彩，虽然没有口红那般撩人，但嘴唇在阳光下泛着的小碎光，还是让刘子轩的呼吸有些急促起来。

“不好意思让你久等了，今天花费的时间有些长……”郁红晓说着，然后抬起双臂，在刘子轩面前转了一个圈，神采飞扬地笑着问道：“好看吗？”

刘子轩愣了一会儿，应道：“好……好看。只是……你这么漂亮，我好想好想把你永远封在我脑海中的博物馆里，那个地方要满满地只珍藏你的身影和你的美。”

听着刘子轩的话，郁红晓蹦跳到刘子轩的跟前，抬手搂着刘子轩的脖子，吻了一下他，心花怒放地说道：“有句话叫作‘士为知己者死，女为悦己者容’。所以，你应该觉得庆幸，但我又怕我以后给不了你更美的。”

“你现在已经最美了。”应着郁红晓的话，刘子轩抬手搂住了她的腰，让她的身体和自己靠得更近一些，说道：“你说你吃了那么多提拉米苏，这腰还这么细，不可思议。”

“那我就吃成一个大胖妞，到时可不许你不要我。”郁红晓边说边接过刘子轩面前的早点。闻着熟悉与喜欢的味道，郁红晓当即不顾形象地吃了起来。

大学里青涩纯洁的爱情没有什么物质可以去衡量，唯一能够衡量的，就是两个人的快乐，两个人的笑容，彼此在乎彼此的紧张，还有十指相扣时的心跳加速。

这就是爱情，可现在已然不是如此。刘子轩想起这些，不免还是冷冷一笑。但他又觉得这些都理所当然地存在过，没有这些快乐，又怎么会有后来的悲伤。

身后的敲门声，将刘子轩从回忆中拉回了现实。

开门之后，见门外的是徐梦莲，刘子轩浅浅一笑。

“刚才有位叫王勃的先生打电话到前台，让你给他回个电话。”说着，徐梦莲斜眼看向屋内，目光巡视着什么。

刘子轩挑了一下眉毛，若无其事地说道：“刚才在想事情，应该是没听到他的电话，所以他才打到了前台。”

“话我带到了，我去忙了。”

“等等。”刘子轩突然抬手拉住了徐梦莲的胳膊，随即又放开，这让徐梦莲心里不由自主地抽动了一下。

眨眼的工夫，刘子轩拿着自己的外套走了出来，一边关门，一边对徐梦莲说道：“我有些饿了，酒店有没有什么可以吃的？”

“现在还没到用餐时间，不过我可以让大厨给你准备点西点，你想吃什么？”徐梦莲问道。

刘子轩皱了皱眉，望着徐梦莲说道：“算了，还是不麻烦他们。”

"你下飞机后没吃点东西吗?"

刘子轩摇头回答:"下机后直接去会展中心看新奇去了。"

听到刘子轩去了会展中心,等电梯的徐梦莲愣了一下。等缓过神来,她小心翼翼地问道:"你……见到米亚了?"

徐梦莲的问话让刘子轩脸上的表情慢慢变成了呆滞,他去会展中心的目的就是想偶遇米亚。沉思了片刻,刘子轩说道:"没见到……你是说,她今天的确是去了会展中心?"

听到刘子轩和米亚还未见面,徐梦莲的心里莫名其妙地窃喜。可这感觉转瞬即逝,她又以局外人的身份对刘子轩说道:"今天是美食节食品推介会,她怎么可能不去。"

刘子轩强挤出一抹微笑,怅然若失地说道:"悲伤不该在饥饿的时候存在,那样只会伤胃,我去学校附近转转。"说完径直走进了下楼的电梯,独留徐梦莲站在电梯口。

九茹村临街,一条典型的学府街道,各大品牌眼镜在这一条街竞争着。与蓉大通过一座天桥相连的飓风网吧,虽配置不算很高,却生意兴隆。

学府影院外的大屏广告位推介着这几日热映的电影,看到《绣春刀》的预告片,走在天桥上正打着电话的刘子轩停了下来。虽然他在回蓉城之前,已经在北京看过这部电影,看完后他还写了一篇短文发在朋友圈。

积攒了一些经验的刘子轩在想自己的第一部电影何时能启动,何时能与观众见面,他想听到他们的声音,期望市场和自己对话。

看完《绣春刀》的预告片,刘子轩走下天桥,在经过只有几位打字员噼里啪啦敲打键盘的冷清打印店和一家琴行后,刘子轩来到了蓉大的拱形大门前。

"等你到了蓉城,我们再聚。"挂掉王勃的电话,刘子轩深吸一口气,抬头看向蓉大的大门。

熟悉的牌坊,横梁正中以草书勾勒出"蓉城大学"的字样来。中庭广场在这个时候显得有些冷清,只有少许喜欢在荷花池边看书的学生在这里来回穿梭,外出或者回寝室的人儿都喜欢抄近道,走大门左侧挨着围墙的小路。

那条小路,刘子轩也不知道自己曾走过多少遍,他总能在小道的某个角落撞见情侣忘我的拥吻。

刘子轩没有借着记忆的温度走进校园,抿嘴一笑后继续往前走去。不过几十米便到了磨子桥下。在那个熟悉的街角,他见到了熟悉的西式面包店,不过那个叫念时光的西点屋已经改弦更张。

斗转星移,行云散后,其人不在。

现在的西点屋是蓉城家喻户晓的品牌,相较之前看上去要阔气了许多。

加勒比海的装饰风格让整个店面高端上档次，透明的蛋糕柜里，摆满了琳琅满目的各式糕点，入门的地方还摆着礼品盒，透明精致的方盒子里，一只布袋熊正笑看着窗外。

他径直走到柜台前，正在清点美食的女孩赶紧迎上，微笑点头问好："您好，请问您有什么需要？"

刘子轩抬头看了一下柜台正上方的菜单，一边寻着自己熟悉的物品，一边说道："一个提拉米苏套餐，然后……"

"不好意思先生，您需要的产品现在已断货。"女孩表示歉意之后，顺手将特推产品放在了刘子轩的面前，笑着说道："您不妨试一试我们正在推介的新品。"

刘子轩愣了一下，苦涩微笑之间还是应下了女孩的话，说道："好的，就给我来一个花庭森林吧。"

付了钱，提着蛋糕，刘子轩带着略有失落的心情走出了西点屋，与其说怀念从前的味道，不如说他心底还住着一个人。他在想，如果郁红晓还在，她也许会喜欢这款蛋糕吧？

旁边小超市的卷帘门在这个热闹的时段紧紧闭合着，滚烫的铁皮上贴上了一张纸，写着"门店转让，电联××"。看到这一幕，斗转星移与物是人非两个词语再次在刘子轩的脑海盘旋，它们是世界上最可怕的词语，想到曾经在这里买过的旺仔牛奶，他赶紧加快了步伐，不想让悲伤再次浸染自己的思绪。

回到了学校门口，刘子轩扭头望着大门牌坊，呆滞了一会儿，还是转身走了过去。

就在双脚踩在熟悉的石板路上的一瞬间，那个熟悉的声音顿时在他的耳边回荡。

"小轩，看这边！"

往小路扭头看去，裹着严实的郁红晓背着一个黑色的小背包，正踮着脚跟冲着刘子轩挥手。同样的位置，那一天的刘子轩手里也提着一个袋子，里面装着的依然是念时光西点屋里的提拉米苏和从旁边超市购买的热乎乎的旺仔牛奶。

刘子轩微微一笑，转身慢慢跑到郁红晓的跟前。郁红晓望着他，扬着的手慢慢放下，抬起另外一只手，将手里的电影票亮在刘子轩的眼前，笑眯起眼睛，用蓉城话说道："美女，《海角七号》最后两张票被我抢到了，晚上整起咯！"

看着郁红晓手里的电影票，刘子轩嘴角微微上扬，眼泪从眼角滴落，穿过郁红晓的手落在了地上。

刘子轩看着 2009 年 2 月 14 日的自己和郁红晓的画面近在咫尺，眼中情不自禁地噙满了泪水。当他擦干眼泪再去看那幅场景时，那个青涩的自己和清纯的女孩已经模糊在视线里。原来，回忆里的她还是那般的美好。

走过小道，北二食堂此时热闹喧嚣，来得稍晚的学生正端着餐盘，在密密麻麻的人头中寻找空位。当然，男孩更喜欢漂亮女孩旁边的位置，而女孩也同样喜欢坐在帅哥身旁，或许一个不注意就能甩掉单身狗的头衔。

“不经意，我们便在一起了。”刘子轩黯然销魂地自言自语，眼前的青春画面让他想起自己当初和郁红晓相识的第一天。

2007 年的 10 月，宿舍的摇头风扇根本吹不走仲夏夜的热浪，即便开着窗户，睡在凉席上，也只能用一个词语来形容体表的温感，那就是铁板烧。

于是有空调的自习室成了学生扎堆出现的地方，当然大多数人是以自习为借口去乘凉或谈情说爱的，真正静下心学习的学生少之又少。

刘子轩抱着自己最喜欢的《伯格曼论电影》，走进了第三教学楼五楼的第一间教室。或许是他来得有些晚，教室内只剩下一个位置。当他走到那个位置旁边时，看着桌面上搁着一本书，书上贴着一张彩色便笺纸，上面写着“考研占座”，他顿时明白这里为何没有人坐的原因。刘子轩四面环视了一眼，还是坐了下去。

刘子轩将《伯格曼论电影》放置在那本贴着便笺纸的书本上，然后枕着两本书，听着不远处空调里发出如同催眠曲的呼呼声，很快便睡着了。直到他惊醒过来，才发现教室里的人已经走得差不多，一个咬牙切齿的女孩正站在他的跟前，手里拿着一张纸巾看着自己。那是刘子轩第一次见到郁红晓，一件过时的白色长裙紧贴着她有些消瘦的身体，精致的脸蛋见不到血色，修长的手指瘦得能见到骨骼。与此同时，他敏锐地嗅到了一股清幽的香味。

接过纸巾，刘子轩冲着郁红晓尴尬一笑，赶紧擦掉嘴角的口水，说道：“谢谢。”擦完后他将纸巾随手扔进一旁的垃圾筒。

郁红晓愣了一下，指着桌上的书本讥笑着，说道：“那纸是让你擦它的……”

“这是你的书？”

见郁红晓置之不理，刘子轩拿起他枕着的那本书，然后将上面的口水对着裤腿擦了擦，递了过去，说道：“不好意思，让你见笑了。”

郁红晓沉默着，有些嫌弃地接过书本，刘子轩拿起自己的书准备起身让座。

当刘子轩见到郁红晓手里抱着大二的课本，停止了让座的举动，问道：“考研还要看大二的专业书吗？”

郁红晓赶紧将书本藏在了身后，故作镇静地瞪眼看着刘子轩，说道：“你个小屁孩知道什么?”

“别以为我不知道考研课本是哪些?”说着,刘子轩将自己的书往前一推,并没有让出座位的意思,然后若无其事地对郁红晓说道:“我们俩同一学院不同专业而已,你觉得我会不知道?”

“我觉得你胡搅蛮缠,自欺欺人自以为是就能博得女孩子芳心?你这样的男生我见多了,来一扎我灭一扎!”郁红晓顿时吼了出来,吼得所有人都朝着刘子轩看了过来,尽是鄙夷的眼神。

刘子轩赶紧用书挡住了自己的脸,一边起身让开,一边小声说:“喂,不就是个位置?用得着放大招置人于死地吗?你要,让给你就是了。”

“把桌子擦干净!”

应着郁红晓的话,刘子轩往桌面上一看,桌上还有一堆口水。他无地自容,赶紧从垃圾筒中捡起刚才扔掉的纸巾将其擦掉,然后一溜烟地跑出了教室,一口气跑回宿舍,躲进了浴室,用冷水冲洗着自己尴尬的窘态。等冷水淋湿全身,他才恍然过来,自己的书忘在了教室里。

不敢多等,刘子轩赶紧穿好衣服往楼下跑去,在跑出宿舍大门十来米时,他撞见了郁红晓,她的手里正拿着他的书。失而复得的欢喜让刘子轩眉开眼笑,情不自禁地冲郁红晓点头哈腰连声感谢。

在郁红晓转身离开之际,刘子轩飞快地跑到她的前面,拦住了她,一副死皮赖脸的贱相,找着能开聊的话题:“你怎么知道我住这里?”

“书的扉页上有写。”

“噢,对。”刘子轩这时才想起来,在书本的扉页上,除了写着电影大师伯格曼的名言外,还写着自己的一些基本信息。见女孩应该已经知道自己的名字,刘子轩主动献殷勤,抬手上前,喜上眉梢地说道:“你好,在下刘子轩。”

郁红晓抿嘴一笑,没有理会刘子轩的自我介绍,而是侧身离开,刘子轩左手握住自己的右手化解尴尬,转身看着那道瘦弱的背影渐行渐远。

在刘子轩心里,有一个问题他花了很长时间也没有想明白,那就是:明明书的扉页上有自己的电话号码和宿舍号,米亚在捡到他的书之后,为什么没有主动联系自己?

“为什么?”

在为晚餐做准备工作的期间,收拾桌台的谢丽娜眨巴着眼睛,问着米亚同一个问题。

米亚笑着摇头应道:“我也不知道当时咋个就蒙圈了。谁知道我和他之间的故事会发展得那么多,多得都可以让他写一个电影剧本。”话音落下,米亚叹息一声,心想:命运的轮转让人有些猝不及防,她若不是想在毕业之前做一件疯狂而又不出格的事，她又怎么会和刘子轩产生交集。

米亚大学毕业那天，独自一人拖着行李箱走出了蓉大的校门，没有人送她。大学四年的时间里，追她的男生若都去参军，足够集成一个加强连。现在想想，如果用一句话来形容她对爱情的执守，或许就是“我拒绝了别人的万千殷勤，为的只是等待一个未知的你的到来”。

挥手朝着牌坊大门作别，米亚叹息一声转身离开。何善钦那辆黑色奥迪已经在路口等待多时，米亚看到后一阵小跑过去，开了后备厢，将行李塞了进去。

在米亚上车关上车门的瞬间，刘子轩骑着他才买了不过两天的捷安达，载着在后座上咯咯直笑的郁红晓从校内骑行出来。米亚并未认出刘子轩，不过她以羡慕的神情目送这对情侣消失在转角处。当时的米亚肯定未能料到，不久之后的自己，会和眼前这个小自己一届的幸福男孩，发生一些匪夷所思的故事。

那一天，刘子轩载着郁红晓沿着府南河骑行了一圈。河风吹拂着柳叶轻飘，这一天的郁红晓没有把头发扎起，微风吹起她的发梢，让她的笑容如明月般清纯迷人。

在经过合江亭爱情斑马线时，刘子轩将车停在路边，然后牵过郁红晓的手，一起走在世上独一无二的浪漫斑马线上，他问着郁红晓：“知道我们在一起多久了吗？”

看完腕表的郁红晓斩钉截铁地回答道：“1 年 9 天外加 17 个小时 23 分钟。”

“哇，精确到分钟，有没有搞错？你太了不起了。”刘子轩不敢相信郁红晓会记得这般清楚。他轻轻地哼了一声，斜眼看着郁红晓说：“原谅我这个数字迟钝狗吧，不过我喜欢你用花言巧语狂轰滥炸我，本少爷喜欢这一套，哈哈。”

“还有 6 小时零 37 分钟就是 1 年零 10 天。”说着，郁红晓将手表亮在刘子轩的眼前。刘子轩调皮地把头扭向了另一边，趁郁红晓不注意时，他猛地回头，春风得意地用嘴堵住了她的玉唇，两人热情似火地激吻着。刘子轩从未想过，柔弱的郁红晓会把他们在一起的时间记得那么清楚。

2008 年 5 月 12 日，里氏 8.0 级特大地震震碎了山河大地和无数人心。即便汶川距离蓉城有着百来公里的距离，强烈的余震还是让蓉大的学生自发地在操场搭起帐篷以防未然。

都说患难见真情，一段感情历经过一场灾难，必然会历久弥新。一些投机分子会借着灾难过后的援助，给自己制造一些所谓的邂逅或搭讪的机会，譬如给女生搭帐篷，就是男孩子们向暗恋许久却不敢去表白的女神，送出暗示的最佳时机。

米亚是第一个得到刘子轩这样暗示的女生，但是当时的她只是以一个礼貌性地微笑，外加一句高冷的“谢谢小弟弟，你换个地方撒野吧，姐这儿是自留之地哟”，就打发了孩子气的刘子轩。

在刘子轩被米亚拒绝后，他转身的那一刹那，无意之中撞见了对着眼前的帐篷，正一脸愁容的郁红晓。

“需要帮忙吗？”刘子轩再次见到了郁红晓。

“大半年了，你还跟踪我？”

“不乐意吗？”

“你行吗？”

刘子轩完全没想到郁红晓会说出这样的话来，显得有些激动地辩解道：“我，纯爷们，这东西对我来说小菜一碟。”

郁红晓哈哈一笑，说道：“你明明是个小破孩，还妄称自己是纯爷们，自以为是的毛病还没根除？”

刘子轩打量着自己，他只不过穿了一身运动背心和短裤，为什么她们都对自己抛出这样的结论？他不服气地指向自己的帐篷，说道：“橘红色的那顶帐篷看到没有？我的，壮观吧。”说完这话，刘子轩胸中多少有些得意。

郁红晓顺着刘子轩指的方向看去，看到刘子轩的帐篷后，撂下一句“那就辛苦你咯”便拿过一本书籍走向台阶，落座后专心地看起书来。刘子轩看着郁红晓一副事不关己高高挂起的冷漠姿态，无奈又抓狂不已，心里咒骂着自己：你这不就是没事儿找罪受吗？

踟蹰片刻后，刘子轩认真观察着郁红晓，她看书时的一颦一笑深深吸引着他，“世间竟有这般出淤泥而不染的姑娘，小爷追定你了。”刘子轩打定主意后，干劲十足地摆弄着郁红晓的帐篷。

经过反复拆卸和安装，刘子轩终于将郁红晓的帐篷搭建好。看着汗流浃背的刘子轩，郁红晓的脸颊上露出开心的微笑，刘子轩有些欣喜若狂，本想说一些男子气概的大话来，却不料郁红晓走过去，摸了摸他的头，说了声“谢谢”后一头钻进了帐篷。刘子轩手足无措地站在帐篷外，欲言又止。突然，钻进帐篷的郁红晓探出个头来，挑眼看着刘子轩，问道：“还有其他事吗？”

“没，没有……”刘子轩傻傻一笑，然后故作镇定地哼着陈楚生的歌曲《有没有人告诉你》离开。

郁红晓有些小得意地看着刘子轩消失在视线外，她懂刘子轩的用心与小算盘，不过她期待发生在她身上的爱情故事更加烂漫和长久。

一股强烈的征服欲激励着刘子轩，在之后的日子里，他对郁红晓多了一些关注。通过几天的跟踪与搜罗，刘子轩知道她每天早上 7 点走出宿舍大楼，总是第一个来到教室。生活较为拮据，从不去私人承包的餐厅吃饭，吃饭时会打两份青菜但又不喜欢吃胡萝卜；课余时间会在图书馆看 J.K.罗琳的《哈利·波特》系列小说。下了晚自习会和几个室友在足球场漫步一圈。身上的衣服基本上是两天一换，虽然是已过时的款式，但是却让她穿出了一种超凡脱俗的气质。从聊天中得知一个重要的信息，她生于仲夏的拂晓，恰巧那天东边天际出现漫天红云，为给出生便无父爱的她讨一份吉祥，她的妈妈给她取名郁红晓。

汶川地震之后，蓉城人似乎看穿了生命的真谛，多了一些超然洒脱，那平和豁达的生活态度让人钦佩不已。地震后坊间流传的一些经典段子更能真实地反映蓉城人的生活：

“余震就像打麻将，如果半天没得啥子动静，就绝对是在做大的。”

“蓉城人看余震的心情就像初恋的少女看情人，既怕他不来又怕他乱来。”

“蓉城，一个来了就逃不脱的城市。”

“能吃就多吃一点，不然遭埋起了，咋撑 100 多个小时哇……”

地震后的一个月，虽然余震总是冷不丁地冒出来，却丝毫影响不到蓉城休闲安逸的生活氛围。茶楼的大爷太婆们处变不惊地喝着茶，打着普通麻将；浣花溪公园里的孩童们依旧追逐打闹，嬉皮笑脸地玩耍着游戏；春熙路的时尚潮人照常穿梭在琳琅满目的商店之中。

6 月 23 日，刘子轩期末考试的最后一场，当他只带着一支笔走进第三教学楼的门口时，撞见同是最后一场考试的郁红晓。

“嗨！”刘子轩对郁红晓打着招呼。

郁红晓见到刘子轩的瞬间，有些状况似地往四周看了看，然后有些傻乎乎地抬手指着自己，问道：“你是在叫我吗？”

“嗯，你今天考电视概论？”

“对啊。”

“我也是。”

“你最后一场吧？”

“对啊。”

“我也是。”

刘子轩笑得有些得意，因为这些信息他早就从别的同学那里了解到了。不过，他依然显得因为和郁红晓同一时段最后一场考同一科目而分外开心。或许只是因为他默默地关注她太久，莫名之间已经在心里的某个角落给她开了一扇窗，她投进的那缕阳光温暖了他的全身。

郁红晓轻轻地笑了起来。这不是她第一次对刘子轩笑，但这一次的笑中夹杂着一些羞涩的情感。这更加让刘子轩显得有些兴奋，赶紧上前将郁红晓手里抱着的书抽了一本出来，翻开扉页，他终于确定了她的名字，不过说出来的时候却嘴不由心。

“郁晓红！”他故意念错她的名字。

“你眼瞎啊……”郁红晓一脸不屑地看着刘子轩，没好声地回击着。

“郁红晓同学，得理饶人时需饶人，给……”刘子轩将书本递给郁红晓，郁红晓接过后，刘子轩留下一句“考完之后我还是在这里等你，我请你吃饭”。说完一溜烟地蹿上了楼，不给郁红晓拒绝的机会。郁红晓想着他话语间的“还是”二字，忽然明白了什么，她脑海闪回在这一个月里，刘子轩在教室、在食堂、在操场、在图书馆等地方偷偷观察她的画面。想着这些，上楼的郁红晓觉得一股暖流流窜她身体的每个角落，那是一种从来没有过的感受，她的脸颊不经意间泛着羞怯的笑容。

两个小时的考试时间，刘子轩多半是在幻想和郁红晓单独在一起时要说的对白，最终他没能做完试卷就提前交卷，这一举动造就了 59.5 分的综合评分。然而，当认真考完试的郁红晓带着整个寝室的小伙伴们出现在刘子轩面前时，刘子轩傻眉愣眼了，叹息那些精心准备的话语最终化成泡影。

大学的聚餐大抵是两类，相聚或者分离，话题也大抵差不多。女生会说系草校草发生的那些事儿，男生会说系花校花的八卦新闻，可要是掺杂一些搅事的异性进来，话题又会多出一个来，那就是爱情。

“晓晓，啥时候找了个痴情帅哥，也不告知姐妹一声?”郁红晓的室友朱巧巧看着其他同学，眨巴着眼睛故意问道。

“说说呗。”

“就是就是，平时都不和男生说话的你，怎么就开窍了呢？讲讲经验，让我好好学习学习。”睡觉爱打呼噜的胖妞附和着。

“你看你瘦的，我都心疼，赶紧多吃点，不然今晚你爸妈见到你一定会失眠。”郁红晓夹着一个鸡腿往胖妞的碗中放。

胖妞也不示弱，单手拿起鸡腿上演一副饿狼扑食的吃相，博得众人哈哈大笑。除刘子轩之外，其他人纷纷向她碗里夹肉夹菜，瞬间菜从碗里长成三寸高。

“你们别岔话题，晓晓你继续。”胖妞满嘴冒油地吃着鸡腿，还是不放过郁红晓和刘子轩的话题。

“哥们，你怎么看待爱情?”朱巧巧边剔牙边问着刘子轩，一派江湖气息。

“爱情?”刘子轩有些猝不及防，不过他早就想过他的爱情在他生命中占据的地位，“爱情是我一生中电影之外的最大梦想”。

“此话怎讲?”

刘子轩看着郁红晓满是期盼的眼神,心底自鸣得意,不过他将那份躁动掩饰得极其平静,目光对着郁红晓慢悠悠地说道:“爱情如果不是一本编年体,就是一种梦幻……当我在冰冷的床榻上咽下最后一口气时,我仍然能感受到与她在一起的时光所感受到的那种眼花缭乱的魔幻感觉。”

“这么文艺? 浪漫大师啊!”

“你说点我能听懂的!”

“就是在我临死的时候能对你说,我爱了你一辈子。”

刘子轩此话一出,众人哈哈大笑,唯有郁红晓低下头来微微浅笑。

“你想知道晓晓的爱情观吗?”朱巧巧扔掉牙签,点起一支香烟挑衅地看着刘子轩。

郁红晓抬起手堵住朱巧巧的嘴,阻挡着:“巧巧不准说。”

“我来说。”胖妞擦完嘴,摆出一副说评戏的姿态,用评戏的口吻唱道:“晓晓说,假如爱情是一本永恒的书,她愿意流连忘返,为它洒下热泪斑斑;如果这本书欺骗了她,她会抱着书跳入深渊,换回空谷回音。”

“讨厌。”胖妞唱完,郁红晓故意一副生气的模样,说道:“你,你,还有胖妞你,你们谁不是在高中就谈恋爱的? 个个都是情场老手,就别拿我开玩笑了。”

见郁红晓不甘示弱地调侃着室友,刘子轩心里乐了一下,他看着郁红晓内心说出一句独白:“假如你的爱情是一本永恒的书,我不会是那个只是信手拈来翻阅过几个片段的人。”

当郁红晓话语落下,刘子轩也站到郁红晓一边,忙着附和道:“就是就是,千万别难为郁红晓同学,要是毁了郁红晓的清誉,我可是跳进府南河都洗不清。”

“那你就跳进黄河洗呗。”

“黄河里都是沙子,越洗越不干净。”胖妞操着山东话接着说道:“这就和两个人的关系一样,解释,就是掩饰,掩饰就是有故事!”

然后应着这话,郁红晓的三个室友都哈哈地笑了起来,郁红晓也笑了,只是她笑得很尴尬,脸也红得快到耳根子那里,只敢埋着头一个劲儿地吃东西,不敢搭话。都说三个女人一台戏,刘子轩也是被三个女生合谋整得不知所措,赶紧向服务员要了一瓶啤酒,然后举着瓶子说道:“三位大美女别调侃我了,我向来最讨厌喝酒,不过今天特高兴,就破个例,我敬你们。”

“敬我们,得需要理由的。”

“你们真讨厌,别再给我挖坑了好不好?”郁红晓知道自己的室友来者不善。

刘子轩扭头看向了郁红晓，突然明白个中道理，然后向对面的几个女生说道："敬你们也尽快找到属于自己的那份爱情。"然后仰头一口气将一瓶啤酒喝光。

似乎在这一刻，旁观者的话多少点亮了他的心，吃饭与敬酒的理由，难道不是自己想和郁红晓在一起，所以得先拿下她的朋友吗？

在何善钦和刘延烈叙旧时，刘子轩走进蓉大外，那个他们以往经常去聚餐的苍蝇馆子。馆子和三年前一样未经装潢，卫生似乎依旧不达标，不过那股子神秘的吸引力和特别的味道让这里生意火爆到难以找到单独的位置，只能和别人拼坐在一起。不幸的是刘子轩坐到了一对情侣的面前，两个人在刘子轩面前秀了一顿饭的恩爱。

在吃饭的间隙，这一对情侣让刘子轩想起了那本《伯格曼论电影》确切的丢失时间。那是三年前的端午节，刘子轩早已习惯了过节放假请郁红晓及其室友聚个餐。

还是这间苍蝇馆子，点的依然是那些充满神秘感又有特色的菜肴。此时的郁红晓相比第一次聚餐时胖了少许，看上去已经不是骨瘦如柴，精致的脸蛋有了血色。胖妞在点菜的时候，看着菜谱抱怨物价上涨太快，如果不是帅哥请客哪吃得起啊？郁红晓将这个原因归罪于刘子轩。

"为什么是我的错？"刘子轩有些不明白。

朱巧巧挽着郁红晓的手臂，已经不再故意调侃两人的恋爱，却依旧拿两人的恋情洗涮，神采飞扬地说道："当然是你的错。你没看见吗？晓晓的体重和物价的增长成正比关系。"

"这都能扯上关系。"

"那是当然！"朱巧巧应着，顿了一下，若有所思地沉默了一会儿，挑眼看了一下郁红晓，坏笑着凑到刘子轩耳边轻声问道："你们俩……准备啥时候发生点不正当关系啊。"

虽然朱巧巧的声音已经压得很低，尽量不让郁红晓听到，却还是在说完之后，立马被郁红晓察觉到，她略带羞涩地吼声："说什么呢？什么叫不正当关系，说的我们在做见不得光的勾当一样。"

"噢噢，不是不是，正当不合法关系，这么说，妥了吧？"

"不理你们，我去洗手间。"

"我也要去。"见郁红晓要逃，朱巧巧丝毫不放过她。

郁红晓没有说什么，只是白了朱巧巧一眼便离开。朱巧巧快步上前，装成男人一样搂着郁红晓的腰，不时地抚摸着她的翘臀，然后回头朝刘子轩做出挑逗的妩媚表情。

只是谁都没有看到，郁红晓背对他们的时候，眼角闪过的那一丝泪花。朱巧巧说的不正当关系，如同一颗核弹一样，扔进了郁红晓已经脆如玻璃的心脏。

就在前两天，郁红晓回家看望生病的妈妈时，她未进门便听见了妈妈痛苦的呻吟声。等她进屋之后，她发现妈妈已经滚下床，在地上颤抖着，水泥地上留下一排排的抓痕。郁红晓用力地搀扶起妈妈，将她一顿安抚，在哄着妈妈睡着之后，她想起手机上的短信，在反复地纠结和徘徊中，她做了一个最坏的打算，她要扛起妈妈的天，要让她在人生最后的旅程里走得安然祥和一些，她不希望妈妈那么痛苦不堪。

在洗手间洗脸的时候，郁红晓收到了一条短信，短信告诉她约好的客人已经再三催促了，问她具体的时间。郁红晓对着镜子擦干眼泪，强挤出一抹微笑，努力地劝慰着自己，即便自欺欺人，也要继续快乐下去。和刘子轩在一起的时光，既然只有今明两天，为何不好好地去珍惜。即使自己堕入黑暗的深渊，或许在某个时光里，看着熟悉的风景还能有可以去感怀的美好记忆。

等郁红晓从洗手间回来之后，刘子轩一眼便看出了异样来，朱巧巧等人也是借着理由先离席。可不管刘子轩如何询问，郁红晓都不作答，只是默默地哭泣，急得刘子轩不知所措。当刘子轩背着郁红晓离开餐厅时，那本《伯格曼论电影》躺在刘子轩坐过的板凳上，等他想起再回去取时，书已经永远丢失。

“只是这样的美好，最终也变成了对背叛的无情审判……”堕落日记的第四篇最后那句话，刘子轩记忆犹新。望着熟悉的场景，刘子轩忽然感觉内心无比压抑，想着曾经的那段快乐的时光里，郁红晓那自欺欺人的快乐，背后到底承受着怎样沉重的痛苦？

“要去看看她吗？”刘子轩在心里突然问着自己。

夜幕下阴沉的天空开始飘起小雨，他仰头望着天空忧心忡忡，简单地自言自语，“算了……”叹息一声，转身离开这个曾经聚餐无数次，熟悉却又陌生的地方。

刘子轩学着去遗忘，当这种遗忘成为一种习惯，久了才知，他何尝不是一样在自欺欺人？不管是对郁红晓的痛，还是对米亚的痴，抑或是对刘延烈的恨。

走在府南河边的雨林里，刘子轩想起张若虚的《春江花月夜》来。

昨夜闲潭梦落花，可怜春半不还家。江水流春去欲尽，江潭落月复西斜。斜月沉沉藏海雾，碣石潇湘无限路。不知乘月几人归，落月摇情满江树。

Chapter 4 雨中花满

南楼夜月，东窗疏雨，金莲共醉。

人静回廊，并肩携手，玉芝香里。

念紫箫声断，巫阳梦觉，人何在，花空委。

当我们再次相遇，你我都已物是人非，

我不再笑你当初风华正茂，你也不再笑我曾经放荡不羁。

有人说时间是最佳的忘忧剂，它会慢慢地沉淀，再深的记忆也有淡忘的那一天，这话对于刘子轩来说似乎无效。

刘子轩怀念不曾淡忘的过去，是因为过去的时光里，包容了很多他已经失去的东西，他不想再连这些记忆也失去。每当回忆这几年的过往，刘子轩更加相信因果宿命。十二岁在《伯格曼论电影》扉页上写下的伯格曼的名言，就是最好的印证。

夜色渐渐笼罩城市，华彩初上之际，这座城市狂野的一面已苏醒。

从苍蝇馆子出来后的刘子轩并没有直接回酒店，而是沿着府南河漫步，在雨点渐大起来的时候，他在路口拦下了一辆出租车。当司机问他去哪时，他犹豫着，并不知道要去哪里，想了好一会儿，才迸出"人南立交"四个字。

出租车很快到达了目的地。付费下车，刘子轩站在熟悉的地方，却不知自己为何要来到这里。当刘子轩看到曾经被自己气愤时打了一拳的银杏树，不由想起从戒毒所出来和米亚分别的情景。那时，他被刘延烈的三个贴身保镖硬生生地绑回了家里。

对别人来说，回家的感觉是温馨幸福的，可对刘子轩来说，并非如此。

回到家，刘子轩并没有欢欣跳跃，而是沉默地提着黑色皮箱进了自己的卧室。

他关上门，看着海蓝色的墙壁上挂满的经典电影海报，瞄了一眼靠近窗户的书桌，书桌上散乱的手稿没有被收拾规整过，和他进戒毒所之前一模一样。一旁的床头柜上，青花瓷的花瓶当中，一朵香水百合开得正艳。花瓶旁，是一个相框，相框里的照片少了一截，只剩下一个六岁的男孩和一个二十来岁的女人，他们笑得是那么幸福。

来不及将皮箱的东西收拾妥当，刘子轩坐到了床边，伸手拿过相框来，轻柔地抚摸着相框中的女人。

"好久不见……"刘子轩笑着，一滴眼泪落在了相框上，散成了一朵梅花。

过往经不起岁月的推敲，再痛的回忆，即便被深藏在心底，也会在某一刻突然掘开，让人痛不欲生。

2009年12月，隆冬的日子里，常青树的叶子显得和这个节气太过格格不入，哀乐从刘延烈别墅的后院缓缓响起。看着凋零的树木，听着远处传来的哀乐，刘子轩边喝着烈酒，边大声吟唱着宋玉的辞赋《九辩》："悲哉！秋之为气也。萧瑟兮，草木摇落而变衰。憭栗兮，若在远行。登山临水兮，送将归。"虽说草木荣枯是微末小事，但在刘子轩看来，它影响着他情感的好恶和悲伤，所以唱到情深处眼里布满了泪花，当他走到别苑小区铁门前时，他缓缓将其推开，门边站着一位六十多岁的老妇。

"少爷，赶紧回家吧，就等你了！"老妇已在门后等候刘子轩多时，见刘子轩走路不稳，她赶紧迎了上去，抬手扶着刘子轩。

刘子轩对着老妇一笑，一把将老妇推开，往后踉跄地退了一步，抬手指着老妇的鼻头，说道："奶奶……嘻嘻……你是我最爱的人……"说着，刘子轩往前走了一步，老妇赶紧将重心不稳的他拉向自己的怀里。

"可惜的是……呃！你生了一个……我一点儿都不……都不喜欢的儿子！"说完刘子轩猛地推开老妇，仰头继续喝着手里的酒。

老妇再次靠近刘子轩搀扶着他，说道："少爷，我是你王姨，不是老夫人，求求你别再喝了，再喝会出事的。"

"不！奶奶，我要喝，你不懂我，你要管管你那个……不孝的儿子！"说着，刘子轩再次挣脱老妇的搀扶，踉跄着往18号别墅走去，一边走着，一边碎语念叨："奶奶，你知道吗？你的儿子不孝，把你的儿媳妇儿给逼死了……"说着，刘子轩忽然停了下来，有些站不稳却抬头看向下着小雪的天空，狂笑了起来。

"你那个儿子老不正经的，居然……居然……真不知廉耻。"

"少爷！"老妇见刘子轩已经醉得胡言乱语，赶紧上前踮起脚抬手捂住了刘子轩的嘴，凑到刘子轩的耳边轻声说道："少爷，你误会老爷了，老爷不是你说的那样，你就别说啦，啊！"

"不是，不是那样的人？那是哪样的……的人？某些人，不以为耻，反以为荣！"刘子轩终究是吼了起来，吓得老妇往后退了两步，浑身哆嗦了起来。

刘子轩见老妇害怕，冷冷地笑了一下，蔑视地看了她一眼，转身朝奏响哀乐的方向看去，然后一步一步地仰着头喝着烈酒，朝家门口走去。当他走到家门口时，停下脚步看向家门后院，后院门口摆放着花圈，花圈旁站立着三三两两衣着黑色西装与礼服的人们。后院搭建的灵堂肃穆庄重，高端整洁，灵堂的正中有宾客鞠躬行礼，刘子轩母亲王淑芬的牌位与照片被上下三层的百合和菊花，层次错落地拥立在灵堂正中央，灵堂两边是花篮与统一黑色着装的守灵人，还有做法事的和尚。

王淑芬牌位不远的左边站立着刘延烈和刘毅珑，为来宾鞠躬回礼。案几前，放了一个蒲团，一个和尚正端跪在蒲团上，敲着跟前的木鱼，口中念着往生咒。而在四周，除了白色的挽联显出这是一个吊唁死者的灵堂外，人群热闹的气氛显得太另类。

前来悼念王淑芬的人，大抵是和汉风集团有着生意往来的商人，他们穿上了统一的黑色正装。刘子轩不想理会灵堂里的人们。他甩开灵堂的纱帘门，带着满身的酒气，步履踉跄地迈进了灵堂。见刘子轩走进灵堂，现场所有人不约而同地朝他看了过去，见刘子轩一副萎靡不振的样子，不少人交头接耳起来。

这一切，刘子轩若无其事地看着。

他们的话，刘延烈沉默地听着。

刘子轩打量着灵堂中央案几上镶嵌着的黑白照片，照片上的王淑芬神采奕奕、温文尔雅。突然，刘子轩的眼泪夺眶而出，物是人非，想到生前的母亲，刘子轩伤心欲绝。

当他将目光从照片转移到一旁的刘延烈身上时，刘子轩放肆大笑。笑完他猛饮一口瓶中的烈酒，迈着左右摇晃不定的步子，朝着灵堂案几走了过去。等到了母亲王淑芬的牌位之前，他深深地鞠了一躬，然后直接坐在了摆放牌位的案几上，耍起酒疯来。

“刘子轩，你下来！”刘毅珑冲着刘子轩吼了起来，赶紧上前要将刘子轩从案几上拉扯下来，更是示意刘子轩不要惹刘延烈生气。

刘子轩一甩手，从刘毅珑的拉扯中挣脱出来，松出握着酒瓶子的一根手指，指着刘毅珑笑着说道：“你……算老几？管老子的事。老子跟我妈聊天关你屁事。”说着，又仰头喝了一口酒，然后顺手将王淑芬的牌位抱在了怀里，冲着刘毅珑大喝一声“滚”后跳下了案几。

“罪过，罪过。”和尚终究是没能避开凡尘纷扰，停下了手中的木鱼，小声念道。

听到和尚的话，刘子轩停了下来，往后退了一步，扭头看向和尚，苦笑着说道：“和……和尚，你都知道罪过，为……为……什么就是有人，他不知道呢?!”说着，刘子轩回头看向了刘延烈。

听着儿子指桑骂槐的话语，刘延烈深吸一口气，双手紧紧地捏成拳头，一言不发地怒视着刘子轩。刘子轩这下来劲了，他恍恍惚惚地朝刘延烈走去，站在刘延烈面前时，他举起酒瓶，将瓶中所剩不多的酒淋在了刘延烈头上。一旁的刘毅珑想阻止，被刘延烈拦住，刘延烈忍受着刘子轩的放肆与撒野，任凭他如何激怒，也是一再隐忍。

看着刘延烈怒不可遏却又忍气吞声的模样，刘子轩扔掉酒瓶哈哈大笑起来，带着王淑芬的牌位，他摇摇晃晃地朝灵堂外走去。突然，刘子轩在灵堂门口停了下来，“扑通”一声，他一下跪在了地上，适才的狂笑瞬时变成撕心裂肺地哭泣。

刘子轩将牌位毕恭毕敬地摆正在身前，泣不成声地对着母亲的牌位三叩首。

“一叩首，谢您给我生命。”

“二叩首，谢您养育我长大成人。”

“三叩首，恭喜您终于得以解脱，终于能快乐地活着。”

刘子轩的行为，引得一些商贾暗中议论起来。精明的人能轻易地看出刘子轩为何要将王淑芬的牌位移到门口来祭拜，对天对地对父母，而现在刘子轩则是将刘延烈排斥在外。

这无疑是在说明一个问题，那就是刘子轩和刘延烈的父子关系，自此彻底决裂！

刘毅珑自然能看穿这层含义，嘴角抽笑起来。

刘子轩三叩首后站了起来，什么也没再说，迈着彷徨地步伐走出了灵堂。

等刘子轩的身影消失不见，刘延烈缓缓松开紧握的双拳，在所有人的目光下，迈步来到门口，俯身拾起妻子王淑芬的牌位。一行热泪从他已满是皱纹的眼角滑落下来。

一声急促的刹车声让刘子轩猛地从回忆中缓过神来，扭头朝停在自己跟前的红色保时捷的驾驶位看去，即使那个女人戴着墨镜，却还是被刘子轩一眼就认出来。只是和以前不一样，刘子轩看见她礼貌地点头微笑，而不是以前的横眼无视。

王一翎礼节性地微笑回礼，摘下墨镜，摇下车窗，冲着刘子轩喊道：“这不是子轩吗？什么时候回的蓉城。”

“昨天下午。”刘子轩很是淡定地应着王一翎的话。

他的淡定，有些出乎王一翎的意料，让王一翎不知道该如何接下去。沉默了一会儿，王一翎忽然开了副驾驶的车门，挑眼看着刘子轩说：“子轩，既然遇见了，不如陪我去喝上一杯?”

刘子轩冷冷一笑，问道：“这要是让堂哥知道了，岂会饶了我们?”

“我早已是孤身寡人，不管是你爸还是刘毅珑，都不过是我人生中的过客。”说这句话的时候，王一翎回头透过挡风玻璃往前看去，那一双化了彩色眼影的双瞳却在那一瞬间显出了无尽的孤独和无奈。

见刘子轩沉默不语，她扭回头来，对刘子轩浅浅一笑，说道：“一个无亲无故的女人，要想过好一点儿，除了自身的资本，还能做什么？”

王一翎轻描淡写的话，却如同一根带毒的锈针刺进刘子轩的心脏。刘子轩双眉一蹙，心想，每个人都在努力地活着，有的人活得很高尚，却也会做出让人感到龌龊无耻的事情来；而有的人看似活得很卑微，或者活得让人唾骂，但他们想要的很简单，就是活下去，给亲人最好的环境。想到这时，“郁红晓”三个字不禁出现在他的脑海里。

忽然，刘子轩从王一翎身上看到了不一样的东西，他做了短暂的思考之后，选择了上车。

穿过熟悉的街道，两人最终来到红星路附近的酒吧一条街。抬头看着339电视塔上闪烁的霓虹灯，刘子轩轻笑了一下。王一翎听到刘子轩的笑，也抬头朝电视塔看去，半天也没看出有什么笑料来，问道：“你在笑什么？”

“无情最是台城柳，依旧烟笼十里堤。”

吟完诗，刘子轩随着王一翎走进了一旁的酒吧。因为世界杯的原因，各个国家的国旗连成线穿梭在酒吧的上空，墙壁上的电视机里放着巴西和德国的比赛，虽然是午夜，电视机前拥挤着男男女女，他们各自手握一瓶啤酒，屏气凝神地盯着电视，等待着什么。

“王总您好，请问你们需要点什么？”吧台的帅哥似乎也是足球迷，不过见到熟悉的顾客前来，他还是赶紧收回视线，微笑着问王一翎和刘子轩。

王一翎看来是常客，还未坐下，说道：“开一瓶小木桐吧。”

第24分钟，德国队的梅苏特·厄齐尔直传，菲利普·拉姆右边路送出精准传中，中路包抄的托马斯·穆勒抢射没有踢到，后点跟进的托尼·克罗斯左脚凌空抽射破门。3∶0，德国领先西班牙3球。

酒吧看球的众人哄堂大叫，欢声雀跃。

等服务员倒完红酒转身离去时，刘子轩看到红酒瓶上的贴标上，写着“王秀丽”三个字。他朝王一翎看去，似乎在问：你的名字可以再土一些吗？

王一翎看明白了刘子轩的好奇，深吸一口气说道：“怪我咯？我身份证上的名字就是那么土气。”

刘子轩不知道该说些什么好，三年不见，他发现王一翎的身上多了一种深邃和端庄。他无法想象，眼前的这个女人，会是曾经差点儿成为自己后妈的人。他也无法想象，曾经万般妖娆浓妆淡抹，只为讨男人喜欢的王一翎，现在一个人也过得潇洒豁达。

见刘子轩没有回应自己的话，王一翎自嘲般笑了一笑，挑了一下散在胸前的头发，手撑着头，漫不经心地问道：“你呢？这几年在北京过得如何？”

“挺好。”

“怎么个好法?”

“嗯……就是挺好呗,发生的事情太多,一时半会儿也说不清。”

“那他呢?”王一翎举着酒杯晃着杯中的红酒。

刘子轩低头看着杯中的红酒,自然是明白王一翎问的是谁,但他反问了一句:“谁?”

“你老爸啊,他不是跟着你去了北京吗?”

“不知道……没见过他。”刘子轩的声音忽然低沉下来,时至今日,他依然不敢想象刘延烈会孤身去北京。三年里,他完全断了和父亲的联系,正是如此,他才能自欺欺人地觉得自己已经遗忘掉过去的一切,才能如此淡定地和眼前的这个女人一起泡吧。

刘子轩的回答,并没有让王一翎觉得太过惊讶。饮了一口酒后,王一翎才问他,“你是不是很恨我”?

“曾经是,现在我已经释怀了。”

“其实,你老爸……”

“对他我也无所谓了!”刘子轩果断地打断了王一翎的话,与其说他害怕再听到关于刘延烈的只言片语,倒不如说他有些害怕听到一些自己不知道的事情。

见刘子轩的反应有些失常,王一翎苦笑了一下,深吸一口气,转身看向电视,谈笑风生地说道:“那就看球赛吧,我猜德国还能进一球。”

王一翎的话刚落下,德国队果然进了一球,两队比分拉到了4∶0。刘子轩吃惊地看着王一翎,王一翎嘟起嘴喝了一口酒。原本有些安静的酒吧顿时欢叫起来,高昂的声音甚至压过了优雅的音乐。王一翎也欢呼尖叫起来,灿烂的笑容挂在她的脸上显得天真无邪。

这一刻,刘子轩终于知道,当初刘延烈为何会爱上这个女人,甚至还动了要娶这个女人的心。或许是个男人,见着王一翎这般本我的笑容后都会入迷,然后被她俘获孤独的心。

关于王一翎的过往,刘子轩知晓得并不多,大抵能够知道的,就是她先和刘延烈混在了一起,后来又成了刘毅珑的女人。至于之后,她怎么又回到了单身,就不得而知。或许这就是生活的神奇之处,总会在某个时候发生一些不经意的故事。

回到酒店的大厅时,已经是早晨8时30分,刘子轩见徐梦莲还在忙,因此他没有上前打招呼,而是径直走向了电梯。在电梯门合上的那一刻,他莫名其妙地想起王一翎在酒吧里问自己的话。

“那他呢?”

"他……我知道他去北京了。"刘子轩还是不愿用爸爸或者父亲来称谓那个人,第三人称已然表决他和刘延烈之间的关系,他们已经成为熟悉的陌生人。

只是在这一刻,随着时间的流逝,刘子轩对刘延烈的恨似乎少了许多,他陡然有了一种好奇,想知道刘延烈在北京过得怎样?

鞠香雅苑的包间里,已经酒过无数巡,刘延烈和何善钦都已经喝得满面红光,大声地谈笑着。

何善钦抬手搭在刘延烈的肩膀上,打了一个酒嗝,说道:"延烈大哥……你一去北京就是三年,难道……难道这三年,那浑小子还不肯原谅你?"

刘延烈深吸一口气,微笑着应道:"不过才三年,又怎么可能弥补我对他十多年的愧疚?"话音落下,快乐的气氛变得有些低沉,刘延烈的头低了下来。随着一口气吐纳出来,一滴眼泪从眼角钻出,顺着鱼尾纹流到了脸颊。

感觉到气氛压抑,米亚赶紧缓和着氛围,她起身举杯,走到刘延烈跟前,说道:"难得见面,大家应该高兴。"说着,她有些不悦地看向何善钦,说道:"老爸您也是的,干吗提一些不开心的事情?"

应着米亚的话,何善钦赶紧回旋气氛,他拍着大腿哈哈大笑起来,端着酒杯起身,对刘延烈说道:"还是年轻人明事理,我既然说错了话,就自罚一杯!"

"算了。"刘延烈忽然抬手拉住了何善钦的手腕,对米亚压了压手,说道:"也不是什么不开心的事情,你们别往心里去。"刘延烈强装着开心地笑了出来,悄悄地告诉米亚:"小轩今天下午已经回到蓉城了。"

"他回来了?"原本开心的消息让米亚的心情凝重起来。

"嗯,他带着儿时的梦想回来了。"刘延烈回答着米亚的疑惑。

回忆总是喜忧参半的,时间回到2010年的初秋,就在刘子轩出戒毒所的当天,所有的命运齿轮碰撞在了一起。得知刘子轩已经安全到家,刘延烈喜出望外。办公桌上,放着一张透着快乐幸福的全家福。照片是刘子轩六岁时照的,那个时候王淑芬的笑容很纯粹,刘子轩的笑容很天真,刘延烈的笑容很磊落。刘延烈的手指轻轻地抚摸着照片里的刘子轩,因为心中的愧疚,眼角不禁盈出满满的泪来。

刘延烈计划让刘子轩继承家业。不管怎样,曾经再多的过往,也不可能改变刘子轩是汉风集团唯一继承人的事实。

刘毅珑早就知道刘延烈的计划,所以,他不会让刘子轩如此轻易地得到汉风集团。他心想,多少个披星戴月的日子里,他和他的父母都是用生命在为集团奋斗，汉风集团应该是他的。

“刘子轩就凭他是刘延烈之子的身份，就能到汉风集团？我不甘心，混蛋！”酒店的总统套房里，刘毅珑怀抱着王一翎，在偌大的开放式浴池里洗着鸳鸯浴。刚接完梳着大背头的男人的电话，得知计划失败的他，气愤地将手中的酒杯猛地扔到地上。

王一翎裹上浴巾起身，重新倒上了一杯酒递到刘毅珑的跟前。足够冷静和善于察言观色，是她能够在刘延烈和刘毅珑叔侄之间左右逢源的制胜法宝，也是她在这个举目无亲的城市里唯一活下去的办法。

心知目前的形势已然如此，刘毅珑觉得自己再去后悔也没用，他对着电话里的男人抱怨了几句后将手机扔掉。接过王一翎递来的红酒，刘毅珑看向怀里的王一翎，这个长相和王淑芬有着几分相似的女人。他抬手勾起王一翎的下巴，看着女人那一双撩人的薄唇和曼妙的身材，无不让人血脉贲张。不过此时的刘毅珑却关心着另外一件事情，问着：“给你的东西，每天都按时给他吃了吗？”

一颗心，能藏多少秘密？想说的太多，却不知从何说起。

王一翎不作回应，只是微微一笑。

经过一天的热闹，宽窄巷子此刻安静了不少，天空没有月亮繁星，多了一层迷雾，一眼看去，尽是缥缈。有着老蓉城韵味的昏黄路灯照亮着宽巷子的青石板路，米亚脚步匆匆，不停地在已经变得稀疏的人流中穿梭。

最终，她停在了宽巷子的西侧出口鞠香雅苑餐馆门口。见她气喘吁吁满头大汗，门口的两名迎宾女孩赶紧上前。

“米亚姐回来啦。”左边的女孩一边给米亚拧开一瓶冰水，一边问候着米亚。

米亚虽然拥有蓉城第二大奢侈品卖场中兴力诚董事长千金的身份，却不习惯穿着华丽典雅的礼服游走在各种上流社会的聚会派对中。褪去名媛的身份，她只是一个有着无穷好奇心的女汉子。主修刑法专业，是因为她理想成为一名深富正义的律师，拥有自己的事务所。无奈理想敌不过现实，米亚最终还是应下何善钦的要求，成为这个位于宽巷子西侧，曾经只接待上层人士的餐厅总经理。

难以抗拒的现实，让米亚叹息了一声，狂饮了一口冰水，感觉全身都凉爽后，她终于松了一口气，说道：“姐下班带你们去吃麻辣烫，等着！”说着，米亚抬手搂着两个迎宾女孩的肩膀，冲着右边的迎宾女孩眨了一下眼睛。

左边的迎宾女孩听了此话，说道：“米亚，等暴风骤雨过后再说吧。”

“他来了?”

“何老大看上去有些生气。”

一听老爸又来逮自己,刚才还开心不已的米亚,顿时冷下脸来一副无辜的模样。

“赶紧去吧。”右边的迎宾女孩说着,将米亚往门里一推。

米亚迅速地穿过员工通道,来到自己位于二楼最里端的办公室,换上一身职业装,黑色的西装西裤配上白色的衬衫。换好衣服,米亚深吸了一口气,先是从门口探出个头朝外看了看,见老爸何善钦不在,松了一口气走了出来。

站在过道的护栏后面,看着楼下热闹的气氛,听着兴奋的蓉城人儿高昂的行酒令,米亚情不自禁地笑了起来。似乎这就是蓉城的生活,再高雅的社会人士,一旦来了兴致,也会忘乎所以。

“这不是米总吗?”

听着别人的招呼,米亚赶紧转身看向其人,见是汉风集团的总经理刘毅珑,她双手收于身前,很是优雅地点头致意,应道:“刘总,请问还是那个包间吗?”说着,米亚抬手指向了过道最里面的包间,包间门框上贴着一个牌子,写着“惜奴娇”。

结果刘毅珑摆了摆手,摇着头说道:“不了,今天要见一个人,换一个雅致一点儿的。”说着,刘毅珑将鼻头凑近怀里搂着的王一翎的颈脖上蹭了蹭。

见王一翎不好意思地抬手推搡着刘毅珑,可她的脸颊上泛起有些兴奋的浅笑。米亚心里抽笑了一下。不过在这个地方,这种事情可谓是见怪不怪。

米亚并没有将心里的耻笑显露于外,而是假装没看见,心领神会地说道:“如此的话,不如就到楼下后院的‘归田乐’如何?”

“噢,‘归田乐’好!”刘毅珑一听还有后院雅间,有些意外。

见刘毅珑惊讶的表情,米亚则是微微一笑,说道:“后院本是自家人使用,可刘总是本店最尊贵的客人,算得上是自家人了。”说着,米亚抬手做请,往楼下而去。

刘毅珑听到米亚的这番话,哈哈大笑,乐呵呵地搂着王一翎的腰跟着米亚而去。

来到后院,走过一段石子路,两侧水池边的襄荷开得正浓,一股淡雅的香味让后院更有一番韵味。

推开一道仿古的糊纸木门,米亚领着刘毅珑和王一翎,进入了名叫“归田乐”的雅间内。房间里,清一色的朱红色檀木家具,中间放着一张圆桌,圆桌周围围了四张圆凳,一种没有靠背的坐凳。房间除了檀木家具略显奢华外,其他物件都是古代田园风格的摆设,朴实不失雅趣。

对着木门的墙上，挂着一幅《仕女图》的画，加上屋子里弥漫着焚香的香味，更是比屋外让人舒畅不少。

当然，最让刘毅珑满意的是，在房间的左侧，还布置了一张满是贝壳镶嵌雕刻的木床。对此，刘毅珑问米亚："我要在这里谈事情，怕别人听见了不好，不知道这里隔音效果怎样？"

米亚则是一笑，应道："刘总您放心，只要合上门，即使你呼天喊地也不会被人听见。"

"那就最好了。"说着，刘毅珑将怀里的王一翎往身边搂紧了一些，嘴边泛起坏笑来。

米亚见了，也明白了他的话是什么意思，问道："不知道刘总约的人，何时会到？我好安排上菜。"

"估计半个多小时吧。"刘毅珑说着，已经没有再看米亚。

"那刘总可以先休息一下。"说完，米亚退出了房间。不过等合上门来，米亚不禁轻哼一声，从衣兜里掏出一枚微型录音器，抬手放在了窗边，说道："隔音？你当这些纸是高科技啊，呵呵！"

话音未落，米亚听到屋内飘出轻微的呻吟声来，觉得肉麻地浑身哆嗦了一下，疾步离开了后院。

回店里这么久，也没有听到老爸何善钦叫自己，米亚松懈下来，寻思他或许因为其他事儿已经离开了。

于是，她在厨房里溜达过一圈之后，便往自己的办公室走去。结果还没走出厨房后门，就撞见了何善钦。

见何善钦一脸严肃，米亚眉开眼笑，招呼着："爸，吃了没？"

何善钦没有理会米亚的装萌耍乖，而是一本正经地问道："说！为何把刘毅珑带到后院雅间？你不知道那里是我的私人领地吗？"

"嗯……刘总怎样说也是常客了，人家想找个幽静的地方谈点儿事，我们开门做生意的，当然要以顾客为上帝来服务，这……都是您教育我的，我可牢牢记着的。"

"那我有教你放窃听器吗？"说着，何善钦从衣服兜里将米亚刚才布置的录音器拿了出来。

一看自己的录音器被老爸无缘无故没收了，米亚顿时愤怒起来，一改萌态，十分不爽地怒视着何善钦，吼道："何老头，你干吗乱动人家的东西！"

被米亚如此一吼，何善钦反而妥协下来，好声好气地对米亚说道："做生意讲究开诚布公，万一被人知道你有这个癖好，我们就会失信于人，生意就没法往下做了。而且……你干吗装这东西听人家……那个的声音。"说着，何善钦望了望周围的人，凑近到米亚耳边，轻声说道："你也老大不小了，要不，爸给你介绍一个男朋友吧？"

米亚听了此话面红耳赤起来。她一把抢过自己的录音器，霸道地说道："要找我自己找，凭什么要你介绍啊？再说，我喜欢独来独往，怎么的？"她横了何善钦一眼，疾步出了厨房后门，一阵小跑回到了自己的办公室。

合上办公室门，趴在办公桌上，米亚望着桌面上的录音器叹息一声，显得有些垂头丧气。

"怎么办？证据又没拿到……看来只能等下一次机会了……"自言自语说罢，米亚坐正起来，掏出手机，往一个未保存的电话号码发出一条短信。

"今日无。"简短的三个字，很快便发了出去。

片刻之后，有新短信到的铃声让趴在桌面上毫无兴致的米亚顿时坐直起来。陌生号码回了过来，却也只是简单的几个字："需要你帮个忙，我会再电话联系你。"

望着让人有些云里雾里的回复，米亚抬手挠着头，想了半天忽然明白过来，回了一句："你不是早有计划吗？计划泡汤了？"

不过，短信没有再回复过来，直到米亚趴在桌子上睡醒了一觉，也没有收到陌生号码的回复。

只是当米亚看见手机屏幕上显示时间已经是十点半，惊慌失措地站了身来，失声喊道："糟了！"她脚底抹油般出了办公室大门，冲向后院。

见紧闭着的房门，听到房间里传来刘毅珑得意的笑声，米亚松了一口气。

走到门前，米亚叩了叩门。

房间里顿时安静下来，米亚得到刘毅珑的回应："进。"

在米亚推开门，见到和刘毅珑同桌而坐的刀疤男时，有些吃惊，更让她好奇的是，放在刘毅珑脚边的那个银色皮箱里，装着的会是什么？

后来米亚才知道，刀疤男是一个以传媒公司为幌子的毒贩，老奸巨猾。

不过此刻，自己是这家餐厅的总经理，刀疤男是刘毅珑的座上宾，算得上是顾客。米亚深知这一点，她拿起醒酒壶为刀疤男斟着红酒，看着刀疤男，对刘毅珑说道："刘总，你朋友脸上的刀伤……真是别致。"

应着米亚的话，刀疤男放声大笑起来，操着一口云南话应道："不好意思啦美女，吓着你了吧？"

"是有一些。"米亚应和着苦涩一笑。

刀疤男一声叹息，说道："这都是小时候贪玩给弄伤的。别怕，哥哥只欺负怂人和与我作对的人。"

刘毅珑可不想被米亚耽搁太多时间，问道："米总？有什么事吗？"

“噢，刚才一阵忙碌，我忘了亲自给刘总上菜，总是觉得抱歉，特意过来向您赔罪的。”说着，米亚冲着刘毅珑浅笑，迈步来到桌前。

她从桌前取了一个高脚酒杯，往酒杯里倒了几许红酒，米亚双手端上，对刘毅珑与刀疤男致敬之后，昂头将红酒一饮而尽。

“好！”刀疤男没料到米亚会如此豪爽，左手猛拍桌面大叫起来。

米亚对着刀疤男满脸笑意，说道：“不知这位老板如何称呼？”

刀疤男应道：“鄙人姓吴，单名一个铭字。”

“吴铭？无名。无，名天地之始；有，名万物之母。无名真是个好名字。”说着，米亚的双眼已经笑成了缝。

被米亚如此一番恭维，刀疤男笑得合不拢嘴：“不介意的话，喊我刀疤哥就行了。”

见刀疤男笑得很是畅快，米亚心里窃喜起来，赶紧追话说道：“不知刀疤大哥以后可否多多赏脸，到敝处做客？到时候妹子定然会妥当招呼。”说着，米亚靠近刀疤男，将酒杯往他的酒杯上撞了一下。

“当然，难得遇上如此豪爽的妹子，看来我不虚此行啊！”

“那就……一言既出？”说着，米亚再次将杯中酒一口饮光。

“驷马难追！”刀疤男大笑一声，干了杯中酒。

只是在刀疤男仰头喝酒的时候，他没注意到，米亚快速地将一颗微型 GPS 追踪器，塞进了搁置在他身旁的黑色皮包的最里层。

见两人初次见面就闹得热闹，刘毅珑却被冷落在一边，显得像个外人，自然觉得不爽。他轻轻地咳嗽了一声，问道：“不知米总可否行个方便？让我们继续谈事？”

“噢！看我这兴奋劲儿，把刘总给耽搁了。实在抱歉，你们聊，你们聊。”说着，米亚对着刀疤男微微一笑，转身离开。

等房门合上，刘毅珑轻哼了一声，对刀疤男说道：“你也真是的，丁点儿好话就把你糊弄得云里雾里的。”

刀疤男则是大笑起来，竖起大拇指说道：“难得遇上这样一个干脆的女子。”

刘毅珑无奈，只是叹息一声，念叨：“色字头上一把刀，不要误了我的事。”说着，刘毅珑将已经签字的支票推到了刀疤男的跟前。

看着眼前的支票，刀疤男细眼数了一下数字 3 后面的零。

“五个鹌鹑蛋！正好！”说着，刀疤男乐呵呵地将支票收入了怀里。罢了，他问道：“对了，兄弟。你就没想过……自己试一试？”

刘毅珑冷冷一笑。

刀疤男摇起头来，说道："成大事者，自然不能拘于小节。不过，刘总你有自己的行事手段，不是吴某该闲言碎语的，日后有需要我的地方，一句话就好！"

见刀疤男说完话后就站起身来，是要走的意思，刘毅珑问道："不再坐坐？"

"不了，我可不止你一个人的生意。"刀疤男哈哈大笑，推门而出。

等门再次合上，刘毅珑轻哼了一声，将脚边的银色箱子放于桌面上，打开来一看，问身边的王一翎："这东西，当真会让人更加兴奋而且有力吗？"

王一翎听了，则是微微一笑，抬起温润如玉的纤纤细手搂住刘毅珑的脖子，凑近了说道："要不……你也试试？"

王一翎的话让刘毅珑双眉一蹙，扭头看向箱子里的东西。

从王一翎的话里他能听得出，已然半老的刘延烈虽是每次只服下微量，却能让这个女人欲罢不能，自然效果不凡。

可这毕竟是慢性毒药，刘毅珑心中比谁都明白。

愣了片刻，他收回视线，对王一翎一笑，说道："以我的超凡能力，需要这种俗物吗？"

王一翎松开搂着刘毅珑的手，拿了筷子继续吃菜，刘毅珑一脸坚毅地将杯中的半杯红酒一饮而尽。

办公室里，米亚盯着手中的GPS追踪器上的红点，兴奋不已，再看向一直都没响起过的手机，双眉紧皱，心想，对方怎么不回话了？米亚顿时犯了难，冲着手机瘪起嘴来，叹息一声，用手撑着脑袋喃喃自语："早知道事情这么麻烦，就不受你之托了！"

米亚知道生命中没有绝对的偶然。不管是偶然还是必然，其实都是注定的宿命。

宿命是一种玄之又玄的东西，看不见摸不着，它可以是一瞬间的事情，也可以是一辈子的事情。每个人似乎都无法逃脱它早已设定好的开端、过程和结果，在这个过程中，你可以轰轰烈烈地爱上不同的人，然后在梦碎的夜晚，把孤单和悲伤延续。

你忠于宿命，宿命自然眷念于你。反之，概不能逃。

Chapter 5 ······ 庄周梦蝶

假使如今不是梦，
能长于梦几多时。
如果在时光倒流和梦之间选择，
我更愿意做一回美梦，
在梦里我可以俏皮，可以活泼，可以如释重负，
也可以没有你，
谁让发生过的劫难，我们都无能为力去改变。

刘子轩从戒毒所回到别苑小区的当晚，二十几年未下厨的刘延烈亲自为他做了一桌丰盛的晚餐，每道菜都有一个寓意，他希望这些讲究对于他和刘子轩不可开交的父子关系能有一定的帮衬。刘子轩看着满桌佳肴，根本不理会正在诉说每道菜玄机的刘延烈。他沉默着，毫不掩饰着尴尬，大快朵颐起来，整个用餐过程，刘子轩都未曾抬眼或用余光扫视过坐在他对面的男人，不过他吃饭的热乎劲让刘延烈倍感欣慰。

片刻工夫，刘子轩便将满桌的佳肴装进了他的肠胃里，在他盛汤时，刘延烈起身将一份非常正式的汉风集团委任书放在刘子轩面前。刘子轩似乎早有预料，并不吃惊。犹豫中，他放下手中的汤勺，直盯着委任状，拿起餐巾布用力地擦了擦嘴角和双手。

刘子轩回到家就已经想到会有这样一种结果，不过他也早有了自己的打算。虽然他出身于一个富裕的家庭，但过去的时光里他一直面临着生活与思想的压力，负重前行。他想选择自己想要的生活，不茫然，不患得患失。想到这里，刘子轩将委任书拿起扔进脚边的垃圾筒，然后起身离开回了自己的房中。

躺在床上，他回头看着那一张被撕了一截的全家福，然后再看向房间内贴满的电影海报，他突然站了起来，走到房间内的镜子前，摆出一副斗志昂扬与热血沸腾的精神状态，他看着镜子中的自己自言自语：“刘子轩，接下来会是一段崎岖坎坷的征程，你准备好了吗？准备好了，那行，你需要永远积极乐观地面对一切艰难，用一颗奔腾不息的心去解决它，去征服它！不活在别人的眼里，不活在别人的嘴里，而是把命运握在自己手里，你能做到吗？我能做到！好，既然如此，接下来的决定无论怎么选都不会太差。刘子轩加油！”

房间外，想敲门的刘延烈意外听到刘子轩这番自我的对话，顿时热泪盈眶，他知道刘子轩不会接受自己的安排，不过他为刘子轩的转变而骄傲。

听见房间内的动静，刘延烈轻轻地推开了刘子轩房间的房门，站在门口，斜靠在门框上，看着刘子轩一句话都不说地收拾着东西，忧心忡忡的刘延烈感慨万千。

他开口问道:“不在家多住几天吗?”

刘子轩继续埋头整理自己的行李,完全不理会刘延烈。刘延烈知道,即便刘子轩再怎样不愿和自己说话,可当谈及电影有关的话题时,他还是会搭理自己的。毕竟这是刘子轩从小的梦想,也是一直为之奋斗着的梦想。

“梦想永远不像我们想象得那样好,但也不会像我们想象得那样糟。既然你选择了,祝你一路顺利,心想事成。”

“谢谢。”刘子轩将床头柜上的照片塞进行李箱。

“如果遇到了困难就回家,家是你最好的港湾。”

“我会有自己的一片天地的。”刘子轩冷冷地回答。

刘延烈深吸了一口气,嘴巴多次张合之后,才鼓足勇气再次问道:“当初的事……其实我并不……”

“当初的事?当初发生了什么事?我怎么不记得了?”刘子轩突然转过身来,双眼怒视着刘延烈。

时间如同镇痛药一般,用多了就会变得麻木,渐渐失效。如果记忆的疼痛再次泛起,再多的时间恐怕也无法令其康复。

刘延烈见刘子轩还是不愿听自己解释,叹息一声,没再说下去。

沉默着站了许久,听着行李箱拉链合上的声音,刘延烈试探性地问道:“真的不再多住两天再离开?”

“留下做什么?看你和那个女人如何恩爱?”刘子轩说着,记忆的疼痛让他不禁双拳紧握。

刘延烈被刘子轩的话刺激得双眉一蹙,却没有发火。

“等你找到工作再走也不迟。至少,这里有王姨照顾着你。”说着,刘延烈不免担心地望着刘子轩。

刘子轩苦涩一笑,摇了摇头,说道:“谢谢董事长的好意。不过我相信,几日风餐露宿,我会活得更好更坚强!”

“可是你一个人在外面怎么能照顾好自己?”

“照顾?这小半年,我在戒毒所里忍受着煎熬,从一个傲慢懒散的少爷变成一个会洗衣做饭的平凡人,我并没有感觉到任何的不悦和艰难。”说着,刘子轩冷笑了一下,拉起行李箱,补充道:“我反而觉得这样好多了,而且我还得感激你和刘毅珑,是你们将我打入地狱,否则我怎么能浴火重生!”

听到刘子轩的嘲讽,刘延烈再次倒吸一口冷气,继续抑制住内心的气愤。他明知无法挽留,还是透露出他的担心。他小心翼翼地说道:“不管怎样,你都不该去过那样的生活,我不忍心看到你受苦,知道吗?”

刘延烈绞尽脑汁地挽留,甚至放下了他作为父亲的所有尊严,偏偏刘子轩不明白他的心境。刘延烈不明白的是，刘子轩要的不是解释，不是担心，更不是给予，而是他对妻子、对儿子的忏悔。刘延烈不以实际行动置之死地而后生地去忏悔，刘子轩不会原谅他。

听着刘延烈再三地劝留，刘子轩挥手大吼道："够了，没有你，我会活得更好！"

"刘子轩，你……"刘延烈万万没想到，作为儿子的刘子轩会说出这种话。

刘子轩丝毫不在乎刘延烈此刻的愤怒，这反而让他开心地笑了起来，就如同有了复仇完毕的快感一般。想到复仇，刘子轩忽然想起刘毅珑来，那个人的野心现在对刘子轩来说昭然若揭。可刘子轩不想告诉刘延烈，他反而想看看，刘毅珑如何让刘延烈无家可归。

想着，刘子轩拉着行李箱，迈步朝着房门外走去。

"子轩，等一下！"刘延烈忽然站在门中间挡住刘子轩的去路，他想做最后的挽留。

刘子轩很冷静地问道："你真的要逼我是吗？"

"是你在逼我……"刘延烈说着，声音低沉，有些嘶哑。可他又只能妥协地让开，眼睁睁地看着刘子轩从屋里走出来，然后头也不回的下楼，出门。最终消失在夜色下。

刘子轩走后，刘延烈让其他随从退出偌大的别墅，合上大门之后就只剩下他一个人。强扭的瓜不甜，既然如此，刘延烈只得选择妥协。他决定暗地里帮刘子轩走一程，于是他拿出手机给米亚发了一条短信："需要你帮个忙，回头电话联系。"

发完短信后，刘延烈躺在沙发里，看着墙壁上的合家欢照片睡着了。

安静的气氛里，刘延烈似乎听到了刘子轩儿时的笑声，罩着眼罩的他寻着笑声在房间的储物间找到了六岁的刘子轩，他们一家三口正在家里玩着捉迷藏。当他想去抓住欢笑的刘子轩时，笑声消失了，六岁的刘子轩也消失了。十三岁的刘子轩的幻影突然出现在了餐桌旁，旁边多了王淑芬的幻影，她正在安慰逃课被骂哭了的刘子轩，而自己正严厉地指责着刘子轩。

墙壁上的时钟快速变幻，一个掺杂着成熟和稚嫩的男孩声音从二楼响起，那是十八岁的刘子轩，他正拖着前往大学求学需要的行李，和王淑芬、刘延烈不舍地道别。

门忽然开了，伴随着的刺耳声，幻影瞬即消失。刘延烈惊慌失措中站了起来，抬手想要抓住他们的幻影，却在五指握拢之时回到了现实。

"二叔……"看着刘延烈失魂落魄的样子，刚进门的刘毅珑有些惊愕地喊着刘延烈。

刘延烈抬眼看向墙壁上的时钟，差一刻钟便午夜12点。他低头叹息一声，缓缓放下手来，然后深吸一口气，换了个心境转过身来，对刘毅珑说道："回来了？"

"嗯，二叔没事吧？"

刘延烈没有回答，靠在沙发背上轻微地摇了摇头。王一翎见刘延烈如此状态，便将手中的购物袋交给刘毅珑。刘毅珑赶紧接过，然后提着衣服去楼上储物间。他提着的这些衣服里，有一个购物袋里装着的是从刀疤男那儿购买的以保健品为伪装的慢性毒药。

王一翎走近刘延烈，抚摸着他的额头问道："刚才见着子轩了，他……怎么了？"

刘延烈只是横了王一翎一眼，冷冷地说道："累了就赶紧去休息吧，我一个人再待一会。"

王一翎没想到刘延烈今日有些反常，话语突然变得冷漠起来，有些手足无措地望向正下楼的刘毅珑。刘毅珑也没有料到刘延烈会突然变得如此冷峻，从里到外透着一股让人不寒而栗的寒气。

此时的刘延烈，无疑如同一只生气的狮子，惹不得。

见状况不对，刘毅珑对着王一翎使了一个眼色，示意王一翎听话上楼。

不过王一翎倒是有些演员的职业操守，上楼之前，她凑到刘延烈耳边轻语说道："我等你哟。"罢了，她快步上了楼。

刘延烈依旧沉默着，直到听到楼上的关门声，他才扭头看向刘毅珑，说道："今天已经很晚了，你就在家里睡吧？"

刘毅珑浅浅一笑，回答道："不了，我还是习惯我那个地方。"说罢，刘毅珑也不管刘延烈是否同意，转身出了别墅大门。只是回到车里，他才原形毕露地望着大门方向，阴冷地笑了起来，喃喃自语："我要的怎么会是区区一个房间？老头，你太不懂我了。"

他扭头通过后视镜看向小区门口，回想起刚才刘子轩离开的场景，情不自禁地得意笑了起来。

"看来是天助我也，哈哈！"狂笑之间，刘毅珑已经领会了什么，开车掉头往自己那个早就想换掉的家而去。

就在此时，刘延烈家对面的别墅二楼。米亚倚靠在阳台护栏上，看着楼下发生的一切笑而不语。

日落日出，晴雨难定，这个夏日的蓉城忽然显得有些不一样。

宽巷子不论晴雨，在白天都热闹得很。街边的摊贩吆喝着生意，遮天蔽日的古树之下，四张竹椅围着一个藤桌，上面摆着一碟小吃和四杯茶，快节奏的人们在此享受着蓉城特有的慢生活。

比肩接踵的人潮在这个前后不过几百米的巷子里来回流动着，却没有人显得匆忙。人多走不动？驻足看看原地的风景就好。想一览众山小？那就到窄巷子的星巴克坐一坐，从二楼的阳台看尽人间繁华，把不咸不淡的日子过得雅致而精彩。这里有蓉城的特色产品与美味小吃。琳琅满目，数不胜数，只有你想不到的，没有你买不到的。

在这个以慢为基调的地方，有着快节奏步伐的人成了异类，显得特别引人注目。

不过，刘子轩无意间做着引人注目的举止。青石板路上，响起他啪嗒啪嗒急促的跑步声，从东口进入的他，焦急地看着腕表上的时间，离面试的时间只有一分钟了。

离家出走的刘子轩住在锦江王朝大酒店斜对面的一家商务酒店里，他晚睡前都会来到阳台看向对面大楼 29 层最东边的位置。那个地方的灯总会亮着，有时会有人影闪过，有时安静得不像一个集团公司总裁的办公室。刘子轩看着熟悉的地方，内心很挣扎，有时半夜惊愕间醒来，回头看向 29 层的老位置，他真的很想回到那个地方，然后对着刘延烈说道："爸，我们重新开始吧，让过去的过去。"可是，一想到这个念头时，他都会起身去冲一个凉水澡。在冷水冲刷他的每一寸肌肤时，他的耳畔萦绕着的都是郁红晓的声音，有快乐的，有忧愁的，有伤心的，也有痛苦悲绝的。刘子轩听着耳畔她的声音，然后怨恨自己，坚硬冷酷地告诉镜中的自己，他不可能再回到那个地方。

从一家高端汽车俱乐部走出来的刘子轩，被高层领导看似很温暖的送别，实则不然。他知道别人之所以接见他，是因为他早先在这里买过最名贵的跑车，负责人接待他也不过是礼节性而已，至于一起工作就算了。从俱乐部走出来的刘子轩一脸愁容，而他背后不远处的那堵玻璃墙后站着的男人，微笑地看着他的背影，对销售总监说道："下次他要是再来，你就说我在国外出差。"一旁的销售总监点头领命。

三天过去了，刘子轩不管寻找什么工作，都无法通过面试。有的是一听"刘子轩"三个字就果断挂断电话，有的则是见面之后一阵寒暄还是拒绝招入，有的还莫名其妙让他搭桥与刘延烈会面，似乎有千万股神秘的力量阻止着刘子轩打开走向新生的大门。刘子轩明白，这一切和刘延烈及汉风集团分不开关系。想到这时，他不禁将手中未喝完的可乐罐捏扁。

接到刘延烈的电话时，米亚正在和财务总监对账。在得知刘延烈的委托后，她打开电脑，浏览着鞠香雅苑在招聘网站上的主页，低头看桌上的报纸时，似乎已经想到了什么。

离开原有的身份，以一个普通人的角色去努力生活，追逐梦想，是刘子轩眼下只想做的事情。不管那股力量到底有多强大，也强大不过刘子轩想要新生的信仰，他相信皇天不负有心人。

“借过。”

“劳驾让一下。”

“不好意思。”

“让让。”

一阵穿梭之后，刘子轩终于停在了宽巷子的西口，鞠香雅苑的门口。

来不及缓口气，刘子轩便问着门口值班亭里身材修长面容白皙的迎宾女孩：“你好，请问这里是在招人吗？”刘子轩左右看看行人，非常腼腆地将手中报纸上刊登的招聘信息亮在了女孩眼前。只见那版招聘信息上密密麻麻地画了不少红色叉号，只有版面最大的“鞠香雅苑”还没有被红水笔画过，可见刘子轩这一天没闲着，不过回馈他的依然是无情的拒绝。

迎宾女孩对着镜子夹着睫毛，头也不抬地说道：“你走错地了，我们这儿不招男同事。”

听完女孩的回答，一头雾水的刘子轩将手中的报纸递给迎宾女孩，指着鞠香雅苑的招聘信息，有些乞求地说道：“可是，这上面写着男女不限啊。”

女孩将圆镜合上，转眼怒看刘子轩，刚要发火，看到帅气的刘子轩时，却抑制住了火气，温柔地说道：“那一定是写错了，我们鞠香雅苑里招的都是漂亮妹子，从不招男生。”

刘子轩缓缓地将手中的报纸收回，用力地揉成团，看着面前的女孩，不知道说什么好。他仰头长叹一声，离开了门前。

刘子轩刚迈出两步，一个声音喊住了他：“刘子轩？”

转身之后，抬眼之间，刘子轩见到了喊他名字的女孩。女孩的名字叫作徐梦莲，看上去不过二十一二岁的样子，身材十分姣好，侧看凹凸有致，却又不失青春诱惑之感，黑色的类西装制服里搭配着一件白色普通衬衫，或许是天热还是其他原因，徐梦莲将第二颗扣子解开，依稀能看见她的事业线随着呼吸波澜起伏。

徐梦莲上下打量了一下刘子轩，耳际响起米亚两天前招呼的话：“如果有一个看上去约是二十二三岁，名字叫作刘子轩的帅哥来找工作，直接领到我办公室。”

“我们鞠香雅苑要破例招男生了？”当时徐梦莲觉得米亚是在说胡话，却没料到成了真。

徐梦莲旁边的迎宾女孩用一种不可思议的眼神看着她，问道："我们鞠香雅苑要破例招男生了？"

"你……怎么知道我叫刘子轩？"刘子轩有些惊讶，心想，这里的人怎么知道自己的名字？难道……看来又要吃闭门羹了。如此想着，刘子轩叹息一声，摇头轻笑，转身要走。

徐梦莲虽然不知道刘子轩为何会忽然出现这样的反应，却只能按照米亚的指示，对刘子轩说道："噢，你刚才不是打电话说你要过来面试？别磨蹭了，你跟我来吧。"

"嗯？"徐梦莲的话让刘子轩顿时回过身来，他觉得自己有希望了，毕竟被人拒绝的感受非常不好。他虽然不知道发生了什么奇迹，寻了三天的工作似乎有了些希望，他连忙跟了上去。

之前隔着迎宾台，刘子轩并没能看清两人下装穿的是什么，现在跟着徐梦莲走进鞠香雅苑大门，见到徐梦莲穿着一条只裹住大腿的黑色短裙，两侧中线处还做了开衩的处理，在布料和款式的衬托下，徐梦莲白皙水嫩的长腿显得更长更白。

往里走，有一个文艺范十足的女服务员捧着书卷，在朗读着徐志摩的诗歌《翡冷翠的一夜》，也有三两结对的女孩子在用流利的英语交谈着，说的什么刘子轩听得不太明白。沿着木廊再往里走，在见过几个模特级别的女服务员之后，他觉得这里是个别有洞天的地方。

等随着徐梦莲到了二楼，刘子轩发现，这里的服务员是清一色的女生，而且年纪都在二十来岁左右，小的不过十八九岁。同时，这些女孩的外观几乎出奇地被规定在某个高标准之上，姣好的面容，苗条的身材，高雅的素养是刘子轩瞬间能看到的。至于其他细节，刘子轩没能去留意，心想也必定严苛。

"看什么呢？"徐梦莲发现了刘子轩异样的眼光，轻声呵斥着。她虽然已经见惯了刘子轩这样的眼神，但作为女孩固有的矜持和保守未能改变。

听到徐梦莲的呵斥，刘子轩赶紧抬起眼，将目光从徐梦莲的翘臀上挪开，冲着她憨憨一笑。

她们的工作与生活是刘子轩这样的阔绰公子从未体会过的，在跨上最后一级台阶的时候，他想，人生漫长几十春秋，需要有一些时刻慢下来，静下来，观绿叶绽放的曼妙，听红花盛开的声音，品秋果脱蒂时的欢喜，然后告诉自己，带着梦想努力地活着，真美好。

"你们老板也一定是个容光靡艳，丰韵娟逸，婀娜多姿的女子吧？"想到这里，刘子轩不禁暗中窃喜，没想到今日重生之路上竟然还能入这人间仙池，也不失是一种造化。

“你最好不要胡思乱想，不然……哼。”

徐梦莲横了刘子轩一眼，抬手敲响了米亚的办公室门，接着门内传来一声：“请进。”

徐梦莲抬手开门，对着刘子轩做了一个请的手势。

应着徐梦莲的手势，刘子轩礼貌地点头致谢，然后随着徐梦莲入了米亚的办公室。

此时的米亚正站在窗前，背对着门口自拍，然后看着手机里的相片笑得有些放肆。而刘子轩见到米亚的瞬间，双眉一蹙，脑子里瞬即想起四天前，那个在戒毒所门口抢了自己行李的女孩，两个人的背影如此相似。

可刘子轩立马否决了自己的想法，那个女孩是一头正好盘脸的短发，而眼前这个女人一头卷发。

徐梦莲见到米亚的朋克造型，顿时愣了一下，很快又回过神来，喊道：“米亚姐，人到了。”

“到了？”米亚一听刘子轩到了，顿时回过头来。

她这一回头，顿时吓得徐梦莲浑身哆嗦了一下。都说女人化妆是为了让知己者悦，可米亚这妆扮是要鬼见愁！眉毛画得粗黑浓密，活脱脱一个钟馗眉，口红涂得比熟透了的朝天椒都艳，而且还打了腮红。粉底铺了厚厚一层，再加上那一头假发……造型和电影《食神》里莫文蔚饰演的双刀火鸡如出一辙。

若不是早已熟悉了米亚的古灵精怪，徐梦莲应该会果断打电话给何善钦。

拍了拍胸口，徐梦莲慢慢定下神来，说道：“人我带到了，有事儿米亚姐叫喊一声。”说完便退了出去。

女孩的话让刘子轩觉得有些蹊跷，似乎这里的人知道自己会来一般，早早已做好准备。这不由让刘子轩觉得眼前的女人有些神秘难测，或许，她是刘毅珑的人。或许，她是刘延烈的人。

管他呢，都来了。这样想着，刘子轩顺势从一旁的书桌上拿过一本杂志，将双手藏在了背后，以备万一。

米亚见了刘子轩，没有立即说话，而是在心里咒骂着：“你个瓜娃子，为了不让你认出我来，老娘都毁容了！好像抹的粉底太多了，有些过敏！”米亚忍着瘙痒，不经意地抠着颈部上红起的痱症。

沉默了片刻，米亚干咳了一声，装腔作势地说道：“你就是刘子轩？”

刘子轩一惊，她知道他？于是他更加警惕，面对米亚的问好，他还是落落大方地应道：“是的。”

“你为什么想来我们鞠香雅苑上班？”

"找了几天的工作,没一个去处。"

"你倒是挺诚恳的,你对我们鞠香雅苑的第一印象是什么?"

"第一印象就是这里低调中饱含着极致的奢华。从视觉上体会,这里的装潢融入了巴蜀大地不同地区的特色风情。墙壁上那些珍贵照片和书籍让这里像一个书香门第的府邸。大厅内,柔和的灯光和古色古香的餐桌相互映射,熠熠生辉。不同风格的包间形成私密空间,处处能感受到一种天之贵族的气派,满足所有向往极致生活的人的愿景,不过……"

"不过什么?"

"不过,视觉和幻觉上最让人心旷神怡,并且将美食和自己也融入上乘境地之中的,唯有我一路走过来看见的女子,你……你除外。"

米亚没想到刘子轩从进门到自己办公室短短3分钟的路程,他居然能把鞠香雅苑的特色与细节娓娓道来,而且从他嘴里吐出的那些形容词恰如其分,让人倍感舒服,她的眼神里透露出对刘子轩多了一丝钦佩和好感。

"你被录取了。"米亚将一份劳动合同递到刘子轩面前,说道:"如果你想留下,在这里签字。"

可悲可叹的是,与米亚在图书馆共同复习的那个夜晚之后的某一天,刘子轩便将《伯格曼论电影》那本书弄丢了。为此刘子轩伤心了一个星期,随着书的丢失,刘子轩完全忘记了图书馆里的那个女孩。所以当他接过劳动合同,一脸的不解,问道:"啊? 这就被录取了? 不,这也太草率了吧,你好歹要问我哪里毕业,以前做过什么工作,有些什么经验之类的啊?"

"你说的那些都是俗物……你不想在这里工作?"

刘子轩摇头,疑惑地看着米亚,左思右想,低下头粗略地瞟了一眼手上的劳动合同,看见合同的职位一栏用正楷字写着"实习服务员",工薪一栏填着"月薪五千元"。

"那你再接着找吧。"米亚见刘子轩迟迟不应,伸手讨要他手中的劳动合同。她想用激将法激怒刘子轩。

实习二字,全然解释了米亚给刘子轩的工作,那就是如果看顺了眼不惹麻烦就继续下去,一旦出了事儿就扫地出门。至少,只要刘子轩应下这份工作,自己也算是完成了刘延烈的交代,至于薪资其实是由汉风集团来发放的。

刘子轩自然也明白实习是何等意思,不禁大笑了一下。

刘子轩的笑很瘆人,让米亚有些看不透,用四川话问道:"笑啥子,有啥子问题?"

"你们在报纸上写着的是招聘运营总监,实习服务员简直是对我人格的侮辱。"他没想到自己会沦落到如此境地。

"你可以再看看招聘信息下面那行字,不介意的话,你可以念出来。"

"本信息解释权归鞠香雅苑所有。"

"这叫,这叫……叫什么来着……"刘子轩一时词穷,想不起哪个合适的词能概括鞠香雅苑的霸道条款,继而转换到自己好奇的话题,问道:"你们实习服务员都能拿这么高的工资?"工薪一栏的五千元对刘子轩还是有一些诱惑。

"我们鞠香雅苑一贯秉承高薪养才。"

刘子轩拿着合同翻看了一下,然后偷偷打量了一下米亚,恰巧被米亚发现个正着。

"可以签字了吗?"

刘子轩将合同和报纸礼节性地放在米亚面前的办公桌上,然后退回一个身位。

这一举止引来米亚不解,她拿起合同举在刘子轩面前,故作不解风情地说道:"你知道今年有多少大学毕业生吗? 725 万,看重这份工作的人可比比皆是,你就是再花三个月的时间恐怕都找不到比这还好的工作吧?"

"那又怎么样?"

"你再考虑一下咯!"

面对米亚搞怪的回答,刘子轩摇头。在刘子轩看来,这里的人对自己太过熟悉,即便如同眼前这个女人所说的那样,却也不值得冒险。犹豫片刻,他松开藏在背后的手,对着米亚微微一笑,给予她一个很绅士的半鞠躬,转身要离开。

见此,米亚愣了神,心想,刘子轩在想什么? 好不容易到手的工作,怎么可能会拒绝? 更重要的是,如果他不接受自己安排的工作,那她受人之托的事情就无法完成,对刘延烈那边也不好交代。

"不行。"心里如此想着,米亚当即闪到门前,张手拦住刘子轩的去路,笑眯了眼,说道:"嗯,你再考虑一下如何?"

看见这个怪异女人如此剧烈的反应,刘子轩更加觉得这件事有些猫腻,自然是想赶紧离开。

"请让开。"刘子轩示意米亚别挡在身前。

"当真不行?"

"当真不行!"

"那好吧,我也只能强留了……"说着,米亚低头叹息。她心想,好久没有真正动过拳脚,不知道突然活动一下,会不会闪了腰?

米亚的手指关节揉得咔嚓直响,嘴角泛起让刘子轩觉得瘆人的冷笑来。

"你们这里的美女们,都是你以这样的方式招进来的吗?"

这还是刘子轩第一次遇见强行给工作的主儿。面对眼前这个丑女人，更是个弱不禁风的丑女人，刘子轩自觉还是对付得过她的。

当然，古语“骄兵必败”这句话，是对的。

出第一招的是米亚，她使用的是日本柔术，从她熟练的动作可以看出是个高手。几个回合后，刘子轩被米亚反扣在地板上，后腰被米亚用膝盖死死压住，动弹不得。

“痛痛痛……”毫无还手之力的刘子轩，此刻唯一能做的，就是在感觉到右肩快要脱臼时大声叫喊着，完全失去了刚才不屑一战的自信模样，变得狼狈不堪。

米亚得意起来，问道：“签字不？”

“不签！”刘子轩断然不想接受此等强买强卖的事情，无疑是比签订不平等条约更让他难以接受。

见刘子轩到这种地步还逞强，米亚摇头冷笑起来，当即反坐在刘子轩的后腰上，双手扣住刘子轩的脚踝往上一提。

刘子轩顿时觉得自己的腰椎要被拉断，随即惨叫起来，凄惨的叫声顿时让外面热闹的大厅安静下来，所有人不约而同地朝着二楼米亚的办公室看去。

“签不签？”

“为什么要签？”

“一个熟人叮嘱我必须帮你一把。”

“谁？”

“周鹏。”

“周老师？”刘子轩吃力地回头，看向米亚好奇地问着。

不知道里面发生了什么事情的一群服务员，忙不迭地朝着米亚办公室跑去。

领头的徐梦莲一脸焦急地推开米亚办公室的门，见刘子轩还半跪在地上伸手反摸着后背，一副被米亚蹂躏得惨不忍睹的样子，她愣住了，一脸无奈地说道：“米亚姐，能不能小点儿声？别人还以为发生什么事情了呢！”

“臭婆娘，瓜婆娘，小心你以后没人要。”

刘子轩站起身甩甩手臂，脸上流露出痛苦的表情。

米亚没有理会徐梦莲和刘子轩的话，起身拿着刘子轩已经签下的劳动合同，递到门口的徐梦莲手里，说道：“梦莲，以后他就是你的徒弟了。”

“啊？”徐梦莲显然还没明白这是怎么一回事儿。忽然之间多了一个比自己年龄还大的徒弟，这让她显得有些措手不及。

刘子轩则是揉着被米亚一番折磨之后酸痛不已的后腰，吃力地弓着腰做拉伸运动。一番运动之后，他好奇地问着米亚："现在我签了，能告诉我周老师怎么会向你推荐我，你又为什么非要我留下？"说着，他的眼睛斜看着米亚，恨不得将这个女人千刀万剐。

米亚则是一笑，说道："我们赏识你的才华。"

"才华？这句话骗鬼，鬼都会笑得魂飞四散！"说着，刘子轩三步并作两步绕过米亚的办公桌，站在米亚对面的窗口边，推开了窗户，说道："你要是不告诉我真正的目的，我就跳下去！"

他往下一看，发现楼层不高，而且窗下正好是一口水井。看着水井里的水面倒映出天空的光芒，清澈得能看到井壁，但深不见底。这要是跳进去了，多半是凶多吉少。

"你倒是跳啊。"米亚见刘子轩大话说的快要顶天，但见了现实情况又犯怂的样子，毫不留情地讥笑起来。不过她又觉得他这个样子是在情理当中，毕竟刘子轩是一个过惯了富二代生活的人，再想靠自己的双手去打拼天下，也不可能会在一天之内发生蝶变。

不过她还是小看了刘子轩，见刘子轩当真纵身一跳，米亚慌了神，忙不迭地冲到了窗口。

当她发现刘子轩并没有落入水井，他的身影又从旁边的窗口回到了屋里时，刘子轩已经闪到了房间门口。

"拜拜了，丑女人。"刘子轩对着米亚挥了挥手，如同不带走一片云彩般随意，开门逃走。见自己被刘子轩耍了，米亚气得捶胸顿足，不过她更多的是愤怒刘子轩居然喊自己丑女人。

"我不逮到你，我就不叫米亚！"说着，米亚猛地扯下假发，脚步匆忙地出了门。

宽巷子里依旧人声鼎沸，比肩接踵，米亚在人潮中只能望见刘子轩的一个后脑勺。

"刘子轩，你给我站住！"根本不顾自己的形象到底有多吓人，米亚见到前方的刘子轩大吼起来。

听到身后的喊声，刘子轩回过头来，见是丑女人，顿时一惊，拔腿就跑。

见刘子轩继续奔跑，米亚也是加劲儿迈步去追。可是宽巷子里的人实在是多，迈步都是困难，想要追人自然堪比登天。

眼见刘子轩快要蹿出巷子，米亚一蹬脚，直接跳上了路边的茶摊桌子，在一片惊惶惨叫声与陶瓷茶杯摔在地上的噼里啪啦声里，朝着刘子轩急速追了过去。米亚想，如果放刘子轩消失了，到时候要再寻人恐怕就是大海捞针。

刘子轩也没想到这个女人为了让自己留下，会这般拼命，不惜闹得整个巷子鸡犬不宁。

一个恍神，匆忙逃蹿的刘子轩不小心被绊了一下，当即摔倒在石板路上。等他再站起身来，却见米亚双手叉腰地站在自己的对面，正愤怒地看着他。

“跑啊！”

“你是玉娇龙吗？飞来飞去不累吗？”

“我是你师父李慕白，跟我回去。”

“您大人有大量，还是饶了我吧。”

“哗！”不知道从何而来的一盆冷水，将米亚从头到脚淋了一身。

路旁随之响起一个妇女的咒骂声，大抵原因是因为米亚刚才如同踢馆一般，将她的茶摊掀了个底朝天。

米亚的发梢“滴滴答答”滴落着水珠。刘子轩心底正幸灾乐祸，突然看着米亚惊讶地出神。不过，他不是惊讶米亚会如此悲剧，惹上了一个性格火辣的蓉城女人。他惊讶的是，这一盆冷水洗净了眼前这个女人的丑陋装束。

粗眉渐消，一对清新秀美的柳叶眉让米亚看上去优雅了许多。随着腮红褪去，水嫩的俏脸如同超凡的仙女般，不仅可以远观还能近看。刘子轩觉得，此时用苏轼的“欲把西湖比西子，淡妆浓抹总相宜”来形容眼前的这个女人再贴切不过了。而在米亚忽然睁开眼的瞬间，刘子轩更是被那一双清澈明亮的美眸给震慑住。当然，他的双眼自然不会放过米亚身上最美妙的部位，淋湿的胸部高高挺拔，若隐若现的文胸勾勒出完美的胸线，引人一番遐想。

“啪”的一声重响，米亚狠狠的一巴掌落在刘子轩的右脸上。

“看什么看！”米亚瞪着大眼睛，狠狠地骂着刘子轩。

刘子轩总觉得这一双大眼睛似乎在哪里见过……可惜的是，他不记得是在什么地方见过。刘子轩没有觉得在大庭广众之下挨了一巴掌有多难为情。他捂着右脸，平静地看着面前的女孩，用尽思绪回想着与这个女孩相关的一切。

“你是……”刘子轩半张着嘴，似乎刚刚忆起他与米亚的渊源。

米亚一惊，心想，莫非她的身份被刘子轩认了出来？如果是这样，那刘子轩就会知道自己和刘延烈的关系，到时候打死也不会接受这份工作……想着，米亚只得无奈地叹息一声。

“你是学姐？”

“对呀。”米亚故作镇定。

“哪个学院哪一届的？”

“这个你自己慢慢追忆。”

“不告诉小爷，小爷誓死不从。”

米亚犹豫了一番，抬手伸向刘子轩："法学院 2006 级，米亚。"

见米亚示好，刘子轩犹豫了一下，双手紧紧环抱在胸前，假装清高地问道："工资五千元是税后吧？"

米亚听后，心底暗笑起来，收回手后强硬回道："那要看你表现了。本店不许迟到早退，不许瞒上欺下，不许贪财好色，要勤快，不许偷懒，领导吩咐的每一件事情，你必须都要满腔热血地做到。要团结，不许撒谎，对待组织要诚恳，对待同事要友爱。要积极，不许颓废，面对身边的每一个人都要微笑对待，永远站在对方的位置替对方考虑，在心底要认同自己是最优秀的服务员……"

"实习的？"

"对，实习的服务员。"

米亚押着刘子轩朝鞠香雅苑走去。

办公室里，米亚已经洗完了脸，露出了自己原来的模样，刘子轩则依然看着米亚的双眼，若有所思。

"学姐……让我想想，想想我在学校哪里曾经见过你？"

刘子轩坐在米亚的办公桌上，闭着眼回想着曾经的过往。

米亚看着面前这个大男孩，心底蓦然升起一番怜悯之心。她不敢相信，他的身上这一年多会发生那么多的变故。

刘子轩突然睁开双眼。

"你，想起来了？"

"嗯。"

面对刘子轩斩钉截铁地回答，米亚有些惊诧："啊！"

"你是大姑娘养的……"

"那是什么？"米亚追问着刘子轩。

门外，一群服务员俯身隔着门板，偷听着刘子轩和米亚的对话。

接待刘子轩的迎宾小姐问徐梦莲："梦莲姐，大姑娘养的是什么意思啊？"

徐梦莲回答道："他在骂米亚姐是丑东西。"

"他们刚才还打得你死我活，这会倒打情骂俏起来，连过场戏都没有，这编剧够差劲的。"

徐梦莲回应道："只能说明一个问题！"

"什么问题？"门口所有女孩问道。

"我说了，你们都不要告诉米亚姐啊！"

"一定保密。"迎宾小姐代表所有姐妹答应道。

徐梦莲转身，对一群女孩神秘兮兮地说道："米亚姐思春了。"

徐梦莲说完，不巧米亚猛地将门打开，连让大家议论或者发笑的机会都不给，米亚双手叉腰嘶吼道："思你弟啊，赶紧给老娘干活去。"

一群女生在米亚开门的刹那间，吓得惊魂未定，听到她的嘶吼，慌忙集体跑开，边跑边议论："真希望那个刘子轩收了米亚姐。""就是，母老虎还是柔情的好。"

她们说这话时，走在最后的徐梦莲脸上泛着桃花，沉默不语。她回头看了看米亚办公室，正巧刘子轩在关木门，两个人的眼神那一秒正好对上，徐梦莲收回双眸，心思汹涌。

等刘子轩关上门后，米亚还是故意问了一下刘子轩的近况。

"你爸妈呢？怎么没去他们跟前谋一份实业？"

"早死了。"

米亚"噢"了一声，问道："你接下来有什么打算？"

"我不是在这上面签字了吗？"

刘子轩拿起桌上的合同摆在米亚面前。

"哈哈。"米亚笑了起来。

笑归笑，不过米亚看到刘子轩脸上的笑容，万万没想到这个大男孩会如此乐观坚强。他在这一年多里经历了那么多事情，居然还能逗得自己哈哈大笑。

"说说周鹏老师呗。"

"噢，他死了。"

"什么？"

"周老师这个点也吃了。"米亚改口说道。

"周老师一直在追我们学院的英语老师，不知道追到了没有？"

米亚想告诉刘子轩，那个猥琐的大胡子男人已经追到了自己的表姐，现在还孕有一女。之所以拿周老师来搪塞刘子轩，是因为这个理由不会被他怀疑。听周鹏说，他曾经将自己单身宿舍的钥匙交给过刘子轩，刘子轩还将郁红晓带进过那个房间，至于后面的故事大家都不清楚。

让她有些意外的是，刘子轩居然最后还是选择了留下。不过事情一波三折之后，还能够按照预期发展下去，也算是万幸了。

徐梦莲作为领班，自然而然成了刘子轩这个空降实习服务员的老师。此时的徐梦莲对刘子轩有些好奇，她习惯性地应下米亚的安排，然后带着刘子轩往他主要工作的地点走去。

鞠香雅苑是一家地地道道的蓉城餐饮店，里面的菜品除了老蓉城的成名川菜还有一些顶级的饕餮佳肴，像卡露伽鳇鱼子酱、香辣波士顿龙虾、松茸溏心干鲍、铁板阿拉斯加鳕鱼、宫爆小龙虾、浓汤神户牛肉等，都是来鞠香雅苑的食客必点的招牌菜。菜谱上的每道菜都会"讲故事"，图片配上注解，道出了

“贵与奢华”的理由。招牌菜的所有食材都是漂洋过海运来的，菜品的色香味在蓉城餐饮界独一无二，绝对称得上顶级的奢华享受。

“为了保证菜品上到餐桌时，依旧保持着刚出锅时的锅气，我们的传菜员到服务员到领班到经理都遵从了大厨的要求，在一分钟内，必须将任何一道菜从传菜区上到餐桌上。”

“这也太变态了吧，万一出个意外什么的……”

“这里不允许有意外和万一，懂吗？”徐梦莲打断刘子轩的感慨。见刘子轩一脸茫然，徐梦莲解释道：“这自然要一些经验和技术的，毕竟这么大的一个餐饮店，光一楼大厅就有数十张餐桌，一次不上个四五个菜根本忙不过来，你慢慢地就会习惯。”

“这些文弱美女也能一次上四五个菜，从厨房到餐桌保证在一分钟内？”

“必须的。”

刘子轩摇头晃脑，深深为自己在这里的日子担忧。恰巧一对高挑漂亮的双胞胎姐妹花朝他走来，并笑着和他打招呼，刹那间他心底乐坏了。

“这么多美女甘愿做服务员？见鬼了，不过这下艳福不浅。”

徐梦莲听到刘子轩的自言自语，回击道：“别动歪心思，你也见识了我们米总的身手，不想被废手废脚还是老实点。”

向刘子轩介绍完整个鞠香雅苑的餐区分布，还有各个雅间的称号之后，徐梦莲开始训练起刘子轩的上菜姿势。

“现在我给你说一下如何上菜。”

说着，徐梦莲取了一个空置的托盘，用左手单手托住，接着传菜领班往托盘里放上才从厨房炒好的宫爆小龙虾、神户牛肉汤、香辣波士顿龙虾、麻婆豆腐。

传菜领班往托盘里放置菜品时，徐梦莲介绍道：“我们一般尽量一次性多上几道菜，一是因为我们的厨师出菜快；二是因为这样会有效率的多；三也是最重要的，那就是因为要保证菜肴上到桌上后还有热锅的味道。”

刘子轩看着徐梦莲手里沉重的托盘，吞了一口口水，问道：“四五道菜一定很重吧？”

“不是很重的。”旁边的一个漂亮女孩接过刘子轩的话，说完之后笑了出来。

从女孩的笑容里，刘子轩已经得到了某种答案。他不禁扭着身，低头朝着托盘下徐梦莲的左手看去，只见徐梦莲手腕的手筋都凸了出来，完全看不出是一个娇弱女子的手。

徐梦莲看到刘子轩眼睛里一闪而过的惊诧，笑了一下说：“经过专业的培训和训练，你会习惯的。我都能做到的事儿，你也一定可以的。”

“嗯……那让我试一试。”刘子轩说着，抬手就要接过徐梦莲手里的托盘。

徐梦莲赶紧拦下刘子轩，微笑着说道：“别了，你先用空碗空盘练练。”说着，徐梦莲便将手里的托盘交给了刚才说话的女孩。女孩出了传菜部的厅门，迈着稳健而优雅的小碎步，从喧闹而拥挤的大厅穿过，将托盘中的佳肴一件件送到正在为食客服务的服务员跟前。

看着惊呆了的刘子轩，徐梦莲又拿了一个托盘，往里面放了三个大汤碗，对刘子轩说道：“端着，像我刚才那样。”

“好……”

等刘子轩遵从徐梦莲的指导端好托盘，徐梦莲转身走进了厨房，等她再回到刘子轩跟前时，她的手里多了一个水壶。

徐梦莲手中的壶盖溢出一股热气，升腾的热气让刘子轩感觉仿佛一股热浪席卷而来。而在刘子轩不知道徐梦莲要做什么时，只见徐梦莲将开水倒进了三个大汤碗里。每倒满一个大汤碗，刘子轩手腕上的重量感觉又沉重了几分。

这种沉重通过他手上的经络，传到他的胳膊，然后流窜全身。

“好了，保持这个姿势三个小时。”

“什么？三个小时？小师傅，你一定是在和我开玩笑吧？”

“徐领班没和你开玩笑，我们都是这么过来的。”刚去传菜的漂亮女孩回到传菜区，听到刘子轩的话便接了过来。听到她的回答，刘子轩苦笑了一下，不过是眨眼的工夫，他已经感觉到臂膀酸胀，这要是保持三个小时，自己的左手必定要废掉。

或许这就是开始新生的代价，既然选择了离开那个家，选择放弃曾经的身份，即便前进的道路充满荆棘，爬也要爬过去，否则会被刘延烈看笑话。

不朝既定的目标奋勇奔腾，又怎能知道自己的潜力在哪里？

刘子轩心里如此想着，给自己鼓了一股劲，多少少了些疲累。

只是新生的路并不是一帆风顺，训练只不过是皮肉之苦，心伤致命。一周的时间里，刘子轩打碎了不少盘子。把吃火锅的顾客所需要的骨汤当成了茶水，倒进了顾客的茶杯里。偶尔会在收骨碟的时候，将碟子里的一些汤汁洒在顾客的衣服上。

道歉是刘子轩学生生涯学过的礼仪，只是那时候的一句“对不起”换来的是别人的一声“不客气”。现在的一句“对不起”，得到的是顾客与米亚的责骂。

刘子轩人生的第一次低头就是发生在这里，第一次的忍让也是发生在这里。

转眼之间，刘子轩在这里度过了自己新生的第一个月。或许因为工作的日子总是忙碌的，刘子轩并没有觉得这一个月的时间太过漫长，反而在他领到自己第一个月的薪水时，才发现自己已经离开家和戒毒所有一月之余。

这一个月里，别人已经倒过几次班，刘子轩却从未上过夜班。他慢慢地习惯了这里的生活，也渐渐成了这里的"店草"。正如一个理科班里唯一的女生一样，再丑也是班花，这是谁也改变不了的事实。

刘子轩的头发渐长，曾经的圆头造型变得长发飘逸，一对剑眉下是一双深邃的大眼，长长的睫毛，高挺的鼻梁，俊朗而轮廓分明的脸庞，足以让他帅到迷倒所有人。何况他时不时会因为天热，在休息的时候撩开衣服显摆一下自己的八块腹肌和撩人的人鱼线。

最为关键的是，刘子轩有满腹冷笑话可以信手拈来，这一切都让他成了鞠香雅苑的万人迷，俘获了不少美女服务员的芳心。

刘子轩觉得这一个月的经历就像梦境，梦境里的他怀着希望与敬畏。尽管梦里的故事是积极向上的，但是梦的组合规律是荒诞的，这个梦里的自己平凡普通，并且经历的每一个故事之间没有起承转合。然而，刘子轩之所以喜欢这个梦境，并不在于梦里的欢乐，而在于它对自己的未来给予了正能量的答复——做真实努力的自己。

不求连城璧，但求启程路。

刘子轩知道自己的路在何方，这也是他深怀希望与敬畏的原因。

Chapter 6 ······ 实现主义

神基本上是接近天空的，

是像李白那样的人。

而圣是接近土地的，是像杜甫那样的人。

每个人的血液里都流淌着自己的属性，

它或勇敢或懦弱地承担着生命历程的使命。

无论是命运的注定，还是现实的造就，刘子轩的心底不再遇事就惊涛骇浪，反而变得处事波澜不惊。并且，他开始对米亚好奇起来。

为了知道自己为何只上白班的原因，刘子轩在这个夏天的最后一天，自作主张地留下来继续上了夜班，他想看看晚上到底有什么？

只是他始料未及的是，自己的这个决定，扰乱了一个女孩的芳心。

徐梦莲今天刚巧轮班需要上夜班，她和另一个领班做好交接之后，来到传菜区。整个餐厅只有刘子轩一个男服务员，所以当她看见刘子轩坐在安排出菜顺序电脑前时，不免有些惊讶，问道："你怎么还在？"

刘子轩顿了一下，微微一笑，应道："小师傅，我看你这几日疲惫得很，所以就想着留下来替你做些事儿。"

徐梦莲听后心底乐开了花，却极其平静地说道："谢谢你，我暂时不需要。"

"怎么会不需要呢？"为了让徐梦莲不再多问，刘子轩一边说着，一边绕到徐梦莲身后，将她安置在一张木板凳上，然后抬手轻揉着徐梦莲的双肩，说："经过这一个月的磨砺，我的各项服务标准都已经达标，这些都是小师傅教导有方。"

徐梦莲没想到刘子轩揉肩的手法很是专业，手指的力道正好，不松不紧的指尖轻压着肌肤，让人倍感舒畅。对一个女人来说，有一个男人给自己揉肩，那是一种特殊的暗示……

这种想法让徐梦莲羞红了脸，一对洁白的门牙轻咬着下唇，感觉有些不好意思。全身舒畅的酥麻感也让徐梦莲忘了追问刘子轩的存在。徐梦莲问道："技术不错嘛，之前学过？"当然，徐梦莲真正的意思是在打听刘子轩的过往，作为一个怀春少女，她担心自己会误会刘子轩的意思。

是否学过？刘子轩只是以一个轻笑做了回答。

"好了，看来你是不想让我替你分担些工作了。"说着，刘子轩松开手，伸了一个懒腰准备下班。

"哪有！"见刘子轩要走，会错意的徐梦莲赶紧留下刘子轩。

见自己可以留下，刘子轩笑着问道："那我需要做什么呢？"

“嗯……”徐梦莲羞涩地低下了头，迟钝了片刻，说道：“大堂已经安排好了，要不你就陪我一起分菜，怎么样？”说着，她捏着衣角的一双手已经显得有些不安。

刘子轩要的只是留下，至于做什么都可以，便应下了徐梦莲安排的活儿。

此时，在鞠香雅苑后院包间“醉风涧”里，刘毅珑、王一翎和刀疤男正推杯换盏。

刘延烈的身体已经被药物慢慢吞噬，这让刘毅珑开心起来。当然，越是胜利即将来临的时候，他就越发心急。这一次，他是感谢刀疤男提供的服务，另外再购置一些药物，好加速刘延烈的死期。

交易依旧是简单的验货给钱。

看菜品迟迟未上，王一翎等得有些着急了，起身出门催了起来。

厨房旁边的传菜区，误会刘子轩正在追求她的徐梦莲，此时坐在电脑前，用手撑着脑袋，目不转睛，一脸春风地看着刘子轩傻笑。刘子轩却没有心思理会徐梦莲的花痴，他只想知道，白班和夜班有什么不一样？

“徐梦莲，后院的菜，怎么还没上？！”通道里忽然传来雷墨霖的呵斥声。

雷墨霖是鞠香雅苑的副总，年龄在三十岁左右，她十六岁离家打拼，从一个服务员慢慢熬成一名副总，职场经历也算得上翻版《杜拉拉升职记》。不过刘子轩对她的印象，除了她那头短发外，也只有她那对外谄媚奉承，对内恶语不断的脾气。

当然，雷墨霖对米亚从不安排刘子轩上夜班是有意见的，而且她从心底一直对刘子轩不爽。因为之前刘子轩不管犯什么错，米亚总会包庇他，而其他服务员却直接降级，严重的则劝辞。

所以当雷墨霖转入传菜区，见到刘子轩的时候，有些吃惊。

刘子轩看见雷墨霖，心底也是有些不高兴。不过他从未显露出来，见到雷墨霖时，他还是会恭恭敬敬地打声招呼：“雷总好。”

“嗯？你怎么还没下班？米总不是不安排你上夜班吗？莫非今天月亮打西城出来了？”

听着雷墨霖嘲讽的话语，刘子轩只是在心里嗤笑了一下，表面应道：“没有，我是见小师傅最近太过疲惫，所以想留下替她分担一些活。”

“是吗？”雷墨霖忽然想到了什么事情，唇角轻弯，说道：“既然如此，那后院的菜出来了，你赶紧给送过去。”

雷墨霖的话让徐梦莲一下子站了起来，一脸慌张地应道：“雷总，还是我去吧。”

“为什么？”雷墨霖双眼半眯，对徐梦莲居然公然反抗自己的态度显得不悦。

徐梦莲自然知道，自己这样做是要得罪雷墨霖的。可米亚交代过，不准让刘子轩靠近后院，她不得不听米亚的吩咐。至少，听米亚的话，要比听雷墨霖的更妥当。

“后院的客人太过金贵，我是怕刘子轩去了招待不周，得罪了客人。”

如此牵强的理由，只是引得雷墨霖呵呵一笑，更加坚定了让刘子轩去后院的决定。

“怎么？你还怕自己教出来的徒弟，砸了你的牌子不成？”

“雷总，我去。”刘子轩着实不想再看雷墨霖那一副刁难徐梦莲的嘴脸，不等徐梦莲回答，就应下了雷墨霖的话。他转身安慰着徐梦莲，说道：“小师傅，没事的，你不用担心。”

徐梦莲看情况不妙，当即就想去告诉米亚，却碍于雷墨霖还没有离开不敢有别的动作，只能眼睁睁地看着刘子轩端起醉风涧的菜品，往后院走去。

二楼，米亚正斜靠在开了一条细缝的窗口，窃听着醉风涧里的谈话。就在她得意这一次，她能一五一十地听到刘毅珑和刀疤男的谈话之时，却看见刘子轩端着菜品往醉风涧而去，她立刻吓得面如死灰。

“刘子轩！”害怕的米亚大声喊了出来。

听到米亚的喊声，刘子轩顿时停了下来，回头往楼上一看。他看见米亚生气的样子，调皮地吐了下舌头。

随着“嘎吱”的声响，醉风涧的门被打开。

“今天怎么回事啊，我们的菜呢？”

伴随着茶杯摔碎在石板上的清脆响声，米亚刘毅珑将手中的青色茶杯摔到地上。知道情况不妙，赶紧转身，小跑着朝后院而来。

还不知情的刘子轩，回过头来，看到门口站着的刘毅珑，端着托盘的双手颤抖了一下。

恰时，王一翎出现在刘毅珑身后，抬手揽着刘毅珑的脖子，摆出一副两人很亲密的姿态。看到这个画面时，刘子轩惊得往后退了一步，连忙低头回避着。

无意之间王一翎发现刘子轩，吓得花容失色，赶紧放下手来，故作镇静地向刘子轩打着招呼：“刘子轩？啊……子轩，你让我们找了好久……”说着，王一翎疾步来到刘子轩面前，不忘扭动着自己傲人的丰臀，继续说道：“你知道董事长最近身体不太好吗？大家都盼着你早些回去。”

“不好意思，小姐你认错人了……”终于知道米亚为何不让自己上夜班的原因，刘子轩面对自己想要知道的真相时，却变得手足无措。

对刘毅珑，他恨不得将其挫骨扬灰。可是，只有过去的刘子轩才会带着仇恨，他要重生，就要与过去一切断绝关系。

“不好意思，冒犯刘总和王总了，他叫海中麒，来店里已经一年有余。”米亚拉着刘子轩的衣服说道：“海中麒，你还不向两位老总认错？”

米亚赶紧上前对王一翎解释，她知道刘毅珑不会相信自己的话，毕竟他是和刘子轩一起长大的兄弟。

王一翎用坚定的眼神看着刘子轩。

“对不起两位老总，今天厨房特别繁忙，如有服务不周实属我们的疏忽，请两位老总见谅。”

刘子轩不敢相信自己居然能说出如此鬼话，可他必须将心中陡然升起的怒火压制住，一来他不想再和刘毅珑产生任何瓜葛；二来他也不愿因为自己的事牵连到鞠香雅苑。

当刘子轩平静地说完这句话时，米亚吃惊地看着他，而王一翎想上前好好打量一番刘子轩时，却被刘毅珑暗中拉住。

众人意料之外的是，刘毅珑识趣地应着刘子轩的话，对王一翎说道：“他的确不是刘子轩，我们家子轩可没这好脾气。”

见刘毅珑如此说法，王一翎顿时轻哼了一声，扭着曼妙的身体回到了刘毅珑身边，勾着刘毅珑的手臂说道：“这海什么的小子，和你那好命的弟弟长得真像，吓了我一跳。”

“好了，我们继续吧，你们帮我催一下菜。”说完，刘毅珑搂着王一翎走向雅间。

看着刘毅珑与王一翎一副卿卿我我的模样，刘子轩的脸顿时绿了起来，整个托盘里的菜因为他气到颤抖的手险些掉到地上。米亚见势不妙，立马挡住刘子轩的视线。刘子轩看到米亚水灵灵的大眼瞪着自己时，才回过神来。

米亚眨巴着眼睛，说道：“来，跟我上菜。”说完，米亚微笑着走进雅间，其后的刘子轩也跟着走了进去。

刘子轩端着托盘，在米亚帮忙上菜的时候一直保持着微笑，此刻他内心深深地感激徐梦莲曾经的教诲。而刘毅珑跟刀疤男低声细语时，始终不忘打探刘子轩的虚实，他知道这个服务员就是刘子轩。刘毅珑不禁为汉风集团和刘延烈感到悲哀，悲哀过后却有一丝怜意，不过他立马斩断这份怜悯，借着刀疤男的一句玩笑话，突然大声狂笑了起来。

人的对手无论多么强大，多么受上苍眷顾，只要他没有斗志，就是一个失败者。所以，刘毅珑对自己的手下败将，自然不屑一顾。

当晚，米亚特意给刘子轩放了两天假，她担心刘子轩因为见到了刘毅珑，搞出一些没必要的事情出来。

第一天假期，刘子轩一直在府南河租赁的小房子里待着。困了就睡，饿了就吃一桶方便面。什么都不想干的时候，他就独自一人站在木窗后，看着楼下潺潺而过的府南河水，听着楼下喧嚣的叫卖声，眼神呆滞。到了夜晚，刘子轩睡得并不安稳，窗外轰隆隆的闪电与雷声多少有些影响他的睡意，然而更深的原因是因为郁红晓的事让他辗转反侧。

在郁红晓的日记里，在一起的时间转眼就要结束，饭桌上大家彼此憧憬着暑假要做些有意义的事情，朱巧巧自然是调侃着刘子轩要不要带郁红晓见家长，毕竟两人在一起已经一年有余。

"我倒是愿意，不过我家晓晓就是不想。"应着朱巧巧的话，刘子轩抿嘴一笑，扭头看向了郁红晓，等待着她的反驳。

听到刘子轩话中的失望之意，郁红晓深吸一口冷气埋下了头。她全然不知道该怎么去诉说自己现在的心情，这次分开之后，她将会踏上一条不归路，这条路通向罪恶的深渊。

虽然郁红晓低头不语，朱巧巧还是没有转开话题，继续调侃着："还害羞了不成？丑媳妇都要见公婆，何况我们家晓晓这般貌美如花，早晚总得见，那就早见呗。"说着，朱巧巧抬手握住郁红晓的肩膀，看向刘子轩，责问着："说，你是不是欺负我们家晓晓了？你要是不要她，我可就要了啊。"

"我怎么可能惹她生气。"刘子轩赶紧摆手解释。

郁红晓抬起头来，对朱巧巧轻轻微笑，摇头说道："他没有欺负我，是我还没有做好准备。"

"见公婆要做好什么准备？难道还要准备嫁妆？"朱巧巧一掌拍在桌面上，问道："我说刘家大公子，你家稀罕那点儿嫁妆吗？听说你家有些背景，能跟我们说一说吗，让我们也长长见识！"

朱巧巧的问题让其他同学连声应和，这让刘子轩的脸部一阵抽搐，心想，这都扯到哪门子话题上去了？他应付着说道："再多钱也是我爸的，跟我没有一毛钱的关系，我和晓晓的路要靠我们自己去走。"

刘子轩看了郁红晓一眼，在他们双眼对上的瞬间，他猜测或许她是有什么苦衷，才让她迟迟不愿和自己回家。

"好了，我去结账，你们再摆一会儿龙门阵。"刘子轩笑着拿过钱包，往柜台走去。

往后的日子会有好长一段时间不能见面，朱巧巧突然噘着小嘴，依依不舍地搂着郁红晓撒娇，让一旁的同学和郁红晓一起哈哈大笑。尽管有再多的不舍，终究还要分别，毕竟客车从不会因为你的不舍而延迟发车。

郁红晓发现与刘子轩在一起的时间即将要结束了。站在校门口，郁红晓回头看向那一座牌坊校门，苦涩地笑着。

“晓晓，你今天一直神思恍惚，发生什么事情了？能告诉我吗？”刘子轩看着心事重重的郁红晓问道。

“我，我，我妈妈，她……”

“阿姨怎么了？”

“我妈妈她感冒了。”郁红晓想把目前遇到的困难告诉刘子轩，可是脑海里突然响起刘子轩在饭桌上的那句话：“再多钱也是我爸的，跟我没有一毛钱的关系，我和晓晓的路要靠我们自己去走。”因此她原本想说的话，变成了谎言。

“噢，你回家后代我向阿姨问好，祝她身体早日康复。如果你有什么困难一定要跟我说，不能一个人扛着，就算世界末日来临，记住，你还有我。”

郁红晓点着头回应着刘子轩，即将到来的分别与那笔交易让郁红晓的心中如刀割般疼痛，她只能强忍着不舍，逼着自己微笑面对刘子轩，说道：“小轩，回家……要好好照顾自己。”

“嗯，好，你也一样要好好的，放假一有时间我会去看你的。”

郁红晓没有接刘子轩的话，而是转了另一个话题：“小轩，你能再告诉我，当初你为什么会喜欢我吗？”

“我不喜欢你。”刘子轩毫不犹豫地回答，加上他脸上毫无表情，顿时让郁红晓脑中一片空白。

“因为我爱你，喜欢这个词不足以表达我对你的爱。”见郁红晓被自己的话吓住了，刘子轩得意地笑了起来。他抬手捧着郁红晓的脸，吻了下去，说：“至于当初为什么会喜欢你，都老夫老妻了，还用得着说吗？”

“谁和你老夫老妻了，爱说不说……”

郁红晓想再多听一些刘子轩的甜言蜜语，因为只有他的甜言蜜语，能让她幸福，能让她短暂的忘掉悲伤。今后，或许她还会听到来自别人的甜言蜜语，但那些话语只是提醒着她，自己已经成为一个肮脏的女人。

刘子轩见郁红晓生了气，赶紧将她搂入怀中，深情款款地说道：“好，那我再说一遍。”

“喜欢你，因为你如清辉般神秘且纯洁，因为你出现在对的时间也遇上了对的我。”三年前的话，发着呆望着天花板的刘子轩还能一字一字地吐露出来。

对刘子轩来说，他的生命中有三个至关重要的人。一个是给了他生命的母亲王淑芬，一个是给了他爱情的郁红晓，还有一个是给了他灵魂的“哥哥”张国荣。有人说过，一个人如果没有灵魂的活着，就是行尸走肉，终究会被世界遗弃。

惊雷四起，刘子轩翻了个身，看着窗外被闪电照亮的城市，不禁想起郁红晓在 2009 年愚人节写在日记本里最后的话语。

喜欢一个人，那个人必然有你喜欢的理由，而爱上一个人，那个人一定有一个你爱上的味道……

在幸福的情侣眼中，每一天都是情人节。女孩可以放肆地爱他，可以和心爱的男孩做任何事。爱情里，女孩的智商总会短路，试探男友对爱情的拳拳之心成了她们的通病，即便曾经对爱情不屑一顾的郁红晓也变得如此。

男人一般会容忍女孩的无理取闹，他们理解女孩天生缺乏安全感，可某些事情如同雷区，不可迈进一步。

愚人节，被刘子轩打通七情六欲的郁红晓，也想像其他人一样整蛊一下心爱的男孩。蹲在第三教学楼天台的墙壁后面，郁红晓轻咬着下唇，满脸坏笑地给刘子轩发出一条短信："子轩，我突然感觉好累，对这个世界也没了眷恋，唯独不想失去你和失去你的爱，我是多么的不甘，但我好疲惫……"

看到短信的刘子轩顿时被吓出一身冷汗，正在上英语课的他猛地站了起来，没有向讲台上的老师打报告，也不管同学们向他投来好奇的目光，他风一般地冲出教室，慌忙拨打着郁红晓的电话。

"喂，你在哪儿?"刘子轩着急的声音在安静的走道回响。

听到刘子轩着急的声音，郁红晓忍不住偷笑，不紧不慢地说道："我在三教的楼顶……"郁红晓用脆弱的声音说完，捂着话筒笑了起来。

等她看到刘子轩上气不接下气地出现在自己的面前，脸上写满了担心和害怕，她心里感到无与伦比的幸福。不过她没有立即暴露出自己的目的，脸上假装出痛苦的神情看着刘子轩，神情恍惚地转过身，朝着阳台的边沿踉跄着挪了过去。

郁红晓的步子迈得很小，她是在等刘子轩冲过来从背后把自己抱住。

可当她快挪到阳台最边沿时，她看着楼下的花坛，有些心悸起来，不是恐高，而是迟疑刘子轩为什么始终站在原地，没有冲到她的身后将她一把抱起。

刘子轩怒火中烧，有些无奈地看着郁红晓的恶作剧，见此，郁红晓没法再演下去，她的神情有些恼怒。

深吸一口气，郁红晓撤回阳台边的脚，三步并作两步地走到刘子轩面前，抬手指着刘子轩的鼻头，气愤地问道："刘子轩，我都要跳楼了，你还一直站着，为什么不拦住我?"

刘子轩并没有回答她，一双大眼突然变得空洞地望着她。

“居然还不回答我，你是不是不爱我了？”郁红晓嘟囔着问他。

刘子轩依旧没有回答她，只是恍惚了半天，冷不丁地喊了一声：“哥哥……”

“哥哥？”郁红晓双眉一蹙。

在郁红晓惊愕万分的时候，刘子轩终于缓过神来，抬手将郁红晓死死地抱在怀里，力道紧得让郁红晓快要窒息。

后来我才知道，是张国荣给了子轩灵魂，2003年4月1日是他这辈子的痛。我记得当时当我告诉他，我只是和他开玩笑的时候，子轩怒不可遏，似乎在那一刻我不是他的爱人，而是一个随意戏谑了他偶像的陌生人。

那一天，刘子轩再也没有理会郁红晓。这是他们之间鲜有的冷战，来得太过突然，让郁红晓不知所措。

当我知道我错得有多么离谱的时候，我突然笑了。笑自己的愚蠢，笑自己的无理取闹，更笑自己破坏了和子轩的爱情。

一个是给了自己灵魂的人，一个是给了自己爱情的人。一个在十年之前纵身一跳，结束了自己可歌可泣的一生，也击碎了多少歌迷影迷的心，带走了《倩女幽魂》里宁采臣的款款痴情，带走了《阿飞正传》里旭仔的反叛不羁，带走了《霸王别姬》里程蝶衣如醉如痴的绝唱……而另一个人，在十年之后，带着一身不甘，带着满心愧疚，带走了刘子轩残败不堪的心。

一个人失去了灵魂，即便靠着强壮的心脏活着，也与行尸走肉无异。可一个人失去了灵魂和心，他又是什么呢？刘子轩得不到答案。

窗外下起了细雨，雷声闪电声终于消停下来。刘子轩翻了一个身，背对着窗外闭上眼。

月升月落，夏日的夜总是短些。

早上6点，刘子轩早早地起了床，比平时上班都要早，他决定去蓉城市郊的福寿园，看一看在那儿长眠的母亲王淑芬，今天是她四十二岁的生日。

或许是要去看望自己最在意的人，刘子轩特意换上了母亲王淑芬在世时给他买的最后一件衣裳，那是一件如同阳光般温暖的橙色外衣。

下楼的时候，刘子轩有些兴奋地用手拍打着已经生锈的铁护栏，发出“砰砰”的沉闷声，透过石花窗户的太阳缓缓升起。让他有些惊讶的是，如此早的时间，却在楼下见到了米亚。

“你怎么在这里？”刘子轩不免好奇地问着米亚。

米亚没有立即搭话，只是上上下下打量身着浮夸橙色外衣和鞠香雅苑职业西裤的刘子轩，然后摇头啧啧称奇，说道：“两天不见，你的品位掉得也忒快了些吧？比自由落体都快！”

刘子轩横了米亚一眼，不作反抗，追问道：“你找我有什么事？”

“没事儿，就是今天我也休息，一个人无聊想找个伴。”说着，米亚抬手拍打着嘴唇打起哈欠来，她还从来没有这么早起过。如果不是刘延烈告诉她，今天是王淑芬的诞辰祭。

“今天陪我出去逛逛？”放下手，米亚显得有些疲惫地趴在车窗上，挑眼看着刘子轩。

刘子轩自然拒绝了她的邀请，摆手说：“不了，我今天还要做自己的事儿。”

“你能有什么事儿？”米亚边说边楚楚可人地看着刘子轩。

“我有什么事儿用不着跟你汇报吧？现在可不是上班时间。”说着，刘子轩迈步从米亚的白色奔驰前走了过去。既然要去祭祀，总得带上一束花才好，刘子轩决定去最近的花店看看。

见刘子轩无视自己，米亚轻哼了一声。她看着刘子轩的背影，开车紧跟着他出了小区。

两个人一前一后，保持着三五米的距离，往刘子轩准备前去的花店而去。

开车跟着刘子轩十多分钟，无聊的氛围让米亚越发觉得困意难挡。在她开车过马路的时候，忍不住打了一个哈欠，分神之时，差一点儿撞倒送孩子上学的老奶奶，更为严重的是她闯了红灯。

这一幕恰巧被路口一位高大魁梧的青年交警撞见，米亚知道事态不对，只能叫苦不迭。

如今开车若是撞到老人，那事情就会往严重的方向发展，米亚停车后，立即下车查看车前的婆孙俩。见婆孙俩只是受到惊吓并未有伤势时，米亚连忙鞠躬说：“对不起！”并留下一张自己的名片给小女孩，让她有什么后遗症或者需要帮助随时找自己。

当青年交警走近时，看着忙着道歉的米亚，面容憔悴哈欠连天，一看便知她没有睡醒，属于疲劳驾驶。等婆孙俩走后，青年交警冲米亚敬了一个礼，微微一笑时露出洁白的牙齿，礼貌地抬手说道：“女士您好，请出示您的驾驶证和行驶证。”

米亚远远看见刘子轩已经走过街角，转眼就要消失，有些焦急，抬手作揖向青年交警百般讨好，说道："帅哥，今天是我第一天上路，你就菩萨心肠，放过我好吗？"

青年交警笑了笑，扭头朝着米亚的车子看了过去。

"您的车身没有粘贴'实习上路'的标识。"

"我给忘了。"

"您第一天上路就开这么个大家伙，不担心他人的生命安全吗？请出示驾驶证和行驶证。"青年交警依旧保持着微笑，将手摊在米亚的眼前。

看着青年交警油盐不进，米亚只能妥协，回到车里拿出驾驶证。青年交警接过驾驶证后细眼一看，眼前的女孩已有三年的驾龄，为了逃脱责罚，刚才是在故意撒谎。

"闯红灯，扣 6 分，罚款 200 元，三日后可到各大银行缴款，或者直接网上交付。"说着，青年交警已开好了罚单，别在了米亚车前的雨刷上。

米亚顿时如同泄了气的皮球一般，趴在方向盘上，打着哈欠。

青年交警见此，说道："疲劳驾驶，扣……"

"不好意思，我们昨晚出了一些状况，所以今天才会……"刘子轩突然出现在车前，打断了青年交警的话。他的手里还提着一个袋子，米亚好奇地看了他手中的袋子一眼，里面装着的是香蕉牛奶、提拉米苏和芝士饼。

"你和她什么关系？"青年交警的话让米亚顿时一愣，心想，我和刘子轩什么关系，和你有什么关系吗？

刘子轩浅浅一笑，回答道："刚结的婚。"说着，刘子轩将手里的袋子在青年交警面前晃了晃，说："喏，她有些饿，我刚才是去给她买些吃的。"

"结婚证拿出来看一下。"青年交警上下打量着刘子轩，不信任地将手摊在了刘子轩面前。

当刘子轩说"刚结的婚"这句话时，米亚整个人都惊呆了，她不敢相信刘子轩居然拿这个关系来糊弄伟大的交警同志。看着刘子轩满脸怯意，米亚倒想看看他葫芦里卖的什么药，她懒散地趴在车门上，期待刘子轩接下来神鬼莫测的举动。

刘子轩一下子愣住了，望着青年交警眨了下眼睛。

"这是要查户口吗？"米亚问着，心里却想着，看你怎么回答！

刘子轩扭头看向米亚，米亚虽然看上去疲倦不堪，可是掩盖不了身上那足以让男人着迷的美色。

"嗯……在她爸家里。"刘子轩赔笑着说道。

刘子轩看着青年交警继续在第二张单子上写着日期，于是硬拉着青年交警走到两米外，高深莫测地和青年交警交谈起来。米亚探头看向窃窃私语的两人,"切"了一声,转身拧开了收音机,随着收音机里的怀旧歌曲哼唱着。

"我说的都是一个男人的肺腑之言,总之她的疲劳是我造成的,您要罚就罚我,求您放过她。"刘子轩一副诚心正意的模样,望着惊愕的青年交警。青年交警左右为难之际,几米开外一辆送货小卡车与一辆三轮电瓶车相撞,两个司机下车理论起来。

青年交警收回脸颊上的惊愕的表情,他靠近刘子轩耳际,小声说道:"哎,哥们儿,虽然你这故事听着有些天方夜谭,不过我相信你,请你继续为我们男人长脸。"

刘子轩觉得似乎有戏,趁热打铁地拿出闯红灯的罚单,递到青年交警面前,说道:"我刚才看你还没来得及拍照,这个能不能免了?"

青年交警皱了皱眉,秉着职业操守回答道:"关于她疲劳驾驶的罚单我不开了。至于这张,你还得劝她去接受交通安全教育。"

刘子轩知道再接着往下编,也不会有一个意外的结果。他收回罚单,神秘兮兮地说道:"我每天都在家里教育她,交警同志请放心,以后我们保证遵纪守法。"罢了,他冲着青年交警敬了一个礼,转身走近驾驶室,替下米亚,开车朝前面的花店驶去。

生活中的小插曲随机来临,两个平行世界里的人,有时候在这种小插曲的关照下,关系会如同铝元素和氧元素,一旦发生化学反应,后果一发不可收拾。

吃完刘子轩买来的早餐,米亚满足地打了一个饱嗝。见刘子轩看向自己,她如孩童般天真烂漫地笑了起来,一双大大的眼睛眯成了缝,两个浅浅的酒窝挂在脸颊上,让她看上去可爱极了。

这是刘子轩第一次见到米亚的笑容,干净单纯,如同秋日里的阳光温暖人心。

刘子轩突然想起在鞠香雅苑碰到刘毅珑时,米亚帮自己开脱时说出的一个人名,好奇地问道:"海中麒是谁?"

"啊?"

刘子轩猜测问道:"你男朋友?"

"瞎说什么呢?"米亚白了刘子轩一眼。

"那他是谁?"刘子轩不依不饶地追问,想知道海中麒是谁。

"一部电视剧男主角儿子的名字。那部剧的主演一人分饰两兄弟,一正一邪,特别好看,因为那两个角色,我爱上了那个演员大叔。"

"花痴。"

"唉,大叔演的那个角色好像跟你同名,他演的角色叫海子轩。"

刘子轩摇着脑袋半信半疑,认真地开着车,直到堵车堵到纹丝不动的时候，米亚打着哈欠才想起一件事，问刘子轩："你刚才怎么突然跑回来了？"米亚问完后，斜靠在座椅上闭上了眼。

"我有些好奇周围的那些路人他们都在往回看什么？结果我一回头，就发现你被交警同志拦下了……"说着，刘子轩觉得有些好笑地笑了起来，在他扭头看向米亚的时候，看到她恬静的睡脸，他没有再说下去。半睡半醒的米亚没有听到刘子轩接着往下说，以为他是在等自己的回应，闭着眼轻声"嗯"了一声。

刘子轩摇了摇头，没再说什么，关上车窗，降慢车速。

一路停一路走，车子终于到了花店门口。花店还未开门，刘子轩看了看时间，才七点半。刘子轩扫了眼米亚车内的装饰，舒适的真皮坐垫上散乱地放着各种照片。

刘子轩从未觉得这些照片有何不妥，每个人都有自己的喜好，比如刘延烈喜欢酒和女人，自己喜欢电影，米亚喜欢摄影也无可厚非。

只是当他准备收回视线时，却在杂乱的照片里看到一个熟悉的建筑物。

刘子轩绞尽脑汁也无法想到，米亚为何会有自己卧室外侧的照片？从角度来看，拍照的位置显然是平视的距离。

"她家就在我的卧室对门？"刘子轩的双眉当即紧蹙。

> 或许，我们曾经彼此相识，却在擦肩而过时，不过相视一笑，只觉彼此不过是过客，未曾留意。可当岁月轮转，我们再次相遇时……你可否还记得？当时你的笑，让人魂牵梦绕，让人着迷。

照片后，字迹清秀的一段字，更让刘子轩觉得米亚充满着神秘感。

他静静地望着熟睡的米亚。她迷人的脸庞，性感的红唇，白皙的皮肤，随着呼吸起伏的挺拔双峰，眼前的美景让刘子轩的心底升起一股冲动。

一个深呼吸后，刘子轩删掉脑中不健康的想法，却更加想要知道，这个女人到底是不是一个月前，在戒毒所前突然出现的女孩。

他慢慢地抬起右手，想半蒙住米亚的脸。那样一切疑惑或许就能解开，当他的手快靠近她的脸颊时，不由自主地不停颤抖。在内心深处，他害怕米亚就是那个女孩。

经过一个月的相处，刘子轩已经习惯了米亚的大大咧咧和神秘莫测，习惯了她的人来疯。刘子轩敬佩米亚游戏人间的同时，却又能将一家高档餐馆经营得有声有色。双重性格的背后让人对她充满好奇，却又不愿打破这样的平衡。

如果米亚就是那个女孩，对刘子轩来说，她就是和刘延烈有关联的人。他不敢多想，他害怕与刘延烈有关的一切。

“那样的话，我的工作其实还是他安排的……”刘子轩低声说着，苦涩一笑，已经伸到米亚下颌的右手猛地捏成拳头放了下来，长长地轻叹了一声。

与其说他害怕自己的工作是刘延烈给的，倒不如说，他已经习惯了米亚的存在，习惯了现在的生活，不愿失去如今难得拥有的新生。

“哗啦”一声，花店的卷帘门在刘子轩愣神之际打开，这给了刘子轩暂时不再追究过往的理由。

将照片放回后座，刘子轩随手撩起后座上的一件单衣给米亚盖上，然后下了车，急忙往花店而去。

十一朵香水百合，搭配了几支满天星，用纯棕色的牛皮纸包装好之后，用来束底的彩条是浅蓝色的。这些都是王淑芬最爱的元素。

不过临出门时，他看见了门口含苞待放的蓝色妖姬，紧裹着的花蕾如同娇羞的女孩。刘子轩指着花问道：“老板，这花能送我一支吗？”

花店老板大方地送了刘子轩一支蓝色妖姬。刘子轩一手拿着花枝上满是刺的蓝色妖姬，一手捧着一束香水百合出了门。

一切都已经准备妥当之后，刘子轩见米亚还在沉睡，虽然不知道该不该带着米亚一道前去，却又不忍心扰了她的清梦，只好开车带着米亚一同往福寿园方向行驶。

出城的路交通畅通，一路上，刘子轩没有遇到一个红灯，刘子轩和米亚很快便到了温江金马河畔的福寿园。

突然停下的车让米亚醒了过来，她缓缓睁开惺忪的睡眼，伸了一个懒腰。

“我们现在在哪儿啊？”米亚问道，然后情不自禁地打了一个哈欠。

“福寿园。”刘子轩回答道，他下了车，从后座上拿过那束香水百合。

米亚扭过头，望着车窗外的福寿园大门，看着大门牌坊上赫然写着“西南第一陵”五个大字，再次打起哈欠。

“等等！”见已经到了这个地方，米亚赶紧下车，对准备入园的刘子轩喊道。

刘子轩以为米亚要跟着自己一起去，露出浅笑道：“我是来祭祀的，你就别去了。”

“你等一下。”米亚说着，一阵小跑到了车尾，打开后备厢，从里面取出一个购物纸袋。合上后备厢，米亚又小跑到刘子轩跟前，将手里的纸袋按在刘子轩怀里，说道：“谁来看望母亲还穿着职业西裤呢，去，到车里换上。”

刘子轩眨巴着眼睛看了米亚一眼，低头看向怀里的购物袋，只见购物袋里装着一条与上衣十分搭配的黑色牛仔裤，连裤子的牌子都还没扯下来。

刘子轩似乎察觉到了什么，抬头看向米亚，越发觉得米亚的身份可疑。她一早在楼下等着自己，然后又送了一条与自己上衣非常搭配的牛仔裤。

太多的巧合，汇到一起的时候就不是巧合，而是处心积虑！

“你……为什么送我牛仔裤？我们的交情还没到这一步吧？”刘子轩的话语中充满了对米亚的不信任。

“总是看你下班后穿的衣服褶皱得不成样，我这个做老板的，奖励一下自己的优秀员工是应该的吧？还有，这也算你今天替我解围的奖励！”

“不对，你一定知道些什么！”刘子轩越来越觉得米亚十分可疑，他甚至更加肯定自己的猜想：米亚一定和刘延烈有关系。

他甚至产生了一个可怕的想法，那就是米亚或许是刘延烈万千女人中的其中一个。这个想法让刘子轩不禁倒吸一口冷气，因为当他这样猜想时，他的心居然抽痛了一下，那种感觉有些莫名其妙。

米亚听到刘子轩的语气里带着审问的意图，当即脸色一变，瞪大双眼看着刘子轩。她右手叉腰，左手捏着刘子轩的鼻头，吼道：“怎么了？老娘送你一条裤子还需要你同意是吗？不要你就还给我！”说着，她将购物袋抢回到手中。

见米亚生气的时候，话语之间还带着单纯的质感，刘子轩松了一口气，笑着说道：“奖励对吧，那不拿白不拿……”说完，他果断地从米亚手中抢过那份礼物。

“赶紧换上，我看看合不合身？”米亚得意地笑着道。

那种急切感如同一个懵懂的女孩，送给自己喜欢穿西装的男孩一条领带，急切地想要看一看，自己赠出的信物是否与爱人的西装般配。

米亚没有在意自己的行为举止会给刘子轩怎样的暗示。她的想法很简单，那就是完成刘延烈的所托，让刘子轩漂漂亮亮地出现在王淑芬的面前。因为刘延烈始终相信着王淑芬生前说过的话：“人在归天之后会化作天上的一颗星，在深夜的时候陪伴着它爱着的人，直到永远。”

这句话米亚也很喜欢，虽然她知晓这句话绝非王淑芬原创，但她知道这份爱有多深、有多重。

很快，刘子轩在车里换上了米亚挑选的裤子。让刘子轩没想到的是，裤子居然很合身，不松不紧，就如同躺在墓园里的妈妈亲自为他挑选的一样。米亚见了也有些吃惊，在心底叹息着，虽然这条裤子的颜色是自己选的，可尺寸是刘延烈给的，若不是太过在意儿子，他又怎么会知晓这些细节？

“走吧！”米亚说着走在了刘子轩前面，往墓园里走去。

刘子轩愣在了原地，想要喊住米亚，可话到了嘴边却没有喊出声来，最终还是一笑了之。

在刘子轩到达墓园时，刘延烈带着刘毅珑一行人早已到了这里，除了王一翎。此时，墓园里传来一阵噼里啪啦的鞭炮声，刚步入陵园的刘子轩，往声音传来的方向看去，只见弥漫的硝烟中，刘延烈正对着王淑芬的墓碑鞠躬。

这一秒，刘延烈的背影在刘子轩的眼里伟岸了几分，虽然刘子轩觉得刘延烈表现出来的一切都是伪装出来的。

米亚朝着王淑芬墓前的人群看去，此刻她的心情是忐忑不安的，她不知道自己该不该和刘子轩一同出现在刘延烈面前。不过，为了让刘子轩打消自己与刘延烈有关系的怀疑，她只能厚着脸皮出现在他们面前。

刘延烈从刘毅珑手里接过九十九朵香水百合的花束，然后蹲下身子，将花束轻轻放置在墓碑前。

鞭炮声渐渐消失，刘子轩和米亚走到了王淑芬的墓前。

父子阔别一个月之后第一次见面，一句连陌生人见面的"你好"都吝啬。只觉得空气中弥漫着让人窒息的尴尬。

刘子轩想要的祭祀，是清静的一人哭诉，一人倾听。

看到刘子轩穿着那一件橙色的上衣，搭配着自己让米亚准备的裤子，刘延烈多少觉得有些开心。在刘子轩上前献花时，刘延烈赶紧往旁边挪出位置来，他寻思着当着王淑芬的面，儿子应该会谅解自己，从而回到自己的身边。

"儿子，回汉风如何？先给毅珑做个助理，等你熟悉了集团业务我就退下来，把它全权交给你打理，怎么样？"刘延烈语气温和地问着刘子轩。

刘子轩没有应话，他头也不回，半跪着将手里的鲜花放在了王淑芬的墓碑前。

看着墓前的两束香水百合，一个代表了一生一世，一个代表了长长久久。米亚淡然地笑了一下，心想，这一家人之间的情感纽带，已经到了如此牵绊一生的地步，却又互相为敌，支离破碎。或许应了那句老话，家家都有一本难念的经。

刘毅珑听到刘延烈的话，双手猛然捏成拳头，内心气愤不已。可是表面上他只能附和着刘延烈，跟着劝说："对啊，子轩，回公司吧。二叔毕竟岁数大了，他需要你，公司也需要你。"

站在一旁的米亚，看到刘毅珑明明骨子里恨得咬牙切齿，表面上又不得不奉承迎合的样子，在心里冷笑起来。

这可能就是上流社会金钱与权力的游戏。金钱和权力是唯一的中心，感情有的时候反而成了附加品。

"真的吗？"刘子轩忽然回了话。

刘子轩的回答让刘延烈似乎看见父子关系复合的希望，但是却让刘毅珑感到了威胁。

“真的，爸爸岁数大了，最近身体也不太好，爸爸希望你能来接手汉风。”说着，刘延烈见刘子轩站起身来。他满脸笑容，期待儿子的同意。只是让刘延烈失望的是，刘子轩并没有同意自己的邀请，反而讥讽起自己来。

“可我觉得你的身体硬朗得很，前一秒醉生梦死，下一刻就能云雨逍遥。一般的年轻人都没有你这样的身体！”

刘延烈的脸色随着刘子轩此话一出，顿时变得铁青。如果只是两个人的对话，刘延烈会忍下儿子的刻意侮辱。可此刻当着如此多人的面，刘延烈无法一忍再忍。

“闭嘴！”

“呵呵。这样就怒不可遏了？别人都把你奉为正人君子，我认为这些人真是可笑可悲，认不出你的真面目。你只是一头披着羊皮的狼罢了，因为只有畜生，才会做得出那样的事情来！”

“刘子轩，你够了！二叔……”

“你给我闭嘴！”刘子轩没有再次忍下刘毅珑的呵斥，反而是大吼了回去。罢了，他抬手戳着刘毅珑的心口说道：“曾经的事我不愿意再去追究，我现在是一个全新的刘子轩，我和你，还有你们，没有半毛钱的关系！不要再对我指手画脚。”

聪明的刘毅珑自然明白刘子轩话语里的意思，他闭上嘴，不再掺和刘子轩和刘延烈之间的矛盾。鹬蚌相争，渔翁得利。这样的道理他是再清楚不过的。他朝思暮想的结果，难道不就在此刻正在上演吗？

刘延烈被刘子轩的话彻底激怒，狠狠地对着刘子轩的脸上扇了一巴掌。

应着“啪”的一声打脸声，天际传来一声轰隆隆的闷雷声。

气氛顿时又安静下来，耳边只听得到刘延烈气得加重了的呼吸声在四周回荡着。挨了重重一巴掌的刘子轩没有生气，他出乎意料的平静让米亚感到心疼，因为一个人对另一个人连恨都已经没有了，那才是真正的决裂。

米亚同时注意到刘子轩话语里提及的另一个话题，什么是“畜生才会做的事情”呢？

米亚的猜疑，在刘延烈的解释中多少寻到了一些线索。

听到儿子的愤怒之语，刘延烈当即说道：“过去的事情，我不想多做解释，我只想告诉你，那个道德底线我没有丢失……”

“我不想听。”刘子轩果断地打断了刘延烈的解释，抱怨着说道：“那些对于你来说是过去的事情，但对我来说是一种割不掉的痛！”

“可是我们……”

“没有我们。我是我，你是你。”

“难道你要连你的母亲都忘掉吗？”

刘延烈的问话顿时让刘子轩不知所措。他一脸茫然地扭头看向墓碑上的黑白照片，照片里的王淑芬笑如春日般灿烂温暖。刘延烈的话不无道理，不管再怎样断绝，那一份血浓于水的亲情始终是割不断的。无奈之下，刘子轩紧锁双眉，双拳紧握，闭上眼说：“我只愿下辈子她能寻到一个好人，我再做她的儿子！”

刘延烈没想到刘子轩的回答，居然如此决绝。为了断绝关系，甚至不惜要忘却自己最爱的母亲。

米亚也没有想到，刘子轩的回答会是如此。她的心里此刻更想知道，刘延烈口中的那个道德底线是什么？它和刘子轩有着怎样千丝万缕的关系？

天际一声闷雷再次响起，应着不知何时生起的风，线雨铺天盖地地落了下来。

“二叔，下雨了，我们回去吧。”刘毅珑说完，令人赶紧去取雨伞过来。

刘子轩缓缓睁开眼，看了刘延烈一眼，道了一声“保重”便转身离开，显不出半点儿留恋不舍。

就在刘子轩走出不过十步，刘延烈顿觉心口一阵绞痛，双眼一闭，身体如同朽木一般在风中倒下去。刘毅珑见了，赶紧扶住刘延烈，对身边的人大吼道：“赶紧打电话叫救护车，二叔，醒醒！”

身后忽然混乱的喊声，让刘子轩停了下来。

米亚以为刘子轩会转身，会因为刘延烈身体的倒下而奋不顾身地冲过去。可是，当刘子轩驻足不过眨眼工夫之后，更加果决地离开。她知道，刘子轩和刘延烈之间的父子关系想要复合，再无可能，起码此刻没有可能。

刘延烈的倒下让其他人前呼后拥地护着他出了陵墓园区，而刘毅珑选择留下。他蹲在王淑芬的墓前，看着王淑芬的照片，拿起一束香水百合凑在鼻前闻了闻，露出狡诈的笑容，说道：“二婶，您喜欢的香水百合真的很漂亮，气味也很醉人。而您，也正如此花，有着清新脱俗的气质和孤傲。”说完，刘毅珑将手中的花束放在了墓碑前。

“可惜的是，这个社会的生存法则是弱肉强食，只有强者才配活着！怪只怪，您的丈夫是个嗜酒如命又喜欢女色的男人。当然，男人大抵如此，只是他太不知收敛，不然又怎么可能被我玩弄在股掌之中呢？您说是吧？如果真有所谓九泉下有知，您倒是要好好保佑他们爷俩。”话音落下，刘毅珑大笑起来，起身离开福寿园。

陵墓园区外，已经坐在车里的刘子轩，看着一群人护着已经昏迷的刘延烈出来，闭上了眼。

米亚见到刘子轩的样子，轻叹一声，又不知说什么好，漫不经心地问道："现在我们去哪儿？"

"去见另外一个人。"刘子轩低沉地回答着，然后回头看向后座上的那一支蓝色妖姬，娓娓说道："忧郁的蓝色再适合她不过。"

米亚也回过头，看向那一支蓝色妖姬，不禁问道："是送给她的吗？"

"是的。"刘子轩说着，转回头来。他决定将郁红晓的事情告诉米亚，也当作对过往的一种道别。

米亚不知道该怎么安慰刘子轩，她觉得，刘子轩想要送花的那个女孩，一定是他生命中最特别的人。一朵蓝色妖姬的花语是"你是唯一"，这让米亚的心底陡然升起了一种莫名的失落感。她没有选择独自离开或者逃避，反而想要看看是谁在刘子轩心里占据了这么重要的位置。

当两人赶了近半天的车程到达一处不知名的荒山，米亚望着眼前的一座新坟，顿时觉得自己似乎触碰到了刘子轩的心伤。

当最后一个字被读完，再美好再悲惨的小说也要画下句号。那些黑色的字迹，诉说着荡气回肠的故事，情感的世界或悲、或喜、或圆、或缺、或聚、或离、或上、或下、或高、或低。然而，一个句号并不预示着小说中的故事就此结束，或许它是另一段情感的延续。

问余何适，廓尔妄言。花枝春满，天晴月圆。

Chapter 7 ······ 灵魂黑夜

人是感伤和怀旧的动物。

我们较能接受迅速拉近的距离，

却无法忍耐在亲密之后的渐行渐远。

对待爱情，我有着最完美的情感洁癖，

我试着去恨你，却想起你的笑容。

一场畅快淋漓的阵雨褪去了夏天的浮躁和闷热，空气清新了许多，却又似乎在一霎那徒添了几分秋天的伤悲。

一座城市，一处孤坟，一个人，一段刚开始便结束的爱情，留下一道悲苦的痕迹。

看着郁红晓的坟墓，刘子轩内心的悲伤难以自持，瞬间泪已倾城。

在伤痛面前，记忆是最无耻的，它把各种快乐和悲痛的过往翻来覆去地回放，那些逝去的、看不见的故事，化成了此刻看得见的泪滴。选择忘掉一段回忆，不一定是因为这段回忆已经无可牵挂，而是因为回忆里充满了诸多不堪回首的剧痛和深沉的爱。

"当你不再拥有的时候，你唯一可以做的，就是令自己不要忘记。"在刘子轩的心里，这句话纯属无稽之谈。他希望自己是一个健忘的人。

刘子轩擦干眼泪，将手中的蓝色妖姬放置在墓碑之上，然后脱掉外套，拔走坟墓周边的杂草，对站在坟前的米亚，说起自己和郁红晓的过往。

此刻，米亚的好奇心全然爆发，急切地想知道他和郁红晓的过往。只是在这一刻，米亚还不明白，不知何时，她变得有些在意眼前这个比自己年龄还小的男生，想要了解他的点点滴滴。

"与播音主持系的那些漂亮的学姐学妹相比，晓晓是一个纯洁美丽的小女孩，她给了我不一样的感觉。恋爱的过程或许都是一样，一开始如胶似漆，恨不得 24 小时都在一起。不过晓晓是一个传统的女孩，她羞于和其他情侣一样，我们恋爱最亲密的接触也不过是激吻。"

"你是这么容易满足的人？"米亚听到这里，调侃起刘子轩来。

刘子轩听了只是摇了摇头，苦涩地笑着说道："至少刚开始时，我是尊重她的。"罢了，他将手里的杂草扔到了一边，拍了拍手，望着郁红晓的坟墓。

刚交往半年那会，刘子轩也不是没给过郁红晓暗示。有时，在吻到热烈时，他的小手也会有些不安分。

只是每一次，郁红晓都会立即阻止刘子轩的行为，同时结束激吻，挑眼望着刘子轩。

刘子轩见此，只好调皮地一笑，将手拿开。

这般纯洁的恋爱在这个复杂的世界里，算得上是梦幻般的存在。在恋爱的过程中，郁红晓同时接受着来自五湖四海的美女对刘子轩疯狂追求的“挑战”。不过，刘子轩的心里却只爱着她。

青春期是荷尔蒙猛增的阶段。一个男人对一个女人守身如玉是一个奇迹。这不禁让米亚对刘子轩又有了新的认识。

米亚想知道，这种奇迹一般的爱情何时变了味？她知道上天有时会安排出十分狗血的剧情，让这个人间变得不那么枯燥乏味。

“相处到后来，我发现，我不太愿意让她的那份纯洁，过早被我占有。”

刘子轩话音落下，他的思绪回到了那次分离前的夜晚。

周鹏老师的学校公寓里，刘子轩正在为郁红晓倒一杯柠檬水，他背后的郁红晓一刹那将身上的T恤脱掉，扔到沙发上，然后整个人躲进被单里。

刘子轩转身时，看到有些含羞的郁红晓时，一个轻颤，一不小心将手中的玻璃杯掉落到地上。

“周老师如果突然回来怎么办？”

“他去参加音乐节，不是明天下午回吗？”

刘子轩慌忙将郁红晓的T恤套在她的身上，让她顿时不知所措。

在走出教师公寓大门时，郁红晓甩开刘子轩的手，气冲冲地往街道边跑，刘子轩有些意外，立马追了上去，一把将郁红晓拉住并搂在怀里。

“我们在一起的这一年多时间，其实很多次我都想占有你，可是每次闻到你身上散发出幽兰的味道，我就在想，你就如上苍创造的一件物器，我需要好好呵护，不想那么早就让你沾上人间的凡气。”

“可是我要你……”

“傻丫头，我就站在这里，不多一分，不减一毫，我又不会消失不见。来日方长，我们之间要细水长流。”

“可是……”

“不要可是了。”

刘子轩捂住郁红晓的樱唇，阻止她想说的话。

“你在我眼里，就是闪烁着纯洁光芒的天使，是充满魔法的神秘精灵，是烂漫天真的孩童，而爱情多半时间需要理性的放纵和静谧的享受，没必要过早破坏这份诗意，你说呢？”

刘子轩这番甜蜜的爱情表白，以及他对自己真诚的心，让郁红晓早已流了满满一脸的泪水。她哽咽着看着保持微笑的刘子轩后，紧紧地将他抱在怀里，生怕他从眼前溜走。

良久，一辆呼啸而过的出租车让他们放开了彼此，刘子轩擦完郁红晓脸上的泪痕，抬手招来一辆出租车，对郁红晓说："接下来的两个月没有我照顾你，你一定要好好爱自己，珍惜自己。"

此时的刘子轩还没能察觉出郁红晓的悲伤别有他意，他只是当成郁红晓因为分别，才对自己假装坚强。而他也在郁红晓面前故意表现出轻松的样子，如果不是需要陪伴患有精神忧郁症的母亲王淑芬去散心，他又怎么会舍得离开这个城市，离开自己心爱的姑娘到地球的另一边。

这一刻刘子轩的内心里，相信自己和郁红晓将来会成为一辈子的伴侣，相信郁红晓会理解他的所作所为。

只是，爱情的力量在现实之中，有的时候显得不堪一击。

郁红晓哽咽着整理刘子轩的衣服："你在加拿大一定要照顾好自己，我会想你的。"

"我会的，如果你需要我，给我发一个短信，我就会立即回来见你。"

出租车停到他们面前，刘子轩在郁红晓的额头留下一个吻，说道："两个月时间很快就会过去的，不要伤心，你是我最乖的小可爱了。"

见郁红晓的脸上露出微笑，刘子轩护着她上了出租车。在刘子轩关上出租车门那一刻，郁红晓瞬间变成了一个泪人，她从车窗探出脑袋，向刘子轩挥手道别。

"我会一直想着你的。"刘子轩追了出租车几步，然后向愈离愈远的郁红晓大喊着。

看到出租车渐渐消失在车流之中，刘子轩转身朝家走去，他不知道的是，这次离别竟然成了一个悲情故事的开端。

出租车内，郁红晓擦干眼角的泪，她想自己能坚强起来，可是强忍着的泪终究还是溃堤而出，整个人蜷缩成一团依偎在后座里。

"小轩，我不想的，我真的不想，我不想离开你！"

出租车穿过灯火阑珊处的大街末段，最终行驶进入一个没有灯光的隧道。

推开残破不堪的木门，刚迈入家门的郁红晓便闻到了一股刺鼻的中药味。不过她并没有觉得什么不适，反而显得特别淡然，径直走向了堂屋。

侧卧里，随着郁红晓脚步声停下，响起一个妇女的声音："晓晓，是晓晓回来了吗？"

声音一落下，屋里的女人就咳嗽起来。

听到咳嗽声，郁红晓连忙放下手中的水果跑进卧室里，从床头柜的水壶里倒了一杯温开水给女人。

"妈，是我回来了。"

女人已经瘦得颧骨突兀，一双眼也深凹下去，毫无神采可言。随着郁红晓将她半抱起来，从被子里露出来的双手也是瘦得皮包骨。手背上的黑斑证明她处于长期服药的状态，甚至产生了药物中毒的负面效果。

不过，郁红晓的脸上是带着笑的，她一边给女人喂水，一边说道："妈，学校放暑假了，我找了份工作，等我攒了钱就能带你去做手术。"

"妈妈不要你去赚钱，我这病花再多的钱都治不好的。"女人这样说着，脸上还是露出了欣慰的笑容，说："妈妈知道，是妈妈拖累了晓晓。"

女人说这句话时，颤抖着抬起手，轻轻触摸着郁红晓的脸庞，毫无神采的瞳孔里，在这一刻有着一丝愧疚与无奈。

"是妈妈对不起你，晓晓也到了谈婚论嫁的岁数，可惜妈妈没什么钱给晓晓置办嫁妆……"

"说什么呢，妈！"妈妈的话让郁红晓想起这些年，她们娘俩是如何相依为命走过来的。

郁红晓没有父亲，应该说她从小并不知道自己的父亲是谁，从记事起，她所有的记忆都是眼前的女人拼命劳累的样子。

幼教、保姆、足疗技师、保洁，凡是能带来经济的工作，不管多累多苦，女人都做过，甚至人生的多半时间都是一天上着两份工。女人只想给郁红晓应该有的快乐，只是随着岁月流转，女人的操劳只换来一身病痛，并最终倒下。

郁红晓也因此变得孤单，变得寡言，变得不愿意和他人分享自己的一切，她从未奢望过自己会拥有幸福。直到刘子轩如同冬日的阳光一般出现在她的世界，让她感觉到了温暖。

只是这种奢侈的幸福她再也无法享用，对于刘子轩，她此时此刻只有无尽的不舍，只希望在这两个月里，可以让时间淡掉自己对刘子轩的想念。

时间是个没有刹车的飞轮，眨眼工夫暑期已过去了三分之一。

安排完补习班学生们的课外作业后，郁红晓抬眼看了看时钟，此刻正是加拿大的入夜，她微笑着拿出手机，拨出那串熟悉得不能再熟悉的号码，可拨通后却一直无人接听。

郁红晓一整天都失魂落魄，强忍着和学生们互动与欢笑。一有空余时间，她都会拨打刘子轩的手机号码，然而却依然无人接听。

越是想要遗忘，孤独的时候就越是思念。

她开始胡思乱想，想刘子轩此时此刻在做什么？会不会正陪着他妈妈逛街购物看电影？会不会去了什么好玩的地方探险采风而忘记了带手机？或者，他是不是遇上了比自己好的女孩，已经忘了自己？

杂念充满了她的小脑袋，让她越想越累，直到崩溃，然后一个人躲着哭泣。

拖着沉重的脚步，郁红晓回到家时，看见痰盂中有一团鲜血，母亲躺在血迹斑斑的床上急促地呼吸着，呻吟声大而沉，她知道母亲的病开始恶化了。

晚饭后，郁红晓给母亲擦拭完身体，安排母亲就寝后，还是忍不住给刘子轩打了一个电话，电话那端依然无人接听。她倚靠在院前的老槐树上，默默地，痛苦地流着泪。不到最后一刻，她真的不愿意选择走出肮脏的那一步。

挣扎间，她靠着老槐树睡着了。

她做了一个梦，梦里她身处一个桃花坞，四面青山碧水，父亲在山脚下赶着黄牛在水田耕种，母亲则在菜园里播着菜种。她放下手中的针线活，走到堂屋端起茶壶倒上两杯水，分别为父亲和母亲送去。一条土黄狗无忧无虑地摇着尾巴跟在她的身后。在返回到堂屋时，她忽然想起什么，四顾看了看，望了望，没有发现刘子轩的踪影……

突然，她手中的电话震动，是刘子轩的来电。

郁红晓从梦中惊醒，一不留心将手机落入一旁的水缸。手机在满是水的缸里留下最后一下震动，便失去了它本有的功能。等郁红晓惊慌失措地从水缸里捞出手机后，看着黑屏的手机，她愣在原地傻傻不动。

第二天中午，补习班下课后，郁红晓冲进手机维修店，拿回修好的手机，她第一时间拨向那串号码。这一次，让她失望的是刘子轩的手机处于关机状态，手机落在地上，她整个人瘫坐在手机维修店的地上，心里难受至极。

再多的不愿也改变不了现实的残酷。

回到家，郁红晓看着怀里咳嗽中的母亲，心一横，狠狠地说服着自己，母亲的手术还需要用钱，自己没有别的选择，如果是迟早都要走的路，又何必再去纠结多想？最终，她还是做出了最后的决定，向那个陌生的电话号码发了短信："我想通了，你可以帮我安排。"

很快，她就收到了回信："一周后，锦江王朝大酒店 1895 房间。"

"需要这么快速而干脆吗？"望着短信，郁红晓冷笑了一下。她是在笑自己对这样的交易居然还抱着一丝单纯的幻想，可现实却如同满是尖刺的皮鞭一样，狠狠地抽打在她的身体与思想上。

"不行，这一个月里都不行，我兼职工作还未完成。"

"把兼职辞掉吧，只要迈出第一步，你的未来不可限量。"现实再一次狠狠地抽打着郁红晓的心。望着让她冷到刺骨的短信，她深吸一口气，手指飞速地按动着键盘。

看着对方或是嘲讽，抑或是期冀的短信，郁红晓心想，应召女郎，一个多么让人唾弃的字眼，从未想过自己会走到这一步，如果不是因为钱，不会和这帮世上最卑贱、最肮脏、最无耻的人走到一个战壕。

"所以,必须一个月之后。"郁红晓坚决地回复对方。

"随便你,反正我又不只是靠你一个人拿中介费。"

赤裸裸的字眼让郁红晓无以言对。或许,这条短信多少给了她一些安慰,减少一些内心的罪恶感。

没有再回短信。

只是哭过,她还是要面对人生。

一个月后,郁红晓回到了学校里。大四已经没有课程,剩下的只有实习和论文答辩。朱巧巧她们都已经各自回老家电视台实习,郁红晓托人做了一份虚假的实习报告。

第三教学楼顶楼阳台,当实习报告交到她的手里时,她第一次见到那个陌生电话的主人,还有那个陌生男同学旁边站着的化了浓妆,穿着却十分艳丽的师姐。

那一刻,郁红晓的整个世界都快要坍塌下来,她从未想过曾经听说过的流言蜚语原来是真的。当她瞪大双眼,扭头看向男同学时,她恍然想起一个月前男同学说的话。她怀疑许多和自己情况类似的女同学,在他和这个师姐的狼狈为奸之下,走上了这条不归路。

潜规则充斥着这个肮脏的世界,但现在,她显然已经没有再来一次的机会。男同学见到郁红晓惊讶而又恐惧的表情,没有觉得可笑。他只是按照跟郁红晓的协商,将郁红晓要的那份实习报告转交给她。当然,这份实习报告正是他身边的这个师姐处理好的。

"你要的我已经办好了,而且我已经给了你足够的时间去考虑,你什么时候有时间?"

听着男同学毫无情感的话,郁红晓低下了头。她在这一刻感到了害怕和恐惧,不知道自己该如何去面对接下来的对话。

"本周六下午5点,锦江王朝大酒店1905房间,这是你最后的机会。"男同学没有和郁红晓再啰嗦,只留下一句冰冷的话,转身要离开。

"那,今天天黑之前我要拿到所有钱款。"郁红晓撕破内心的最后一道防线,咬牙切齿地蹦出这句话。

郁红晓紧紧地抱着怀里的报告,脑中一片空白,她现在唯一能祈祷的,只有自己遇到的男人会绅士一些。那样的话,至少身体上的痛苦会少一些。可身体上的疼痛,又怎么能和心痛相提并论?

"你别坏了规矩。"男同学拒绝郁红晓的要求。

"那,你们找别人吧。"

郁红晓将手中的实习报告还给男同学,男同学迟迟不接,他转头看向那个师姐，女生在一番思考后，点头许诺。

“等下把你的卡号发过来。”

男同学说完妥协之言后转身离开，郁红晓彻底放松下来，倒不是之前紧张，只是堕落和肮脏再也与自己脱不开关系，哪怕自己等着那笔钱为母亲看病。

思绪了片刻，她突然抬起头来，望向并没有跟男同学一起走的师姐，用冰冷的声音问：“师姐……”只是她发现，当“师姐”二字破口而出时，她的整个心都在滴血，让她无法再问出后面的话。

女人微笑着走到郁红晓的身边，抬手将郁红晓搂入臂弯，说道：“我知道你要问什么，不过这个社会就是这样，笑贫不笑娼。更重要的是，我们在这个社会需要活下去，那么我们就必须去接受一些现实的东西，毕竟我们只是一个蜉蝣般的存在，无法改变任何的规则，包括潜规则。”

郁红晓轻哼了一声，她完全没想到，这一番令人感到厌恶的话，是出自一个女学生口中。

“所以你就选择这般苟且地活着？”郁红晓终于放弃了对这位师姐最后的尊重，退后两步，用鄙夷的眼光看着她，用满是刀刺的话问着她。

女人冷笑，点燃一支女士香烟，吐出一个烟圈，将香烟盒递到郁红晓面前，问道：“来一根？”

郁红晓置之不理，自嘲道：“原本觉得人性的污点，离自己十万八千里，没想到……”

“你觉得我们肮脏无耻是吗？哼！”女人笑了一下，深吸一口气，转过身之后，又回过头来，对郁红晓说：“生容易，活容易，生活不容易。如果不是看你妈妈需要钱治病，我不会冒着风险，为你这等自以为‘坚强不屈’‘品行高洁’的女子牵线搭桥。即便是潜规则，也不是谁都可以买票上车的。”罢了，女人吞吐着烟雾，“记住，别忘了时间”。说完，她头也不回地离开天台。

只剩下郁红晓一个人留在了原地，不知所措。她被女人最后的话完全击溃，她顿时发现，她已无枝可依。想到这两个月的煎熬，仿佛如同在无底深渊走了一遭，就连刘子轩这一根最后的救命稻草也失去了联系。她更觉得自己现在就像身处十八层炼狱。

她站上愚人节作弄刘子轩的天台边沿，张开双臂，闭上眼，一动不动，任凭仲秋的阳光炙烤着自己。

在郁红晓走出校园西大门的时候，刘子轩突然出现在离她不远的面前。

郁红晓发现那个阳光帅气的男孩，今天满脸胡碴，无精打采，一副颓废的模样。

郁红晓不顾一切，决定隐瞒所有的悲伤与肮脏，释放这两个月来的压力和情绪。她快速地走到刘子轩跟前，拉起他的手，拽着他疯狂地奔跑着。刘子轩不知道发生了什么，他感到一丝不安，而当他站在校外一间宾馆大门外时，这种不安更加强烈起来。

他不知道郁红晓要做什么，刚要解释这两个月里他身上发生的事时，郁红晓便用她那湿润的嘴堵住了刘子轩的话语，用力地吻着他。

酒店房间，一进房间的郁红晓将宾馆的窗帘拉上，出神了一会儿，然后回过神，利索地脱着刘子轩的上衣和牛仔裤。

郁红晓的怪异举止，让刘子轩感到自己心爱的女孩太过异常。

这让刘子轩害怕，他抬起手抓住郁红晓的双手，焦急慌张地问道："晓晓，你怎么了？"

半年前，郁红晓便决定在自己踏入深渊之前，将最为宝贵的"第一次"交托给刘子轩，给眼前这个率直干净的爱人。原本这一刻该有的羞涩、幸福、矜持，她都抛之脑后，反而是平静中掺杂着丝丝悲伤。

郁红晓还是强迫自己笑了出来，笑得如春雨后的阳光一样，温暖而不刺眼，可她的眼眶里明明泛着泪花。她强忍着泪花不滴落出来，踮起脚尖，凑到刘子轩的耳边，带着吐息如兰的语调说道："我想成为你的人。"说着，郁红晓挣脱刘子轩的手，抱着他的后颈，继续强迫性地亲吻着他。

刘子轩也抱着郁红晓一阵亲吻，他感觉到郁红晓的身子在颤抖，他所碰触到的每一寸肌肤都滚烫着，带着炙热的温度。

刘子轩在学校图书馆的一本书上，看过一句描写性爱的话，让他记忆犹新。性是艺术，如果拿绘画来比喻，它既讲究写意的泼墨，豪放挥洒，淋漓尽致；又注重细腻的工笔，精雕细刻，无微不至。得其二法者，为此界妙手。

此刻，性是美妙的，用美妙的事情调剂多彩的生活，不失为人生最大趣事。

想着，刘子轩脱下了郁红晓的外衣和外裤，两人移到床边，在床上激情地翻滚。

一番激烈地抚摸和亲昵后，郁红晓还是没有忍住眼眶里的泪花，让它流淌了出来。刘子轩越来越觉得郁红晓不对劲，可她拭干泪水后，俯身又亲吻着他。刘子轩避开，追问起来："晓晓，你到底怎么了？"

刘子轩察觉得到，郁红晓有事情隐瞒着自己。

"没怎么啊。"郁红晓挤出一缕微笑，显得什么事儿都没有发生，罢了埋下头来说："你看，胖妞和她男朋友交往半个月就……我们都交往一年多，所以……"

"不行！"

刘子轩毫不犹豫地拒绝，他坐起半个身子，将郁红晓搂在怀中，然后拉起被子将她裸露的肌肤盖住。

郁红晓顿时慌了神，不知所措地瞪大双眼望着刘子轩。猜测会不会是自己的恐惧、肮脏已经被他发现？所以恋人才会拒绝和自己发生关系，然后唾弃自己，离开自己，永远不再理会自己。她胡乱地思索着。她不想得到这样的结局，因为这个男孩走进她曾经黯淡的世界，给了她阳光，给了她快乐，给了她爱情，给了她曾经从未奢求的关心。

害怕归害怕，可郁红晓清楚，如果被恋人唾弃是自己应得的结果。但，她只想在真正踏入深渊之前，奢侈地拥有一下所有人都可以拥有的幸福。她为什么不可以？又有何不可呢？她曾经也是一个单纯的女孩，若不是生活和现实压垮了她，她又怎会变得如此不堪呢？

“你不爱我了，是吗？”所以，她最后问出了这一句话来。她用道德绑架强迫着刘子轩，她知道一旦这句话说出来，刘子轩就不会再拒绝她。她用此来完成最后的夙愿。

刘子轩看着昏暗光影下情绪激动，不知所措，希望得到抚慰的郁红晓，他坚定的爱情高墙一瞬间崩塌。他最终选择了妥协，不再追问什么，用火热的唇激烈地吻着郁红晓。他不知道自己接下来的举止是否正确，不过他确定，他是幸运的，他是幸福的，他是深爱着郁红晓的。

刘子轩爬向郁红晓，将她压在身下。两个人赤身裸体地抱在一起，昏暗中，两人默默地、温和地相互抚摸着对方的身体，吻着舌唇。

窗外，天空下起了绵柔细雨，雨滴打在榕树叶上婆娑作响。

次日晨曦，走出宾馆大门的时候，刘子轩看着身边这个他深爱的女孩，反而有了一丝陌生。

不过刘子轩压抑了这种异样的感觉，他依旧奢望着，这是他们感情迈向更深层的第一步。所以在将郁红晓送到宿舍楼下，即将分开之前，他没有放开牵着郁红晓的手。

“晓晓，其实我一个月前就回来了。”

“是吗？”郁红晓虽然有些惊诧，但还是显得有些平静。如今，一切都不重要了。

“我爸妈在闹离婚，然后我……”

郁红晓轻按住刘子轩的嘴，不让他继续说下去。

“我知道了，你要好好照顾自己。”郁红晓冷静地安慰着刘子轩。

刘子轩点头。

郁红晓再次将吻落在刘子轩的嘴唇前，她不在意从他们身边路过的宿舍管理员和那些投来异样眼光的同学。吻完，郁红晓笑着转身，坚定地走向了宿舍铁门，头也没回地消失在楼道里。

九月的天空，显得黯然压抑，让人感到几分萧瑟与迷离。

接下来的几天，刘子轩没有和郁红晓见上一面。他给她打了几次电话，她的手机都已关机，他以为她是去实习了。直到周六下午，刘子轩在篮球场上打篮球，郁红晓从操场外经过，而这改变了一切，也颠覆了一切。

一场海啸，不可避免地朝两人袭来。

此刻的郁红晓脱下了清新可爱的白色T恤和牛仔裤，换上了一身艳丽的衣服，只裹住三分大腿的连衣紧身裙，将她那白瓷般的大腿露了出来，脚上穿着一双黑色高跟鞋，让她看上去高挑了不少。性感的卷发自然地披在她裸露在外的香肩上，低领的连衣裙微微露出胸前的沟线。这样性感的女人，谁都喜欢看上一眼，篮球场上原本激烈地对抗因为郁红晓的经过，暂停了下来。运球的刘子轩和大家一样，扭头朝郁红晓的方向看了过去。

"喂！看那边的那个女人，绝代美女，够风骚的啊。"一个打球的男生停下投篮动作，笑着说了起来。

"那不会是我们的学姐吧？"

"不知道，前些天我在锦江王朝酒店，撞见她和一个肥头大耳的男人在喝咖啡，那男的一直想吃她豆腐，那饥渴的小眼神，简直绝了……"另一个打球的男生也停了下来，围在一起八卦起来。他们窃窃私语，然后笑得癫狂。

"你们胡说什么呢。"气愤的刘子轩冲着那几人吼了过去，将手中的球砸在他们身上。

看着气势汹汹的刘子轩，几人一散而开，继续运球投篮。

刘子轩不敢相信刚才听到的话语。他们嘴里的那个她不是别人，那是自己最爱的女孩。一股伤感在他心中油然而生，带着对郁红晓坚毅的信念和一缕自欺欺人的念头，刘子轩迅速掏出手机，往名字是颗红心的电话号码拨了过去，希望听到的依旧是："对不起，你拨打的电话已关机……"

可是，听着电话里忽然响起的专属铃音，刘子轩的心不禁紧了一下。他的视线紧随着郁红晓移动着，心里忐忑地呼喊着，希望那个女孩不要接电话。

但远处的郁红晓却接通了电话。

电话那头是她一改往日温柔而单纯的笑声，妩媚而直白地询问着："喂，亲爱的，想我啦？"

"嗯，一个星期未见面，一直都很想你，打你电话，你一直关机，想问问你在干吗？"

电话那头没有立即回话，远远的，刘子轩看到郁红晓忽然抬手捂住了手机话筒，低声说道："我在补习班上课呢……"

"那……好吧……我买了两张电影票，是你期待已久的《风声》，今晚 7 点南校门不见不散。"刘子轩说完后，不等郁红晓回话，果断地挂断了电话。他是怕听到她的拒绝，更是在给自己留一点最后的尊严。

可是，当他看着远处的郁红晓，有些不知所措地放下手，他觉得自己或许不该去怀疑她的忠贞与纯洁。

刘子轩其实并没有买到《风声》的电影票，距离这部电影上映还要过段时间。

挂断电话，目送郁红晓消失在校园大门口，刘子轩赶紧到学府影院，买了两张正在上映的《爱有来生》的影票。买完票，忽然不知道去哪儿的刘子轩，恍惚之间走到了影院前的天桥上。他俯身趴在护栏上，往远处极目望去，希望在忙碌的人潮之中能见到那个熟悉的背影。

"她为什么去酒店?"

"她为什么骗我?"

每一秒钟都是一种煎熬，纠结的思绪让刘子轩的心情烦躁起来，喧闹的城市更是让他感到压抑。真相到底是什么？刘子轩不得而知，他只能等，呆滞而痛苦地等。

傍晚时分，刘子轩匆匆在学府影院前的超市，吃完一桶泡面后，提前来到了校门口。

校园里传来新生军训集合的号子声，刘子轩深吸一口气，抬手看了看腕表上的时间，还有三分钟就 7 点了。

"还有三分钟，坚持住!"这是大学新生军训时，教官们最喜欢说的一句话。每次站军姿，听到这一句话，所有人都会在心里开始倒数，可是数过了一个又一个三分钟的时间，教官口中的三分钟却还没结束。

刘子轩今天似乎也是如此，此时的他只觉得时间走得太慢，简直可以说度秒如年。当时针划过 7 点，郁红晓终究没来赴约的事实，如同一根绣针一般扎进他的心脏，让他觉得连呼吸都困难起来。

"再等等吧，她或许有事儿耽搁了。"刘子轩在心里告诉自己。

五分钟过去了，郁红晓还是未出现在校门口。刘子轩焦急地在学校门口走来走去，心底劝慰着自己，"一定是堵车，再等等，下一分钟，她一定会来的"。

可是这一等，十分钟过去了，郁红晓还是没有出现。等待是一种折磨，等待一个残酷的真相来临更是一种折磨。刘子轩看着大街上车水马龙的人流，他决定去找郁红晓。

刘子轩趁着宿管阿姨不注意，无视"女生宿舍男生止步"的标识牌，迅速地蹿入宿舍大门。他全然不顾他在楼道和走廊里引来的骚动与非议，径直朝郁红晓所在的宿舍跑去。当他来到她的宿舍门口时，发现宿舍门未锁。他快步移进到宿舍室内，开灯后，屋内没有人，他探视着郁红晓的床铺和书桌，并未发现异常。在他准备离开时，余光察觉到一堆资料里的一张身份证复印件露出一角，他拿起她的身份证复印件，决定去她的家里看看。

刘子轩快速地跑出女生宿舍，在女生宿舍二楼楼道，借着昏黄的路灯，他看见楼下宿管阿姨正带着一位身材魁梧的保安前来堵他。当他们进入大楼时，刘子轩跑到走廊另一侧，然后在几双诧异的眼神中，奋然一跃，从二楼跳到楼下。当他跳下时，一旁的女生惊声尖叫开来，等宿管阿姨和保安来到二楼走廊时，刘子轩已经快速地离开宿舍区朝校外跑去。

出了校门口，刘子轩拦了一辆出租车，往郁红晓身份证上的地址而去。

身份证上的地址离蓉大并不远，就在驿都大道入口的北侧，刘子轩曾从新闻里得知，那一片地方因城市建设将面临拆迁。

刘子轩下车之后，在一旁的超市买了一箱纯牛奶和一个水果篮，然后向路人询问后，朝郁红晓的家里走去。几经转弯抹角，一番周折后，刘子轩出现在郁红晓的家门口。

这是一排砖混结构的破旧小楼，里面有几户人家居住在一起，一眼便知它是20世纪90年代初的产物。历经十几年的风吹雨淋日晒，房屋墙壁上的水泥已经脱落，露出里面的红色砖墙。挨近楼顶的山墙已出现几厘米的裂缝，几扇大门和窗户上的绿色油漆已经掉落，只剩下黝黑的木框。屋顶上架着几台不知品牌的热水器和卫星铝锅，整个小楼呈现出一幅残破荒芜的景象。小楼的背后，则是一片新建的高楼大厦，在亮眼绚丽的灯光照耀下，小楼显得更为破败与扎眼。

刘子轩惊讶地看着面前这栋残旧的小楼，不敢相信郁红晓会生活在这里。他不止一次地询问过她，何时能跟她一起登门拜访？她总是回答："再等等，等方便了再去。"他曾经满腹的期冀，此刻有些落空。一是没想到自己会不请自来，二是没想到郁红晓的家境竟然如此贫寒，不用去联想就能知道她的生活充满着艰辛与坎坷。他晃了晃头，目光坚毅地看着眼前的大院，迈出沉重的步伐。

推开虚掩着的铁门，刘子轩走了进去，一股浓烈的中药味瞬间从不远处墙角边的火炉上扑面而来，让他皱了皱鼻子。

"请问……郁红晓住这儿吗？"

"中间那个屋子就是。"路灯下，一个正在给孩童洗澡的中年妇女应了他的话，罢了却斜眼看着他，和另外一个女人低声议论着什么。

刘子轩只好微微点头致谢，顺着指示，走近郁红晓的家门。

“请问有人吗？”刘子轩敲响了破旧的木门。

“她家门没锁，孩子不在。”中年妇女站起身，拿过晒绳上的毛巾，对刘子轩说道。

刘子轩转身向中年妇女点头致谢，然后顺着微弱的灯光推开木门，透过屋内昏暗的灯光，发现堂屋简陋到连一件现代化电器设备都没有。但每个普通的物件都收拾得干净整洁，光滑的水泥地面也是一尘不染，屋角洗脸架上挂着的毛巾已经泛白掉毛。房间唯一引人注目的是卧室房门对着的墙壁上，贴满了郁红晓从小到大获得的奖状和证书。他的目光久久地注视着那些奖状，那是她刻苦好学成绩优异的最佳证明。

刘子轩一路走来触目惊心，此刻却小心翼翼地跨过门槛走进堂屋，将手里的物品放在堂屋中间的黑色四方木桌上。他看见桌上有一张裱框的照片，好奇地拿起细看。

照片里只有童年的郁红晓和一个漂亮的女人。看着照片里的年轻女人与郁红晓有几分神似，刘子轩感慨她根正苗红，从小就是一个美人坯子。

忽然，一阵咳嗽声从里屋传来，刘子轩循着声音，放下相框走了进去。

“阿姨，您好。”刘子轩走向里屋，特意在门外问候了一声。

里屋的灯光更显昏暗，房间内无人回应。

大约过了半分钟，刘子轩推开房门走进里屋，刚迈出一步，就被房屋弥漫着那股久病未愈的难闻气味给刺激到。他捂着鼻子，顺着床头灯的光亮，看到了躺在床上盖着棉被的中年妇女。刘子轩走近喘着粗气的女人，发现女人头发枯白，身体消瘦，紧闭着双眼，面颊毫无血色，嘴唇已经破皮发紫，松弛的脖子上夹杂着汗珠。床头放置着崭新的呼吸机和空气净化器。

“阿姨，我是你女儿的……同学，听说她生病了，来看看她。”刘子轩没敢说出自己和郁红晓的关系。

女人没有力气坐起来，睁开浑浊的双眼，转动眼珠后，转头看向一旁的刘子轩。

见着刘子轩，女人吃力地笑了一下，说道：“她没生病啊，她在学校呢。”

“对不起阿姨，可能是我搞错了……”刘子轩不知该说什么。

“阿姨您生的什么病啊？”

“胃癌。”

“胃癌”两个字如同千斤铁锤重重地砸在刘子轩的心上，一股钻心的痛狠狠地刺激着他。平复心情后，他为面前多灾多难的女人和郁红晓祈祷，希望善良的人一生平安，诸事安康。

忽然，只见女人眼角滑落出泪滴来，一边哭着一边说："你见到我家晓晓，麻烦你告诉她，妈不需要她去挣钱，妈希望她好好上学，将来不要像妈一样没出息。"

女人说完，艰难地吸着空气，瘦弱的身子在颤抖，全身大汗淋漓。刘子轩见状，立马将呼吸机对接在女人的腔鼻之上，女人用力地吸着氧气，痛苦的神情稍微缓和一些。

这一刻，刘子轩的心底涌现出很多与凄凉相关的词汇，这些词汇可以用来形容这对苦命的母女，例如悲惨、悲戚、哀愁、凄切、痛心疾首、哀思如潮、肝肠寸断、悲痛欲绝、万念俱灰……不过，这些词语都无法形容她们的绝望和绝境。

郁红晓的青葱岁月中布满了一道道最炽痛的伤，她需要用举世的力量，与之对抗衡。

至此，刘子轩已经明白了什么，或许下午篮球场上的那个男生的话没有错，只是这个残酷的事实，不过是一切悲伤的开始。

Chapter 8 ······ 韶华惊晼晚

红楼隔雨相望冷，珠箔飘灯独自归。

远路应悲春晼晚，残宵犹得梦依稀。

时间逝去了就再也不会回来，

就像我们饱经沧桑的容颜，再也回不到曾经的青葱岁月，

如你，如我们的爱情。

蓉城的灯火依旧璀璨,夜间的繁华不曾间歇过,有的人能从闪烁的霓虹灯里看到自己的孤独,有的人能从喧嚣的声乐中找回自己的记忆。

双楠少陵路88号酒吧里,炫彩灯不停地摇晃着,梦幻的色调下,潮男靓女们随着DJ打出的节拍,不停地摆动着身体。

“其实我从未想过要去打听他的过往,只是因为我的好奇心,让我走进了他的世界。”米亚说着,饮下一口手中的威士忌,有些微醺地向身边的谢丽娜如梦呓般诉说着。

谢丽娜积压了许久的好奇终于爆发了:“你为什么每次不开心都来这里?这里这么吵,回忆应该去安静并且私密一些的空间。”

米亚举起玻璃杯,看着杯中快融化的冰块和酒液,晃了几下后,一口将杯中的酒一饮而尽,然后扯开喉咙回答道:“这里是他带我来的地方。”

放下酒杯,米亚趴在桌上晕晕乎乎地继续说道:“那天,我是边听着歌手带着醉意弹唱《但愿人长久》,边聆听子轩身上所发生的悲戚故事。我就在想,他之所以带我来这里,或许那个时候的他不仅孤独而且无助吧。后来,他离开了蓉城,来这里也就成了我的习惯。”

她继续说:“那时候,如果不是因为刘延烈的关系而接近子轩,我从未想过要去深入了解他,从未想过我与子轩有了更深的交情。如果,一个孤独的人想倾诉他内心的痛楚,却没有人陪他说话,那个人的痛会从血液里渗透他的全身,让他悲痛欲绝,万念俱灰。”

“后来呢?”谢丽娜追问道。当悲伤的回忆泛起,不管自己的角色是一个倾听者,还是一个无聊而来的人,她忽然对刘子轩和郁红晓的初恋产生了浓厚的兴趣。

“后来……”思索着,米亚笑了,笑得很坦然。

那天,从郁红晓的坟前回到市区,已经是傍晚时分。吃过晚饭后,刘子轩带着米亚来到了少陵路88号酒吧,他们临窗而坐,要了一瓶黑方威士忌。

刘子轩一直闷闷不乐地喝着酒,米亚也不去打扰他。直到一瓶酒喝了一半,他长长叹出一口气。米亚目不转睛地看着刘子轩,问道:“你后来见到她了吗?”

“当然。”刘子轩露出苦笑。

面对欺骗,男生和女生的选择或许会大相径庭。前者一般会选择质问,后者大抵是选择逃避,寄望于时间可以抚平一切创伤。刘子轩不是特殊的人,他的选择是前者。因此,他离开那栋残破不堪的小楼后,依旧抱着最后一丝希望,来到电影院前的天桥上。

与其说他在等待郁红晓,倒不如说,他等待的是一个结果。结果或好或坏。只是此刻他显得有些平静,可这种平静如同暴风雨前的宁静一般,更加让人不寒而栗。

桥下,穿梭的车流缓缓慢了下来,喧闹繁华的城市在此刻似乎停滞下来,只剩下不停闪烁的车灯和间断响起的鸣笛声,让刘子轩觉得自己活在现实当中。

“各位观众,您好。您所购买的8点45分的《爱有来生》即将在3号厅播放,请及时入厅并对号入座……”

电影院里,刘子轩熟悉的提示声响起。

应着提示声,刘子轩抬手看了看腕表,原来只差五分钟就到8点45分了。

又是五分钟……刘子轩觉得这是上天在和自己开玩笑。

只是这一次的他没有了那么多的期待,他眼神呆滞地望向桥下缓慢的车流。

刘子轩从烦躁与繁杂的思绪中缓过神来,再看向手表时,时针已经划过9点。他已经错过了电影开头的20分钟,可郁红晓还是没有出现。

刘子轩苦笑起来,笑着笑着哭了起来,冲着本来就喧嚣不已的城市放声呐喊。

此时,对刘子轩来说,曾经有过美好记忆的地方都是困境。熟悉的场景让他记起郁红晓和自己的快乐,而那些快乐的过往是一把无比锋利的刀,一刀一刀地割伤刘子轩的心。

随着被撕烂的票根随风飘散,刘子轩终于面对现实。可惜的是,他所料想到的现实远不仅如此。

一个人什么都可以被偷走,唯独不能被偷走心。失魂落魄、心灰意冷、意志消沉、垂头丧气、萎靡不振等形容词不足以形容悲伤中的刘子轩,倒是行尸走肉更加贴切。

可能这一天注定是刘子轩的悲伤日,颓废的他撞上了一个消瘦的年轻人,年轻人一副醉醺醺的模样,满身酒气。

“对不起……”唯有仅存的道德,让刘子轩看上去是一个人。

只是他漫不经心的道歉，得到的是醉汉愤然地反击。醉汉抬手逮着他的衣领，将其狠狠地推倒在地，压在他的身上不停地猛揍他。

躺在地上的刘子轩未反抗，一记记重拳落在他的脸颊，他的嘴角被打破渗出血水，依然不停地喊道："对不起……对不起……"这一声声对不起仿佛是在说给郁红晓听的。

醉汉见身下颓废的刘子轩不停道歉，全无还手之意，他停下挥舞的拳头，仰头向天大叫一声，然后起身，喝着酒，迈着踉跄的步伐继续往前走，口中愤怒不平地碎念着："海约山盟不如铜臭万千。钱算什么！等老子发了财，看老子怎么收拾你们！"

等失恋的醉汉走远，刘子轩才晃了晃神，从地上爬了起来。

只是爬起来之后的他，看上去反而更像一个喝醉酒的人。他往四周胡乱探望着，转身见到了刚才猛揍自己的醉汉，顿时大喝一声，冲了过去，抬手对着醉汉的后背猛地一推，吼道："打了人就想走？连自己女人都看不住的人渣！"

醉汉将手中的酒瓶往地上砸了下去，吼道："滚，老子的事管你啥子事！"

随着玻璃碴儿溅落四开，刘子轩不等醉汉话音落下，冲上前去，在醉汉还没反应过来之际，抬手掐住他的脖子，将他按在了路边的树上。这是一个和他素不相识的路人，可是刘子轩牙关紧咬使尽浑身力气，如同要掐死醉汉一般。醉汉慢慢感觉到呼吸困难，双手不停地在刘子轩的身上挠着，脸色也开始泛白起来。

在一声刺耳的鸣笛声擦肩而过时，刘子轩松开了手。醉汉顿时瘫坐在地上，喘着大气，怯弱地看着刘子轩，浑身发抖。

"老子不是看不住她，而是她看上了人家的口袋……日本人咯。"醉汉不顾围上的一群好事者，哽咽着说完，忽然哇哇大哭了起来。他没有眼泪，但依然显得那么悲痛。或许，人在最悲痛最恐慌的时候，并没有眼泪。眼泪永远流在故事的结尾，流在一切结束的时候。

刘子轩抬起头，看到和自己一样狼狈不堪的同龄人，心里不禁难受起来。

他走到十米开外的小卖店，买了十罐啤酒和一包低劣香烟。当他走到醉汉跟前时，围观的人们已经自行散去，醉汉躺在地上睡着，睡相安详得宛如一个死人。

刘子轩喝着啤酒，冷笑着感慨这个荒诞不经的世界。

他拍了拍醉汉的脸："起来。"

醉汉一动不动："别吵，让老子躺一会儿。"

"起来喝酒。"

醉汉一听酒字，立马清醒过来坐直身体，靠在立交桥下马路花坛的边上。

然后，他接过刘子轩手中的啤酒，如同自己刚才根本没有睡着和喝醉一样。

天空下起了柔绵细雨，两个深感失败的男人在一起望着天，情绪更加悲伤。

“这雨下得可真是时候，看来上天可怜我们两个，它都哭了。”

“上天看着两个游魂野鬼徘徊在夜里，寻找不到一处真正可以安放灵魂的地方，所以才哭啊！”刘子轩悲天悯人起来，安慰着自己痛楚的心灵。

“把过往在一起时的每一天，点点滴滴全都记忆犹新，那感觉真是生不如死。”醉汉喝着酒，抽着烟感叹着。

“缘分坏了轴心，所以才会像对待禽兽那样对待我们。”

“它瞎了狗眼。”

“她爱你吗？”刘子轩喝完一罐酒后，抛出空罐问着身旁的同龄人。

醉汉听到刘子轩的提问，一行泪滚落了下来，与砸在脸上的雨滴混合在一起，分不清是滚烫的泪还是冰冷的雨。他摇了摇头，诉说起在自己心中远远没有结束的故事。刘子轩斜坐在他的一侧，仰望着暗黑一片的天空发呆。

“3 年，3 年是多少天？1095 天。人生有多少个 1825 天？我们说好了一起浇灌播下的爱情种子，让它扎根结籽，可是现在花开才一半，为什么你就那么不争气，在秋季还未到就提前收割了呢？是的，我没有钱，我没有可以依靠的家庭背景，可是我有一颗爱你一辈子的心和一双想去创造想去拼搏的手，你为什么要被世俗的物欲带偏了方向……呜呜……我相信你是爱着我的，依然，始终，永远。如果可以选择的话，我不要用恨来结束这段爱，我爱你，我爱你啊……”

听着醉汉低沉无力的话语，刘子轩知道他根本没醉。他忽然明白半年前，他喝醉时，王姨在他耳边说的那句话：“人生本就是一场即兴的演出，没有做不成的梦，只有不愿早醒的人。”

当他再转身看向醉汉时，醉汉的跟前不知何时，站着一位身材高挑但长相并不出色的女子，她打着花伞看着醉汉，低声哭泣着。此时的醉汉缓缓站起，看着心爱的女孩欲哭无泪。

刘子轩也跟着站起，他拿起剩下的几罐啤酒和几根香烟，悄然离开。在他离开时，醉汉指尖的香烟末端烧到了他的手指，醉汉猛地一惊，甩掉手上的烟头，伸手抹掉女子脸颊上的泪珠。就在此时，女孩扔掉花伞，一把抓住醉汉烫伤的手送到自己嘴边轻轻地吹着，身上散发着女性母爱的光环。

等刘子轩回头看他们时，醉汉和女子已经深深地拥抱在一起，没有笑容，没有悲伤，只有拥吻。

“后来呢？后来发生了什么？”米亚听到这里，耐不住性子，追问着刘子轩。

刘子轩浅浅一笑，应道："后来，我见到了一个人，一个让我的心现在还痛的人。"说着，刘子轩扭头看向了手中的酒杯，杯中的冰块和酒水在颤抖中发出响声。

米亚见刘子轩惴惴不安的样子，连忙伸手握住他颤抖的手，安抚道："忘了吧，我不问了。"

刘子轩抽出颤抖的手，放下杯子，朝米亚挤出一抹微笑。他抬头看向下着小雨的室外，面前的落地玻璃上挂满了水珠，随即那些水珠朦胧起来，他的思绪又回到了让他痛心疾首的那一天。

绵柔的细雨在一记暴雷声中大了起来，雨滴砸在刘子轩的鞋尖上，散开成了一朵黯然无光的水花。

刘子轩淋着雨，全身已经湿透。他和一群打着雨伞的人们在春熙路步行街的街口等待绿灯。忽然间，刘子轩抬眼看见在对面等待的人群中，有两个自己最熟悉的人。刘延烈为郁红晓撑着一把红色的雨伞，两人各自沉默着，而郁红晓的手上提着各种名牌手袋。

刘子轩用力拨开跟前的一位壮汉，站在人行横道最前沿。此时，对面人群中的郁红晓和刘延烈也发现了他，三人打量着彼此，眼神中充满着无法言说的情感波动。一辆轿车从远处极速开了过来，经过刘子轩面前时，碾起一团泥水溅在他的身上。刘子轩抹去脸上的污水，再等他回神看向街对面时，郁红晓已经不见了，只留下父亲刘延烈站在街对面。

绿灯亮起，街道两旁堵在人行道路口的行人们快速走向对面，唯独刘子轩和刘延烈没有迈动步子。此时此刻的他心如刀割般的痛。

刘子轩和刘延烈隔着一条斑马线，站在彼此的对面，相互对峙着。

绿灯上的小绿人在雨夜里闪烁个不停，发出哀鸣的声音，似乎在为刘子轩悲叹。

当小绿人变成红灯那一瞬间，刘子轩的眼中发出仇恨的光芒，他全然不顾车流与生命安全，迈动步伐快速走向街对面的刘延烈。当他走到街道的正中间时，一辆白色私家车差点撞上他。白色私家车为躲避他时，撞上对面开来的越野车。紧接着，一个又一个司机驾驶着轿车，在惊慌失措中接连相撞。春熙路路口交通立马瘫痪起来，一阵雷鸣般的鸣笛声响彻在闹市上空。

刘子轩面对这些全然不顾，冒着危险走到了父亲刘延烈面前。

刘子轩带着仇恨的眼神恶狠狠地看着父亲刘延烈，而刘延烈拿着深色的绣花方巾擦着额头上的汗水。

"子轩，并不是你想象的那样。"

"那是哪样？"刘子轩用力地嘶吼着，他的口水喷在刘延烈的脸上。

“我们回家，回家我跟你解释。”刘延烈试着去拉刘子轩，想先离开这个是非之地。

刘子轩用力挣脱刘延烈：“滚开！怕家丑外扬吗？”

他这一声嘶喊，震惊了刘延烈以及围拢过来看热闹的路人。

刘子轩带着仇恨和恶狠狠的眼神看着低沉不语的父亲，眼里噙满了泪水，而垂在裤缝的双手在颤抖。突然，他用力地扬起右手，举在半空，对着刘延烈。

刘延烈在众人惊愕的眼神中，平静地劝慰刘子轩，说道：“如果打完你能好受些，就来吧。打完了跟我回家，听我跟你解释。”

刘子轩的泪水止不住地从眼眶里流下来。他哭着，悲伤着。篮球场那几位同学的话语，回响在他脑海之中。他扬在半空中颤抖的手，突然“啪”的一下，用力地打在自己的脸颊上。随着巴掌声响起，围观的人们发出意外的惊叹声。打完自己耳光的刘子轩，朝刘延烈身上吐了一口唾沫，移动步子，拨开人群，朝黑暗的街道另一头跑去，身影淹没在雨中。

刘子轩一系列的举止，让刘延烈深感意外。他本想去解释什么，或挽留下刘子轩，却被一群被撞车的司机们围着，推搡着，不让他离开，叫嚷着让他赔偿。刘延烈看着刘子轩离去的身影，在原地无奈与惆怅。

刘子轩哭泣着，冒着雨，在马路上疯狂地跑着。他的泪水和雨水夹杂在一起，变得咸咸的，苦苦的。那种滋味，他一辈子都不会忘掉。

“我以为，你的爱情会像那个醉汉一样，峰回路转。不曾想，竟然这般咸苦！”米亚有些疑惑，更多的是难以接受。她接着问：“这个世界上什么都有障眼法，你所看到的，未必是真的呢？”

刘子轩晕晕乎乎地晃着头，脸已经红得发紫，他已经将一瓶黑方威士忌喝完，正准备喊服务员再来一瓶时，被米亚拦住。

米亚压住刘子轩的手，对他说道：“我给你讲个关于孔子的故事。孔子的学生颜回在煮粥时，发现有肮脏的东西掉进锅里去了。他就连忙用汤勺把它捞起来，正想把它倒掉时，忽然想到，一粥一饭都来之不易啊，于是就把它吃了。恰巧这时孔子走进厨房，误以为颜回在偷食，就把他狠狠地教训了一顿。经过颜回的解释，孔子才恍然大悟。孔子非常感慨地说，我亲眼看见的事情也不确实，何况是道听途说呢？这就是千古名句‘眼见尚且为虚，何况耳听乎’的来历。”

“大道理谁都懂，何用？依然忘不掉心中的痛。”

刘子轩不再多补充什么。看着平静的他，米亚关心道：“现在还痛？”

“有些事情，你总以为发生在昨天。有些地方，你总以为刚刚告别。你忘了，其实你已经走了很久很久，一回头，已过去好多年。一时的痛算什么？最痛的是那道伤疤一直无法愈合。"

米亚完全没想到事情会如此发展,这般话语或电影里才有的剧情,印象里只出现在编剧曹禺的作品《雷雨》与导演张艺谋的作品《满城尽带黄金甲》当中,却没想到会发生在刘子轩的身上。她反而有些可怜刘子轩的遭遇,甚至在心中对刘延烈产生了一种愤然的情绪。

窗外的雨越下越大,雨滴砸在堆积起来的水坑里,溅起来,又落回去。

后来还发生了什么,刘子轩没有再和米亚诉说下去。他头晕目眩,陷入轻微走神的状态。他仿佛听到郁红晓在他的耳畔,柔声细语地说着:"昨晚我做了一个梦,梦见我长了一对翅膀飞在云的顶端。当我看见一片汪洋的湖面时,我身上的翅膀突然消失,我飘啊飘,坠呀坠,最终沉入湖中。我在深不见光的水底挣扎着,拼命地呼喊你的名字,可是,任凭我多拼命大喊,我的嗓子就是发不出一丝声音……"

他的手在发抖,对面的米亚在他的视线里变得朦胧起来,看不清楚。

突然,他的脑海里闪现出一个画面。那朵留在郁红晓坟前的蓝色妖姬,原本含苞待放的花儿,正快速地在凋零、枯萎。花瓣一片一片地剥落下来,如同郁红晓的生命一般,曾经惊鸿,却也逃不脱红颜薄命。花瓣落尽时,郁红晓哭泣着的容颜呈现在花蒂上,让刘子轩恍惚间惊醒。

再抬头看向窗外时,他发现自己已经坐在米亚的奔驰越野车后座上。何善钦的司机正在开车,而米亚坐在他一侧,正认真地打量着他。

见刘子轩醒来,米亚将眼神连忙转向车窗外。

车窗外,雨已停,天空在五光十色的灯火映照下格外干净。米亚降下车窗,伸出手,感受着此刻蓉城的温度和氛围,脸上舒展出微笑。

见米亚可爱乖巧的模样,刘子轩学着她将手伸向窗外,闭起眼,放任五指在空中抓捕着,感受着。他深深地呼吸,再次睁开眼时,朝米亚挤出了一个久违的干净笑容。

蜷缩在米亚家里的沙发上,刘子轩感觉不到一丝疲惫。在米亚的一再追问下,他还是将自己当初所经历过的故事告诉了米亚,包括自己如何在戒毒所里蜕变重生,只是他闭口不谈郁红晓是如何离世的。

郁红晓离开人世之后,刘子轩一周都夜不归宿,他已经逃离了学校和家。母亲王淑芬如坐针毡,她托人找遍了全市的每家酒店,也没有找到刘子轩的住宿记录,他仿佛从蓉城消失了一般。在得知儿子是因为丈夫刘延烈和郁红晓的事才消失的,她气得晕厥过去,卧床多日无法下床。

看着王淑芬日渐消瘦的容颜,感到她挥不去悲痛的情绪,刘延烈再三叮嘱刘毅珑,不管用什么方法,要尽快找到刘子轩。刘毅珑在找刘子轩时没有含糊什么，他凭借吴铭的人脉很快找到了刘子轩。

被找到的刘子轩正在少陵路 88 号酒吧里，应着闪烁的霓虹灯，踩着 DJ 的节奏，手里握着半瓶威士忌，在酒精的刺激下，站在舞池的中间，兴奋地舞动着自己。

和刘毅珑一起前来的人是刘延烈的贴身保安，贴身保安见到刘子轩，要上前将刘子轩扶下来，却被刘毅珑拦住，并将随从全部支走。

在这一刻，刘毅珑终于找到了报复刘延烈的方法。在刘毅珑父母车祸去世时，他年少不更事，但那种失去双亲的痛，是毁天灭地的。他视刘延烈为罪魁祸首，仇恨的种子自此便种在他的脑海里。对他来说，刘延烈不是他的叔叔，而是弑杀自己父母的仇人。他在成长中一直等待着可以报复他的机会，现在是一个绝佳的时机。

当刘子轩酩酊大醉地倒在舞池中间时，刘毅珑将他扶起，搀着他走出酒吧。刘毅珑用自己的身份信息，在锦江王朝大酒店对面的锦江宾馆里，开了一个房间。看着呼呼大睡的刘子轩，刘毅珑露出洋洋得意的笑容。他知道此时的刘子轩内心非常脆弱，他随便立起一根手指，就能让他坠入堕落的深渊。

接下来一周的时间里，刘毅珑为刘子轩在总统套房举办了各种类型的盛大派对，夜夜笙歌。他在刘子轩沉迷于声色犬马之时，将从吴铭那买来的 K 粉，掺杂进酒水里，让刘子轩沉浸在迷幻的世界中。几天下来，终日晕晕乎乎，精神恍惚的刘子轩爱上了这种踩着棉花做梦的感觉。

刘毅珑为了诱惑刘子轩，彻底摧毁他，不惜自身吸食 K 粉。每每如此时，刘子轩都会主动向刘毅珑讨食。背地里，刘毅珑将 K 粉换成伤害吸食者大脑的冰毒。

刘毅珑从吴铭那里得知，吸食冰毒主要损害人体的中枢神经系统，这种损伤有的是可逆的，在戒毒之后可以逐渐恢复。但有的损伤在戒毒多年后仍然存在，这种损伤可能是不可逆的永久性损伤。冰毒造成的大脑损伤会影响到人的认知、记忆和运动能力，还会对人体的神经系统造成伤害，导致吸食者出现幻觉、幻听、被害妄想等精神症状，从而做出自杀、杀害亲戚朋友的暴力行为。

很快，刘子轩的身体上和精神上对冰毒产生了迫切的依赖性，他所到之处，都有着他神思迷幻下踩出的迷踪脚步。

看着刘子轩彻底陷入堕落的深渊，刘毅珑有些迫不及待地想要看到，刘延烈和王淑芬见到刘子轩时的痛苦表情。所以他在王淑芬情绪稍微平定的时候，将王淑芬和刘延烈带到了锦江宾馆。王淑芬和刘延烈没有想到，再见到儿子的时候，刘子轩已经变得两眼无神，六神无主，面无血色。满脸丛生的胡碴子让他看上去憔悴、萎靡、恐怖。他的脸上、颈子间、胸膛口，有吸食冰毒后挠出的沟壑与血迹。

王淑芬并没有对刘子轩生气，她将儿子现在的一切，都归罪在丈夫刘延烈的身上。她骂着他，说这是报应。

让王淑芬没想到的是，当她伸手要去拉刘子轩的时候，却被刘子轩一把推开。她狠狠地摔在地上，惊恐万分地看着自己的儿子。可这一刻的刘子轩在冰毒的催化作用下，已经不认识王淑芬。他躲在床角，全身时不时地抽搐一下，抬手指着王淑芬问："你谁啊？"

"子轩，这是你妈！"刘毅珑生气地对刘子轩说着，可他的内心却无比的欢愉。

刘子轩轻笑了一下，一摆手瘫坐在地上，若无其事地说道："我妈？"顿了片刻，他突然站起身来，神情恍惚，猫着身对王淑芬说："你不在家，好好看着你的男人，跑来找我干吗？"

听到这话时，一旁的刘延烈整个人瞬间失精落彩，他知道是他的原因让刘子轩变成这样。

"子轩，跟你妈妈回家好吗？"看着王淑芬万般痛苦的模样，刘延烈起身，想去搀扶刘子轩。

刘子轩没有问来人是谁，只是当他靠近自己时，他用身体语言抗拒着他。一个避让，让他的身体不小心趔趄了一下。刘延烈急忙伸手去拉住刘子轩，却没想到刚站稳的刘子轩，当即抓住一个酒瓶的瓶颈，将瓶子狠狠地砸在桌角，然后，他将闪烁着寒光的玻璃棱角指向刘延烈，大吼着："滚！"

想靠近儿子的王淑芬完全被吓住了，她不知所措，踟蹰着，转向刘毅珑，让刘毅珑劝劝刘子轩。但她又怎么能想到，这一切的布局者就是刘毅珑，刘毅珑又怎么会真心实意地为她说话呢？

刘毅珑自然不会让刘子轩离开，他只是安慰着受了惊吓的王淑芬，说自己能照顾好堂弟，将王淑芬和刘延烈劝离了酒店。在酒店楼下，他目送他们离开。

之后，刘毅珑来到地下停车库，从吴铭的手中接过一个新的手机和优盘，然后他将一张银行卡递给吴铭。

从酒店回办公室，刘毅珑打开电脑，查看着优盘里的视频。视频是偷拍的，像素和角度不是很完美，但依然能看出视频里的人是刘延烈和郁红晓，他们在酒店里相会。

刘毅珑看完视频后，双击电脑桌面的剪辑软件，一阵捣鼓后，他将视频转进新手机之中，然后将其转发给刘子轩。一系列动作完成后，他靠在椅背上，将修长的大腿架在办公桌上，一副悠然自得的模样。

收到陌生短信后的刘子轩，哭泣着看着视频画面。他清楚地看到，郁红晓和刘延烈坐在靠窗的桌子两边，窗外的雨模糊了玻璃，看不清窗外的世界是什么模样。

刘延烈悠哉地喝着红酒，他一直盯着衣着打扮较为成熟性感的郁红晓。郁红晓一直低着头，摆弄着自己衣服一角，神情很紧张。

沉默许久，刘延烈放下手中的红酒杯，打破了沉寂。

“听说你母亲病了需要钱?”

郁红晓依然将头低得很沉，面对刘延烈的问话，她只是点了点头。

“第一次?”

郁红晓听到刘延烈的反问，情绪一下子激烈起来，全身也随之颤抖了一下。等这种情绪渐渐平复下来之后，她冷冷一笑，说:“每头奶牛最终的命运都是要进屠宰场，你们男人都那么在乎第一口奶?”

到这里，视频就结束了。

愤怒犹如一条厚厚的黑带蒙上了刘子轩的双眼，无数只恶魔在他的脑海里喷射出火一般的光芒，炙烤着他。它们让孕育恨意的种子再次从他心底悄无声息地升腾而出，快速地在魂魄里，开出一朵散发致命芳香的神秘毒花。

看完视频的刘子轩将手机砸向房间墙面，然后站起身体，将桌面上的花瓶等物全部摔碎，依然不解气，他转身看到屏幕已经被摔碎的手机，抬脚一番狂踩。

回到房间门口的刘毅珑，从门缝里偷窥到，看完视频的刘子轩正摔砸着酒店的物品。他没有上去假惺惺的阻挠与安慰，而是沉默着关上房门，然后一路小碎步来到酒店的露天阳台，望着熟悉的城市开怀狂笑。

另一边，回到家的王淑芬按捺不住内心的怒火，进门之后，见着坐在沙发上跷着二郎腿的刘延烈，当即将挎包砸了过去。

被砸痛的刘延烈愤怒地站了起来，瞪大双眼，抬手指着王淑芬，呵斥着:“你疯啦!”

“我是疯了，但都是被你逼的!”

王淑芬一怒之下，将面前玻璃桌上的物品全部推翻，水果、零食和玻璃碴儿撒了一地。

“我不想和你吵，疯婆子。”刘延烈说着，白了王淑芬一眼。

王淑芬不再和刘延烈纠缠，留下一句狠话:“要是儿子有个三长两短，我拼上这条命，也不会让你好死!”然后上了楼。

只是谁都没有料到，刘子轩的萎靡堕落，让原本精神不稳定的王淑芬彻底地患上了精神分裂症。刘毅珑这段时间花尽一切心思，不让刘延烈见到刘子轩。他清楚刘延烈在见到儿子的一瞬间，就会识破自己的阴谋。刘毅珑当然不会让这种事情发生，他决定给刘延烈最后一击。

一个星期之后，趁着刘延烈不在家，他将曾给刘子轩看过的视频，以同样的方式发给了王淑芬。

这成为压垮王淑芬最后的一根稻草。当晚，王淑芬便因为服下过量的精神安定剂，永远地闭上了眼睛。

在葬礼后不久，刘毅珑在吴铭的帮助下设下陷阱，举报刘子轩吸毒藏毒。刘子轩被缉毒大队强制性送进了戒毒所。至此，见到刘延烈妻离子散，他的内心无比开心，他感觉到了从未有过的幸福。可是，他并不满足，依旧藏着自己的阴谋，潜伏在刘延烈的身边，等待下一个时机。

听着米亚对过往的诉说，谢丽娜冷冷地笑了一下，说："没看出来嘛，这小子身上居然发生这么多的事情。"说着，她凑近米亚的耳边，问道："欸，还有什么是人家不知道的？"

米亚扭头看着谢丽娜，愣了一下，微笑着转身看着眼前欢乐的人群，说："比如说，我和刘子轩第一次接吻，既是意外又顺理成章。"说完她哈哈大笑起来，笑得有些小女人的幸福。这笑容里包含着相思和苦涩以及无奈。

拜祭母亲王淑芬和已逝女友郁红晓过后，刘子轩决定真正地重新生活。儿时的梦想，是他经历了重重磨难之后唯一存下的信念。

米亚答应了刘子轩的要求，不再只给刘子轩安排白班，算是对刘子轩新生活开始的尊重。

晚餐时间，刘子轩总会遇见刘毅珑带着王一翎来鞠香雅苑吃饭。除了不会再为这两个狼狈为奸的人上菜之外，他已经习惯了他们的存在，心情不会受到丝毫影响。刘毅珑也喜欢这样的状态，至少没有刘子轩这个障碍，计划会顺利很多。

除去上班的剩余时间，刘子轩怀着梦想，为了成为一个有情怀有理想有担当有责任的职业电影人，去努力着。

旧笔记手稿的边角已被他翻卷，甚至有些页面已经出现破损，他在上面做起了第二次第三次笔记。米亚送给他十来本各类电影书籍，他至少翻看了三回，上面也用各色水笔做满了笔记，刘子轩努力地让自己活得更好。

逐梦奇迹，奔腾不息。

刘子轩和米亚这样不咸不淡地相处着。

上班时，徐梦莲对刘子轩之前的举动产生了误会，令她对刘子轩更加关心，不经意间会闹出一些让大家彼此尴尬的笑话，不过他们的关系亲近了许多。

斗转星移，岁月如梭。不经意之间，时间已经到了秋风扫落叶的季节。

飘落一地的金黄色银杏树叶，让秋阳下的青石板路更有韵味。宽巷子的游客反而在这个秋高气爽的季节里更多了，原本人多的时候会到比肩接踵的地步，而现在已经到了一番人山人海川流不息的景象。

一波接一波的婚宴让鞠香雅苑门庭若市，生意兴隆。刘子轩作为店里唯一的男服务员肩扛重任，他兢兢业业埋头苦干，俘获了更多少女的心。在工作的时候，他从徐梦莲口中得知，米亚就住在自己原来家的对面。他想，他们从小就生活在一个小区，二十多年来却彼此不熟悉。或许他们曾在小区的门口彼此擦肩而过，只是那个时候的他们，谁都有着自己的世界，谁也未曾想过自己会进入对方的世界。

随着时间的推移，刘子轩似乎已经忘掉了当初留在鞠香雅苑的目的是什么。从戒毒所出来时，帮助过自己的那个女孩墨镜后的眼神，慢慢地从他的记忆中变得模糊起来。

对刘延烈的恨，似乎也变得淡化了许多。或者说，刘子轩已经没有时间去理会过去的悲伤或者快乐。对于梦想的坚持，让他在完成工作之后，不得不熬夜创作自己的影像故事。

他每晚熬夜写剧本，一天比一天睡得晚，一天比一天写得多，他的精神因此也一天比一天低迷，经常在上班时哈欠连天，一副想要睡觉的模样。

见他这种萎靡的神情，徐梦莲故意安排刘子轩不再出菜，这样虽然避免了刘子轩出现服务错误，却还是拦不住雷墨霖找刘子轩的麻烦。

这一天，鞠香雅苑的门口立着一个大大的囍字，LED 滚屏上播放着“恭祝新郎新娘新婚快乐”的字样。大厅里，也因为婚礼而做了特别的布置。六十六张餐桌铺上了喜庆的红色台布，平均分布在大厅中央的中庭两侧，数不清的红白两色花朵将中庭与 T 台布置成雅致的花海。

或许是新娘太过兴奋，抛捧花的时候用力太猛，捧花直接从所有少女的头顶飞了过去，砸在了刚巧路过的刘子轩的怀里。

看着手里的捧花，刘子轩不知所措，他惊愕后的怪动作更是引来所有宾客的大声欢笑。司仪借着大家欢乐的兴致，通过话筒对刘子轩问道：“不知接到花球的帅哥，有没有心仪的对象？”

刘子轩眨巴着毫无神采的眼睛，吧唧了一下嘴巴，有些蒙圈地看了看身边的米亚。他也不知道自己这一刻是在想什么，居然把手里的捧花塞到了米亚手里，然后转身走出宴会大厅。

刘子轩的反应显然是在司仪的意料之外，司仪尴尬了半天，拼凑着词语说："看来帅哥已经将新郎新娘的幸福传递了下去，那我们今天的婚礼仪式也到此结束，大家吃好喝好！"

随着所有人一阵鼓掌，米亚看着手里的捧花哭笑不得，然后拿着捧花转身往办公室而去。只是刘子轩漫不经心的反应，让雷墨霖觉得他丢了鞠香雅苑的面子与里子。

"刘子轩，你在干吗？你忘了今天是什么日子吗？居然还趴在这里睡觉！"雷墨霖转身走进传菜区，对着趴在出菜电脑桌上的刘子轩一顿指责。

听着雷墨霖的骂声，刘子轩打了一个哈欠，即便站了起来，也是斜靠在墙上，一副无精打采的样子。

这无疑让雷墨霖更加火大，抬手戳着刘子轩的心口，吼道："你要是不稀罕这份工作，就尽早从这里滚蛋，反正你本来就不符合鞠香雅苑的招聘要求！"

雷墨霖的话刘子轩并没有在意，他只是苦笑了一下，对于鞠香雅苑的服务员招聘标准，他早已看不惯，碍于米亚的颜面，他从未说及。可是现在，被一个人戳着自己的心口，说自己的不是，刘子轩作为一个男人，又怎么忍得下。

"如果我不符合，那你觉得，你符合吗？"说着，刘子轩轻哼了一声，低眼看向了雷墨霖的腰际。

不等雷墨霖说话，他啧啧摇头说："首先，我的业务能力配得起这份工作，今天我状态稍微差了一点点，你要开罚单请自便；其次，在这个看脸的地方，我这张脸长得还对得起食客。"说完，他继续挖苦着雷墨霖："你觉得你穿着低领，露个事业线，就显得妖娆妩媚了吗？"

一旁的徐梦莲听到刘子轩的话，虽然担心刘子轩会因此被雷墨霖找麻烦，却还是在心里大笑刘子轩说得痛快。尤其是见到雷墨霖被说得无言以对，气得吹鼻子瞪眼的样子，更是觉得畅快。

"你给我等着……"说完，雷墨霖带着气愤和委屈离开，刚好与闻声而来的米亚擦肩而过。

米亚的出现，让刘子轩和徐梦莲顿时觉得事情复杂起来。

"刘子轩，你跟我来。"米亚的话显得异常冰冷，这是徐梦莲第一次见到米亚这副样子。或者说，因为有多在意，所以才会有多生气。

办公室里，米亚双手交叉，半眯着眼看着刘子轩，一句话都没说。刘子轩站在她面前，低沉的气氛让他的困意更加明显，他抬手拍了拍嘴巴，打了一个哈欠。

"刘子轩！"

米亚突然怒吼一声，吓得刘子轩快要闭上的双眼瞬间瞪大，整个人哆嗦了一下。

“怎么了?”刘子轩眨巴了一下眼睛,语气淡然地反问着。

“怎么了? 呵呵,你还敢问我怎么了!”米亚说着,上前提着刘子轩的耳朵,说:“你这几天是偷牛还是偷人去了,整天萎靡不振的!”

耳根的疼痛让刘子轩的困意顿时消散不少,他完全没料到米亚会这么下狠手,赶紧求饶:“痛痛痛,轻点儿。”

“告诉我,你晚上到底干吗去了?”

“偷人去了。”

“你……”

“怎么,吃醋了?”

“我吃醋? 笑话。看来你真的是不想要这份工作了。”说着,米亚放下手来,转身径直往办公桌后走去,她是要去拿刘子轩的劳动合同。

见米亚没开玩笑,刘子轩赶紧蹿到米亚跟前,一把抓住米亚伸向抽屉的手,抿嘴一笑,说:“我最可爱的米亚姐姐,您怎么会舍得为难一个未爬出低谷的年轻人呢? 是吧?”

“为什么不能?”

“那就是吃醋。”

“不是,你觉得你哪点儿可以让我吃醋的? 今天餐厅这么忙,你居然趴在传菜台前睡觉,雷经理批评你两句你就上天大闹天宫,你这个工作态度给其他同事带来了极其负面的影响。依我看,你要是不想干了请自便,这里庙小,供不下你这么大的菩萨。”

“说这么多,你是在意我晚上干吗去了吧?”

“我……”

刘子轩的话如同一颗石子投入米亚安静的心湖,顿时让米亚的心情激荡起来。她居然不知道如何回应刘子轩的问题。想了良久,她只能先用自己的身份压倒刘子轩,说:“因为我是这里的总经理,你是我的员工,我有资格知道。”

“谁给你权利去了解别人的私生活的?”刘子轩说着,轻笑了一下,说:“我要是没记错的话,你大学学的是刑法专业。”

“我只告诉你我法学院 2006 级,你怎么知道我学的是刑法专业?”

不经意的对话让两人似乎都想起了什么。

“米亚?”刘子轩有些诧异地看着米亚。他想了半天,看了半天,突然喊出一个名字来。

“你是米亚?!”

看着刘子轩忽然有些惊喜的笑,米亚觉得刘子轩一定是疯了,不禁摇头叹息起来，应道："是的，疯子，我是米亚。"

刘子轩终于想起来了自己和米亚第一次见面的情景。他双手一拍，激动得有些说不出话来，赶紧往后退了几步。他上上下下，仔仔细细地打量着米亚，说："我的天，原来的白裙子姑娘居然变成这么一个大美人儿了，可惜脾气还是这么暴躁。"

"你……白裙子姑娘？"米亚越来越觉得奇怪，又见刘子轩上上下下地打量自己，紧了一下衣领，干咳了一声，问："说！你是不是跟踪过我？"

"跟踪你？谁吃饱了撑的没事去跟踪你？"

"你什么意思？"

两人的话题在不经意之间，从刘子轩的工作问题上，继而转向了私人问题，只是米亚没有发现这个转变。

刘子轩却不想再说下去，耸了耸肩说："没什么意思啊。当初，我不是说过吗，除了您的胸……怀之外，我还真没看上其他地方。"

被刘子轩这么一吐槽，米亚作为一个法律学毕业的高才生，缜密的思维能力在这一刻发挥了巨大的作用。白裙子姑娘，刑法专业，胸怀之外……这些提示渐渐让米亚想起曾经发生的事情，可是她还需要最后一个关键词，试探性地问道："图书馆？"

"你脑容量太小了，你居然能顺利毕业，其间一定有阴谋吧？"

"啊？色狼，原来是你！"米亚惊愕过后突然哈哈大笑了起来，她感慨世界太小，完全没想到，她和刘子轩之间绕了那么远的一个圈，居然会以这样的方式得以重见相认。

听到色狼一词，刘子轩鄙视地看着米亚，心想，都过了这么久，这家伙对自己的印象原来还是色狼。

两人都已经忘记他们来到这里原本是要做什么的。等米亚缓过神来，因为气氛已经从严肃变得轻松，想要再去责备刘子轩，她不知道该以什么样的语气去说，总觉得十分别扭。

"不过，我觉得在图书馆相遇之前，我还在哪里见过你？"刘子轩睁大眼，目不转睛地看着米亚，皱眉思索着。

"你看个屁啊？"

"对啊，我正在看你。"

米亚气愤地拿起桌上的记事本砸向刘子轩，刘子轩一个闪避躲开。

"小破孩。"米亚面无表情。

刘子轩举起双手做出一个取景框，将米亚框在手指之间。一番比画后，刘子轩露出贱贱的微笑。

“方脑壳的瓜娃子!”米亚立马竖起中指,骂着刘子轩。

刘子轩得理不饶人:“你在做自我介绍啊?”

他的话这下彻底激怒了米亚,她拿起桌上的一把剪刀朝刘子轩走去。

“你要干啥子?”

“臭不要脸的死鬼色狼,看老娘今天阉了你,让你再胡说八道。”米亚更加步步紧逼。

“等等,你怎么还是那句台词啊……动不动要阉了我。”

“服刑前有什么要说的,赶紧一句话总结完。”米亚做出一副骇人的恐怖模样。

刘子轩轻轻地问:“你还记得 2008 年汶川地震吗?”

“这个就是你临刑前最后的总结? 好吧,那就受刑吧。”说完,米亚嘟起嘴朝刘子轩扑去,完全不像是在开玩笑。

“等等,我是问你还记得 2008 年汶川地震后,大家在操场搭帐篷的经历吗?”

“我记得。”

“我们那时见过。”

“啊?”米亚收回剪刀,神情有些吃惊。她不敢相信,在图书馆相遇的那一夜之前,她还和刘子轩有过一面之缘。

“那个时候,在足球场上,你看着一团户外帐篷发呆,然后我走了过去……你有印象没有?”

米亚摇着头回答:“真的没印象了,我只记得很多男生过来要帮忙,都被我拒绝了,然后……”

突然,米亚的话停下,恍然大悟后,补充说道:“不对,我记得你,你当时是不是那个穿着运动背心和短裤,浑身臭汗的那个小破孩?”

“你才是臭的小破孩。”刘子轩一副得理不饶人的神态反击着米亚。

“哈哈,如果不是那一身臭汗,可能我会让你帮忙的,哈哈。”米亚想起过往,笑得前俯后仰。

“我臭吗? 看把你嘚瑟的,一副小人得志的模样。”刘子轩放松心境,坐到米亚办公室的沙发上闭目养神。

米亚笑了很久才平静下来,接着问道:“对了,你晚上到底在干吗? 别告诉我,你又跑到图书馆躲在桌子底下看妹子去了……”

刘子轩闭目不语,一副不想理会米亚的状态,他现在只想养精蓄锐,能多休息一秒是一秒。

米亚见刘子轩完全不搭理自己,嘟哝着嘴,冲着他吹了一声口哨,从抽屉里拿出刘子轩的劳动合同来，双手抓着合同做出撕扯状，说道："不说你晚上干吗去了，我就撕了这份合同，等你没了这份工作，晚上睡大街，那时我再幸灾乐祸！"

"行，我招了还不行吗？我晚上熬夜写电影剧本。"说完，刘子轩睁开双眼叹息了一声。

"对啊，差点儿忘记你是导演系的学弟。"

听了刘子轩的解释，米亚放下了手里的合同，白了刘子轩一眼，将合同放回抽屉里。其实，刘子轩的合同从未送到人力资源部，所以刘子轩是否在这里工作，除了他本人意愿外，只有米亚一个人能做决定。而现在，刘子轩特别在意这份工作，他记得在学校里，教导演创作的老教授说过，两种人能干导演，一种是万事不忿又不担心后果的人；另一种是能养活自己，靠着意志的胜利坚持下去的人。兵马未动，粮草先行。他深深明白，生容易，活容易，生活不容易的道理，再崇高的艺术创作都是要活下去才能完成。所以，当下他要为自己日后的艰苦攒一些积蓄，保证自己不在写出电影剧本前饿死。

两人都没有再说话，米亚沉默了许久，才问道："你写的什么故事？"

"和我自己有关的。"

见刘子轩如此诚恳，米亚接着问道："你一定要写吗？"

刘子轩点头不语。

米亚陷入沉默之中，半晌过后，她一本正经地说道："那好吧，既然如此，你搬到我那儿去住，我得看管着你才行。"

当米亚将这个决定告诉刘子轩的时候，刘子轩惊愕地瞪大双眼看着米亚。他完全不能理解米亚为何要做出这样的决定。一分钟前，她还喊自己色狼，要阉了自己。这一刻，她却主动让一个男人搬进她的闺房去。

真是跳跃性思维，让人无法理解。

米亚看刘子轩没有反应，小心翼翼地问道："怎么了？不愿意啊，那就算了。对了，别怪我没有提醒你，雷墨霖的性格你是知道的，你哪一点儿没做好，她不骂死你才怪，以后你就自己扛。"

一听此话，刘子轩果断应下米亚，说："愿意愿意，一千万个愿意！"他可不想再听雷墨霖絮叨，不然自己在这里就真的混不下去。不过，沉默了一会儿，他露出狡黠的笑容，勾勾手指，让米亚靠近自己，待米亚靠近后，他小声地问道："你是不是对我有意思很久了？"

"哼，你猜对了，有意思到要把你清蒸红烧着吃了！"米亚说着，抬手弹了刘子轩的额头一下。

"那你干吗让我去你家？而且，你又不是不知道，你家对面……要不，你重新租一个房子，房租我们一人一半，你照样可以看着我。”刘子轩说。

见刘子轩的算盘打得叮当直响，米亚轻笑了一下，调侃着刘子轩，说道：“怎么？怂了？你不是口口声声说，自己已经完全从过去摆脱出来了吗？”

“那是当然的，可是……”

“可是什么？难道说，你刘子轩是个口是心非的人！”

“去就去，反正我一个纯爷们儿，又不吃亏。”说着，刘子轩顿时坏笑起来，对着米亚挑眉说道：“说不定我们朝夕相处日久生情，发生点儿什么冲动的事儿也不错，到时你再后悔就来不及了。”

米亚淡定一笑，再次从桌上拿起那把剪刀来，将左手小指上有些长的指甲剪掉一截，然后应着清脆的咔嚓声，对刘子轩说道：“如果真发生了，我保证，这把剪刀不太锋利。”

听到此话，刘子轩故作惊悚状，脸部一阵抽搐。

往事虽已是碎片，凌乱不堪，但那些关于面前这个大男孩的回忆，至今历历在目，她有种想要拾起的冲动。此刻的米亚感慨，她曾经无数次幻想与世上的某人相遇，分离，再相遇的场景。至今日，她的幻想居然实现了多次。有人说，流年总是在不断变迁，风景在四季里徘徊流转。米亚希望站在圆形的轮回边缘，能跟一个深爱自己，自己也深爱的人，在这个圆圈里兜兜转转，毕生只为找寻那一个唯一的幸福终点站。

Chapter 9 ······ 爱眉小札

青春仿如一场刀光剑影的战争，

只是很多时候，才穿上军装扛上枪的我们已溃不成军。

而爱情是这次残酷战争中仅有的最美好的梦，

它壮丽着每个崇尚真爱的人的人生。

爱之所起，

皆是因为我们有一颗孤独而彷徨的心，

不论你是在翡冷翠还是在同居。

❤
❤
❤

爱是所有瘟疫中最为黑暗的。

如果一个人可以为爱而死，那么它还会有些乐趣，可是人们几乎都可以在爱的创伤中痊愈。

如果在这个不完美的世界一切都是不完美的，爱是完全不完美中最为完美的。

刘子轩嘴上虽说“去就去，反正我一个纯爷们儿，又不吃亏”，但住在心底的两个小人还是作了一番斗争。最终英姿勃发的小人将弱小的小人打倒，并在刘子轩耳畔轻语：远虑是无穷尽的，不要让远虑成为近忧。今天不要为明天忧虑，因为明天自有明天的忧虑。今天的难处，今天担当就够了。人生路上有无数的驿站可以歇脚，有的包袱可以等到该背的时候再去背，用不着把所有的包袱都背在今天的背上。你的精力是有限的，你不是高富帅的钢铁侠，就不要试图在今天解决明天的所有问题。

于是，刘子轩在一番思索后告诉米亚，自己愿意委身其屋檐下。米亚听到刘子轩话语间连带的委屈感，恶狠狠地白了他一眼，对他置之不理。迈出三步后，她头也不回地将家里的备份钥匙抛给脑后的刘子轩。刘子轩成功接过钥匙后，显得得意忘形，看着米亚窈窕婀娜的身影，不禁露出一副吃定她的神情。

为了给刘子轩搬家，米亚特地给他放了一天假。经过一个来回的搬运，他终于将所有衣物和一堆书籍从那间满是霉气的昏暗屋子里搬了出来。

拿着钥匙站在米亚门口的刘子轩心底明白，类同居自然是和同居有些区别的。

如果是情侣，同居的第一步更加注重的是卧室布置，至少床头柜是重点，上面除了情趣书籍和湿纸巾，多少要事先存放一些东西，不管牌子是杰士邦还是杜蕾斯。如果是异性朋友合租，那么类同居的第一步更加注重的也是卧室，重点也是床头柜。不过流程恰巧相反，纸巾与情趣用品什么的，会让女生离你远远的。

不过米亚和刘子轩的类同居，第一步是划分彼此的活动区域。米亚经过一番严格的划分之后，刘子轩可活动的区域明确地罗列在一张白纸上。

第一，一楼洗手间。

第二，一楼客房。

第三，厨房。

第四，客厅餐厅。

看着偌大的一张A4纸上，只写下再简单不过的四行字时，刘子轩无语至极，当即申诉："你这简直是帝国主义亡我之心不死。不行！我需要书房，需要一个安静的环境来创作。"

"创作？你还真把自己当个腕儿了？还要书房？门都没有！"

"我需要知识。当我们缺乏信仰的时候，又如何守信呢？！"

"连个毕业证都没混出来的人，给我讲信仰？你要真觉得自己能上天入地，你给我写个牛逼哄哄的故事来！"米亚刀子嘴豆腐心地激励着刘子轩，见刘子轩要开口反驳，她立马耸了耸肩，对他斩钉截铁地道："没有书房！"

见书房确定是没有希望，刘子轩显得有些不爽起来。白纸黑字上写的都是霸王条款，自己作为一个纯爷们儿怎可轻易妥协。想了半晌，刘子轩说道："把阳台加上，不然我怎么洗衣服和晾衣服？"

"不行！"

"为什么？"

"因为……"米亚的脸忽然羞红起来，支支吾吾了半天，埋着头说道："因为那是我的私密空间！"

刘子轩扭头朝着阳台看了过去，顿时明白了不少，说道："全是紫色？姐，你是紫色控啊！哈哈。"

"你个瓜娃子，不说出来要死啊！"说着，米亚赶紧起身冲到阳台，将自己的内衣全取下，揣在怀里一路小跑地上了楼。

刘子轩看着米亚煞有介事的样子笑了起来，心想，米亚的外表看起来像个不可一世的女汉子，内心里却有着罗曼蒂克情结。放好衣物下楼的米亚看见刘子轩的笑容，当即以一种居高临下的气势，对刘子轩道："笑什么？再笑就把你的嘴用针缝起来！"

"凭什么，你是怕我把你家里吃空吗？"

"反正，你光吃你的精神食粮就能吃饱了！"说着，米亚从衣兜里拿出一个口罩。

米亚将刘子轩逼坐到沙发上，然后她跨在他的身上。

刘子轩全然不知米亚这是要干什么。他眨巴着眼睛，望着高高在上的米亚。虽然他说过米亚，除了胸之外，他真没看上她其他的地方。然而他的谎言在此刻不攻而破。这是一个诱惑的姿态，他不由得觉得心跳加速，甚至还有了一些生理反应。因为，她是一个男人见了就会想入非非的女人。

米亚自然也察觉到了一丝暧昧的气氛，轻咳了一声，立马将口罩戴在了刘子轩的脸上，然后赶紧跳开，抬手指向厨房旁边的一扇棕红色木门，对刘子轩说道："去拿扫帚和吸尘器。"

"干吗？"

"你家扫帚和吸尘器是干吗的？"

"不是吧？第一天来就要我做清洁？要不要这么狠啊？第一天就把我贬谪到奴隶社会？"

"废话，你以为老娘白养你啊，天上掉馅饼的故事只会出现在三流导演的电影里。"米亚在原地转了一圈，用手比画着刘子轩需要打扫的地方，说道："就这些，很少的，要乖哟。"

"是挺少的，你还真没把我当客人……"刘子轩恶狠狠地看着米亚应道，心想，一楼全都要打扫，这是很少的意思吗？

米亚却不管刘子轩怎么想，她就是要从头到脚，由内至外，彻彻底底地将刘子轩翻新。想着那个美好前景，她在心底乐开了花。突然想到自己还有事情要做，她拍了拍手，说道："打扫完了就出门买菜做饭吧，好了叫我。对了！不准到二楼来，否则我保证阉了你！"说着，她冲着刘子轩挥了挥剪刀手，头也不回地一阵小跑上了楼。

刘子轩早已见识过米亚的厉害，所以不敢有更多想法，只能乖乖地做起事来。

打扫卫生的时候，刘子轩多少感觉到一种家的温馨，毕竟这栋房子除了装修与陈设之外，这里和对面的那个家格局都是一样的。或许也是因为这种感觉，刘子轩才乐于遵从米亚的意思，将房间的每一处打扫得一尘不染，物件也是摆放得整整齐齐。

将最后的垃圾打完包，洗完手的刘子轩来到厨房前。和刘子轩家采用的开放式厨房不一样，米亚家的厨房用一堵墙隔断开来，中间还做了一个日式推拉门。推开厨房门，还未看清厨房里的陈设，一股恶臭味扑面而来，直让刘子轩作呕。

开了灯，刘子轩终于明白这股恶臭味从何而来。他无奈地朝着楼上看去，心里猜测厨房角落里那一袋子发霉的厨余，会不会是一个星期前的？

而当他见到洗碗池里塞满的碗筷盘碟时，他又觉得自己似乎把时间想得有些理想化了。

于是，刘子轩不得不和肮脏的厨房大战两个小时，进进出出数个回合，终于在大汗淋漓的状态下，将厨房收拾得漂漂亮亮，干净得连萤石灶台都能倒映出他满足的笑脸来。

经过一番劳累，肚子自然饿得咕噜咕噜地叫唤起来。

他拉开稍小的冰箱门，看着只剩下冰碴在灯光下泛着光的冰箱，不敢相信冰箱里居然连瓶酸奶都没有。“砰”的一声，他合上冰箱门。

看着小冰箱一旁的九门冰箱，刘子轩心生犹豫，他猜测着里面又会是怎么样的一片奇观异景？好奇心上升，他双手拉开冰箱大门时，刹那间愣住了，冰箱格子里塞满了各类高档洋酒与红酒，有开封没喝完的，也有完全没开封的。他冷笑了一下，将下门拉开，他原本以为会有蔬菜，却依旧只看到满眼酒类。

“何以解忧，唯有杜康。酒真的有那么重要吗？”冷笑着，刘子轩回想起刘延烈来。刘延烈那一副醉酒之后的丑态顿时浮现在他的脑子里，耳边响起王淑芬的惨叫声，破碎的家庭带来的悲伤侵袭他的全身。

刘子轩愤怒不已，抬手将两瓶红酒从冰箱抽了出来。

一瓶是2000年玛歌庄园干红葡萄酒，一瓶是2009年柏图斯庄园干红葡萄酒。酒标上的字刘子轩一眼都没看，只是拿着酒瓶到了厨房的水槽前，握住酒瓶，瓶颈对着瓶颈猛地碰在一起。震碎的玻璃碴儿落在水槽里，顿时响起噼里啪啦的声响，顶级的红酒从破裂的瓶口扑通扑通地涌出，合着水槽里的污渍一道流进下水道，醇绵的酒香丝毫引不起刘子轩一醉方休的渴望。

此时的刘子轩脑子里只有王淑芬的悲伤，只有刘延烈嗜酒带来的痛苦，他曾经也是酒的刑徒，无法理解这个世界为何要有酒这种灭失人性、分离情感的东西存在？他全然失去了所有理智，已经不记得这里是米亚的家，多得难以尽数的顶级红酒与洋酒，都被他一一倒入水槽里。

连续猛烈的瓶体撞击声，让楼上房间里的米亚，在掌控吴铭下落时也听到了响声。她还感叹刘子轩孺子可教也，全然不知自己珍藏多年的好酒，此刻正在下水道哗哗敬着各路孤魂野鬼。

直到冰箱变得空空如也，刘子轩整个人虚弱地靠在厨房的门框上，一身虚汗。

当米亚关上电脑，迈着鹤步，从房间走到楼下，见刘子轩疲惫不堪的样子，她不禁欢笑起来，满目欣赏地看着他。等她走到厨房门口，看见厨房的灶台上、地板上、水槽中，塞满各种各样的碎酒瓶子时，她顿时吓得双眼瞪大，看向冰箱。

“那是我的酒？”米亚不敢相信眼前的景象。

“对，它们敬鬼去了。”刘子轩语不惊人死不休地应着，肚子恰时发出“咕噜”地叫唤声。

听到刘子轩漫不经心地回答，米亚拖着沉重的步伐走进厨房，一个个地拾起地上的红酒瓶，喃喃呓语哭笑不得。她看着堆积起来的破碎空酒瓶，很想压制住心中的怒火，可是，她终究没能克制住这股情绪。

“刘子轩！你知道我珍藏这些酒有多么不容易吗？就说这瓶，这瓶是我从莫斯科带回来的限量版顶级伏特加，还有这瓶克里米亚起泡甜酒……你知道这些酒加起来多少钱吗？你在鞠香雅苑累死累活八年的工资都不够。你个胎神瓜娃子，老子掺你两耳屎……”拿着空酒瓶骂着刘子轩的米亚，转过身来才发现，刘子轩已经不在屋里。

米亚的内心无比生气，嘶吼着刘子轩的名字，骂着混蛋，拿着一堆空酒瓶一番发泄后，终究疲倦地安静下来。

出门的刘子轩一身轻松，很快回到了当下的生活里。

买菜成为刘子轩眼下最重要的事情，近三个月的独处已经让他习惯了自己做饭的生活。做饭不仅能养成省吃俭用的习惯，更重要的是，能感受到从未有过的生活情趣，这种美德之前的自己居然做得非常糟糕，衣来伸手，饭来张口的懒散日子只会使人怠慢丧志。

虽然在这个区域生活二十多年，在家时，他还从未出门买过菜和柴米油盐酱醋茶。不过刘子轩还是清楚地知道，小区大门往左走 100 米，有一个时尚复古的欧式菜品购物街。

刘子轩在菜市场里转悠着，在寻找最物美价廉的商品。

转了一圈，他寻到了第一份要购买的材料，径直走了过去。没想到的是，当他的手伸向那把翠绿的芹菜时，另外一只手也拿住了芹菜，那是一只有着许多皱褶的老人的手。

刘子轩果断地松开了手，礼貌地对那人说道：“不好意思。”

“少爷？”

让刘子轩没想到的是，他撞见的居然是给自己做了二十年饭，当初陪着母亲王淑芬一道嫁入了刘家的王姨——那个在王淑芬葬礼时，被醉酒的刘子轩当作刘延烈生母的老妪。刘子轩喊了二十多年的王姨，其实已年过花甲，她嫁给刘子轩堂叔父前，已经有过一次不幸的婚姻。

见到自从离家出走后，就没再见过面的王姨，刘子轩愣了一下。

等缓过神来，刘子轩连忙回应她，道：“王姨，好久不见，您可好？”

“我很好。”听到刘子轩的问好时，王姨的眼眶里布满了泪水。

见王姨红光满面，身体依旧健朗，他高兴地抬手将王姨拥入怀中，说道：“见到您身体还这么好，我真开心。”

“少爷，我也开心，你终于愿意回来了。老爷知道了，一定会很开心的！今晚我就多做些菜，你想吃什么……”王姨说着，忽然想到了什么，望着手里的芹菜发了一会儿呆，问道："对了，少爷，你怎么来买菜了？"

听着王姨忽然低沉下来的声音，刘子轩苦涩地笑了一下，深吸一口气说："谢谢王姨的惦记，这一辈子我都不会回去了。"

一个人如果遵照他的内心去活着，他要么成为一个疯子，要么成为一个传奇。刘子轩不是疯子，更不想成为传奇。他只想率性而活。

"不是王姨倚老卖老，我跟你说啊，你爸不是坏人，他一直很爱你和你妈妈，有些事情不是你想象中那样。你也别为过往的不开心难过，你长大了，是男子汉了，凡事要懂得隐忍，要学会原谅那些伤害过你的人，让自己在宽容中壮大。"

见王姨一脸失望的神情，刘子轩笑着说道："王姨，您说的我都懂，我会好好的。对了王姨，我学会做菜了。以前都是您照顾我，有机会我一定给您做顿好吃的。"

"你……你怎么可以自己做饭？那样手会变粗糙的！"说着，王姨显得有些激动起来，她伸手抚摸着刘子轩的手，眼眶里的丝丝泪花泛出。

看着王姨如此心疼自己，刘子轩的心抽动了一下，鼻头一酸，一行泪也跟着从眼角滑落。

抬手握住王姨满是褶皱裂缝的手，那一双手，曾经做出过太多让刘子轩终生难忘的美味佳肴，为刘子轩洗过不知多少件的衣服。正是这一双手，陪伴着刘子轩从一个呱呱坠地只会哭闹的婴儿，长大成一个爱恨分明个性鲜明的小伙子。

岁月蹉跎，青春易逝，一切的一切都已时过境迁。我们会因为一个人，建立一个家，因为那是一处充满爱与幸福的家园；我们也会因为一个人，离开一个家，因为那是一处充满怨与绝望的伤城。如若不是怀恨一个人，谁肯离开自己的家？

刘子轩虽不忍对王姨的舍别，但他还是选择了在王姨的手心留下一个轻吻，说道："子轩不孝，以后王姨要好好照顾自己，要是刘延烈对您不好，您就和大叔父离开刘家，别再照顾他。"

见刘子轩要走，王姨赶紧将刘子轩的手紧紧握住，连忙说道："老爷对我很好，真的！少爷你也回来吧，毕竟你和老爷是血浓于水的情，就这样……"

"王姨，我回不去的，也不想回去，对不起……"刘子轩看着王姨的悲恸，还是硬生生地将手抽了出来，转身逃出了菜市场。

说好的要忘记，却未曾想到，在见到给自己带来回忆的至亲之人时，他还是会流泪。

怀着忐忑的心情，刘子轩只好绕到另一处菜市场随意买了些菜，没想到还是在小区门口撞见了买菜归来的王姨。实在不想再让王姨心痛，他故意与王姨保持着不被发现的距离，尾随其后。一路上刘子轩的内心波澜翻滚。

看见王姨入门时的背影，刘子轩叹息起来。他还在惆怅之中，米亚却早已在饥饿之中垂死挣扎，在门口等刘子轩半天的她，见刘子轩买了菜还不进门，气愤不已，冲着刘子轩大吼起来："刘子轩你个混蛋，老娘快饿死了！"

被米亚如此一吼，刘子轩顿时从恍惚中惊醒过来。见对面才被王姨合上的门又开了，刘子轩赶紧转身冲进屋子，抬手将米亚的嘴捂住，将她抵在门墙上。

米亚被刘子轩突然的举动吓得双手死死地贴在墙上，太近的距离让她有些害羞地斜眼看向一边。

从门洞里看到王姨带着丝丝兴奋的脸色变得失望，尔后转身入了门，刘子轩才松了一口气。不过当他回过头来，眼神和米亚交织的瞬间，他傻傻地愣住在原地。

这是他和米亚从未有过的近距离接触，在彼此的黑瞳里，能清晰地看到自己的样子。彼此的鼻息触碰着对方的肌肤，温润的感觉让两人的心脏都有些悸动起来。三个多月的朝夕相处，刘子轩对米亚有了异样的感觉，又或者只是青春荷尔蒙在冲动与作祟，刘子轩的手慢慢从米亚的脸上拿下，轻轻地放在她的香肩上。

他的视线顺着米亚的那一对美瞳往下，到了米亚高挑的鼻尖，最后落在那一对虽未化妆却粉红诱人的玉唇上。

刘子轩的嘴唇慢慢往前靠去，他的眼睛试探性地挑起，看了米亚一眼。

米亚缓缓地闭上了眼，刚刚紧紧贴在门墙上的那双颤抖的手，缓缓抬起，感觉刘子轩呼吸贴近时，她瞬间搂住了他的脖子。游走全身的酥麻感让米亚忘乎所以，她主动将玉唇朝他嘴角送，想来一场激烈的热吻。

看着如此一马当先的米亚，刘子轩得意不已，他不怀好意，使了一个坏，偷偷地从塑料袋里拿出一根长茄对着她靠近的香唇。当他看着她的囧态忍俊不禁时，米亚睁开眼来。

米亚睁大眼睛看着眼前的刘子轩，心跳的速度还没减下来。她白藕般细长的臂膀，还能感觉得到刘子轩发梢的微刺，唯独思绪还在状况以外。她惊愕中带着尴尬和怨气，敌视着他。

她果断收回放在刘子轩脖子上的双手，抢过他手中的长茄，狠狠地敲打在他的脑门上，折断几节的长茄落在地上滚开。

被捉弄的米亚，十分气愤地转身离开。

刘子轩知道自己做得有些过火，不过，他还是自鸣得意地跟在米亚身后，细声问道:“我买了好多菜,你要吃什么?”

“吃爆炒你的心肝脑花,有吗?”米亚回头恶狠狠地问着他。

“你要吃,就一定会有……”

“那好,你就赶紧掏心挖肺切脑壳吧。”米亚说完不怀好意的玩笑话,快步走开,等到了楼梯口,快步又变成了一阵小跑,最终变成一阵疯跑。

尴尬的气氛最终随着楼上“砰”的一声合门声中止,但微妙的情愫却因此开始发酵。

刘子轩也不知道为什么,虽然对米亚的吻做了恶作剧,不过他难以掩饰心里的开心和激动。这种感觉与他和郁红晓第一次接吻时是一样的,夹杂着兴奋和快乐。

不过,刘子轩此时的思绪里并没有想到郁红晓,他只是沉醉于这种感觉当中。

楼上,只有电脑屏幕亮光的书房里,米亚也无心做事,趴在电脑前,脑子里塞满了刚才发生的事情。

“到底发生了什么……”米亚的反射弧度在此刻长了许多,即便心跳多少已经恢复正常,可思绪还在梦游状态。

“到底发生了什么?”米亚忽然坐正起来,望着手中GPS追踪器上的红点,又一次自问起来。

“到底……算了,还是别管了……”米亚终于恢复了一些理智,抬手拍了拍脸蛋,让自己更清醒一些,专注地看着手里追踪器的屏幕。

她对刘毅珑与刀疤男吴铭的勾结,产生了好奇与怀疑。米亚从未放弃过对刀疤男的追踪,在第一次见面时在他身上装完微型GPS后,她将刀疤男的活动轨迹,在纸质地图上绘制成了一张线路图,并偷偷地跟在他身后,拍下他见过的人和事儿。几个来回下来,让她有些意外的是,刀疤男还没发现她的存在,对于这一切一直蒙在鼓里。

书房的墙壁上,密密麻麻地贴着线路图和米亚所拍的照片。

手中GPS追踪器上的红点,终于停了下来。这让米亚双眉紧蹙,她将地图放大,想看看刀疤男此刻是在什么地方。只是让她有些意外的是,刀疤男此刻居然在锦江区的警察局!

“难道他被捕了?”米亚思索起来。在她看来,如果刀疤男真的被捕,对刘子轩来说或许是一种补偿。可是多年都未出事儿的他,怎么会突然就被捕了?米亚总觉得有些蹊跷。

就在米亚百思不得其解之时,刘子轩站在楼下“三八线”止步端,呼喊着米亚下楼吃饭。

听到刘子轩的声音，米亚犯了愁，刚才她想和刘子轩接吻的画面，顿时浮现在她的脑子里。不管她怎么用力地摇晃脑袋，都挥之不去。

“怎么办?”米亚不敢见刘子轩，不是讨厌他，而是觉得尴尬。米亚有些抓狂，心急之下不经意间触碰到GPS追踪器。顿时，追踪器摔到地上关了机，任凭她千呼万唤和左右开弓，追踪器彻底开不了机。最关键的是，她还没把今天的跟踪记录做出来。这让米亚横眼看向关着的房门，恨不得将刘子轩大卸八块。

“米亚，饭做好了。”

门外突然响起了刘子轩的声音，这让米亚惊愕万分。

“是不是有什么不对劲儿?”米亚自问着，努力地回忆着，想了片刻，她忽然明白过来，自言自语说道：“他叫了我的名字，还上了楼!”

米亚拍案而起，三步并作两步走到门后，边开门边愤然地冲着刘子轩吼了过去：“刘子轩你个胎神，你吃了熊心豹子胆是吗？没有我批准你擅自上楼，罪该斩首!”

刘子轩显然做好了会被她吼的准备，听到米亚的呵斥，他反而笑眯了眼，说道：“刚才唤你声音够大的，你一直没动静，我怕再大点儿声，邻居们会报警。所以我才上来。你别误会啊，不是别的，只是跟你说一声饭做好了，赶紧吃饭。”

刘子轩的反应显然是在米亚意料之外。

“这是什么情况？他居然嬉皮笑脸地面对我的苛责，还当什么事情都没发生?”望着刘子轩下楼的背影，米亚轻声自语说着。在回想刚刚开门的那一刹那，她发现刘子轩笑起来的样子真是玉树临风，帅到让人心碎的地步!

“在想什么呢?”米亚发现自己又有些在状况外，赶紧抬手敲了敲自己的脑袋。罢了，她半眯着眼看向刘子轩，心里说着：“无事献殷勤，非奸即盗。他准没安好心！你个瓜娃子，别以为我刚才想吻你，你就可以得寸进尺？你把我的酒给灭了，我还未找你算账呢！你看我怎么收拾你!”

这样想着，米亚转身进入了书房。

过了片刻，米亚从书房走了出来。此时的她戴上了一副墨镜，随身手包里仿佛揣着什么东西。

刘子轩见到米亚一身奇怪的装扮，笑了起来，问道：“你以为你是大明星啊，大晚上的戴墨镜。当真不怕走路摔着吗?”

“你以为我和你一样笨……啊!”米亚嘴里的“笨”字还没完全说出口，一个不小心踩空，身体失重朝楼下倒去。刹那间，刘子轩以迅雷不及掩耳之势朝米亚跑去。可惜还是晚了一步，就在他快扶住她时，她还是狠狠地从楼梯上倒下，一屁股落在他跟前。她痛得惨叫出来，见她无碍，刘子轩松了一口气，幸灾乐祸起来。

刘子轩强忍着笑意，赶紧上前将米亚扶起来。从侧面的角度看去，那副墨镜背后的眼睛，他是如此熟悉。

“真的是她？这也太狗血了吧？我不信！”刘子轩的心里想着。可是那个女孩蒙了脸……不再多想，为了确认米亚的身份，刘子轩抬起右手，想要捂住她的口鼻。

而米亚见到刘子轩抬起右手，在心里咒骂了一番，心想，他果然是要得寸进尺，幸亏我早有准备！

米亚当即从手包里掏出防狼喷雾，对着刘子轩的眼睛一阵狂喷。

刘子轩哪里料到米亚会有这种东西，辛辣的刺痛感顿时让他赶紧抬手挡在眼前。

“刘子轩，你别以为我那个那个什么的，你就可以对我胡作非为！”米亚说着，果断使出自己柔术的高超实力，一招便将刘子轩反扣在墙沿上，不等刘子轩反抗，瞬即从另外一个手包里拿出手铐，将刘子轩的双手反铐起来。

“你要干吗？你个变态虐待狂，老子后悔上了你的贼船！”刘子轩全然不知发生了什么，眼睛里的辛辣感让他根本睁不开眼睛，只能顺着米亚的牵引往前走。

“你给老娘坐下！”米亚将刘子轩带到客厅沙发前，将他一把按在沙发上，责问道：“给老娘老实交代，你是不是早就对我心怀不轨了？”

“大小姐，好歹是你要吻我，你可别冤枉我！你这么一说，我倒觉得我比窦娥还冤，比小白菜还惨，比柳如是还纯！刚才是我看你年纪轻轻，才没喊非礼！否则你早挂了。如果让邻里发现你饿虎扑食，然后把那个画面拍了照，截了图，发了微博上了热搜，我的一世英名毁了无所谓，你的冰清玉洁就见鬼去了。”刘子轩的双眼难受着，双手被铐住，身子不能动弹，唯有一张嘴能对付米亚，所以他放肆地侃侃而谈。

“你放屁！你得了便宜还卖乖，老娘不服气，看老娘今天怎么收拾你，让你脑子里的淫虫永世灭绝。”

说着，米亚见身后的餐桌上，刘子轩做的家常菜色香味俱全，顿时垂涎三尺。她回头看了眼刘子轩，见他双目紧闭，于是偷偷直接用手夹了一块糖醋排骨放进嘴里，烫得直哈气。

刘子轩不再贫嘴，他听得出米亚在偷吃菜肴。他晃头一笑，忍着刺痛感睁开眼睛，看着眼前嘴馋到连筷子都不用的米亚，说道：“你能先洗手吗？鬼知道你刚才干了什么？”

结果等着他的依然是一团红色的雾气。随之，刘子轩的嘶喊声响彻屋内："我的眼睛。住手，你个疯婆子！"

喧闹的世界最终还是安静下来，米亚沉浸在刘子轩做的美味饭菜中，而躺在沙发上的刘子轩，一边用冰袋和湿毛巾擦着眼睛，一边不停地变换着电视频道，轮了一圈下来，电视画面上是纪录频道《神秘刚果河》里两只倭黑猩猩正躺在水池边充满欢愉地交配。

"刘子轩，你怎么不吃饭？"米亚转身看刘子轩时，刘子轩正捂着眼睛，目不转睛地看着电视画面，并敷衍地回答着她："看完这个再吃。"

米亚转身看向电视画面，有些惊讶，立马跑过去将电视电源线拔掉。她撸起手腕，气势汹汹地喊道："刘子轩你个大流氓。你脑子里装的东西除了怨恨就是这些龌龊的事情吗？"

刘子轩知道大难临头，立马将毛巾盖住整个脸，解释着："你知道人和倭黑猩猩本质上不同的什么吗？"

"是你的头上马上要起三个大脓包。"

"错！在解决争端时，倭黑猩猩从不采用暴力方式，而是用性。性是它们用来问候对方，道歉，以及要求获得额外食物的方式。"

"你想怎么样？"

"我想，我们是不是也和平'谈判'一下？"

"呵呵。"

米亚从厨房走出，手中拿着一把平时剪辣椒的剪刀，脸上露出痛恨绝顶的表情。

"我没法在这屋檐下苟活下去了，我今天非得阉了你，不然你的存在会是我们女性的悲哀。"米亚拿着剪刀，一边说着主权宣言，一边走向刘子轩。

刘子轩笑而不语，米亚用剪刀挑起他脸上的毛巾。看到刘子轩那一对红肿的双眼，她愣了一下，将毛巾盖了回去。

"你要干吗？还真要阉了我！"

"我，我，我看你需不需要剪剪睫毛，我看你睫毛挺长的。"

"毛病啊你，继续吃饭去。"

看着刘子轩那一双红彤彤的大红眼，米亚克制自己不要笑出来。她放下剪刀，一扫之前的痛恨，乖乖地回到餐桌继续吃饭，在吃饭时还是忍俊不禁。

刘子轩再次躺下，心里没有丝毫的食欲，脑子里一直闪着刚才扶着米亚时的画面，他总觉得米亚戴上墨镜之后的那一双眼，神似那个救自己的女孩。然后，他更加坚定地告诉自己，坐在自己对面的这个暴力疯婆子，怎么会是那个神秘的善良女孩？

之所以会将那个连脸都没见到的女孩，定义成善良的代言人，在刘子轩的心里，只有一个最简单的理由，那就是他们一起共过患难。

如果还要强加一些理由，刘子轩会说，因为她那一身灰色运动装配上她的短发，让人看上去很舒服。

或许这个想法有些幼稚，不过刘子轩却如此坚信着。

刘子轩一把扯下毛巾，不再去管眼睛传来的刺痛感，起身往自己的卧室走去。

见刘子轩一句话也不说，似乎有些生气，米亚望着他的背影，一对门齿咬着筷子发起呆。直到刘子轩的卧室门“砰”的一声合上，米亚缓过神，扭过头，十分满意地大快朵颐。

同居的生活本该是丰富多彩的，尤其是一对异性。虽还没到千年修得共枕眠的程度，但男人的小心思，总会让男人对同居中的另一个人的生活莫名关注和好奇，心中的窥望欲会时不时地蠢蠢欲动。

不过刘子轩是个例外，他和米亚的同居生活是沉闷的，没有丝毫的感情起伏，他们按部就班地在各自的区域生活着。

经过上次刘子轩不按约定上楼之后，米亚重新给他制定了更多的规矩。她自认为，这些规矩是为刘子轩好，但刘子轩并未这么觉得，比如不准超过晚上 12 点睡觉。

对一个以文字为活路的人来说，深夜是文思泉涌的时候，那个时候他们的文字会如同夜晚苏醒的精灵一般活跃，不管是异次元世界的天马行空，还是爱情小说里的缠绵悱恻，抑或是职场升职记中的善于权谋钩心斗角，他们都能落笔犹如神助一般信手拈来。

对于刘子轩的反诉，米亚不闻不顾，如封建时代的女皇一样独断专制，霸道到一到晚上 12 点就准时关电闸的地步。为了同居的生活不会太过较劲，刘子轩最终只能选择臣服。

让刘子轩不爽的另一点，是米亚不准他将手稿胡乱地铺满整个客厅。可对一个创作中的人来说，凌乱是一种美态，太过整洁，反而不知自己想要的东西在什么地方。为此，他们大大小小吵闹过许多次。不过，幸运的是，米亚最终选择了妥协。

还有其他规矩，多到刘子轩都有些记不住，比如：吃饭时不准发出吧唧声，上厕所之后的冲水声要小，洗完手后要擦干手，不准水滴落到地板上……反正都是些鸡毛蒜皮的事儿。自从刘子轩入住之后，米亚活脱脱成为集吹毛求疵和洁癖于一身的封建女皇。

刘子轩也正儿八经地向米亚提交他给她立下的规矩。结果，他递上的纸当即被米亚无情地撕碎，并附上一句："我是这个家里的霸主，别拿你的天真，挑战我的权威。"她的反驳让刘子轩无言以对。

时间久了，他们之间的相处模式似乎安定了下来。刘子轩习惯被米亚欺凌，米亚也习惯欺凌刘子轩，两个人无形之间形成了一种独有的关系，这个关系里，他们成了彼此不可或缺的特殊存在。

刘子轩和米亚也不是没感觉到，这种关系里掺杂着暧昧的味道。但谁也不敢多想一层，也不敢多问一句。甚至为了不让同事们察觉他们类同居的关系，刘子轩开始故意与米亚错开上班的时间。

这种不温不火的沉闷关系最终在一次晚餐中开始变化。

米亚将杯中的红酒一饮而尽，已经有些微醉的她打了一个酒嗝。她枕在酒吧的前台，对着谢丽娜媚笑。若不是谢丽娜和她的关系好到毫无秘密可言，她是不会将自己和刘子轩的故事说出来的，毕竟在她心里，美好的回忆也是一种痛。

谢丽娜是第一次听米亚诉说自己和刘子轩的故事，自然不想只听一半，便问："后来发生了什么啊？快告诉人家。"

"什么？"喧闹的DJ，吵闹的人群，让米亚没能听清谢丽娜的话。

谢丽娜凑到米亚的耳边，扯开嗓门问："我想听你和他后来的故事。"

米亚笑了，笑得很不自然，说道："我带了一个男人回家。"

"什么？故事反转得太快了吧？"谢丽娜完全没料到米亚的回答会是这样，她甚至在那一刻无法相信，米亚居然会带男人回家，而且还是刘子轩在她家的时候，所以她更加好奇。

不温不火的关系保持久了，再多的在意也开始麻醉。刘子轩和米亚渐渐忘记了那个意外之吻，彼此生活在各自的世界里，如同两条平行线，同时存在却永不相交。

刘子轩下班后，习惯性地回家买菜做饭，等待着米亚的归来。

厨房里的刘子轩正忙碌着，砧板上切菜的响声，让他没有听到米亚的开门声。随着"砰"的关门声，他推开厨房门，习以为常地对米亚喊道："今天回来得有些晚哟。"

"你家里……有别人？"站在米亚身边的男人满脸疑惑，他看着刘子轩，对米亚问道。

这一幕让刘子轩整个人都僵硬在原地，连一句"你好"都没能说出口。他看着米亚手里捧着九十九朵红玫瑰花束，心里忍不住抽痛了一下，他非常明白是怎么一回事。

米亚似乎没有看见刘子轩有些诧异的表情，而等她看到身旁的男人，正用尴尬怪异的眼神看着自己，她不禁尴尬地一笑，指着地上刘子轩的拖鞋说道："你穿那一双吧。"

人类再厉害，也只是进阶到食物链最高层的动物。而动物，都会自觉性地划分自己的领地，认定领地里的所有东西都属于自己。刘子轩也是人，他自私地将这里划分成自己的领地，潜意识中，也将米亚划分为自己的专属。以前他尚未意识到，直到这一刻，那个西装革履文质彬彬的男人，闯入了他的领地，他才感觉自己已经把米亚归为他所有。

可这个人是米亚领回来的，他虽然心里再痛，但也无法诉说。他只能眼睁睁地看着男人穿上自己的拖鞋，连一句自卫的："嘿！那是我的，别动！"都没敢说出口。

"你喝点儿什么？咖啡，还是苏打水？"

男人的来意并不友善，他又怎么会轻易放过和米亚相处的机会，什么都不做呢？应着米亚的问话，男人绅士般的笑容出现在脸庞，风度翩翩地问道："如此风情的夜晚，能小酌两杯红酒吗？"

米亚不是傻子，怎会听不出男人的本意。但她还是笑着应了下来，转身往冰箱走去，只是走了两步，见到厨房门口的刘子轩，她突然想起，所有的红酒都被刘子轩给倒了。

米亚转过身来，对男人耸了耸肩，很抱歉地说："不好意思，只有绿茶了。"说完，米亚尴尬一笑。如果不是这番寒暄，她几乎快忘掉家里已经连咖啡和苏打水早就没了，客厅的茶几上只有给刘子轩提神安脑用的绿茶。

"那就绿茶吧。"男人假装镇定地笑着，随着米亚的安排，坐到客厅的沙发上。

看着米亚一边从自己的紫砂壶里给男人倒茶，一边还要满脸笑容地对着男人，刘子轩鄙视的目光看着那两人。在刘子轩的理解中，九十九朵红玫瑰已经表明那个男人是米亚的追求者，想到此，他转身回到厨房，轻轻地合上了门。

男人的眼睛并没有完全停留在米亚的身上，转而探视房间内的布局和细节。当他望着文案台上铺满了揉成一团的废手稿纸时，有些好奇，抬手拿过一个，缓缓地展开细看，见是文字手稿，问道："在写什么鸿篇巨著呢？你还有这个兴趣？"

米亚笑着答道："我哪有那爱好，就我的词汇量，顶多写满一页纸就歇菜了，而且我也没握笔的耐心。"

男人翻看了几页纸张，自言自语地说道："字写得不错，应该有训练过。"罢了，未等米亚回话，他放下手稿，转身看向热火朝天的厨房，问道："对了，那人是……"

听到他话语之间的停顿，米亚知道他想问的，其实是“那人是你男朋友”这类男人面对情敌时惯有的疑惑。米亚也觉得有些可笑，她这样的想法似乎有些认可了刘子轩在自己心里的位置。

对于男人的问话，米亚扭头朝厨房看了过去。此时的刘子轩忙得不可开交，锅碗瓢盆在狭小的空间内叮当直响，似乎在演奏着《D大调奏鸣曲》。她脑子里忽然闪现她进屋时，他开心的样子。而在见到她身后的男人时，他脸上的表情瞬间冷落了下来。米亚知道刘子轩在吃醋。

“他……”米亚回过头来，对着送花的男人浅浅微笑，说道：“钟点工，我……我不会做饭。”

此话一出口，米亚深度懊悔自己不过脑的回答。她在等一个人，一个让她心甘情愿奉献生命中所有的人，一个可以陪她粗茶淡饭看电影聊着说不完话语的人，一个可以一生一世默默相守的人。她之所以将追求者带回家，带到刘子轩面前，就是想考验一下刘子轩是不是她在等候的人。可是从她的嘴角迸出“钟点工”三个字，让她自己哭笑不得。

厨房里的刘子轩虽然忙得有些焦头烂额，不过他还是听到了米亚对自己的介绍。他黯然神伤，没想到米亚会对外人如此介绍自己。想着想着，他手上的动作戛然而止，连神态都停滞下来。他在脑海中咒骂着米亚，怀疑她的用心。愣了许久，直到红烧鱼块烧焦的味道将他拉回现实，他才手忙脚乱地将烧得有些老的鱼块装进长碟里，刚才耷拉着的脸此刻冰冷无情。

客厅里的男人听到米亚的话，如同找到了取代刘子轩位置的理由，顿时显得十分兴奋地对米亚拍着胸脯，信誓旦旦地说道：“美女是用来宠爱呵护的。你放心，我是一个烧得一手好菜的男人，有我在，你用不着钟点工。”

米亚听着男人的话，“扑哧”一笑，没有正面回答他。男人的话，让正在刷锅的刘子轩的手颤抖了一下，慌神之间，下手过重，锅铲“哐当”一声，越过平底锅砸到水台然后落到地板上，刺耳的声音在狭小的空间被放大，震得人心都快碎掉。

米亚被厨房里的声音惊吓到，连忙跑进厨房，一脸担心地望着刘子轩，问道：“怎么了？你没受伤吧？”

见到米亚担心的样子，刘子轩的心里多少感觉到一丝舒心。可是当米亚扭头看向客厅里的男人时，他的心又一次地绞痛起来。他扭头看向了那个男人，因为他从米亚的眼里，看到了少女萌动的感觉。

刘子轩仔细打量着那个男人。三十来岁的他其实算不上拥有迷倒万千女人的外表，一张俊朗而轮廓分明的脸庞搭着一副黑色边框眼镜，除了显得有些文质彬彬之外，还有一股书卷之气。他穿着一身阿玛尼黑色西装，看款式与做工，应该是私人定制的。黑色西装里面搭配着的是杜嘉班纳的经典白色衬衣，红色白斑的领带则是圣捷罗品牌。再往下，墨绿色休闲九分西裤，配了一双天蓝色的范思哲休闲皮鞋。总之，从头到脚一身名品，加上渐变的色调搭配，看得出是一个极为讲究的成功人士。

再看自己，穿着宽松运动服，围着卡哇伊的粉色围裙，脚上拖着棉拖鞋，俨然一副凤凰男的模样。他感慨那个曾经在仁和春天购物从不看价格的小主，如今一去不复返了。

明显的差距让刘子轩收回视线，在他看向米亚的同时，米亚也回过头。他们的视线交织在一起。他似乎该说些什么？还是……

刘子轩选择了退一步海阔天空，赶紧对米亚鞠躬致歉，说："对不起，今天的钟点费就不收了。"他这句话是用日语说的，因此米亚只听懂了前半段。

"对不起什么……"米亚的心里想了一下，刘子轩如此姿态，如同真的是钟点工做错事一般。这种感觉让米亚顿时明白刘子轩的真正意思，她的心脏抽动了一下，脸上装作什么都没有一样，笑着摇了头。

走出厨房，米亚的心情已经变得凝重起来。当她看到刘子轩一言不发，满脸笑容地将做好的饭菜，有序地摆放在餐桌上。再次向她和男人 90 度鞠躬之后，刘子轩头也不回地走出大门。看着他离去的背影，米亚觉得自己亏欠于他。

男人还在状况外，等他闻到餐桌上的菜肴散发出让人垂涎三尺的香味时，自惭形秽地笑道："糟了……没想到你的口味要求这么高？我的手艺可没这么好。"

虽是自嘲，但话语里的笃定却再明显不过，米亚不会听不出来。但米亚什么都没说，苦涩一笑，夹着一颗宫爆虾球送到自己的嘴里，慢慢地品味。此刻，她的心，却已然随着刘子轩离去。

"不是吧？"谢丽娜听到这里，抬手捂着自己的小心脏。

见她西子捧心状，米亚乐得笑了起来，一边合上车门，一边说："谁说不是呢？可是也因为这样，让我发现了，原来我的世界里，已经满满都是他。"

"难道说，他跑回来跟你表白了？然后展现出男人野性的本色，强制驱逐了那个男人，就像倭黑猩猩一样解决争端？"

"我真想变身成一只血吸虫，看看你的脑子里面到底装的都是什么玩意？"听到谢丽娜脑洞大开的猜测，米亚笑了起来。当她将车钥匙插进钥匙孔里，准备发动车子时，抬手拍着脑门说："被你这么一闹，我都忘了自己喝了酒不能开车，你来开吧。"

"人家哪有心思开车啊，人家还想听故事呢！"谢丽娜对着米亚撒娇，试探性地问道："要不，今晚我们去开个房。你看如何？哈哈哈！"说完，谢丽娜坏坏地看着米亚直笑。

米亚被谢丽娜逗得哈哈大笑，与她击了个掌，然后爽朗地回道："胖妞，今晚好好服侍本宫，不然本宫赏你一丈红，再逼你吃一个月的回锅肉。"

"酒后吐真言，没想到米亚姐也有蛇蝎心肠的一面。这手段……啧啧。"

"承让承让。"

两人开着玩笑下了车，谢丽娜一手抱着零食，一手搀扶着米亚走出地下停车场。

在等候网约车时，见一旁的谢丽娜在手机上寻找附近的酒店，米亚上前阻止，说道："费那劲干吗，去锦江王朝大酒店，我这就打电话给徐梦莲。"

"去锦江王朝大酒店？你还真当自己是傻子啊？真的相信徐梦莲和刘子轩无关大体？"谢丽娜说着，因为午夜的河风，她裹紧了一下衣服。

或许是真的长大了，即使谈及羞于启齿的事情，也并不会显得特别羞涩。米亚觉得刘子轩曾经说过的有一句话，很能诠释她现在的心境："如果连面对痛苦的勇气都没有，又怎么会有勇气从过去走出来。"

坐上车，米亚看了一眼腕表上的时间，还有一刻钟就子夜，整个蓉城依旧一片灯火辉煌。车子行驶到老南门彩虹桥时，一对年轻小情侣在桥上放着烟花，白的、绿的、蓝的、黄的、紫的、红的光聚成一片，倒映在水面和车窗上，就像一簇簇绽放在暗夜里，有着烂漫光华的鲜花。鲜花里有一闪一闪的星光，像极了热恋男女一日未见后相对视时的眼睛，充满着魂牵梦萦的醉心情缘。

米亚看着火树银花的不夜天，感怀着自己的青葱岁月，曾经那么灿烂动人，却在一瞬间消失在了黑暗的背景之中。

罢了，她劝慰着自己。

青春仿如一场激烈的战争，只是很多时候，才穿上军装扛上枪的我们已溃不成军。而爱情是这次残酷战争中仅有的最美好的梦，它壮丽着每个崇尚真爱的人的人生。无论是望眼欲穿的等待之时，还是佳人相伴的幸福时刻。无论是伤痛的离别，还是荒凉的一人独守分手后的绝望，都不要打破自己的爱情梦。虽然它有时让我们心痛，但是总有一种情怀，令我们在残酷物语中感动。

Chapter 10 ······ 风情月债

夜来明去，一出一入，

真个是你贪我爱，如胶似漆，胜如夫妇一般。

也许，对于整个世界，你就像一颗尘粒，

但在我的心目中，

你就是我的全世界。

爱情和谋杀一样，迟早会曝光于天下。

你没有过去，因为你的过去不曾发生；你也没有未来，因为你的未来已经过去了；你不可能变老，因为你从未年轻过；你也不可能年轻，因为你已经老了；你不会死亡，因为你没有生活过……

走出米亚的家，刘子轩的脑海里突然想起那本已经遗失的《伯格曼论电影》。之所以想起那本书，是因为那本书串联着他和两个女孩之间的故事。如若没有郁红晓，他或许不会去望江亭听戏，不去听戏，米亚便不会拾到书，没拾到书的米亚自然不会进入他的世界。当初在扉页上写上那行字时，他还是一个乳臭未干的小顽童，完全不理解字里行间的意思，如今再去想伯格曼的话，别有一番滋味在心头。把它转换成他内心的独白，仿佛鲁迅先生所说的那句名言：我之所谓生存，并不是苟活；所谓温饱，并不是奢侈；所谓发展，也不是放纵。

奈何在这段残酷青春中，刘子轩度过了无数个漫长而痛苦的日子，也经历过无数个漫长而孤寂的夜晚。如若遇到此等状况，试问，谁能够无牵无挂地摆脱那份无法忘却的痛苦和寂寥？

刘子轩望着对面自己生活了二十来年的房子，没有丝毫想要走进去的想法。只是在这一刻，他感觉到自己彻底被人们抛弃了，让人想哭。

在一段感情里，最可怕的不是山盟海誓之后没能走到最后，而是刚刚明白她的重要性，想要去珍惜，自己却没了机会。

刘子轩带着低沉的情绪，独自走在城市的街头。路边的广场上有一群中年妇女在跳广场舞，伴舞歌曲是凤凰传奇的《最炫民族风》。记得这首歌刚问世时，他发自内心地拒绝接受这样洗脑的旋律。可是今天他听到这首歌后，觉得自己并没有那么不喜欢这首歌，甚至连那句："你是我天边最美的云彩，让我用心把你留下来。"感觉唱到了他心境最柔软的坎上。

因为出来的心急，刘子轩忘了带钱包，他忍着已经有些凉意的夜风和饥肠辘辘，寻了一条长凳蜷缩着坐了下去。

刘子轩在想，那个比自己绅士，比自己有男人味的男人，此刻会和米亚说些什么？会被女人带回家的男人，那他一定是得到了女人的青睐。至少那一道家门，是走进女人心田的第一道坎，也是最难翻越的一道坎。而过了门槛就几乎一马平川一帆风顺。半个月前，刘子轩也这样奢望过，他和米亚的关系会顺风顺水地发展。不过现在，他只觉得自己有些可笑，似乎一个人的日子久了，就会觉得有些寂寞。这时候在他身边出现任何一个人，都会成为特殊的存在，不可剥夺。

苍茫的天涯是我的爱
绵绵的青山脚下花正开
什么样的节奏是最呀最摇摆
什么样的歌声才是最开怀……

歌声再次响起，绿态多慵，红情不语，动摇人意。

刘子轩觉着，去想一些美好的事情，或许会忘掉此刻的悲伤。只不过让他冷笑自嘲的是，他的脑海里此刻可以记起的美好画面，是在他六岁时，刘延烈和他在后花园嬉笑打闹的快乐场景。

那时的刘子轩不过是一个刚褪去开裆裤的小屁孩，却能念叨出一些与电影相关的东西，显得特别灵动。

那年，《霸王别姬》火遍了大江南北，并荣获法国戛纳国际电影节最高奖项金棕榈大奖，成为首部获此殊荣的中国影片。后来刘子轩在一部纪录片中得知，《霸王别姬》在当时平均票价人民币四元的情况下，全球票房突破一亿元！

正是这部影史佳作，让儿时的刘子轩心里驻进了一个梦想。一个想要成为像陈凯歌一样，有情怀有责任有能力的导演的梦。只是那时他还不知道导演为何物。

人生的命运和选择总是在交织轮换着，无论是命运决定选择，还是选择决定命运。如果不是这个梦想，刘子轩又怎么会遇上郁红晓，又怎么会变成现在这般。

不过当时的刘子轩是憧憬着未来的。

刘子轩六岁时，刘延烈并不是一个嗜酒如命和喜欢出轨的人。那个时候，他努力做着自己的事业，从儿童玩具工厂到皮鞋批发城再到房地产开发，事业可谓风生水起。那时候，在城市里拥有一套商品房是每个人的愿望，而刘延烈不仅实现了这个愿望，还开发了属于自己时代的私人花园别墅。

花园别墅里住着他心爱的女人王淑芬，这个女人为他生下了爱情的结晶刘子轩。童年的刘子轩是快乐的，他拥有很多孩子都无法拥有的快乐和玩具。

其中印象最深的是刘延烈置办的那套录像设备，刘子轩用它整天看各种录像带，人生第一部电影看的就是《霸王别姬》。

后来刘子轩常常感叹，可能是小时候用尽了所有好运气，长大后他才会蒙受太多苦难。

一个深秋的下午，斜阳温暖地照耀着大地，私人花园的水池旁，有一块刚好可以坐下三个人的石头。石头旁边放着一张可以随意搬动的方桌和一张藤椅，刘延烈坐在藤椅上看着书，刘子轩则坐在石头上摇晃着脚，吃着冰糖葫芦。

和谐温馨的画面里，刘延烈忽然问起刘子轩："子轩，你长大了想做什么？"

"让张国荣主演我的电影！"刘子轩不假思索，回答得铿锵有力。刘延烈觉得儿子应该曾想过这个问题。

"张国荣？哇，大明星噢！"虽然不知道儿子为何会选择这个梦想，但他还是表现得很兴奋。

可是六岁的刘子轩不知道什么是大明星，歪着头，一边抬手挠头，一边锁眉问道："大明星是什么？和冰糖葫芦一样甜吗？"说着，他将吃了一半的冰糖葫芦举到刘延烈眼前。

刘延烈笑了起来，抬手将刘子轩抱起，说道："大明星不是吃的，可是成了大明星，就能有很多很多的冰糖葫芦吃。"

当刘子轩听完刘延烈的话后，他高兴得手舞足蹈起来，立下誓言："我不要做大明星，我要从现在开始努力，成为一个让大明星演出好看的电影的人。"

"人的尊严就在于，能够对我们看似前后矛盾的命运逻辑，反复地质疑……"伯格曼的话突然将刘子轩拉回到现实当中，他冷笑，他无奈。

他与刘延烈似乎还有一些温馨美好的画面可以去回忆，但刘子轩想了想，还是不再回忆比较好，能回忆起这些过往，说明自己还没忘掉过去，这些回忆对他来说太过残酷。不管是与爱得山盟海誓的女友分手，还是遗忘同生共死过的友谊，注定要一道埋葬那些美好往事，至少不去刻意回忆，才能轻装出发继续生活。

所以有人云：生容易，活容易，生活不容易。

刘子轩觉得这句话说得精辟透彻，此时的他何尝不是这般状态。在与米亚类同居的大半个月里，剧本首稿的进度并没有提高。似乎自己和梦想的距离，就如同彼岸花的花和叶一般，永远不会有见面的时刻。

坐的时间有些久了，刘子轩觉得有一丝凉意，决定再四处走走，等深夜再回去。不管男人是否会留宿，过了午夜 12 点回去必定不会撞见，因为米亚午夜 12 点之前必定会休息，不论那一天的事情有没有做完。当然，如果回去听到什么不雅的声音，刘子轩觉得属于正常。毕竟大家处在荷尔蒙激增的年龄，有些冲动属于正常，比如她那个意外而又主动的吻。

“怎么又想起了她？难道你在吃醋？”刘子轩自嘲地笑了起来，摇了摇头。

就在摇头时，他看见在一个昏暗的角落里，有一个生命在寒风中瑟瑟发抖。刘子轩小心翼翼地凑近一看，是一条右后腿受了重伤的小牧羊犬。它身上的伤口开始溃烂，身体显得有些消瘦不堪，隐约能看到皮囊下的根根细骨。

刘子轩忽然忆起家中已经逝世的玩伴，他的玩伴也是一条牧羊犬，不过要比眼前的这条壮好多。出于对儿时玩伴的追忆，刘子轩小心翼翼地将这一条小生命抱了起来。

意外的是，小牧羊犬并没有发狂地撕咬刘子轩，反而是抬起头望向他，一双大眼里满是乞求，如同希望得到他的怜悯。刘子轩看着它凄楚可怜的眼神，决定找一家宠物医院救治它。当他抱着小牧羊犬到了宠物医院，宠物医生正关门下班，他费了九牛二虎之力进行游说，医生才重新拉开卷帘门，答应给小牧羊犬做手术。看着手术台上的小牧羊犬，刘子轩想起威尔·史密斯主演的电影《我是传奇》，陪伴在主角罗伯·奈佛身边的就是一只德国牧羊犬。所以，他决定赋予小牧羊犬一个名字——山姆。

刘子轩将这个名字用在这条小狗的身上，觉着这是冥冥之中注定的。小狗似乎也很喜欢山姆这个称呼，在刘子轩试着叫唤山姆的时候，它显得很是开心，吠了两声作为回应。

就这样，新的山姆和刘子轩立下了死生契阔的誓约。

为了抢救山姆，那一晚刘子轩并没有回家，在等山姆抢救时，他直接在宠物医院睡着了。等天亮的时候，他感觉到脸上一阵瘙痒，还带着湿漉漉的感觉，他想应该是梦见什么喜事儿？可当他觉着味道不对的时候，缓缓睁开眼，见到山姆用舌头正舔着自己，他又惊又喜。

“山姆，你好了！”刘子轩兴奋地捧着山姆的脸，开心地挠着山姆的头。

山姆享受地眯着眼，耷拉着耳朵，任凭刘子轩抚摸自己。因为给山姆做手术也没能回家的宠物医生，被他们的玩闹声吵醒。宠物医生没有生气，看到山姆多少恢复了些元气，憨厚的笑泛在他的脸颊。

宠物医院里的刘子轩忘掉了之前的烦恼，却苦了家里的米亚。

米亚做了一个梦。她梦见自己被遗弃在残垣断壁的末日世界，一群怪异凶悍的猎狗正在她身后追击着她，无路可逃之际，她慌不择路地钻进了一处冒着白烟的地下管道。殊不知，当躲过猎狗追击的她转身看向背后，发现脚下有着数不清的牛头犬蚁，身体如野猫一般大，它们拥有锋利的锯齿状颚部，发出“吱吱”的威胁声。在她穷途末路之时，她看见长着翅膀的刘子轩，从地下管道的另一头飞向牛头犬蚁群。突然，刘子轩硬朗的脸型变成一个钢铁机器，瞬间，从他的嘴里喷出一股高温烈火，炙烤着威胁米亚的牛头犬蚁群。原本攻击米亚的牛头犬蚁们集结在一起，组成一排排的肉盾，抵挡刘子轩喷来的熊熊烈火。关键时刻，因为米亚的好心嘱咐，让刘子轩分了心神，他的翅膀被一个梯队的牛头犬蚁们撕裂。寡不敌众，刘子轩被数不清的牛头犬蚁们在一瞬间吃掉。米亚看着即将攻击自己的牛头犬蚁群，大汗淋漓，她的心提到了嗓子眼，看到刘子轩的血液被它们吸食殆尽，她大声喊道："子轩——"

窝在沙发上，等了刘子轩一个晚上的米亚猛地一下坐了起来，口中大喊着："子轩！"话音未落，她回头向刘子轩的房间看去，门是关着的，再扭头往门口的鞋柜看去，刘子轩的拖鞋和昨晚一样随意摆着，看来拖鞋的主人并没有回来。

米亚的心里忽然感觉到一阵失落，望着餐桌上还没收拾的碗筷，她疲惫的身子瘫倒在地板上。她将身体蜷缩成一团，将头埋进了怀里，额头上的汗珠一滴滴地由上而下砸在地板上，每一滴汗珠落下时都在她心底掀起惊涛骇浪。

她想起昨晚在吃晚餐时，她和那个男人吃到一半，她突然哭泣起来。那时，她的脑海里全都是刘子轩。她强横地送走了那个想要慰藉她的男人。冷静后，她擦干眼泪，走进小区外 24 小时营业的便利超市。她在超市酒柜前徘徊了很久，内心充满了纠结与挣扎。她的心脏好像塞进了刚搅拌好的水泥里，无论她怎样深呼吸，也无法将那股令她浑身都不舒服的气息吐纳出来。

再后来，她就以现在这个姿态窝在沙发上看电视，一个频道结束了换另一个频道。墙上的挂钟到了午夜 12 点时，米亚惆怅万分地喝完一瓶法国海藏干白葡萄酒，可刘子轩仍没有回来。当米亚喝完第三瓶时，意识变得模糊起来，视线已经看不清电视里放着的是什么电视剧。画面播放的似乎是韩剧，女主角遇到了感情波折，在无能为力的时候，开始哭泣起来。

然后米亚跟着电视里传来的哭声，也哭了起来。她不知道自己为什么哭，却哭得声嘶力竭，歇斯底里。

"山姆？人家怎么从来没见到过……"听米亚说刘子轩曾捡回一条牧羊犬，自己却从未见过，谢丽娜不免有些好奇地问起米亚。

米亚将房卡插进卡槽，"叮铃"的开门声响起后，对谢丽娜说："刘子轩离开的时候把山姆带走了，后来……哎，不提了。"山姆对米亚来说，是她和刘子轩的爱情见证人。所以当她想说出后来山姆已经死去的时候，声音不免低沉下来。

见米亚的情绪忽然低落起来，谢丽娜赶紧扯开话题，说："我们还是接着说你和刘子轩的故事吧？看样子情节发展要到言情剧高潮阶段了。"

"是啊，从喷泉里流出来的是水，从血管里流出来的是血。谁说每个人的生活不是一部狗血电视剧呢？”米亚轻笑了一声，继续回忆着。

疲惫的刘子轩由衷地感谢着宠物医生，他是免费为山姆做的手术。离开宠物医院后，刘子轩领着山姆到了它的新家门前。他没有立即开门，而是站在门口，手里的钥匙半插在钥匙孔里犹豫着。他在想，如果这个时候进去，撞见米亚正和那个男人吃着甜蜜温馨的早餐，他该怎么办？

忽然，他笑了，蹲下身摸着山姆的脑袋说：“米亚是不会做早饭的，我怎么把这个给忘了？”说完，他站起身来，叹息一声，打开了一楼大门。

应着开门的声音，一滴泪掉落在米亚的裤腿上，散成一朵水花。

“子轩！”米亚猛然抬起头来，朝着门口看了过去。

“怎么啦……”刘子轩显然被米亚忽然的喊话给吓了一跳，在门口哆嗦了一下。他四下扫视了一圈，没有见到昨晚的那个男人，只看到流着泪的米亚的脸。看着她红肿的眼睛，一种激烈的酸楚感从他的心底直冲脑门，让他觉得心痛。

米亚没再说话，迅猛起身，疯了一般冲到刘子轩跟前，扑进他的怀里。她抬手将他紧紧地抱住，抱得很紧，紧得刘子轩连呼吸都有些困难。似乎是昨晚那个优秀男人的表白，让米亚明白，自己的心里已经住进了一个人。她为了这个人，已经停止发放爱情邀请券，关上了心门。

所以昨晚她最后拒绝了那个男人的追求，并将九十九朵玫瑰花还给了他。那会儿，她也没有承认自己对刘子轩的感情。毕竟在醉酒之前，她还保持着理智提醒自己，到底是否真的喜欢刘子轩？

唯独失去，才会懂得珍惜。这句话在平时觉得庸俗不堪，可只有真正失去的时候，才又觉得自己为何当初不好好珍惜？米亚自然不想如此，失而复得的过程或者永世不再联系的经历太过曲折和坎坷。此时的她如同昨晚韩剧的女主角附身一般，害怕失去而哭得肝胆俱裂。

“天，你们这就好上了！不能……有点儿前戏？”谢丽娜一边钻进被窝，一边觉得剧情太不可思议地笑了起来。

米亚的脸颊泛着浅浅的微笑，回道：“都前戏两个月了，还要什么前戏？”

“后来呢？他是不是被你主动投怀送抱所感动，然后果断抬起双手紧紧地抱住你，将他的热唇对上你的烈齿，两个滚烫的舌头尽情地交织在一起，安静的空气里听得到你们的脚步声慢慢地移向沙发。最后，他将你猛地摔在沙发上，疯狂地扒掉你的衣服……”

见谢丽娜一边说着，一边双手配合比画起来，米亚赶紧抬手喊道：“停！赶紧收起你的脑补。你说的那种激情来得快，平和得也快，甚至颓废得更快。我们……又不着急。”

听米亚如此一说，谢丽娜抬手挠着头，想了半天点头应道："好吧！你继续说，进门之后，他对你做了什么？"

"他……"

地上东倒西歪的酒瓶和米亚身上的酒气，让刘子轩觉得米亚一定是喝醉了，醉得有些神志不清。不过，他没有将米亚推开，迟疑着，缓缓抬起手，将怀中的米亚轻轻搂住。

刘子轩不奢望这个拥抱可以让他与她之间的感情有了实质性发展。他只觉得这是一个意外，和那个吻一样。或许，只是米亚在怀念某人某事之后，思绪发酵的产物，很快就会消失。然后他与她，彼此不会再有新的交集。

抱的时间有些久了，米亚问他："昨晚你去哪儿了？我等了你一个晚上。"说着，米亚有些生气地拿着粉拳，轻轻地打着刘子轩。

等待是一个沉重的词语，如同誓言般沉重，谁也不敢轻易为之动容，也不敢轻易说出口来。可此时米亚说了这个词语，她说她等了刘子轩一个晚上。这是一种另类的告白，不会太直接，却又符合米亚的女汉子性格。

刘子轩的手将米亚搂得更紧，他知道了眼前这个女人对自己的感觉。更幸运的是，他还找到了山姆，似乎一个新的家庭就此产生，快乐和幸福又在向他招手。

不过他什么都没有做，只是紧紧地抱着米亚。

谢丽娜听过之后，觉得这一幕太匪夷所思。她瞪大双眼看着米亚，说："你们绝对不是地球人！你们的爱情都火热到这种地步了，居然都没发生一点儿干柴烈火的事儿？"

"发生了，类同居变成了同居。"

恋爱关系的确认让刘子轩和米亚的类同居生活，顺理成章地去掉了那个"类"字。不过即便真正同居后，刘子轩除了免去活动限制范围的规矩外，其他的规矩一概不变。没有牵手，没有拥吻，他奢望过的同床共枕自然也落空了。

不过刘子轩还是得到了一项福利，那就是可以给米亚洗衣服了。只是刘子轩从未觉得这是什么福利，无疑是米亚借着恋爱的借口，多了一条剥削廉价劳动力的理由。

对此，米亚只是轻哼一声，抬手摸着他的鼻头说："你不服是吧？那我找愿意的人去！"

刘子轩臣服了，他只能选择臣服。论武斗，他一个文弱书生除了看上去身材高大魁梧一些，根本斗不过米亚。论文斗，米亚既然可以将一家专门接待上层人士的餐厅，经营得风生水起，情商智商德商综合值自然在刘子轩之上。

总而言之，刘子轩完败！是的，他败得一塌糊涂。

如果说同居给刘子轩带来了什么算得上福利的项目，那就是当他在写稿子的时候，会有一个女孩，跟山姆争自己的大腿。

都说“世上没有不透风的墙”，即便他们的恋爱关系保密得再天衣无缝，还是被人抓到了一丝苗头。那个人就是徐梦莲。她总觉得刘子轩和米亚忽然之间，有了一种说不清道不明的感觉。虽然他们表面上看上去和往常一样，见面了会点头致意，但嘴角与眼神的弧度里，似乎包含着别人没有的东西。

“是爱情！”徐梦莲靠着厨房的门框，小声对着厨房里的大厨沙大力说着。

沙大力是一个憨厚的人，为人言语不多，喜欢笑，炒得一手好菜。他的发型和 1986 版《西游记》里的沙僧一样。不过他头上那一片盆地要比沙僧的锃亮不少，还泛着油光。虽然平时他的头上有厨师帽遮罩着，不过鞠香雅苑的每一个人都知道他的可爱发型。

见徐梦莲说得很笃定的样子，沙大力憨笑，疑惑地问道：“真的吗？”随之，他又十分肯定地说：“我看小米不像是会谈恋爱的人。”

“真的，我感觉到他和米亚在谈恋爱！女人的第六感特灵，毕竟……”徐梦莲没敢把她喜欢刘子轩的话说出口，顿了一下后，换了一个理由，说道：“毕竟我是他的师傅！”

沙大力的脸上挤出一个乐呵呵的敦厚笑容来，没有接话，转身继续在长案前品尝刚出锅的菜肴。

徐梦莲其实也不知道自己如此笃定地猜测到底准不准？如果她没有和刘子轩之间发生过误会，她此刻一定按捺不住好奇心去问刘子轩事情真相。但即便之前是她一厢情愿，误会了刘子轩的意思，可那个误会仍然在她心里埋下了爱情的种子，那是一种美好的感觉。

如此来说，米亚就是徐梦莲的情敌。当然，她们之间的实力悬殊好比冥王星离太阳的距离。然而她的猜疑随之飘散，成了他人口中的八卦猛料，餐厅里的每个服务员几乎都知晓了米亚和刘子轩的事情，他们也成了服务员忙碌之后闲暇时光里谈论最多的对象。可谓是“三人成虎事多有”，一开始仅是猜测他们在谈恋爱，最终传到雷墨霖耳中，却成了无中生有的事情——刘子轩和米亚都扯了证！

刘子轩的工作表现所有人都看在眼里，之前，大家一致认为他会成为雷墨霖的助手，等米亚出嫁，雷墨霖的职位提高，刘子轩自然就坐上雷墨霖的位置。雷墨霖虽然觉得这种推测有些臆想，却也没觉得有什么不妥。毕竟刘子轩还没有威胁到她的位置，或者她想要的位置。

但现在不同了，如果米亚和刘子轩真的结了婚，作为女人退居后台是再自然不过的事情。到时候，刘子轩或许就会是总经理，而她会成为刘子轩的下属。

这是雷墨霖无法容忍的事情，但是她又无权去开除刘子轩。最终在一番纠结之后，她决定以一种调侃的方式，探探米亚的口风。

午餐高峰时段忙完后，鞠香雅苑的所有工作人员都到聚餐区吃饭。刘子轩跟往常一样，和徐梦莲她们坐在一起说着平时都会聊到的话题，并没有显露出他和隔了几桌在吃饭的米亚，有什么特殊的关系存在。

青葱年华的女孩好奇心总是难以抑制的。新来的一个女孩就没能克服内心的疑惑，主动凑近刘子轩，小心翼翼地问道："听说你和米总秘密结婚了？"

女孩的话惊得刘子轩"噗"的一下喷了出来，喷了坐在他对面的徐梦莲一脸的米饭。其他人听到声响，好奇地朝着他看了过来。

"你哪儿听的？"刘子轩问着，朝不远处的米亚看了过去。

"梦莲姐说的。"女孩说着，看向了对面正在擦脸上饭粒的徐梦莲。徐梦莲听了她的话，动作戛然而止，眨巴着眼睛说道："别乱说，我啥时候说过这种话了？"

"大家都说是你说的……"女孩显然感觉到有些不对劲，语气低沉了下来。

刘子轩自然知道徐梦莲不会乱说些什么，他平静地对女孩说道："以后不要听那些风言风语，小心被人利用了。"说完，一抹痞笑扬在嘴角，他笑着竖起手指，弯出一个"O"字形，对那个女孩补充道："其实，我是……"

女孩学着他的手势，问道："这是什么意思啊？"

"不要再问了！"徐梦莲有些吃惊和难受地压下女孩的手，强迫着说道。

"我就想知道嘛。"女孩放下筷子，拉着刘子轩的衣袖，对他撒娇献媚。

"他……不吃你这一套。"徐梦莲有些不耐烦地道。

"啊？你说他是……"女孩惊讶的声音再次让所有人朝刘子轩看了过来。

"对，我是 Gay。"

刘子轩的回答再次让徐梦莲瞪大了双眼，一副难以置信的样子看着刘子轩。刘子轩倒是耸了耸肩，显得一副无所谓的样子，毕竟很多时候流言止于智者，越是离谱的谣言，越容易被遗忘。

刘子轩引起的一阵喧闹，并没有影响雷墨霖对米亚的试探。吃了一会儿，聊过一些话题之后，雷墨霖找准时机，以打趣的口吻问米亚："听说你和刘子轩要结婚了？"

"啊……啊？！"

米亚显然没有料到雷墨霖会突然问这个问题，她一时没有反应过来，反应过来后，瞪大双眼看着雷墨霖。她心想，这句谣言里，虽然有些事情真相在里面，但也水得太严重了吧。

见米亚先是承认又马上否认的回答，雷墨霖的心凉了一半，追问道："到底是不是真的啊？"

"霖姐，你可别取笑我了，我怎么可能喜欢他。"说着，米亚朝刘子轩看了过去。她心想，自己刚刚说的话，最好别被刘子轩听见。否则两人指不定会闹出点儿什么事情来，谁让刘子轩在工作之后就是一个幻想狂呢。

米亚的回答让雷墨霖多少放了心，不过她最后还是追问了一句："无风不起浪，大家可都在谈论你俩结婚的事情呢。"

"大家？"米亚原本是想问是谁传出来的，可是她寻思了一会儿后，又决定不再去追究，毕竟他们两个人的私事没有必要闹得满城皆知。所以她温婉一笑，招手示意雷墨霖靠近一下，低声告诉雷墨霖："其实，我的性取向和一般人不一样！"

"啊？"这一次，换雷墨霖吃惊得下巴都快落到地上。

米亚做了一个噤声的动作，不再说话，埋头吃饭。只是让米亚和刘子轩都没想到的是，他们不约而同用同样的借口来隐瞒恋爱的事实。或许，他们从未想过这样的借口，会引起新的风波。

而这，则要从雷墨霖吃了定心丸之后说起。

米亚的解释虽然在雷墨霖那里，并没有得到百分之百的信任。不过雷墨霖心里的石头还是落了地，她相信刘子轩对自己没有任何的威胁。雷墨霖自然也慢慢变得有些高傲，走路的时候下颌都要比以前高了一些，呵斥人的时候声音也尖了一层。没有人知道雷墨霖怎么会突然如此，有人说是她感情遇到了问题。但这个谣言很快就烟消云散，因为有人看见雷墨霖一家三口恩爱地逛着春熙路。

对于雷墨霖的状态，米亚一直看在眼里，她在心底唏嘘着，雷墨霖怎么忽然之间变化如此之大？她想，这并不是时间积累的结果，但她却想不明白到底是什么原因造成了雷墨霖的近况，员工稍有不慎便会被她训斥一顿。

米亚没有找雷墨霖探究问题的根源，她相信雷墨霖既然是老爸何善钦重资挖过来的，自然有她的过人之处，她相信她能处理好和同事之间的关系。不过恋爱中的女人，智商在某些时候还是挺让人着急的。尤其是在自己喜欢的人被侮辱的时候，另外一个人的智商会瞬间清零，变成一个纯感性动物。

因为前一夜琢磨剧本到很晚，刘子轩今天的状态萎靡不振，工作中他接二连三地打着哈欠，终究引起了雷墨霖的不悦。

午餐时间，大家各自拿着碗筷在聚餐区前排打饭菜，刘子轩一如既往地跟在徐梦莲身后，两人有说有笑地聊着。就在他忍不住打了一个哈欠的时候，雷墨霖如同找到了扑倒猎物的机会一般开始发难。

"刘子轩，昨晚你干什么去了？一个上午都是哈欠连天的。"

刘子轩不知道等着他的将是雷墨霖劈头盖脸的一顿臭骂，他对着雷墨霖憨厚一笑，说道："昨晚熬夜了，稍微睡得有些晚。"

"今天中午就有客人投诉你，你能注意一下你的私人生活吗？别把不好的情绪带到工作上来。"

"领导批评的是，我让你蒙羞，让客人嫌弃了，是我没做好，我反省，我下不为例。"

面对刘子轩点头哈腰献媚讨好死不正经的样子，雷墨霖一本正经地半开着玩笑说道："小伙子即便精力旺盛，那也得注意身体，别太用功，伤了肾可不好。"

雷墨霖如果不说最后一句话，所有人都会觉得她是在诚心诚意地关心刘子轩，刘子轩也这么觉得。不过当她把最后一句话说出来，这一番话的味道就变了。刘子轩的脸色顿时变得不爽起来，却又不敢发作，苦涩一笑后，手里比画着，嬉皮笑脸地回道："谢谢雷总关心，您在我这两个肾中间系一段绳子，来回荡秋千都没问题。"

刘子轩心想，自己如此幽默回应，雷墨霖总该会收敛话题。让他没想到的是，雷墨霖冷漠地说道："吃了饭你就下班补觉吧，我可不敢等你把菜扣在客人的头上时才后悔。"

"雷总，你未免……"徐梦莲实在受不住雷墨霖的冷嘲热讽，刚想发火，被刘子轩拦了下来。

如她这般的冷嘲热讽，刘子轩已经见怪不怪。当初在他穷困潦倒时，那些曾经发誓会一辈子做兄弟与朋友的富二代们，嘴脸无一不比此时的雷墨霖更加丑陋。经历了上层社会的现实与残酷，刘子轩反而觉得底层劳动人民拥有的质朴让人钦羡不已。

所以刘子轩不想因为任何不友善的元素，来打破他和身边人生活圈子的平衡。面对雷墨霖的找茬，他只是淡然一笑，应道："谢谢雷总，那我这就先下班了。"说着，刘子轩放下了碗筷，转身要走。

雷墨霖并未就此罢手，反而继续发难，说道："这样吧，如果你想的话，我再给你放几天假。如嫌不够的话，也可以给你放个长假，去邛崃钓个鱼漂个流什么的。"

刘子轩停了下来，揣在裤兜里的双手已经捏得咯吱直响。如果是曾经，他早已回身将拳头落在雷墨霖的脸上，让她的体态上下统一一些。可他没有那么做，只是回过头对着雷墨霖一笑，迈步离开。

徐梦莲没想到刘子轩能如此忍耐，可她的心里是担心刘子轩的，她赶紧放下餐具，追着刘子轩出了鞠香雅苑。

人潮涌动的宽巷子里，徐梦莲安静地走在刘子轩的左手边，时不时地扭头看向沉默着的他，一脸忧伤。

安静的气氛让人觉得呼吸困难，等陪着刘子轩走到了东口，徐梦莲终究忍不住劝道："刘子轩，如果不开心就发泄出来，别憋着。"

刘子轩停了下来，扭头看向身边的徐梦莲，叹息一声，笑了起来，将手放在徐梦莲的肩膀上说道："上学的时候读过一篇鲁迅的文章，里面说'敌人是不足惧的，最可怕的是自己营垒里的蛀虫，许多事情都败在他们手里'。因为几句话就要死要活的，那是小孩子才会做的事情。我不会因为一时之气，让自己的不理智摆在众人面前。何况的确是我做得不够好才让客人投诉，让她抓到了把柄。"

"可是……可是我知道你心里不好受！"徐梦莲说着，对他的担心反应在她双眼闪烁的泪花中。眼泪出卖了她对刘子轩的感觉。如果可以，她会为了刘子轩去狠狠地收拾雷墨霖。可是她觉得自己是自私的，担心那样做自己会失去这份工作。

刘子轩看着她眼里的泪花，深吸了一口气。两个人彼此沉默了几秒，并未受骂的徐梦莲哭了起来。

周围的游客好奇地朝着他们看去。一个男孩子让一个女孩子哭泣，无论是在中国人眼里还是在外国人眼里，都是一种不绅士的可耻行为。接受过高等教育的刘子轩自然也如此认为，他觉得自己让徐梦莲哭泣，是无风度的。所以他温文尔雅地将徐梦莲搂在怀里，抬手轻抚着徐梦莲的脑袋，安慰着她。

不巧的是，这一幕刚巧被从外面归来的米亚撞见，酸楚和气愤的感觉顿时从她心底萌生。但在一阵愣神之后，她还是故作镇静地走到了刘子轩和徐梦莲身边，问道："刘子轩，你欺负她了？"

"不是你想象的那样，我们什么都没有发生。"刘子轩快速地申诉着。

徐梦莲听到米亚的声音，吓得立马松开拥抱刘子轩的手，赶紧往后退了一步，抬手擦拭着脸上的泪痕，向米亚道："米总好。"

你抱着我男朋友，你觉得我会好吗？米亚在心里如此说着，但表面上却没有发作，只是轻言轻语地问道："你是不是受了什么委屈？"

"没有……"徐梦莲赶紧摇了摇头。

没有？那你把我男朋友抱那么紧干吗？米亚心里说着，双眉一蹙，已经有些不悦。在她看来，不把徐梦莲的事情搞清楚，以徐梦莲和刘子轩的关系，指不定会发生些让人难以想象的事情。

女人太了解女人了，所以米亚抬手把着徐梦莲的肩膀，语气坚定地对徐梦莲说道："别怕，米亚姐给你撑腰，谁要是欺负你，我保证打不死他！"说着，米亚不禁斜眼看向刘子轩。

见米亚看向自己，刘子轩赶紧摆手，叹息一声说道："又不是我欺负她，哼。小师傅，你先回去上班吧，我没事儿。"

"你又发生什么事儿了？"米亚倒吸一口冷气，瞪大双眼看着刘子轩。徐梦莲一看到她那种眼神，似乎明白了什么，因为那个眼神自己也曾经有过，那是为喜欢的人担心的眼神。

见徐梦莲突然低下了头，米亚似乎察觉到了什么，赶紧收起反应过大的表情，说："放心，我的员工有事儿，作为总经理的我，不会坐视不管！"

刘子轩听着米亚的话，无奈地摇头一笑，说道："你先陪我小师傅回去上班，我的事回去再说。"

"回……"徐梦莲猛地抬起头来，看向刘子轩，她确定自己没有听错刘子轩的话。可是"回"字代表的含义太深，深得徐梦莲不敢去相信，但一个"回"字又更加让她明白，原来的谣言并不是谣言。刘子轩和米亚真的是在一起了，而且还同居了。一种失败的失落感顿时在徐梦莲的心里油然生起，让她慢慢地低下了头，如同是在向米亚缴械投降一般。

有些感情未曾开始便已结束。徐梦莲知道自己和米亚的差距，不仅是在身家背景上，连最基本的身材外貌自己都不是对手。在这个看脸的世界里，谁不是外貌协会的，徐梦莲自觉自己也是。

"人生得一知己足矣……那我，先回去了。"徐梦莲语气低沉地说着。她的话如同跳帧的录音一样响起，没有任何上下逻辑，却又显得那样悲伤。

米亚感觉到徐梦莲的悲伤，她看向刘子轩，趁他不注意，将红色高跟鞋落在了他的脚背上。在刘子轩快要喊出声来的时候，米亚赶紧抬手捂住了他的嘴巴，并做了一个噤声的手势，同时小声威胁："千万别喊出声来，否则回家你就跪键盘吧。"

刘子轩疑惑不解地看着米亚，心想，女人的感情世界真是敏感多变。可是，他又觉得心里美滋滋的，由衷而笑，笑得春风得意。

"受虐狂，这都能笑。"

应着此话，刘子轩一抬手，将米亚揽入怀中，在她的额头吻了一下，说道："看到你吃醋的样子，我怎么可能不笑？"

"谁……谁吃醋了？"米亚虽然极力否认，但将羞红的脸瞥向了一边。

刘子轩看到米亚口是心非的模样，凑到她的耳边，轻声温柔地说道："既然这么舍不得，倒不如一天 24 小时都抱着我不放，连睡觉也是，不就好了？"

"才不要呢，你晚上睡觉磨牙的声音像场战争戏，震耳欲聋的，会影响到我的睡眠。”

“噢……我磨牙你都知道，你是不是偷偷的……”

看自己不经意之间说漏了嘴，米亚顿时变得娇蛮起来，昂着头望着刘子轩，说道：“是又怎么样？怎么的，你还想翻个花？”

刘子轩赶紧抬手做投降状，挑眼望着天，说道：“不敢。”

两人一同笑了起来，似乎雷墨霖的刁难从未发生过。

刘子轩和雷墨霖的事情，很快被米亚了解得一清二楚，她也明白了徐梦莲为何会抱着刘子轩哭。这件事也成了之后米亚每一次在刘子轩那里受了丁点儿委屈，就会拿出来压制刘子轩的理由，仅仅“不贞不忠”四字，就会将刘子轩捶得遍体鳞伤。

其实米亚和雷墨霖的管理理念是背道而驰的。米亚相信宽以待人的道理，做企业以人为本为好，人非圣贤，孰能无过，何况是一群小孩子们。可在雷墨霖的眼里，一切得以制度为规矩，完全融不了半点瑕疵。追求完美的雷墨霖，在上班的时间里，挑剔、呵斥、责骂成了她对员工的常态。

“若不是老爸看得起她，我早就让她走人了。”枕着刘子轩大腿看电视的米亚以这一句话，做了自己对雷墨霖的态度总结。

刘子轩置若罔闻，浅浅一笑。他实在不想去理会这些尔虞我诈的事情，过去的日子他不想再重复，这也是他白天会容忍雷墨霖刁难的原因。

看到刘子轩不以为然地笑，米亚忽然坐了起来，抬手拉提着他的耳根，将他转向自己后，生气地说道：“什么反应嘛，人家都在为你着想，就你一副事不关己高高挂起的样子。”

刘子轩故作疼痛地叫着，他抬手冲着米亚的腰间一点，米亚哈哈笑了出来，捏着他耳根的手顿时收了回去，紧紧地护住腰间。

“我不是事不关己高高挂起，只是不想再去理会那些闲言碎语。”

“没出息。她可是盯着我的位置呢。你就靠这些废纸，以后能养活我啊？”虽然嘟着嘴说着生气的话语，但米亚还是钻进刘子轩的怀里，继续枕着他的大腿看电视。旁边的山姆伤势早已痊愈，它摇着尾巴跳上了沙发，和米亚一样枕着刘子轩的另外一条大腿，闭着眼，一副享受的样子。

刘子轩低头看了看自己被霸占的大腿，无语叹息，一只手抚摸一个头，说道：“都乖，等一下就奖励你们一人一根骨头。”

米亚被他的话逗得笑了起来，翻了一个身，看向刘子轩，抬手钻进他的衣服里，一边摸着他的身体一边说：“是奖励你的骨头吗？太瘦了，没肉，不要！”

“再乱摸，再乱摸我也摸你！”

“你敢的话，我分分钟让你只能爬着去上班！”

刘子轩觉得自己怎么就被这样一个女人给收了？男人的尊严一点都没了。倒是一边的山姆被抚摸得很舒服，昂着头舔着刘子轩的大腿，一副亲昵的模样，刘子轩叹息一下，说道："山姆都比你对我爱得多。"

快乐的时光总是短暂的，而痛苦的时间总是难熬的。

徐梦莲对刘子轩的感情，让她的心情开始变得糟糕起来。加上雷墨霖在每天的例会上依旧喋喋不休，这更让她显得烦躁，甚至开始冲着新人发火。晚秋的一个早晨，一个胖嘟嘟的小女孩被安排上早班，因为清点餐具的数目出了错，被徐梦莲逮住教训了一顿。

"说了多少遍，清点要仔细，少了大家都要挨处分，你怎么就记不住呢？"

小女孩低着头听着徐梦莲的责骂，一句话都不敢说，一双手紧紧地捏着衣角，像个做错了事被班主任骂的小学生。

"再给我点一遍，要是还错了，你明天就别来上班了！"说着，徐梦莲将手里的盘点清单"啪"的一下摔在了小女孩的眼前。应着声音，新人终究忍不住啜泣起来，一滴眼泪"啪嗒"掉在了地上。

刘子轩不经意间看到徐梦莲发火的样子，有些诧异。

"看什么看！你的工作做完了？"

"你知道你在干嘛吗……"刘子轩走到了小女孩的身边，对小女孩说："妹妹，别哭。徐经理是一个心眼很好的人，她今天多半是'亲戚'来了。"

"刘子轩，你很了解我吗？"

听到徐梦莲冲着刘子轩发了火，一开始没有觉得徐梦莲状态有问题的其他员工，纷纷不解地看向她。平时徐梦莲可是对刘子轩最好的，做错了事儿别说这般责骂，连一句重话都舍不得说他。

刘子轩也觉得有些奇怪，有些惊讶地看向徐梦莲，死皮赖脸地笑道："小师傅，要不，徒儿给你泡一杯菊花茶消消火吧？"

"不用，我怕火消多了，和你一样容易肾亏。"

徐梦莲的话让刘子轩的动作戛然而止，所有人不禁瞪大了双眼看向徐梦莲，他们都没想到，徐梦莲会说出如此不堪入耳的话来。

见自己连累了别人，新来的小女孩赶紧对刘子轩摇头说道："子轩哥哥，您别说了。的确是我做错了事儿，被经理指教也是应该的。"

女孩的声音很温柔，柔到了刘子轩的心里。男人都有一个通病，那就是看不惯弱者被欺负，尤其是娇滴滴的女孩子。不过刘子轩没有对徐梦莲发火，只是安慰着新来的女孩，说："没事儿的，小师傅她只是……"

"刘子轩，做好自己该做的，少去关心别人，不然人家对你有了什么想法，你就难办了！"

终于从话语之中闻到了满满的醋意，其他老员工闷声欢笑，赶紧知趣地结伴离开。刘子轩也不是傻子，自然听出了徐梦莲话语之中掺杂着的酸涩味道。

“好吧，那我就去外面清理一下台布。”说着，刘子轩拍了拍小女孩的肩膀以示鼓励，离开了出餐区。不过当他出了大厅，见到厅外站着的米亚时，他愣住了神。

“哟，没想到你这么受欢迎啊?”米亚轻声抱怨着，不等刘子轩解释，大声说:“刘子轩一个人清理餐台，其他人跟我来。”

米亚将其他上早班的同事全部带走，只留下刘子轩一个人望着眼前近百张餐桌的台布发愁，心想，醋意太重的女人真是惹不得!

经过近两个小时的奋战，大汗淋漓的刘子轩终于将所有餐台整理妥当。两个小时里，他好奇米亚会让其他人去做什么? 所以在结束战斗的瞬间，他快步流星地往鞠香雅苑的后院跑了过去。见到散了一地的瓜子壳和零食包装袋，看着所有人和米亚有说有笑，刘子轩顿时觉得不爽。

可米亚才不会管他心里怎么想，看到他走过来，米亚当即喊道:“刘子轩，赶紧把这儿打扫一下，准备开门迎客。”

“米总，这个不是我的活儿，我不专业啊，而且我连扫帚都不知道在哪儿。”

“喏，就在你身后。”

应着米亚的提示，刘子轩转身一看，刚才那个被徐梦莲欺负的小女孩正拿着扫帚和铁铲朝他咯咯直笑，她的嘴角还残留着辣条的油渍。看样子米亚这是早有预谋的啊! 这样想着，刘子轩看向米亚，一副不接招的懒散样斜靠在门框上，说道:“你们合伙欺负一个柔弱的小男子，良心何在?”

米亚将手里的瓜子往地上一扔，一边朝着刘子轩走了过去，一边拍手说道:“不扫是吧?”

“唯有小人与女子难养也!”刘子轩不以为然地把头扭向一边。

“让你叫嚣，让你不听话，让你不扫地!”米亚的九阴白骨爪顿时落在了刘子轩的腰间。

“扫，扫，扫，我扫! 我扫还不行吗?”一秒前还不可一世的刘子轩，瞬间臣服在米亚的手里。

“晓丽，上。”

“给。”叫晓丽的小女孩将手中的扫帚递到刘子轩面前，刘子轩不敢有半点儿迟疑接过扫帚，俯身清理起地上的垃圾来。现场所有人忍不住哈哈大笑起来，不过米亚和刘子轩的关系她们心里跟明镜似的，毕竟男人的腰不是谁都可以摸的。

这一切被楼上的雷墨霖看在眼里，在她看来，米亚是在向自己下达一种信号。

几日之后米亚收到了雷墨霖的辞职信，她倍感意外。不过她没有挽留雷墨霖，因为从辞职信可以看出，或许鞠香雅苑总经理一职无法满足雷墨霖的野心，如果这般野心勃勃的女人留下来，指不定会在哪天闹出大事来。

在雷墨霖辞职后的第三天，徐梦莲的辞职信也递交到了米亚眼前，这更让米亚出乎意料。不过米亚猜得出徐梦莲辞职的一些理由，因此她在惋惜之余，还是同意了徐梦莲的辞职。

不过，米亚给徐梦莲写了一封到锦江王朝大酒店做大堂副总经理的推荐信，算是作为一个女人自私情感的愧疚回报。刘子轩和徐梦莲的关系，最终定格于恋人未满的结局。在某一天一次深夜撸串的档口，徐梦莲欣然接受了成为刘子轩干妹妹的邀请，在她看来，能和刘子轩随时见面也算是一种幸福。

因为一段经历喜欢上一个人，因为那个人喜欢上那段经历，因为那段经历喜欢上一种生活，然后成为另一段新的经历。看着大口撸串还谈笑风生的刘子轩，徐梦莲的心虽然没有澎湃，但是也泛起了浪花。她想，如果有一天，让你悸动的再也感动不了你，让你恼怒的再也激愤不了你，让你悲伤的再也不能让你流泪，你便知道这段时光给了你什么。而你为了成长，又付出了什么。

那个时候，我和你站在一起。也许，对于整个世界，你就像一颗尘埃，但在我的心目中，你就是我的全世界。因为，我喜欢你。

然而，时间与刻在脑海里的影像背道而驰，影像会在漫长的时间洗礼中被投递到缥缈之中，开始成为一段无影无踪的回忆。命运的轮盘，也就在每个人的选择之间不停轮换，最终走向共同的交点。

Chapter 11 ······ 瘗玉埋香

香魂一缕随风散，愁绪三更入梦遥！

谁是谁生命中的过客，谁是谁生命的转轮？

前世的修为，今世的宿命。

红颜落尽，只剩怆然涕下时的自我安慰。

蓉城冬日里的天空总是阴沉沉的，难得遇上一个阳光明媚的天气。宽窄巷子到了旅游淡季，只有几个老蓉城的老叟会相约在一起，泡上一壶茶，打几圈麻将，来消磨时间。

米亚决定歇业一周，给所有员工放个假，能回家的就回家看看。毕竟，再等一个月就会迎来传统的农历新年，新年是鞠香雅苑最为繁忙的时期，别说请假休息，连打个盹儿的时间都没有。

至于她，放假第一天起了一个大早，穿着睡衣跑到刘子轩的房间里，将睡得正香的刘子轩唤醒。

刘子轩睁开眼，看着米亚只穿了一件紫红色的毛绒睡衣，宽松的领口露出她白皙诱人的事业线。他坏坏一笑，掀开被子一角，拍了拍身边的床单说道："亚儿，你终于想明白了，要过来侍寝啊？觉悟还不错，别担心，爷会好好疼爱你的。"

米亚学他嘴角露出坏坏地笑，借着他掀开的被角，猛地一扯，一掀，将他身上的被子摔到了地上。

顿时，一股寒意与条件反射的羞涩袭来，让刘子轩缩成了一团。他侧过身扭着头，护着内裤，瞪大双眼，冲着米亚吼道："没情趣的家伙！你要想来点儿刺激的，应该先把空调打开，灯关了再说！"

"起来！给我做早饭。"米亚毫不避讳地直瞅着他，也觉得有些冷，将衣领裹紧了一些。

刘子轩被米亚的话惊得愣住了。他心想，你个丫头片子，天擦亮就跑下楼来掀我被子，就为了让我起床做饭？

见刘子轩愣了神，米亚抬手打了他一下，手心的冰凉感顿时让刘子轩浑身哆嗦了一下。刘子轩见米亚如此坦荡，也顾不得羞涩，翻身下床，捡起被子，把自己裹得严严实实地倒在床上。暖和的感觉让刘子轩当即眼笑眉舒起来。米亚嘟起嘴，伸手又想拿掉刘子轩身上的被子。

刘子轩怎会让米亚再次得逞。他见米亚伸手过来，顺势抬手，逮着米亚的手腕往后一拉，瞬即将米亚拉到了床上。趁着米亚没反应过来，刘子轩用被子将米亚卷了起来，同时左手搂住了米亚的小蛮腰。

多少受到些惊吓的米亚瞪大了双眼，仇视着刘子轩，一双手显得有些排斥地抵在了他的胸口。不过她的心脏倒是“扑通扑通”地加速跳动起来，脸上也泛起了阵阵红晕。

“你浑身冰冷，晚上睡觉没开空调吗？”

“啊？我没有……没那习惯。”米亚的脑子里显然是在想，刘子轩接下来会做什么？他会不会抬手去掉自己的睡衣？所以在听到刘子轩的问话后，她一时没有反应过来。

见米亚反应慢了半拍，刘子轩抬手点了一下她的额头，说：“你的脑子里想什么呢？”说着，他将被子往米亚身上裹了一些，假装抱怨地说：“还指望你给我暖床呢？”

米亚幸福地笑了起来，或许是因为男人的体温在冬日里，会比女人的体温高那么一些，因此刘子轩的被窝真的很暖和。那种温暖，融化了米亚心里对刘子轩最后一丝戒备。她大笑着，在他的脖子上留下了自己的牙印。

这是一个可以更进一步亲近的信号，刘子轩很明白。

他怀里的女孩，有着善良明媚的眼睛，阳光般的微笑。她带着自己，一步步忘却了过去，拥有了新的生活。所以，他选择从心底去尊重她。

“好了，别闹了，我再睡一会儿就给你做早餐。”刘子轩在米亚的额头吻了一下，抱着她闭上眼，瞬间睡着了，没了下文。

米亚的心里多少有些失落，可是同时也感觉到了一种别样的疼爱。她安心地窝在刘子轩怀里，右手贴着刘子轩的胸口，感觉着他的心跳。她的左手指尖调皮地触摸着刘子轩脸上的轮廓。这是她第一次从这样的角度，以相拥的姿势，欣赏着刘子轩。

看着那一张已经熟悉得无法忘记的面孔，米亚忽然叹息了一下。不管自己和刘子轩的感情已经巩固到怎样的地步，她担心，一旦刘子轩知道她和刘延烈之间的关系，会选择离开。毕竟，过去对刘子轩太过残酷。

“要是……我们的相识不是有目的的，我们的世界里是不是会有更多的快乐？”米亚自言自语说着，起身往前，朝着他的唇角吻了下去。

刘子轩没有醒过来，却似有感应的嘴角上扬了一下。

“这都能感觉到？看来一定在做什么美梦！”米亚说着，然后趴在他身上闭上眼睡了过去。

等她睁开眼时，身边的刘子轩已经不在床上。虚掩着的房门窜入一缕饭菜的香味，望着窗外冬日里难有的阳光，米亚快速起床。她一阵小跑到了餐厅，望着餐桌上已经盛好的皮蛋瘦肉粥、油条、蒸饺、火腿煎蛋、韩式小菜，流起口水来。

看到穿着睡衣的米亚，正在煎培根的刘子轩有些生气地问道："怎么不换衣服？不是把你的衣服放在床头柜上了吗？"

米亚愣了一下，看着刘子轩，沉默了片刻，问道："你是不是翻我衣柜了？"

"不然我怎么拿你的衣服？"

"所以……你都看见了？！"

"嗯……"

"那……"

刘子轩笑了起来，端着做好的爱心培根来到米亚跟前，捏着她可爱的脸蛋说道："刷牙洗脸后赶紧来吃早餐吧。你要是不吃完，我的睡眠就死不瞑目。"

米亚吃着刘子轩做的爱心培根，忽然想起早上要和刘子轩说的事情来，咬字不太清楚地说道："对了，今天天气好，我们去看看徐梦莲吧？也不知道她现在过得怎么样？"

"好啊。"听到提议说要去看徐梦莲，刘子轩不假思索地点头答应。

见着刘子轩爽朗的回应，米亚故作不悦，说道："就她对你那藕断丝连的感觉，你是不是觉得有个随时可以见面的备胎很爽啊？"

"哈哈！吃饭都堵不住你的嘴。"

"哼，就说！你不要相信幻想里的任何事物，在现实世界里它是不可能发生的！"

刘子轩想要反驳米亚，却不怀好意地问道："早上你为什么要咬我的脖子？有何居心？"

"我是一个变异了千年的吸血鬼，咬你还需要理由吗？"说着，米亚做出惊悚的表情，张牙舞爪地吓着刘子轩。

刘子轩吃着油条毫不为所动，继而调侃着米亚："怎么今天想去看你的情敌？不怕我被她的浓情蜜意给拐走了？"

"她敢！不过，她是一个聪明的女人，一看咱俩恩爱有加的模样，有贼胆也没贼心。"米亚说着，冲他调皮地做了个鬼脸。

刘子轩哈哈一笑，将加温之后的牛奶放在米亚手里，低头吻了一下她的唇，说道："你可别得理不饶人，我这一辈子最后悔的事情就是上了你的贼船。"

米亚听到此话，眼里就快要迸出火花。她拿刀叉对着刘子轩比画了一下，说道："趁没开船之前，给老娘滚。"

"滚什么滚，我不！即便漂流到天涯海角，老子也下不来。"刘子轩一副装乖卖巧的模样。

"油嘴滑舌！就你身上这种风流无耻的劲儿，那些无知少女哪能抵御得了？还好我舍己为人，有悲天悯人之心。不然留你这个祸害在人间作威作福……”米亚说着，将已经喝过一口的牛奶举到他的嘴边，故意将自己嘴唇碰过的杯沿对着刘子轩。

刘子轩笑着，对着她留在杯沿的唇印喝了下去。米亚得意地笑着朝楼上走去。

米亚化完妆，穿上刘子轩为她挑选好的衣服——一件白色紧身高领毛衣配上一件红色风衣，下身穿着的是铅笔牛仔裤，再配上一双黑色高筒靴。不仅有女人味，还略带些青春的味道。

看着刘子轩洗碗，米亚意味深长地说了一句：“你的心里，一定住着一个从未长大的女孩。”刘子轩并没有反驳她的话，等擦干手后，握着她的手，说道：“你要和我过的日子是现在和未来，不是我的过去。”

徐梦莲并没有因为米亚的一封推荐信成为锦江王朝大酒店的大堂副总经理，原因很简单，她才大学毕业，行业经验不足。不过她还是成了大堂客服部领班，每天都有着忙不完的事情。

徐梦莲在见到刘子轩的时候心情是复杂的，她虽然已经接受作为刘子轩妹妹的身份存在于他的世界里。但是女人的忌妒心，还是让她在见到刘子轩和米亚一起欢笑的时候，内心里有一些酸楚。

唯一能够让气氛免于尴尬的是她足够冷静，成功地将内心的醋意隐藏了起来，一阵有一搭没一搭地闲扯后，她托词有事儿而选择了逃避。米亚原本以为会花些时间聊聊过去和未来，见她如此，就此作罢。无聊的她只好从咖啡厅的书架上拿了一本小说打发时间。

刘子轩陪着她一起看书，看了约莫十分钟之后，借故离开了大堂。他觉得在这本小说里，喜欢一开始把男女主角写得只羡鸳鸯不羡仙的地步，那么后来，他们一定逃不脱劳燕分飞的结局。刘子轩不喜欢这样的故事。他觉得这样的故事和曾经的自己太过相似，看这样的故事只是在隐忍地舔着快要愈合却又被撕开的伤口。

站在往上启动的观光电梯里，刘子轩靠近玻璃望着窗外的风景。冬日里的九眼桥在晨曦后依旧显得拥堵不堪，72 路公交车快在桥上堵成一辆“72 路火车”。桥下的府南河河水在微风中，波光粼粼地往爱心斑马线的合江亭而去，然后流过郭家桥，往川东一往流逝，不再回溯。

“叮”的一声，电梯停在餐厅楼层，随即电梯门打开，刘子轩往餐厅走去。

“您好。”前台的美女服务员见到刘子轩，赶紧放下手里的工作，双手收于身前微微鞠躬一笑，问候着刘子轩。

“我想订一张靠窗的桌子，三人午餐。”刘子轩微笑着说出需求。

“好的，麻烦您填写一下订餐单。”说着，美女服务员从抽屉里取出一张单子，双手递送到刘子轩面前。

刘子轩填好单子之后，试探性地问道：“您现在能安排一下位置吗？”

美女服务员当即给刘子轩安排了一张靠窗户的四人餐桌。那是一张透过落地窗就能看到九眼桥桥楼的桌子，难得的是它有一侧靠着雅间隔墙，不会担心出入的时候碰到熟人。

在他准备离开餐桌之时，用蜀绣遮挡的雅间里，传来一个既熟悉又陌生的声音。

他扭头往雅间望去，刘延烈正坐在沙发上。他的对面站着刘毅珑，两人中间隔着一张檀木桌，桌上摆着一套工夫茶具和一沓打好的文件。

刘延烈伸手拿过桌上的文件，表情痛苦地看着那个文件，拿着钢笔的手在半空中微微颤抖。刘毅珑一副萎靡不振的样子，拿着一张蓝白相间的格子手帕护着面颊，刘子轩一眼就能看出那是吸毒后的状况，这让他有些意外。不过刘子轩更关心的是刘延烈面前的那份资料，以及他们两人谈话的内容。

“如果你不签这份协议，下一次刘子轩的遭遇，就不可能只是和上次吸毒后进戒毒所那么简单！”刘毅珑看上去苍白无力，可话语一如既往的毒辣刻薄，容不得别人半点儿商量余地。

刘延烈猛然将手里的钢笔往桌子上一拍，咳嗽了一声，轻声骂了起来：“你这个畜生，用子轩来威胁我！有你这么当兄长的吗？”

“兄长那又怎样。整个汉风集团都是我的父母拿生命换来的！若不是他们和我，汉风集团会有今天？再说，我鞍前马后地伺候着你，你扪心自问，你把我当什么？这些年我跟你说话，你连一个正眼都没有看过我！”

“毅珑，你误会了。你听我说，我……”

“我不想听你的废话。你也别说什么我不择手段，你不是总跟我说，‘想功成名就，就不要躲在书桌后面’。今天我站出来了，这些都是你教给我的，我只不过是还给你罢了！”说罢，刘毅珑的毒瘾有些发作，他深吸了一口气，强忍着那股难受的感觉。

听到这些，刘子轩没有为父亲刘延烈的遭遇悲叹，更没有为他挺身而出去教训刘毅珑的想法。他反而讥笑了起来，觉得终究是因果轮回，该发生的终于还是发生了。

“毅珑，听我解……”

“别废话，不想刘子轩出事儿，就赶紧签字，别以为我不知道当初你找的谁救了他。”

刘延烈有些惊讶地看向刘毅珑，在慌张之中颤抖着低下头看向眼前的几叠文件。一滴眼泪从他不知何时满是皱纹的眼角处滑落。他仰头悲天悯人一番后，气愤而又严厉地指责着刘毅珑，骂道："像你这样的人，这个德行，迟早会在春节的时候送进屠宰场。"

"别套着道德的外衣咒骂别人，你再骂，还是改变不了即将要发生的事情。就算你不签这份合约，我也会让它合法化。你所有的命脉都被我牢牢地握在手里。不信，你可以不签。"说完，刘毅珑得意忘形地笑起来，笑得极为癫狂。

刘延烈颤抖着拿起钢笔，犹豫一番后，最终还是在眼前的几叠文件上签字画押。

"希望你善待汉风集团里的每一个人，更不要伤害子轩。"罢了，刘延烈两腿哆嗦着站起来，猛地将签字笔砸向桌面。

刘毅珑终于得到了他想要的，虽然刘子轩不知道是什么，但看得出他很满意，因为他笑得肆无忌惮。即便毒瘾发作到浑身开始发抖，刘毅珑也要伸手将桌面上的几叠文件拿到眼前，瞪大双眼一一瞧个仔细。等他见到刘延烈的签字时，笑得更加猖狂。他走到气得颤抖的刘延烈跟前，贴近他耳根，小声而平静地嘲讽道："你知道这一沓合约是什么意思吗？它会让你一无所有，也就意味着你的过去和未来不复存在。你还是早为自己打算吧，要不，我在集团楼下给你谋一份安保的活儿？"

刘毅珑最后一席话，刘子轩无法听清楚。见拿着合约的刘毅珑走向自己，刘子轩赶紧闪躲到一边的隔墙后面。等刘毅珑离开视线范围，他从隔墙后面出来，转身再次看向雅间里的刘延烈。此时的刘延烈无力地瘫软在地面上，老泪纵横。他仿佛是被眼前这一抹蜀绣垂帘困住的一只垂暮之年被人断了爪牙的猛兽，已经毫无威胁。

刘子轩叹息一声，转身走向自己的餐桌。片刻之后，他望着窗外的桥楼，听到了刘延烈空洞的脚步声往餐厅外走去，已然没了曾经的稳健。似乎和过去有关的故事到此可以画上一个句号，但刘子轩觉得故事在这里应该画一个省略号，将过去的快乐和悲伤都隐藏起来。

回想刚才刘延烈颓败地蜷缩在墙角的样子，刘子轩的情绪变得低落，毕竟自己与他有着一份无法抹去的血缘亲情。在一番酸楚之后，一个计划在刘子轩的心坎落下，他是时候离开蓉城北上，去寻找自己的梦想。不然刘毅珑会变本加厉地利用他，逼着刘延烈做出更过分的事情。

在和米亚及徐梦莲用餐时，刘子轩一直心不在焉，任凭两人殷切的关心，他始终微笑着，一副沉默是金的模样。用餐后，他将米亚送到何善钦郊区的别墅山庄，然后在午夜降临之际，他惆怅着走进了少陵路 88 号酒吧，这里没有他之前颓败的身影，也没有他得知郁红晓的事情后买醉的过往，这里只有淹没痛苦和快乐的喧嚣。

酒水还未上桌，刘子轩已经如同烂醉一般毫无精神。

喧闹中，DJ 放着周杰伦的《烟花易冷》，变调的音律让刘子轩也跟着节奏摇头晃脑。威士忌的火辣与刺激，让他的泪从眼角钻了出来。好久没有这般痛快地喝酒，之前这么喝，还是因为郁红晓，因为母亲王淑芬。他却从未想过自己会因为刘延烈如此买醉。直到有些微醉，他自言自语起来，自问："他……他会为了我而舍弃汉风集团？"说完，他情不自禁地笑了起来，笑中藏着无奈，藏着悲情，藏着数不尽的往事片段。

酒吧里忽然响起 DJ 的声音，那是一个很有磁性的男声，透过四周的音响扩散开来。他的喊话很有号召力，让原本喧嚣的气氛顿时安静下来，刚才还在舞池中央不停地随着音乐摇摆着身体的男女们，都抬头看向了他。

"今晚，我希望大家给我做一个见证。"DJ 拿着话筒高调地喊着，他的右手拿着一个精美的红色盒子，傻子都看得出，盒子里面装着一枚钻石戒指。随着渐渐响起的音乐《今天你要嫁给我》，DJ 小哥从台上慢慢走了下来，走到一个女生面前，停下后，单膝跪地，说："朱小小，请你嫁给我吧。"

"嫁给他，嫁给他！"不曾相识的陌生人，在这一刻异口同声地轰鸣起来，声浪一阵高过一阵。女孩显然没有想到男友此招，她激动地不知所措，幸福的眼泪已经从眼眶滑落到脸颊。

"我无法允诺你山盟海誓，或许一辈子，我也没办法带你走完七大洋五大洲。但我能给你一个承诺，那就是，你在的地方，我永远都在！"

"你在的地方，我永远都在。"这简单的十个字，如同他们此刻彼此的五根手指，彼此交叉。那十指相扣的动作，又蕴含着怎样沉重的意义？

刘子轩轻笑了一声，他没有想到在一个买醉的场所里，会发生如此浪漫的故事。想着想着，他声嘶力竭地大叫了起来。这一叫，所有人将目光投到他身上。寂静几秒后，酒吧里的所有人跟着大声嘶喊出来，在嘶喊声中，叫朱小小的女孩子含情脉脉地看着 DJ 和他捧着的钻戒，点头答应他的求婚。在众人的掌声和喧闹声中，刘子轩痛苦地笑了起来，笑自己没有 DJ 小哥一样的勇气，给郁红晓一个承诺，给米亚一个承诺，给自己一个承诺。甚至在刘延烈被刘毅珑欺负时，没有给父亲一个承诺。

"怎么样？看到这样的场面，大编剧有什么想法？"

米亚的声音突然在耳边响起，吓得刘子轩赶紧从座椅上跳了下来，老实得像个做了坏事儿被逮住的小学生。他看着米亚，疑惑地问道："你怎么知道我在这儿的？"

"你可别忘了，我可是蓉大法学系的优秀毕业生。"

米亚的提醒让刘子轩顿时想起前段时间，米亚一直在跟踪毒枭吴铭的事情。凭她的本事想要找到自己，自然是易如反掌。

“在酒店午餐时就觉得你有些不对劲儿。是不是今后没了徐梦莲这个备胎，你心里觉得不舒服啊？坦白从宽吧！我是个通情达理的人，没什么不能接受的。”

女人吃醋的思维永远是男人无法理解的，刘子轩浅浅一笑，摇头解释道："不是，是因为刘延烈。"

米亚也是两个小时前从网络新闻上看到，刘毅珑下午在汉风集团总部召开了新闻发布会，向外宣告了刘延烈的请辞。所以她火急火燎地从郊区的家里赶回市区。她似乎明白眼前的刘子轩，为何会为他口口声声恨着的那个人来到这里买醉。到底是多么矛盾的情怀，才造就了现在的他。

米亚什么都不说，什么都不问，安静地看着舞池中央的那一对幸福男女，两人深情地拥抱着彼此，举起手，向人们展示他们手指上的戒指。

快乐而幸福的气氛，让刘子轩想起白天做的那个决定。

离开米亚，是他这一辈子最艰难的抉择，其中充斥着无尽的痛苦和不舍。

酒精的后劲最终驱使着刘子轩鼓足勇气捧起米亚的脸，吻了下去。

“原来你们真正意义的第一次亲吻，是离别之吻……这个刘子轩……”困意让谢丽娜打起哈欠来，但她的嘴仍没有闲着，还在喝着酸奶。

“谁说不是呢？现在想想都觉得他欠了我许多感情债。”米亚情不自禁地叹息一声。

“他欠你？我看是你欠他吧！他在鞠香雅苑工作那么久，一直是刘延烈付给他工资，直到刘延烈被刘毅珑赶出汉风集团，你才给人家发了两个月的工资。你这是剥削底层劳动人民。”谢丽娜一边调侃着，一边吸着吸管，发出的声响将米亚拉回现实。她回头看向谢丽娜，没有接上面的话题，而是一本正经地说道："我看过一则报道说，经韩国形体专家研究表明，喝酸奶是不利于女性朋友的。"

“为什么？”

“他们得出的结论是，酸奶喝得越多，女人的胸部就会越小。”

“哈哈，真的吗？太好了，那我正好减减份量，我太累了。”谢丽娜托了托胸部。

“你迟早会被撑死。”

“人家只不过是体重超支那么一丁点儿而被打入凡间的天使。好了，后面的故事我差不多都知道，所以我要睡了。”说着，谢丽娜放下手中的酸奶盒躺下，头埋在被子里，闭眼睡了过去。

米亚则因为过往的悲伤彻夜未眠，她一直在想刘子轩离开前的事情。

从酒吧回去之后，米亚解除了对刘子轩的所有限制，同意刘子轩搬到二楼去住，同意他使用书房。甚至让刘子轩觉得有些不可思议的是，米亚就像是变了一个人，会早起给他买早餐，还会在他写剧本的间隙为他松骨按摩。这一切都让刘子轩感觉到她对自己深深的爱恋，心中油然而生出了更多的不舍，在强烈的梦想与幸福的同居生活间，产生了选择恐惧症。

冬夜，蓉城飘起了难得一见的大雪。刘子轩看完一部影片后早早地窝坐在床上，双眼望着窗外飘零的雪花发呆。米亚洗完澡后，只用一袭浴巾裹身，柔顺的秀发贴在香肩上，看上去特别诱人。她走了过来，敲了敲刘子轩敞开的房门，他却没有注意到她，仍旧陷在思绪里。

米亚倒是一眼就注意到了刘子轩的迷离，他这种望着窗外发呆的情形，已经出现好几天。她不禁好奇地往刘子轩望着的地方看了过去，可是看了半天，她也没有从白皑皑的雪景中看出丁点儿异样出来。

转过头来的刘子轩发现米亚站在自己房间里，轻声问道："你什么时候进来的？"

"有一会儿了。"

"你在看什么？"

刘子轩的问话让米亚不知如何回答，愣了片刻，她走近刘子轩的身旁，坐在床沿上，问着他同样的问题："你在看什么？"

"我也不知道，就是发呆。"

刘子轩的回答很平静，平静得让米亚有些哭笑不得，心想自己担心了半天，敢情你是在发呆？想着，米亚有些生气地跳到床上，坐在刘子轩的身上，伸手捏着他的脸蛋，让他看向自己，问道："你都这样好几天了，你到底怎么了？"

米亚的问题让刘子轩一时之间不知道该如何回答，因为他还没能做出选择。是去，是留？愣了片刻，刘子轩反问着她："你没穿'小内'吗？"

"你……你怎么知道？"米亚羞红着脸，赶紧低头一看，发现自己的浴巾裹得紧紧的，不可能被刘子轩看见什么不该看的。

刘子轩抬手点了一下米亚的额头，说道："不知道这样容易感染吗？"

"别岔开话题！说，你怎么知道的？刚才你是不是偷看我洗澡？然后故意装作在这儿发呆。"米亚用手指着刘子轩的鼻头，表情仿佛在说，你要是撒谎，我就把你剁碎了。

刘子轩抬手握住米亚的手，说："大姐，你的'小内'穿着和没穿，我大腿上的凹凸感是不一样的。亏你还是蓉大法学系的高才生。"

“不准喊我大姐，比你大有罪吗？”说着，米亚瘪嘴低头，假意抽泣了一下，俨然一副受了委屈的样子。刘子轩顿时被米亚的神情逗乐，抬手撩开被子的一角说道：“好啦，乖妹妹，赶紧进来吧。感冒了就不好玩了。”

应着刘子轩的话，米亚赶紧钻进了被窝里。她紧紧地靠在他的身上，头枕着他的胸口，右手手指在他的腹肌上不停地画圈。

彼此沉默一会儿后，米亚还是忍不住，问道：“是不是经常有女孩不穿‘小内’坐在你身上啊？不然你怎么会这么清楚？”

“过去的事儿，我也不知道该不该告诉你。”刘子轩对着米亚坏笑了一下。

“哦……”米亚一听此话，只是简单地应了一声。她后悔自己问了一个愚蠢的问题，那是一个不能提及的过去。她倒是希望刘子轩不要去追究过去，珍惜眼前的生活最重要，那样她和刘延烈的关系就会如同石沉大海一般不被他知道。但米亚却忘了，刘毅珑这个在刘子轩的世界里刮过飓风的人，或许在某一天，会将沉入大海的石头再次举起，然后重重地砸在刘子轩的头上，让刘子轩痛不欲生。

“我给你讲讲上次没有讲完的故事吧。”刘子轩还是给米亚讲起了他在郁红晓去世后的一些事儿。

刘子轩不敢相信郁红晓会做出那种交易。那种锥心之痛如同五雷轰顶般，可更让他无法接受的是跟她交易的人，是自己的亲生父亲。这种打击已经无法用一般的言语去形容。

雨夜，站在十字路口的郁红晓手里提着大包小包的名牌服饰，她的身侧站着刘延烈，而他们的对面是神情愤怒的刘子轩。

在他们眼神交织的瞬间，郁红晓松开了刘延烈的手。她在迟疑了眨眼的工夫之后，脚步踉跄地转身，选择了逃跑。她在远处回头望向刘子轩的那一眼，一滴眼泪陡然落下，打在路面上激起小小的水花。

后来的几天里，学校里再也没有出现过刘子轩的身影。郁红晓找了所有能找的地方都没能找到刘子轩。无可奈何之际，郁红晓拨通了刘延烈的电话，她得到的结果是刘子轩自那天起也从未回家。那一个星期里，郁红晓如同失了魂一般，整个人像地下室水坑边发霉了的方便面，没有劲道儿也没有精神气。在新生军训结束的呐喊声中，郁红晓终于等到了刘子轩的一则短信。

“下午5点，火车南站。”

刘子轩的短信让郁红晓有些兴奋又有些不安，她在想，见着刘子轩该说些什么？可是她又害怕见到刘子轩，因为她的确不知道该怎么跟他解释。

就在她踟蹰不决时，一个陌生电话打了进来。

“喂？”

“请问你是郁红晓吗？”

“是的，请问你是？”

“我们是锦江区公安局的民警，现在我们正在你家里，你家瓦斯外泄……”

“我妈呢？她没事吧？”

“你妈……她已窒息死亡，请你赶紧回来一趟。”

听闻噩耗，郁红晓愣了神，脑海一片“嗡嗡”作响，适才要见刘子轩的忐忑心情顿时烟消云散。不用多想，她知道自己的母亲不是忘了关掉瓦斯，而是用瓦斯选择了自杀。

母亲的自杀，让郁红晓没能如约出现在火车南站。徘徊在废弃的轨道间，刘子轩一直在喃喃自语。他想给自己一次机会，也给郁红晓一次解释的机会，他甚至告诉自己，是因为自己的无能才让她走上了歧途，所以自己应该原谅她，甚至被她原谅。刘子轩从下午 4 点半一直等到晚上 11 点半，郁红晓始终未能出现。中间他打过几次她的电话，一直无人接听。离开漆黑的废弃铁道枢纽区时，刘子轩冲着黑夜怒吼了起来。

此时的他已经满脸胡碴，面容憔悴，甚至满身的酒气，与曾经的那个喜欢在篮球场上挥汗如雨的阳光男孩判若两人。

“那之后呢？”看着身边的刘子轩说到这段往事时，已经泪眼婆娑，米亚将手放在他的心口，轻声问着他。

刘子轩苦笑，抬手握住米亚放在心口的手，在米亚的秀发上吻了一下，说道：“后来……”

在郁红晓母亲过世后的第五天，郁红晓清理着屋内的物品，看着刘延烈给自己买的名牌衣服和饰品，她本能地将一众东西扔进油漆桶准备烧掉。在点火的那一瞬间，她停下了手中的动作，决定将这些东西还给刘延烈。

从同学处打听到刘子轩的家庭住址，郁红晓提着衣服和饰品走向刘子轩的家里。放下衣服在门口等人回应的空档里，郁红晓转身往别院小区门口走了过去。就在她走到小区门口时，看见了不远处街对面站着的刘子轩。刘子轩远远地注视着她，在他们眼神对撞的时候，郁红晓毫不犹豫地追了过去。

可是当郁红晓出现在刘子轩刚才站立的地方时，刘子轩已不见人影。无论郁红晓如何焦急，四处张望，也没能见到刘子轩半点儿影子。

“难道是幻觉？”郁红晓失望地低下了头，显得有些意兴阑珊。只是当她回头准备往别院小区去的时候，却看见了刘子轩沮丧地从别院小区走了出来。

“不是幻觉。”不敢再放走刘子轩的郁红晓，一阵狂跑回到小区门口，但她还是扑了个空，依旧没见到刘子轩的身影。她又怎会知道，刘子轩躲在一栋房子楼道的门后，从虚掩的门缝中安静地看着她，脸上已经潸然泪下。

一位年长的保安拦住郁红晓，将一张纸条递给她，说道："小姐，这是我们一位业主让我转交给你的。"

"下午 3 点，老地方。"这原本该是一个浪漫的留言。让郁红晓不知所措的是，纸条上面没有任何称呼，也没有再多任何一个字。哪怕是一个问号，一句责骂的字眼都没有。此时，她的心里一遍接一遍地问着他，你为什么要躲着我？

郁红晓如约前往曾经和刘子轩最喜欢去的三环外的废弃火车站，她早到了半个小时。她站在"老地方"的马路对面，望着"老地方"发呆。那一刻，曾经和刘子轩在一起的快乐在她的脑海里来回萦绕。

当她想到雨夜里、天桥下刘子轩绝望与愤怒的眼神时，她想，一定要将自己与刘延烈见面时的情况，向刘子轩解释清楚。

装修奢华的锦江王朝大酒店总统套房里，响彻着莱昂纳德·科恩的经典歌曲《I'm Your Man》。刘延烈和郁红晓面对面坐在客厅的沙发上，两个人沉默地待着。刘延烈喝着红酒，目光一直盯着衣着打扮较为成熟性感的郁红晓，而郁红晓一直低着头，神情紧张地摆弄着衣角。

两人一直沉默着，生怕不经意间的话语会打乱磁场的平衡。电脑桌上的摄像头正闪烁着，一并将他们的沉默录了下来。

良久，刘延烈放下手中的红酒杯，打破了沉寂："听说你母亲病了需要钱？"

郁红晓依然将头低得很沉，面对刘延烈的问话她只是点了点头。

刘延烈直白地问道："第一次？"

郁红晓听着刘延烈的反问，情绪一下激烈起来，回击道："每头奶牛最终的命运都是要进屠宰场，你们男人都那么在乎第一口奶？"

刘延烈听着郁红晓的话，似乎来了兴趣，绅士般回答道："看来你对生活有自己独特的见解。"

郁红晓没有回应，她不再那么紧张，随手拿起面前玻璃茶几上的一杯红酒一饮而尽。放下酒杯时，她盯着玻璃茶几上的手机，向刘延烈提出了一个要求："我的手机没电了，能借你的手机用一下吗？"

"你要干吗？"

"男朋友约了我晚上看电影，估计我去不了，跟他说一声。"

刘延烈坐正懒散的身体，拿起手机，看着她，问道："号码多少？"

郁红晓犹豫再三，最终还是报出一串号码。

刘延烈在手机上输入这串号码时，他惊呆了，郁红晓所报的电话号码是刘子轩的。他惊愕地看着情绪不稳定的郁红晓。

刘延烈立马向她求证,问:“你是子轩的女朋友?”

郁红晓一听刘子轩的名字,立马紧张起来,抬头看着刘延烈,神情慌乱。刘延烈拿起桌上的法国雄狮红酒,往酒杯里倒满,仰头一口喝掉。

郁红晓坐在酒店房间落地窗的窗台上,看着窗外朦胧的细雨格外忧愁。她用右手试图触摸着玻璃窗上另一面的水珠,眼中已经噙满了泪水。她悲戚着,几乎是带着哭泣的声音自言自语:“如果当初无法遇见,是否永远也无法遇见;如果我们会感到遗憾,是否永远也不会有我们的永远……”

刘延烈半低着头坐在沙发上,他看着忧愁的郁红晓,一筹莫展。

房间里,一段长长的沉默之后,郁红晓擦干眼泪,转头看向刘延烈,说道:“我们出去透透气吧。”

斑马线两端的红灯停了又绿,绿了又红。过路的人一拨接着一拨从她的身边路过,唯独她站在路的边缘,脚底悬空了一般望着对面发呆。一辆火车头呼啸而过,随着“呜呜”的鸣笛声消失不见,斑马线两端的绿灯又一次亮起。郁红晓终究迈步向对面而去,只是当其他人见到有车辆右转时都停下脚步,唯独她依旧往前走,她的木讷引来人们异样的眼神。

在小车即将撞到她的那一瞬间,一只手猛地将她往后一扯,才让她幸免于车祸。当她抬眼,看到将自己从死亡边缘拉回来的人是刘子轩时,更加痛苦。刘子轩望着郁红晓,不知该说什么。他松开她的手,只是简短地说道:“走吧。”

郊外废弃的火车站轨道错综复杂,弯曲蔓延,头顶的电线层层交结,如同一张偌大的蜘蛛网。

刘子轩在前面快步走着,郁红晓紧紧地跟着。她想抬手抓住刘子轩的手,刘子轩没有给她机会,凝滞的气氛让人窒息。

纠结,惶恐,害怕,心疼,还有更多无法言语的情感,此刻都在刘子轩的心里交织起来,搅得他的思绪如同乱麻。他不想如此折磨自己,不管是要原谅,还是要有个了断,他都不愿有所保留,有所遗憾。

深吸一口气,刘子轩抬头看着蒙着一层云纱的天空,说:“晓晓……”

“嗯。”

“你知道暑假时,我为什么去加拿大吗?”

“嗯,你不是说,你爸妈闹离婚,你陪你妈去散心吗?”

“那你知道我现在的心情吗?”

郁红晓停了下来,转身看向刘子轩,“知道,肯定知道。不过那些过去的事情已经不重要了,我们……”

“当然重要!”刘子轩打断郁红晓的话。

“如果真的重要，那为什么在我最需要你的时候，联系不上你？我给你打了那么多电话，你一个都没有回我。你知道当时的我是多么害怕、多么恐慌吗？你根本就没有把我放在心上。”

“他们闹得不可开交，那些天我都快疯了……”

刘子轩突然说出的话，让郁红晓愣住了，所有动作随着他的话音停了下来。

冷笑过后，刘子轩转身继续顺着冰冷的铁轨往前迈步走着，郁红晓跟在他的身后，如同他手里的风筝一样，逆着风。

刘子轩突然停下步伐，仰头看着天空，语气悲伤地说道：“妈妈就像个傻瓜，维系了二十多年的家庭，终究还是土崩瓦解。当她在离婚协议书上签字的时候，我所有的思绪也随着那个已经破烂不堪的家一起倒塌。”

听到刘子轩的话语，郁红晓多么希望自己是个傻瓜，忘却爱情，忘却亲情。或者，做一只断了线的风筝，随风远逝。然而，郁红晓知道自己做不到，否则她就不会如现在这般痛苦。

“我不是故意不接你的电话，当时我的世界被我可怜的妈妈占尽，我花了所有时间陪她康复，希望她早日快乐起来。”

刘子轩说着，转身看向郁红晓。他希望她在听过自己的解释之后，她也能给他一个解释。告诉他，她是被逼无奈，让他原谅她。

郁红晓已经知道了刘子轩心里的痛，也知晓了刘子轩为什么没能接她的电话。但命运已然如此，又能怪谁呢？怪只怪她和刘子轩向来缘浅，奈何情深。怪只怪造化弄人，红颜薄命。

刘子轩见郁红晓并没有一句解释，拉着郁红晓的双臂，让她看着自己，冷笑着问道：“为什么到了这个时候，你还不向我解释？”

“解释还有意义吗？”郁红晓双眼泛红地看着刘子轩。在她看来，她已经不配得到刘子轩的原谅，再多的解释已枉然。

“为什么没有？你告诉我！你是被迫的！你告诉我！你应该尽早把你妈妈的事情告诉我，让我帮你，你就不会，你就不会，你……”刘子轩说着说着，眼泪情不自禁地流出。

郁红晓摇着头，抬手将刘子轩的双手放下，转身低着头，顺着铁轨继续往前走。她的悲伤只有自己知道，她的内心在这一刻不停地问，为什么刘子轩不早一些问这些话？可事情已然如此，再多的解释和乞求原谅，又能改变什么？时间不能倒流，我们无法改变历史。

望着她渐行渐远的背影，刘子轩慢慢地蹲下身，啜泣起来。他最终还是没能从内心去理解郁红晓，也没有足够的勇气去原谅郁红晓，给她一个机会，给自己一个机会，给他们一个机会。

郁红晓也哭了起来，在挣脱刘子轩双手的那一瞬间，她已经明白自己和刘子轩已经结束，不会再有未来。但是她却笑了出来，半哭半笑之间，说："昨晚我做了一个梦，梦见我长了一对翅膀飞在云的顶端。当我看见一片汪洋的湖面时，我身上的翅膀突然消失，我飘啊飘，坠呀坠，最终沉入湖中。我在深不见光的水底挣扎着，拼命地呼喊你的名字，可是，任凭我多拼命大喊，我的嗓子就是发不出一丝声音……"

刘子轩没有说话，他只是蹲着，抱头痛哭。

郁红晓没有再说下去，她从口袋里拿出一副红色手镯，放在刘子轩眼前那一根承载了他们许多快乐的铁轨上。那一副红色手镯是一年前，刘子轩送给她的定情之物。

"我们分手吧。"郁红晓终究说出了自己最不愿说的话，转身默默离开。

刘子轩望着铁轨上的那副红色手镯，哭得更加歇斯底里，最终变成一阵接一阵的呐喊。

一周后，刘子轩从刘毅珑那里收到了一封信，没有邮戳，也没有寄件人姓名和地址，信封上只简单地写着四个字：子轩亲启。

拆开信封，刘子轩一眼便认出信上是郁红晓的字迹。

小轩：

你最近过得好吗？我不是以这种方式来证明我的冰清玉洁，释怀不过是对煎熬的一种解脱，我一点儿也不伤怀。小轩，我真的好喜欢你，你是我悲苦生活中的一支欢乐剂。但是，当我第一次感觉到你拒绝我的时候；当我妈妈以自杀的方式结束生命的那一刹那；当我一个人蜷缩在黑暗的屋角流干眼泪的瞬间，世界上所有的丁香花都枯萎了，所有的鸟声都消逝了。我的记忆停留在这个阴霾的夏天，然后支离破碎。

我知道我该离开了，去重新找回属于我的快乐和梦想。谢谢你陪我走过最艰难的日子……

可是，小轩，我是多么的不愿离开你。

如果有下辈子，我们厮守到老吧。不，我没有下辈子，原谅我。

晓晓

刘子轩看着郁红晓的字迹，他能想象得出，在教室里带着眼泪写信的她是怎样悲痛的表情。他也能想象得出，她照顾病危的妈妈的情景，以及当她妈妈去世时，她抱着她妈妈的尸体痛哭流涕的模样。更能想象得出，她在学院高楼楼顶上，是多么绝望地朝楼下跳去。

黑夜的街道上，刘子轩冒着大雨，在街道上发疯似的奔跑着，他大声嘶喊，伤心欲绝，脑海中全部是和郁红晓在一起时幸福快乐的画面：在轨道上两个人牵着手一前一后的嬉闹；刘子轩骑着自行车载着郁红晓在林荫大道上欢快地游玩；在草坪上，郁红晓教调皮的刘子轩温习课堂知识……

"当天，我就看到了报纸上刊登的关于郁红晓在蓉大跳楼自杀的消息……"

米亚终于知道了在刘子轩的心里，曾经的悲伤到底是如何来的。她也更加清楚，自己为何无法得到刘子轩全部的心。毕竟那个自己永远无法替代的女孩，是用死捍卫了他们的爱情，而自己做的和她比起来，简直微不足道。

刘子轩看见米亚的眼神低迷下来，知道她的心里一定在想着什么。他抬手勾起米亚的下巴，让她看向自己，笑着说道："怎么了？是不是觉得知道了我的秘密，反而不是一件好事情啊？"

"嗯……我发现我和郁红晓比起来，太……"

"太微不足道了？"

米亚没有说话，眼神逃离刘子轩。刘子轩抿嘴一笑，将她搂得更紧一些，说："如果你们女孩子的心都别那么敏感，那这世界上，相信爱情的人就会变得更多。你信不信？"

"不是敏感，而是……"米亚想要极力解释，却又发现刘子轩的话无可反驳。内心的酸楚感若不是自己太过敏感的结果，那又是什么？虽然刘子轩已经多次说过，他们在一起要过的是现在和未来，和过去无关，但是女人天生喜欢和过去的情敌对比，情不自禁又无法抑制。

忽然，米亚翻身将刘子轩压在身下，吻向他。

刘子轩显然没有做好准备，他赶紧将米亚推开，笑着说道："喂喂喂，小家伙醒一醒，你要干吗？"

"我要给你盖章，我要你成为我的人。"

"来吧，来吧。我保证不动。"

刘子轩大笑起来，任凭米亚轻咬着自己的脖子。

米亚当即抬起头来，一脸委屈地望着刘子轩，瘪起嘴问道："你这是在报复我曾经欺负过你吗？"

看着米亚的反应，刘子轩笑喷，心想，女汉子吃起醋来一般人真是招架不住。罢了，他收起笑容，很认真地对米亚说道："曾经的刘子轩做过很多坏事儿，也不懂得照顾女孩子。现在，你是我想要去守护的人，是要用生命去呵护的人，所以我对你需要尊重。"

"老实说,你是不是吃多了腻了,对我乏味了?"说着,米亚抬手捏着刘子轩的鼻头。

刘子轩欲哭无泪,心想,八竿子打不着的理由也能扯到一起。刘子轩起身将米亚反压在身下,望着她,说道:"看来今晚不好好地安抚你一番是不行了。既然你如此盛情,那我就恭敬不如从命。"

刘子轩的话音刚落,米亚抬手将他放倒在一边,起身在他的嘴上亲了一下,变了卦,说:"强扭的瓜不甜,看你极不情愿的样子我也不勉强。反正你已经是我的人,我让你吃,你才能吃,不让你吃,你要是敢偷吃强吃,我必定废了你。"

"怎么废?"

"伤筋动骨一百天,不知道你的'小兄弟'折腰了,多久才会好?"说着,米亚的手已经放在了刘子轩的小腹上,嘴角泛起坏笑。

刘子轩赶紧抬手护住下半身,冲着米亚一笑,说道:"要废的话也要等我们儿孙满堂再说。"

"不,我得先验验货。"

"等一等,等……"

说时迟,那时快,刘子轩将米亚翻身压倒在身下,米亚不顾羞涩,强吻着刘子轩。两人火热的舌尖交织在一起,唾液和唾液之间传递着他们深情的缠绵。刘子轩的双手像一只觅食的鱼儿轻柔地游离在米亚的身上。

两个都有性爱经历但经验又不多的人,在鱼水之欢时那股饥渴,那种渴望,是振奋人心的。它会让每一寸肌肤的汗毛都立起来,让血液里的每一个红细胞都沸腾起来,让肾脏上的肾上腺素分泌加速。

望着米亚水嫩柔软的赤裸胴体,刘子轩用着各式各样的花招吸吮着。米亚看着这一切,眼神中流露出的渴望不比他少。她呻吟着,像是将心中典藏的歌曲以别样的方式哼出来,一次又一次地唱响。

米亚的脸蛋早已白里透红,像喝了一瓶顶级红酒,身体湿润而潮热。她翻身将刘子轩压在身下,两瓣红唇亲吻着他的嘴角和舌尖,恨不得将他的唾液和体内蠕动的水分吸干。她闭着眼,将红唇从他的脸颊移到两侧的耳根,然后像吸食着夏天快融化的冰棍,用整张潮湿的嘴包含着耳际,时缓时急地舔着。

刘子轩加重的呼吸声刺激着她,她的双手不再安分,左右开弓,摩擦着他健硕的胸肌。而她饥渴难耐的舌根仿如鸟喙,啄食着,吸吮着。

两人置身在甜蜜而欢愉的幸福之中,忘了窗外已是一片皑皑白雪。在他们的眼里和心里,他们所处的温度与环境恰如三月的丽江。

双眉紧蹙的米亚承受着久久未有的疼痛,然后在一次深呼吸中放松全身,将身体和刘子轩合二为一。两人紧紧抱着，跳动的心脏缠绵在一起。

米亚在想，郁红晓拥有刘子轩的时候，会不会和现在的自己一样？现在的她不应该对一个已香消玉殒之人产生妒贤嫉能之心。无法言说的心情化作一滴香泪迸出眼角，苦涩中带着满满的幸福。

见到米亚的眼泪，刘子轩心痛了，赶紧抓住她的手，轻声问道："要不，算了吧？"

"不！"米亚摇头，"我要让你真正的只属于我一个……人。"米亚说着，声音都变得颤抖起来。这种感觉太过奇妙，让人想要排斥，却又不想丢弃。兴奋让米亚忍不住开始喘息起来，当刘子轩完全占据她的身体时，充盈的感觉瞬间征服掉所有的道德，她的声音如一段高低起伏的蓝调让人着迷。她感觉整个人都突然松软下来，瞬间进入到一种虚无的状态，如同被无数只墨头鱼和蚂蚁吸吮着，让人欲罢不能。酥麻、触电、悸动的感觉让她忘记一切道德的束缚，与他尽情地融合在一起。

卡位、撞击、暴扣。

疼痛、兴奋、灵爽。

两人无数次的奢望和幻想，都在这一晚成为现实。初次在学校与刘子轩相遇的米亚，怎么也不会想到，有一天她会和那个曾经唾弃过的小破孩缠绵悱恻。而她更没想到的是，在幸福来得突然之时，刘子轩会选择离她而去。

Chapter 12 人生若只如初见

平生一顾重，宿昔千金贱。

故人心尚尔，故心人不见。

我一直在想和你离别与重逢的画面，

会不会也像某一部电影中感人的一瞬间，

不曾想千般事竟对一语无。

谁没曾想过，披上绚丽多彩的外衣，加冕成王。奈何琐碎的日常会击碎我们内心华丽的幻想，几番因果，蓦然回首处，笑看浮光掠影。

自从雷墨霖辞职之后，鞠香雅苑副总经理的位置一直空缺着。如果当初徐梦莲不走，米亚自然会选择徐梦莲来担任副总经理。在她和刘子轩发生了实质性的关系后，米亚开始考虑刘子轩的前路。她担心刘子轩的资历不及其他老员工，拔苗助长或许会带来一些争议。一番思索之后，她寻来大学时期认识的闺蜜谢丽娜做一个过渡。

此时的谢丽娜是一个自诩体重未过 65 公斤的胖妹子，如果以一种具象的物体来形容她的体型，那就是鸭梨。穿上收腰的工作服之后，她腰间的赘肉显露无遗，不过这丝毫没有影响到她胡吃海喝的爱好，经常以一句“人家只不过是体重超支那么一丁点儿而被打入凡间的天使，相信人家，有一天人家会轻得飞上蓝天，让你们顶礼膜拜”来麻痹自己和搪塞别人。一个星期的时间，谢丽娜便融入了鞠香雅苑的欢乐氛围之中，虽然她比不上雷墨霖的气质和姿色，但是她的乐天派性格，让她更能得到员工们的欢迎。一个月下来，她工作上的成绩有声有色，业务能力博得了众人的一致好评。更重要的是，她与人相处和善可亲，尊重每一位员工的需求，在她的带领下，鞠香雅苑恢复了往日安定团结充满生机与朝气的氛围。

生活就是人生宿命的现场演习，充满了各种各样的可能性。

刘子轩和米亚的感情在这一个月飞速进展，他们每天一起起床，一起上班，一起下班回家，一起做饭，窝在一起看影片，睡前憧憬着未来。更为特殊的是，两人在一起度过了一个无人打扰的春节。他们在爱情斑马线旁的合江亭放着烟花，在宽窄巷子里追逐嬉戏，在欢乐谷的云霄飞车上疯狂嘶喊，在青羊宫三清殿里的玉清元始天尊面前许诺着夙愿。如果可以，他们愿意一辈子不离不弃。

有的事情现在不做，就会被时间荒废掉。梦想并不是遥不可及，只需要勇敢地迈出第一步。

这句话一直激荡在刘子轩的脑海中，他一直犹豫着，自己该不该拾取梦想，筑建奇迹？一番挣扎之后，他觉得顺其自然最为妥当。计划赶不上变化，既然无法改变那就随遇而安。每天的工作之余，他不再琢磨剧本，吃过晚饭之后便陪着米亚看各类娱乐节目。米亚发现了刘子轩的改变，不免好奇地问他："最近都没有见你握笔，故事写完了是吗？"

"没有。我就是想多陪陪你。"刘子轩伸了一个懒腰，扭头看向已经搁置了不知多久都没碰过的手稿。

女人的第六感让米亚知道刘子轩的心里一定有事，她翻身坐起来，双眼坚定地望着刘子轩，说："我知道你疼我，不过现在我们是一家人，你有什么心事不要瞒着我，有困难我会帮你一起分担。"

刘子轩为米亚的顾大局识大体感到欣慰，他会心一笑，抬手捧着米亚的脸说道："真的没有。或许是因为最近工作繁忙，我有些累了吧。"

"是吗？那明天开始，我给你少安排一些事儿。"说着，米亚吃着零食，专心致志地看娱乐节目。

看着一心在为他考虑的米亚，刘子轩的心更加摇摆不定。有人说，人的一生能完成四件事就算功德圆满，那就是久旱逢甘霖，他乡遇故知，洞房花烛夜，金榜题名时。现在的他，似乎只差最后一件事没有完成。他劝慰着自己做人不可太贪心，所谓知足常乐，或许就是这个道理。内心的纠结让刘子轩仰头望着天花板轻声一叹，他完全不知道该如何做出选择，去面对自己的内心？而这种抉择，变得像石头一般压在他的心底，尤为沉重。他想，他和米亚的关系已经从情侣变成了一种责任的债权人。这种转变是可怕的，并不是说男人不应该负责，而是这个责任仿佛束缚了他的思绪和翅膀。

听到刘子轩的叹息，米亚回过头来，望着他，问道："你怎么还唉声叹气的，我总不能直接让你什么事都不做，就待在家里写剧本吧？那样老爸绝对不会同意我们在一起的。我们需要有一个过渡，等过了这个关键期，我会帮你安排你的未来。"说着，米亚一副楚楚可人的模样看着他。

刘子轩赶紧将米亚揽入怀里，安慰着她："谢谢你为我们的将来做打算，很多事情早已注定。如果你养着我，我倒觉得不适应，所以我……"

"好啦，我不要听你后面的油嘴滑舌。你的那些花言巧语，等我心情不好的时候，再说给我听吧。"米亚打断了他的话。虽然她嘴上如此说着，但她的心里还是美滋滋的。这就是女人，一个普通的女人最简单的心理。

可惜的是，当这种誓言成为一个包袱，随着时间流转越来越重地压在刘子轩的心口时，再庄重的宣誓也不过是过眼云烟。

在元宵节的前一天，思前虑后的米亚，以节假日工作量大质量要求高为由，擢升刘子轩为鞠香雅苑的另一名副总经理，和谢丽娜一起管理餐厅。任职的公告贴到餐厅文化展示区时，所有人一片惊讶，两名副总经理是他们没想到的设定。他们也没有想到刘子轩会从一名普通服务员一跃到副总经理，就连刘子轩也深感意外。他并没有十分高兴，反而压力重重。

站在鞠香雅苑的阳台上，刘子轩望着繁华热闹的宽巷子发呆。突然，他发现餐厅门口的一棵银杏树的枝丫上，冒出了幼嫩的新芽，似乎做好了迎接春天的到来。他思量着，挣扎着。然后，他拨通了徐梦莲的电话。

九眼桥桥楼上，刘子轩望着桥下潺潺流过的河水，长长地叹息一声。

站在他身边的徐梦莲是特意请假出来的，如果不是刘子轩说他要离开，徐梦莲是不会火急火燎地穿着工作服就出来见他的。当她得知喜欢的人即将远去，多年之后或许会变得杳无音讯，内心的不舍还是让她发现，再多的遗忘不过是自欺欺人。

"你……告诉米亚姐，你要离开了吗?"徐梦莲问道，也低头看向浑浊的河水。

"没有，我不知道该怎么开口。"

"你非得要走吗?"

"嗯，如果一直不离开这个是非之地，我害怕刘毅珑会再次拿我来威胁……那个人，我不想这样的事情再次上演。而且，米亚今天破格升我做副总经理已经触犯了一些人的利益，我不想让她和餐厅受到非议和损害。"

刘子轩的回答让徐梦莲深吸了一口气，一种酸楚感顿时冲上她的鼻头。徐梦莲告诉自己应该感到开心，因为自己是第一个知道刘子轩决定的人，那说明自己在刘子轩的心里还是有位置的。可是，刘子轩之所以选择第一个告诉她，只是因为刘子轩不知道如何向米亚道别，他想听听她的意见。

"你们女生的心底都柔软得像一汪水，我想问一下，换成你是米亚，我该怎么向你开口，你才不会伤心，不会恨我?"刘子轩一本正经地询问着徐梦莲。

他这一问，让徐梦莲顿然不知所措起来。她支支吾吾地回答着刘子轩："每个人不一样。就说我吧，如果热恋中的男友离我而去，我会恨他一辈子，不会再原谅他。"

听着徐梦莲残酷而又现实的回答，刘子轩竟然无以言对，轻声回答："知道了。"便不再吭声。他的脑海一片轰轰作响，害怕米亚和徐梦莲一样态度坚决，对他选择离去的行为产生恨意，并不再原谅他。

见刘子轩听了自己的回答后更加惆怅，徐梦莲强忍住眼眶里的泪花，逼迫着自己笑起来，转身抬手轻抚着刘子轩的肩，安慰道："放心吧。米亚姐那么爱你，一定不会像我这般小肚鸡肠，她一定会为你的梦想加油，一定会等你回来的。"

在刘子轩扭头看向她的时候，徐梦莲的心抽动了一下。她多想告诉刘子轩，如果米亚没有等他，她会等，不管天荒地老，不管海枯石烂。但她终究没有说出口。如果她这么去慰藉他，那么她就变成了一个口是心非的人，一个不值得信赖的人。她知道自己不再是幼稚的女孩，应该学会成熟，学会割舍。

"你会等我吗?"

刘子轩突然的问话，如同一颗石子猛地扔进渐渐恢复平静的湖水中一样，让徐梦莲的内心起伏难定。

"我不知道。"在徐梦莲的眼眶里强忍着的眼泪终于滑落了出来。

刘子轩见此，坦然一笑，抬手抹去徐梦莲眼角的泪水，说:"那等我回来的时候，你最好把自己嫁了，然后生一个叫我舅舅的小屁孩。"

徐梦莲的身体随着刘子轩的话音僵在原地，她的双眼忽然呆滞起来，原本兴奋炙热的内心瞬间凝结成冰，连呼吸的节奏都忘得一干二净。她不知道该如何回答他的话，背过身去，哭得梨花带雨，妆容都花了。

刘子轩并不是不知道徐梦莲对自己的心意，看着她渐渐蜷缩下去的背影，刘子轩的心口感觉到一阵抽痛。原本只想找个人诉说离别的痛苦，却没料想会变成对一个人造成感情的伤害，他最终只是留下一句"对不起，请珍重"便转身离开。

徐梦莲看着刘子轩渐行渐远的身影，瘫坐在冰冷的石板上。她坐靠在桥楼的立柱上，将身体紧紧地蜷缩成一团，哭出声来，看着刘子轩模糊的背影，大声喊道:"刘子轩，我恨你!"

一声惊雷唤来一场淅淅沥沥的春雨，杜甫草堂里的梨花在阵雨过后，瞬间开放。宽巷子的那一棵老樟树洗尽铅华，树叶变得翠绿不已。

当刘子轩怀揣着辞职信跨过宽巷子东口牌坊的门槛时，他的脑海里一片空白。在路过巷子里的老茶馆门前，他停下脚步。几个月前，老茶馆店里的老板娘泼了米亚一身冷水的一幕，闪现在他的眼前。望着前方不远处的鞠香雅苑，他竟然笑了起来。他是从这里开始踏上的新生，也是在这里拥有了人生的第一份工作，还在这里得到了米亚的爱情。他笑自己和米亚之间发生了太多难以忘怀的故事，让人难以道一声再见。

深吸一口气，刘子轩迈步走向鞠香雅苑，走向这个故事该有的断章。

鞠香雅苑二楼。米亚的办公室里，何善钦正坐在米亚的位置上，而米亚则是站在一边向他汇报着工作。楼下所有工作人员都忙碌着准备晚宴，入门之后的刘子轩径直往米亚的办公室走去。

他推门而入，见到米亚的位置上坐着何善钦，刘子轩愣了一下。他没想到，一个拥有蓉城第二大奢侈品卖场和众多房地产置业集团的男人，会坐在米亚的办公桌前。等缓过神来，他赶紧冲着何善钦点头问好："何叔叔好。"

"小伙子几年不见，俊朗了不少，颇有你老爸当年的风流样。"何善钦说着，哈哈大笑起来。何善钦其实知道刘子轩身上的遭遇，若不是当初刘延烈找到自己，刘子轩又怎会和米亚相识。不过，让何善钦没能想到也尚且不知的是，自己的女儿和刘子轩已在暗中交往。

一阵寒暄之后，何善钦将话题回到了正题上，将身前桌面上的一份劳动合同放在了刘子轩的面前，问："子轩，来鞠香雅苑多久了？"

刘子轩深吸一口气，应道："算上今天，整整八个月。"

"这八个月，你对自己的评价如何？"

"如果满分是 10 分，我给自己打 7 分。"

何善钦听着他的回答笑着点头。站在一侧的米亚用手顶了刘子轩一下，赶紧替他说道："何董，刘子轩这一年的表现十分优秀，而且业务……"

"等一下！何叔叔，您是这家餐厅的老板？"刘子轩果断地打断了米亚的话，疑惑不解地问道。

"我一直没告诉你，他是我爸。"米亚踩着小碎步挪到刘子轩跟前，挽着他胳膊，撒着娇对他说道。

听到米亚的回答，刘子轩的脑袋里嗡嗡作响。如果米亚是何善钦的女儿，那么自己依旧没有完全脱离刘延烈。他不敢相信这八个月来，刘延烈还干预着他的工作和生活。他不敢再往下想，目光犀利地看着米亚，将米亚的手从他的胳膊上扒下。米亚惊愕地看着刘子轩反常的举动，不甘示弱地再次挽上他的胳膊，然后隐蔽地在何善钦看不见的地方掐着他的肌肉。刘子轩没再去干扰，而是一脸严肃地看着面前的何善钦。

"你是如何看待公司升任你为鞠香雅苑的副总经理这件事呢？"何善钦站起来，从办公桌踱步到窗前，背对着米亚和刘子轩。

刘子轩再次想要拉扯开正攀附在他胳膊上米亚的手，撒着娇的米亚举起拳头亮在他面前。他毫不示弱，再次扒开她的手。他迈开步子走向何善钦，停顿几秒后，说道："谢谢公司的栽培，我想何董应该也知道我过去的事情，现在还能对子轩委以重任，子轩感激不尽。不过，我的选择在这里。"说着，刘子轩将辞职信从衣服内兜里拿了出来，双手恭敬地托在了何善钦的眼前。

他曾经想过千万遍，当自己将辞职信交给米亚的时候会是怎样的后果？但现在，将辞职信交给何善钦，他的心里多少觉得宽松了一些。当米亚看见刘子轩将辞职信递到何善钦面前时，她惊慌失措地抢过辞职信。当她看见"辞职信"三个字时，不禁瞪大双眼看着刘子轩，不敢相信他会如此对待自己，情绪激动地吼道："这就是你的选择？"

"对不起，我的确有难言之隐，让你们失望了。"

刘子轩不知道该怎么去面对米亚的责问，除了一句"对不起"他也想不出该和米亚说什么。话音刚落，他向何善钦和米亚鞠了一个 90 度的躬，转身疾步走出米亚的办公室。米亚在一阵愣神之后，追了出去，只剩下何善钦一个人望着桌面上的辞职信笑而不语。

米亚气的不是刘子轩选择辞职，她气的是自己居然不知道刘子轩的决定，他在这个时候选择抛弃了她。一种被欺瞒的感觉让她难以平复内心的愤怒，在她追上刘子轩之后，毫不犹豫地抬手将巴掌落在刘子轩的脸上。"啪"的一声巨响，顿时让热闹的大厅安静下来，忙碌的工作人员不约而同地冲着米亚看过去。安静的氛围只停留了一眨眼的工夫便消失不见，工作人员瞬即恢复了忙碌的气氛，她们小心谨慎地做着手上的每一个动作，生怕出错。

刘子轩没有生气，即便此时的他已经颜面扫地。在闭着眼应下米亚的一记耳光之后，他抬手把着米亚的手臂，对她说："对不起，之前没有告诉你我的决定，希望你能理解。"

"谁告诉你我不会理解的？"米亚吼了出来，泪水也跟着流出来。

米亚的吼声并没有让刘子轩意外和发火，他抬手捧着米亚的脸蛋，轻轻地拭去她脸上的泪水，平静地说道："我是真的爱你，所以……所以才不知道该如何跟你说。"

"所以你就打算这样先斩后奏？"

"对不起……"

"'对不起'三个字是在犯了小错误后才说的话，对于这么严重的错误，一句对不起是无法弥补的，你懂吗？"

"真的很抱歉，告诉你我的想法很容易，面对罪恶感却很艰难。谁不想自己的人生过得容易一点，我知道我挑了一条难走的路。"

"你说你有什么难处？"米亚情绪激烈地问着刘子轩。

刘子轩见大厅里的人们不时地抬头看向他们，于是，他将米亚拉到安静的后院。

"你也知道汉风集团易主刘毅珑的事情，你知道他是怎么得到汉风集团的吗？"见自己这一次真的惹恼了米亚，刘子轩不得已说出内心深处的疼痛。

"这个事和你辞职有什么关系？"

"他拿我威胁刘延烈才得到汉风集团的，我害怕……"

"你害怕什么？你不是有我，有鞠香雅居和我爸做你的后盾吗？你怕什么？”

米亚的话刚说完，一个做卫生的大姐提着拖把和扫帚走进了后院，她礼貌性地向米亚和刘子轩问好后，开始埋头打扫卫生。

“这样吧，我们晚上回去再聊可以吗？”

“好，晚上我找你算账！”

米亚气愤不已地哭着离开，她其实知道刘子轩的确有难言之隐，不过在爱情的那一面，她的自私暂时占领了理性。

米亚晚上回到家时，看到餐桌上刘子轩已经备好了丰盛的烛光晚宴，她二话不说紧紧地拥抱着刘子轩。良久之后，她从包里掏出一个精美的礼盒递给刘子轩，刘子轩接过后就要拆看，被她阻止：“现在不许拆，等你一个人的时候再看吧。”

刘子轩欣慰地在米亚的额头上，留下了一个深情的吻。

米亚直视着他，凶狠地说道：“你应该庆幸，你是把辞职信交给了我爸。否则，此刻你身上的零件早已被我一个一个地卸掉！”

刘子轩勉强勾起一抹微笑，说道：“我已经见识过你的功夫，让人望而生畏。”

“还有，你以后要是再敢背着我见徐梦莲，我一样把你大卸八百块！丢出去喂狗！”

说到狗的时候，山姆对着两人一阵狂叫，两人再次紧紧地将彼此拥在怀中。

“她都跟你说了什么啊？”

“她告诉了我，你离开的原因。她说得对，不愿失去，往往会彻底地失去，爱情需要等待，需要时间去印证。放你去一个不同的城市，看看不同的风景，或许并不是坏事。你追逐了梦想，见了世面，涨了知识，感悟着不同的人生，那时候，你应该会感激我吧。”

“那是当然。你也知道我家落到现在这个处境，不能全怪他，我也有责任。我需要证明自己的存在，未来怎么样我不敢去想，目前我没有什么可凭仗的，只有抑制不住的梦想。我要靠着这份热爱，这份虔诚，奔腾出一个理想的国度。如此，我对你的这份感激才会历久弥新。”

刘子轩的话刚落下，米亚深情地拥吻着他，两人在温馨的烛光前激情似火。

初春，二十四城的名畔湖已经变得绿意盎然，微风吹动湖水泛起层层涟漪，拍打着岸边的乱石。湖中央，米亚坐在游艇的后面，在一番沉默之后哭了起来。她嘴上说是理解他，可是一旦想着他就要离开，她还是忍不住想哭。

站在一旁的刘子轩望着湖边冒着绿芽的柳树，同样显得心情低落，眼神里尽是不舍。他听到米亚的哭声，赶紧转过身，走到米亚的跟前，抬手将她搂入怀中。

依偎着熟悉的胸膛，米亚努力憋住想大声哭泣的冲动，问道："你能不能不去北京？我怕你走了就再也不回来。"

刘子轩忍着内心的不舍，抿嘴一笑说："你好傻，我怎么可能会不回来呢？"

"前路漫漫，非恶即险，要不你就留下来，我让老爸给你想办法，实现你的梦想。"说着，米亚的手抓紧他的肩膀。

感到米亚手心传来的不舍，刘子轩苦涩一笑。他转移话题，问道："对了，你老爸姓何，你是随你妈妈姓吗？"

"是的。你别转移话题！你快回答我的问题！"

见没能转移米亚的注意力，刘子轩笑了起来，继而说道："人一生下来就注定会有跟自己命运相符的故事，我只不过是去寻找属于我的故事。别说非恶即险，就是粉身碎骨，我也要换一次空谷回音。我已经做好了迎接特写的准备，你就在这儿等我大红大紫地回来！"

"可是对于虾来说，大红大紫之日，便是大悲大哀之时。"米亚的话顿时让刘子轩开怀大笑，抬手在米亚的腰间不停地挠着。

一阵打闹后，米亚停止了攻击。她瞪大双眼看着刘子轩，故作生气地说道："你真坏！"

刘子轩瞬即停止手上的动作，和米亚并排坐下，装乖卖巧地问道："我有一个品德高尚的女人的故事，你要不要听？"

"嗯。我要听。"米亚应着，抬眼专注地看着刘子轩。

刘子轩坦然一笑，说："泰戈尔在那个故事里说，看到一个品德高尚的女人挥动着一把扫帚，就会觉得那扫帚的每一部分在我们眼前闪着像太阳一样的光芒。"

听着刘子轩准备讲述故事，米亚趴在他的肩膀上，温柔地仰看着他，专注地等着下文。可是等了一小会儿，刘子轩除了低头看向自己之外，没有再继续说下去。

"完了？"米亚好奇地问道。

"讲完了。而你，就是我眼中的那个女人。"刘子轩说着，抚摸着她的刘海，眼睛笑得眯成了一道缝，一副幸福的模样。他问道："对了，你的梦想是什么？"

米亚思索了一会儿，翻身枕着刘子轩的大腿，望着红彤彤的夕阳，说："我的梦想，就是找一个像泰戈尔一样的男人。"

应着她的话音，一架飞机从天空中飞过。再多的不舍也必须要学会放手。

次日，刘子轩在天刚擦亮时，在熟睡的米亚额头留下一个吻，起身带着山姆一道离开。当米亚起床，看着餐桌上一如既往摆着的爱心早点，却找不见那个挂着围裙的男人和山姆时，她蹲在地上，放肆地大声哭了出来。

“小轩！”从梦中惊醒的米亚突然坐了起来。她额头上的冷汗，昭示着她梦见了刘子轩不辞而别的那个早晨。

谢丽娜虽然是个胖子，却没有嗜睡的习惯，已经早早地去了鞠香雅苑。

一个人望着空洞的房间，米亚抬手撑住额头，手心传来的冰凉让她叹息一声。她在床上傻坐了一会儿，动作利索地盘起头发，慵懒地下床拉开窗帘，对着窗外的府南河沿街伸了一个懒腰。

“难道三年过去，对他还无法忘怀吗?”慢慢放下手，米亚自问起来。三年的时间说长不长，她自诩是能够忘掉刘子轩的，然而她发现这种自欺欺人的感情，如同窖藏的酒一样，时间越久，越是醉人。米亚猛然摇了摇头，深吸一口气，努力让自己清醒起来。她没有太多的时间去回想过去，也不敢让自己继续活在回忆之中。

何善钦的电话在这个时候打了进来，不过米亚看到手机上闪烁着电量不多的提示，选择了直接挂掉，然后发了一条“手机没电，晚点打给你”的短信，算是回复。

等她简单的洗漱之后，准备出门时，看到手机上何善钦发来的回复:“别忘了和陆思涵的约会。”

在何善钦看来，身为“富二代”的陆思涵，家产虽然和何家不分伯仲，但两家如果成功联姻，话题自然不少。强强联手之后，集团的市值到时又会攀升不少。不过米亚对这样的商业联姻没有兴趣，或者在这一刻，她心里明白，她的心仍然只属于刘子轩。没有回复他的短信，米亚直接选择了关机，然后走出房间。

刚打开房间大门，米亚撞见了精心化过妆容的徐梦莲。徐梦莲的手正悬在隔壁房间的房门前，准备叩下去，在她见到米亚的瞬间，立即收回手，没有敲响那扇房门。

米亚见到徐梦莲，打趣地调侃起来:“是谁这么大牌，居然让我们的徐副总经理亲自上门伺候?”

如果是以前，徐梦莲会用调侃的语气回应米亚，但这一次她只是轻轻一笑，解释道:“是一个难缠的客人。昨晚他喝醉了酒，把一房管给打了，我是过来赔礼道歉的。”

米亚没有多问，笑着问道:“我们好久都没有一起出去走走了，周末你有时间吗?”

“周末?”徐梦莲想了一下,应道:“这周好像不行,有一个集团公司的会议要接待。”

一听徐梦莲没有时间,米亚只好叹息一声,耸了耸肩,失望地说:“好吧。你忙,改天约,我走了。”然后她便往下楼的电梯处走去。

直到电梯门合上的声音在走廊响起,徐梦莲才松了一口气,抬手叩响那扇房门。

应着徐梦莲的敲门声,房门过了一会儿才打开。开门的不是别人,正是刘子轩,刚苏醒的他一边将衬衣往身上穿,一边笑着对徐梦莲说:“这么早?”

有了家室的徐梦莲,在男女感情面前依然保持着人的本性。在面对米亚时,她的自私让她选择了撒谎。她害怕三年之后,刘子轩和米亚在自己的面前重逢,那对自己来说是一种无法形容的打击。

“早餐已经给你准备好了,需要我给你送上来吗?”

“不麻烦你了,我自己下去就好。”

“什么?”徐梦莲的注意力显然被刘子轩的人鱼线吸引住,没有听清他对自己的回应。这还是她第一次如此失态地看着刘子轩。她发现刘子轩有着自己老公没有的小麦肤色胸脯和八块腹肌。人就是这样奇怪的动物,未得到过的东西一定是这个世界上最美好最迷人的东西。徐梦莲的注意力一直放在刘子轩的身上,许久都没能抽回神来。因此,刘子轩的呆滞她没有注意到,米亚回到她身后的脚步声她也没能听到。

直到米亚惊讶地喊出一声:“小轩?”徐梦莲这才慌了神地回过头来,有些不知所措地问道:“米亚,你不是走了吗?”

话音未落,徐梦莲发现自己的惊讶显得那样的虚伪和做作。时空仿佛在这一刻凝滞下来,让人窒息的空气缠绕着三个人,彼此的沉默让他们感觉到呼吸困难。米亚未曾想到,徐梦莲会这样对待自己。她也从未想过,她会在没有预料的情况下见到刘子轩。

惊恐和伤心这两种情绪交织在一起,让她选择了逃避。掉头离开是她唯一的选择,她的手指不停地按着电梯里的关门键,不给刘子轩一丝追过来的机会。直到她从还未完全合上的电梯门缝,看到了刘子轩惊慌失措的样子,同时听到了一声许久都未听到过的“米亚”,让她忍不住哭了出来。

徐梦莲听到刘子轩对已经离开的米亚声嘶力竭地嘶吼,看着他慌张地冲向楼梯,她终于发现自己的自私在这个时候深深地伤害了三个人。一种背叛婚姻的感觉出现在她的心里,如同死神的镰刀一般收割着她的心。徐梦莲明白,她的身体虽未出轨,但她的思想却已经背叛了丈夫。

刘子轩不会去想徐梦莲此刻在想什么，他也管不住徐梦莲在想什么，会做什么。他只知道自己见到了米亚——那个让他朝思暮想的女人。他无论如何也要拦住她，告诉她，这三年来他有多么地想她。当他冲到酒店大厅，在来来往往的人群里搜寻着那个熟悉的背影，却怎么也没有寻找到她，他失望地停了下来，米亚已经消失得无影无踪。

“小轩。”徐梦莲在他身后有些怯弱地喊道。她的声音让刘子轩从气愤之中回过头来。“早餐……”

“我需要借你手机一用。”刘子轩的话冰冷得让徐梦莲有些茫然。

“手机。”在刘子轩再次提出要求时，徐梦莲才恍然大悟。徐梦莲快速掏出手机递给他。

刘子轩拨出米亚的手机号码，语音提示对方已关机。他无奈中挂断电话，将手机还给徐梦莲，一句谢谢也没有说，便朝电梯间走去。徐梦莲紧紧地握着手机，神情呆滞地站在原地，听着他仓促的脚步声渐行渐远。直到她尖锐的指甲掐入手心，那一丝麻木的疼痛流窜全身时，她才痛得流出一行泪。

洗漱完的刘子轩，一番装扮后来到大厅，刚好撞见徐梦莲在列队训话。他远远地看着情绪低落的她，觉得自己太过残忍。他残忍地享受着一个女人对自己的爱，却忘记这个女人对自己用情至深。他不擅长拒绝女人，说不出“我们最好只做普通朋友”之类的话。他掏出手机，给徐梦莲发了一条道歉的短信，然后匆匆离开酒店。

望着眼前的府南河，听着潺潺的水流声，刘子轩抬手拦下一辆出租车，往宽窄巷子的鞠香雅苑而去。

在鞠香雅苑门口，值班的谢丽娜一眼就认出了刘子轩。两人寒暄一阵后，刘子轩直入主题，向她询问米亚的情况。在得知米亚此刻在春熙路，刘子轩未获得详细地址便急忙朝着春熙路而去。

春熙路和与三年前相比，变化很大，至少刘子轩下了出租车之后，发现自己对这个曾经了如指掌的地方有些摸不着北。或许是因为地铁 2 号线的四个出口改变了这里的地貌，也改变了这里临街商铺的位置和川流不息的车流方向。

看着既陌生又熟悉的环境，刘子轩觉得，假如时光真的可以回溯该有多好！

高楼林立，车水马龙，熙熙攘攘，眼前一片梦幻般的城市繁华美景。刘子轩没有停下脚步来欣赏蓉城最喧嚣的美景，为了寻觅到米亚，他一刻不停地在春熙路的茶楼与咖啡馆之间寻找她的身影。人潮车流中，他的身影愈发寂寥，脚步越来越沉重。路过的一个背影、一个侧脸他都不放过，三个小时里，他足足找了三十多家适合商务谈判的场所，却未能寻觅到期待的身影。此时他也早已饿得头晕心慌。

龙抄手是春熙路的特色餐厅，几年前的刘子轩会为了吃上一碗地地道道的龙抄手去那里排队候场。刘子轩围着利都广场转悠了半天，也没能看见熟悉的招牌，转而向街道上巡逻的警察问起路来。可笑至极的是，他作为一个老蓉城人，却要在自己的故乡问路，这是多么大的一个笑话。

让刘子轩意外的是，龙抄手在这个时间依然满座，在前台等待的食客已经排队到大门口。这里的服务员大多是中年妇女，她们手脚麻利地收拾出餐桌，给拿号等待的下一桌客人。这里有着地道的蓉城吆喝，上餐的妇女并不会矜持地沉默着对号寻找顾客，反而会扯开嗓门大吼着："48号的红油抄手，微辣。"她的声音穿透整个餐厅，没有人会觉得喧闹。

当老麻龙抄手端到刘子轩面前时，脸大的圆碗里装着至少三十个酱肉抄手。他迫不及待地拿起筷子尝了起来，还是原来的配方，熟悉的最本真的老蓉城味道。

或许时代变迁改变了这座城市的容貌，却依然改变不了蓉城人对美食吹毛求疵的情怀。他喜欢蓉城，因为这里处处充溢着爱憎分明的高情厚爱，犹如这碗龙抄手，虽麻辣热劲，但每一滴汤入到嘴角时，都让人感觉津津有味唇齿留香。

陋室茗茶馆躲在春熙路不着眼的幽静之地，在这栋古色古香的老房子里，来这儿品茗的都是熟客，静谧中享受着一份将心妥帖安放的自然。

米亚和陆思涵的约会就安排在了这里。两人依窗对坐，米亚喝着绿茶，喝绿茶的这个习惯是受刘子轩根深蒂固的影响。她对面的陆思涵则喝着一壶陈年老普洱。

"说吧。我们如果结婚，对我们两家有哪些好处？"

米亚开门见山的话让陆思涵大吃一惊，他完全没料到米亚是如此直言爽快的女孩，倒靠在椅背上忍不住笑了起来。

"这话有什么好笑的吗？"米亚说着，扭头看向了窗外。

陆思涵收起笑声，坐正上身后，说："我从未想过米小姐是一个如此爽快的女孩。说实话，我没有心理准备。"

从窗外的美景收回视线，米亚白了陆思涵一眼，显得有些不耐烦地说："一场商业婚姻，没有感情前提，干吗不直接点儿？时间就是性命，无端地空耗你的时间，无异于谋你财害你命。"

"如果我说，我要的不是商业婚姻呢？"陆思涵说着，将身体往前倾了一些。

米亚顿了一下，沉默了一刹那，坦然一笑，站起身说道："现在都什么时代了，已经不流行包办婚姻了。我之所以前来，是不想伤了我家老头的心，也不想败了两家的和气。既然你也不喜欢这样的婚姻，那正好，我们可以回去复命了。"

"可是，我没有说过我不喜欢你，更没有说，不希望和你共结连理啊。"陆思涵站了起来，伸出左手拦住米亚，继续说道："我们虽然算不上青梅竹马，但从小认识，我出国较早，未能早日追求你是我福浅。不过当下有当下的美妙，如果我们结合在一起，爱和家族才有所附丽。"

那一瞬间，米亚整个人都凝滞在那里，没有一丝的反应。她多么希望说出这一句话的人是刘子轩，可现实却是另外一个男人对她说出这番话，一个自己丝毫没有兴趣的男人。回过神来时，她不禁有些不高兴地看向陆思涵。

"我们第一次相亲你就说你喜欢我？感情需要两颗心真诚相待，而不是一个人对另一个人穷追不舍。"米亚说出这句话时，嘴角瞥向一边，笑了起来。

她的轻蔑并没有让陆思涵感觉到不舒服，反而严肃认真地点头应道："或许你会觉得我有些轻薄，不过我的确喜欢你。我希望能得到一个追求你的机会，也希望你能给你自己一个机会。"

"可惜，我没想过要给自己任何机会。"

"那我会等，等那个人完完全全地从你的心里消失。"陆思涵的心里其实并没有足够的勇气去等待她的答应，他知道，米亚能够等待一个人三年，那个人必定不是仅凭他几句话就可以取代得了的。

米亚从这句话里听出些猫腻来，如果眼前这个男人对她没有一丝的了解，又怎么会说出这样的话来？不过米亚暂且不想知道，他对她了解的来源是从何而来？她微微一笑，深吸一口气说道："那你就磨炼好性子，慢慢等着吧。"说完转身离开茶馆。

陆思涵虽然觉得米亚依旧高冷得让人无法靠近，但他还是爽朗地笑了起来，因为米亚愿意让他等待，这就是一个机会。

米亚不是不知道这样让他等待回应，会给自己带来怎样的结果。虽然她的心里比谁都明白，她的心永远都不会再给刘子轩之外的任何一个人。可是，她已经不再奢望与刘子轩重新开始。生活仍要继续，她只能带着自私，给对她射出丘比特之箭的陆思涵一个等待她的机会。

未来的生活不知道是什么样子，就如同当初刘子轩离开自己的时候，她也不知道这三年的自己会变成什么样子？但这三年的时间，她还是撑了过来。除了身后拖着的那道长长的影子，就只有孤寂和苦楚做伴。当她看着他人成双成对地出入时，倍感伶仃的心又怎能不泛起一丝波澜。可是为了刘子轩，她依然选择用时间去守护、去寄望。她突然在这一刻，有一个强烈的愿望，想要知道这三年里，刘子轩在北京的生活是什么模样？

人生若只如初见，何事秋风悲画扇。等闲变却故人心，却道故人心易变。

或许，只有当她知道他在这三年里过得怎样，她才能真正地从过往离开，开始新的生活。

Chapter 13 ······ 异想天开

维持一个人生命的事物，

是他的事业与梦想。

所以，

我坚信每个人都是一个与众不同的世界，

我只想努力地演绎自己的精彩。

离开，是每一段旅途注定的宿命。除了依依不舍，把那些美好的事物珍藏于心，算是对再见的另一种形式的注脚。男人的离开，无非两种原因。一是厌倦了，一是满心期待。如果厌倦了在一起的时光，就算给他越光宝盒，他也不愿意回到那段记忆之中去做改变。如果分离是为了给梦想装饰上飞翔的翅膀，热血的青春，壮志的豪言，无所谓的失败，会与曾经唯美的时光镌刻在一起，下一次再见时，嬉笑怒骂间，一起分享岁月在我们生命里留下的纯真和绮丽。

2011 年的初春，和米亚不辞而别的刘子轩带着修修补补的剧本手稿，带着米亚的照片，带着他的“伴侣”山姆，带着简单的行李和一张尚待编织的梦想之网乘上前往北京的火车。坐上火车的刘子轩第一时间从背包中拿出一天前米亚送给他的礼物，解开精美包装上的彩带，顺着纹理拆开包装纸，映入眼帘的竟是电影馆丛书之一的《伯格曼论电影》。刘子轩愣了神，不敢相信米亚给自己送的临行礼物会是一本绝版了的爱书。回过神后，他激动地拿出书轻吻着封皮。

刘子轩缓缓地打开书，看到了自己熟悉的隽秀字迹，以及伯格曼的名言：“你没有过去，因为你的过去不曾发生；你也没有未来，因为你的未来已经过去了；你不可能变老，因为你从未年轻过；你也不可能年轻，因为你已经老了；你不会死亡，因为你没有生活过……”刹那间，一股电流流窜至刘子轩的全身。以自己对米亚的了解，她还会有更大的惊喜。果然，他将书裹成一个圆筒的形状，在下侧便看到了一个加粗过的名字，不是本来的伯格曼，而是如今的刘子轩。看至此，他赶紧将书翻到最后一页，再次看到了熟悉而又隽秀的一行小字：“如果您拾到这本书，请一定要拨打下面的电话。”下面落款处写着他的姓名和电话。

刘子轩合上书，一行泪默默地从眼眶流出，他想，自己的内心期冀和孤独唯有米亚能懂。她不知道自己为何对这本书情有独钟，但她知道这本书一定是自己的精神家园，仿如自己是她的归宿，有了这个归宿，她不再感到孤独、彷徨。

思及此，刘子轩掏出手机拨出米亚的号码。手机接通后却一直处于无人接听，于是，他给米亚发了一段很长的短信，告诉米亚自己有多思念她，让她不要担心他，要照顾好自己，还有她送的礼物，自己很喜欢。发完短信后，刘子轩捧着手机等着米亚的回电，结果这一等便到了重庆北站。

下车透气的刘子轩再一次拨通了那串数字，手机的另一端依然是无人接听。刘子轩想，这个时间她一定还在接待重要食客。有些焦急的刘子轩边安慰自己边重新上了车。本想趴在卧铺外的板桌上小憩一会，然而让他没想到的是，当他在汉口站醒来时，他发现自己口袋里的手机不翼而飞。在询问了同车厢的旅客和负责该车厢的乘务员后，未能得到答案，寻觅到手机。此时的刘子轩脑海里突然涌出“出师不利”四个字，他被这四个字冲击得有些沮丧，情绪也有些激动，但很快他又平心静气地调整着气息。随后，借来乘务员的手机准备再次给米亚打电话，可是当他输入四个数字后，竟记不起后面的数字，这时他才发现，原来自以为是的了解米亚，竟败给了一串数字。

整整一晚，刘子轩无心安眠，哐当哐当的火车声就像打翻了他心里的五味瓶，彻底不是滋味。

大约经过二十来个小时的行程，次日上午，刘子轩抵达了北京。他不记得这是自己多少次踏上这片热土，但他清楚，这一次和以往不一样，他是带着奔腾的心，遵从梦想的力量来的。或许因为心中早有的期待，刘子轩走出北京西客站，招了一辆出租车直奔北京电影制片厂。

作为一个国家的首都、政治中心，一个举办过奥运会的城市——北京，就是这座城市，让刘子轩触动不已。“北京，我来了！”这是每一个北漂的逐梦人站在天台上都会呐喊的话。他们以为只要自己努力就能融入这座城市，让这座城市接纳他们，可以在这里为艺术为理想而拼搏。可理想很美好，现实却很残酷，它并不会因为他们的一句豪言壮志就对他们另眼相看。

如刘子轩想象的那般，北京电影制片厂门口挤满了前来追逐电影梦的人，他们当中既有从全国各地影视艺术院校毕业的落魄才子佳人，也有出演过一些影视剧而脸熟的特约演员，但更多的是和刘子轩一样无背景无关系，却最需要机会，迫切想要出人头地的普通群众，俗称“死跑龙套的”。

这些人为何是直接来北京电影制片厂，而不是找一家影视公司或者报考专业的电影学院或相关的进修班学习呢？原因很简单，那是因为任何行业都得从基础做起，影视行业也不例外。更何况刘子轩很清楚，大学中途辍学的自己一没有家族行业背景；二没有亲戚朋友领他走一程，他只能靠自己一点一滴地去了解、积累，所以再三思虑后，他知道自己也得从“死跑龙套”的做起，其余后话再思量。

刘子轩站在北京电影制片厂大门对面的马路牙子上，望着来来往往热闹的人群傻笑，他觉得自己离梦想只有一条街的距离。脚边的山姆安静地蹲着，吐着长长的舌头眨巴着眼睛不停地往四周张望。

刘子轩看着眼前的一切，幻想着某一天的自己，喝着新茶吃着零食，坐在监视器前看某大牌明星演着自己写的剧本，头也不抬地指着身边的现场副导演说："去，指导一下，虽然没有特写，也要让背景里的群众演员演出角色的味道来。"说完后又专心致志地翻看着剧本。

肚子不合时宜地"咕噜"叫了几声，将他从幻想中拉回现实。回过神来，他低头看向山姆，蹲下身来摸着山姆的头说："看来我们得先找个住的地方才能考虑其他的事啊。"仿佛是为了应刘子轩的话，山姆竟高兴地"汪汪"叫了几声。刘子轩见此，脸上不由得露出笑容，如同二月的太阳一般，温暖却不刺眼。

在北京电影制片厂附近的一家商务酒店安顿好后，刘子轩买了一个便宜的手机，办了一张北京手机卡，然后找了一家网吧，通过 QQ 联系上了米亚，并告诉了她自己新的电话号码。很快，米亚的电话就打了过来，电话里急切的声音让刘子轩心里暖暖的。他将路上和在北京发生的情况告诉了米亚，并一再诉说自己的相思之苦。米亚也是哭诉着一个人的日子有多么难熬，这两天就仿佛两年般漫长，她很想念他，也害怕以后的日子如果没了他，自己该怎么继续生活。刘子轩听着米亚说的一字一句，一边安慰着米亚，让她照顾好自己，一边又是深情的告白："如果我是一个浪漫主义画家，我要把一切关于对你的念想画在漫天星光的天空上，像神笔马良的画笔画出我对你的爱！但我不是画家，只能借助一个普通的手机用平庸的语言道出我对你的爱，没我在你身边，你要照顾好自己，要好好爱自己。"米亚听着这番告白，顿时感动得泪流满面。

此刻，漆黑的夜空只有寥寥数颗星星在闪烁，那微弱透亮的白光，仿佛是在为地上的一对人儿传达对彼此的眷恋。

在商务酒店过渡了几日后，刘子轩在一个操着西北口音的中介大哥的帮助下，在北京电影学院对面的蓟门里小区找到了一间合租房住了下来。

蓟门里小区是一个 20 世纪 90 年代中期基建的老房子，刘子轩所租住的房子是一个由一室一厅改造而成的三室，属清水房无装修。他的房间是三室中最小最暗的一间，只有十一二平方米，除了一张单人弹簧床和简易的书桌外，无其他配置。刘子轩之所以选择合租这般老旧的房子，一方面是经济缘由，另一方面是因为这里让他想起了在强制戒毒所的日子。同样的高墙，同样的混凝土建造而成的阴暗窄小屋子，但那里却要比这里残酷得多。除此之外，还有一个更重要的原因，那就是这里与北京电影学院仅隔着一条小月河。

躺在床上，看着一层层已剥落的天花板，刘子轩想起了在戒毒所的日子。那是另一个世界，不明白那个世界规则的刘子轩成了经常被欺负的对象。

这些肉体上的伤痛刘子轩都可以忍受，只有毒瘾发作时如同万只蚂蚁在全身噬咬般的痒痛，让他生不如死。即使是受这样的折磨，他也没有怪别人，好在他坚持了过来，获得了重新开始的机会。也正是这段经历，让刘子轩脱胎换骨，知道了珍惜生活，也明白了人生的意义。

在交完房租及购置完所需的日常生活用品后，刘子轩去了银行，在ATM机上查询着卡里的余额。看着显示二万一千多元钱的金额，刘子轩不禁有些犯难："两万块能做什么呢?"自己才到北京啊！这个数额也就意味着他只有半年的时间，要在这个地方创出一番事业。

山姆和刘子轩在一起久了，有了灵性，此刻感觉到刘子轩的话语中掺杂着复杂的情绪，不由得哼唧着低下了头。听到山姆的哼唧声，刘子轩调整了一下自己的情绪，蹲下身来摸着山姆的脑袋，微笑着说："山姆你放心吧，我饿自己也不会饿你。走，我带你去吃大餐！庆祝我们即将开始的美好生活。"

即使眼前有困难，刘子轩也依然保持乐观的心态。因为他既不知道也不愿多想还未发生的事情。山姆是他在这里唯一的亲人，所以他不会让它挨饿受苦。

虽然说是大餐，但最终也只是带着山姆在小区里寻了一个成都小吃馆，要了一个大份的回锅肉炒饭，一人一狗对半分。一开始山姆不愿意吃，抬头安静地望着刘子轩。直到刘子轩对山姆一顿安抚后，这才哄得山姆开始吃饭。

晚饭后，刘子轩带着山姆溜达，想着自己的处境，他不由得拨通了米亚的电话，把这些天遭遇的点点滴滴一五一十地告诉了米亚。电话那边的米亚认真地听着，不知不觉地窝在沙发上睡着了。刘子轩对着电话叫喊了数声米亚的名字，却一直没有听到米亚的回答。反而是听到了电话里传来的娱乐节目中主持人说的冷笑话，刘子轩猜想米亚是在敷面膜，没来得及回应，于是挂断电话，给她发了一个晚安的祝福，便回了所住的小区。

回到出租屋洗漱完毕的刘子轩躺到床上时，发现已经是深夜11点。隔音效果不好的承重墙，阻隔不了隔壁房间传来的争执声。随即，这种争执声变成了吵闹声，接着，是东西摔碎的声音，然后又响起一个男人愤怒的声音："你整天想着钱，有本事就自己去赚啊?！钱，钱，钱，没钱人难道就不活了吗?"

刘子轩好奇地倚在门壁上，望着从隔壁房间逃走的女人背影。自然的卷发散落在肩上，曼妙的身材在紧身衣的包裹下更显体形。女人孤单的背影让刘子轩更加好奇，更奇怪的是，他觉得她似曾相识。当女人回头的那一瞬间，刘子轩才恍然大悟，这个女人和郁红晓有几分神似，都是那种既清雅脱俗又超级性感的女生。只可惜昏暗的过道没有灯光，出口处透进来的一丝街灯光亮，也没有照出女人清晰的样子。很快，"哒哒"的高跟鞋声和女人的抱怨声渐渐远去，女人拧开大门走了出去。

突然，隔壁房间的门打开了。一个穿着单衣和四角裤衩，脚上穿着一双棉拖的学生模样的年轻男孩从房间内走出来，站在过道里抽烟。

刘子轩看到他的第一眼，就被他愤怒之中的幼稚给吸引住了思绪。

男孩见刘子轩看着自己，赶紧弯腰赔笑道："不好意思，大半夜的吵着你了吧。对不住了，来，抽根烟。"说着，男孩顺手从随手的烟盒里弹出一支烟，递到刘子轩跟前。

刘子轩摆了摆手，他在男孩将烟装回烟盒的空隙，好奇地偷瞄了一下他的屋子。十几平方米左右的空间里，摆着一张床，一张圆桌，两张椅子。除此之外，还有一台电脑和一台电视机。不过电视没有打开，昏暗的屋子里唯一的光亮就是床前木桌上电脑屏幕发出来的光。借着光亮，刘子轩发现男孩的房间一片狼藉，地面上是摔碎了的玻璃水杯残碴和烟头，衣服则随意地搭在椅子上。

男孩似乎注意到了刘子轩的目光在打量自己的房间，有些尴尬地冲刘子轩一笑，然后伸出手，友好地介绍自己："你好，我叫程静波。在北京邮电大学上大三，你呢？"

刘子轩看着程静波刚拿过烟的手，犹豫了一下，不过，还是应了上去。他坦然一笑，说道："你好，我叫刘子轩。"

刘子轩不知道该怎么介绍自己，因为自己在这里还没有一份正式的工作，他的北漂来得太过突然，甚至连自己的梦想如何升起他都不知道。一阵尴尬地闲聊后，刘子轩并不想和程静波继续聊下去，托词说自己明天还要找工作，于是对程静波说了晚安，回了自己的房间。

在昏暗的房间里，刚躺下的刘子轩听着隔壁程静波上床时响起的嘎吱声，脑子里想的不是米亚，也不是自己在这里的梦想，而是从程静波房间跑出来的那个女人。刘子轩也不清楚自己为何会莫名其妙想到她。他翻过身，面对着冰凉的墙壁，不知所然的一笑，这才闭眼睡了过去。不过很快他就醒了过来，也不知道自己睡了多久，睡得都有些迷迷糊糊，突然，他猛地坐了起来。他的动静让趴在床边的山姆也惊醒了过来，那双泛着绿光的眼睛好奇地看向刘子轩。

刘子轩习惯性地伸手去开灯，摸到了开关，却没能把灯打开。听着"啪嗒"的声响，他才想起灯泡已经坏了，自己还没来得及换新的。

没有了睡意的他，伸了一个懒腰，翻身下床，带着山姆出了门。

凌晨4点的街道，只有少量的车子在行驶，白天的喧闹繁华也不存在，有的只是昏黄的灯光和看不到头的黑暗。站在蓟门桥上，刘子轩往三环路的东边看去，发了一会儿呆，然后转过头来又朝南边看去。他不知道自己在找寻什么，愣了一会儿后，最终还是迈步往前走去。

他不知道自己要走去什么地方，抬头看着北京灰暗的夜空，不知为何，他忽然就笑了。然后，他继续往前走。慢慢地，他举起了双臂，如同要拥抱这个城市一般。山姆紧紧地跟着他，眨巴着一双眼睛不停地张望着这个陌生的城市。

刘子轩一直没有停下来，他不知道自己走了多久。直到天已经大亮，路上的公交车已经多了起来，他才感觉到一双脚有些疲惫，这才停了下来。此刻，他站在天安门广场前，在他眼前不远处，镌刻着“人民英雄永垂不朽”的人民英雄纪念碑在晨光里闪耀着金色的光芒。

看着广场上熙熙攘攘叽叽喳喳的游客，刘子轩自言自语道：“7点了吗?”他不禁笑了起来，站在广场西侧路上，静静地等候着国旗升起的时刻。不过山姆对这番景象貌似没什么兴趣，远处飘来的香味让它起身离开。

山姆的离开，刘子轩并不知晓。直到国旗护卫队的战士迈着整齐划一而又铿锵有力的步伐从天安门出现，刘子轩抑制不住激动的心情想向山姆表达时，他才发觉山姆不见了。山姆对于刘子轩来说，不仅是他在这个城市唯一的依靠，也是他对米亚爱情的一种寄托。山姆的消失顿时让刘子轩慌了神，他也顾不上再看庄严的升旗仪式，忙不迭地问着旁边的人，有没有见到山姆的踪影。

几经打听，徘徊在绝望边缘的刘子轩在广场东侧一个卖早餐的摊点前，找到了正低着头吃着卷饼的山姆，而在它的身边，坐着一个女孩。女孩梳着一个马尾，穿着一身干净利落的运动装，正安静地吃着早餐。刘子轩走近女孩身边，在见到她那一张乖巧可爱的脸蛋时，他愣住了，整个人如同失了魂一样看着女孩。

刘子轩没想到在一个陌生的城市，自己竟能有一种久违的感动。人生在世，每个人都在演绎着命运早已编好的故事，悲欢离别，喜乐哀怨，不断循环，打圈，但最终所有的悲苦都将消逝，奇迹依然会出现。

刘子轩无法掩饰内心的激动和惊愕，他深情而专注的眼神让女孩有些尴尬地站了起来，冲他微微一笑。见女孩对自己笑，刘子轩忽然唤了一声“晓晓”，然后情不自禁地笑着伸手将女孩揽入了怀里，紧紧地搂着，生怕女孩会跑。

刘子轩之所以这样，是因为女孩长着和郁红晓极相似的脸蛋，以及一样高挑的身形。不同的是，她看上去要比郁红晓开朗许多。

女孩用力地从刘子轩的怀里挣脱，但并没有因刘子轩的莫名举动而生气，只是羞涩地笑了笑，抬手捋了捋被刘子轩弄得有些凌乱的刘海，对刘子轩说："你认错人了。"随之，蹲下身来摸了摸山姆的脑袋。

在女孩抚摸山姆的时候，刘子轩用手机捕捉了那个瞬间的画面。

女孩起身后，看也没看刘子轩便转身离开。刘子轩抬手想要拉住她，可他的手落空了，女孩从他身旁走开，看着那似曾相识的背影渐行渐远，直到拐进路旁的巷子消失不见。刘子轩的思绪在这一刻仿佛停止了，直到山姆在他身上蹭了蹭，他才缓过神来。看着山姆，刘子轩的脸上忽然泛起笑容，然后对山姆说："她还活着，或许她失忆了，记不得我。"此时的刘子轩，完全没有意识到，自己的心对米亚已有了一丝的背叛。或者说，他不认为这是背叛，他纯粹为郁红晓的"复活"而开心。

女孩的突然出现扰乱了刘子轩的心态，也让他和米亚在这几天的联系渐渐地少了。刘子轩这几天举着打印出来的郁红晓的照片，并且在上面写着刚劲有力的两字"寻人"，故意在同一时间同一地点守株待兔。可是那天出现的女孩如同昙花一现，再未出现。

可越是这样，女孩的样子越是清晰的在刘子轩的脑子里不停地萦绕。看着手机里像素不高的女孩的照片，刘子轩几乎都忘了米亚。

此时的鞠香雅苑正值改革体制后的春季结婚浪潮，生意好得不得了。米亚终日忙得不可开交，白天未能及时联系刘子轩，可每当深夜想打电话问候时，她又退缩了，她害怕打扰刘子轩休息。

或许，两个人互动的联系变少，就是一方以为另一方在忙，而另一方以为一方不方便。渐渐地，外在的谦让淡化了内心的想念，感情也就在时光岁月的磨砺中慢慢减少。

在广场东侧的巷子里，徘徊了十多天的刘子轩偏执的认为，是自己的突然出现和鲁莽吓到了郁红晓，所以她才会躲着自己。或许再给她一段时间，他们再次见面的时候，就不会如此地惊慌失措，那时，他自然不会再放她离开。

时光，一转身便是一个光阴的故事。

在接下来的将近二十天里，刘子轩都把心思放在广场偶遇女孩上。这一举动，既让他没有去北影基地找活儿干，更是使身上仅剩不多的钱捉襟见肘。面对窘迫的生活，刘子轩只得暂时搁置寻找女孩的计划。等他再次从出租屋醒来的时候，他要为自己的梦想继续奔跑。刘子轩开了门，突然停了下来，扭头看向程静波的房门。这一周的时间，他没有听到任何的争执声，这不禁让他认为程静波和他的女人真的分手了。想了片刻后，他突然觉得，这种只知道钱的女人不要也罢。

然后刘子轩笑着摇了摇头，就下了楼，走出楼道望着昏暗的天空，他停了下来。深吸一口气，他回头看了看楼上程静波房间紧闭的窗户，长叹一声，自言自语说道："可是，这个世界就是往钱看的世界。"身旁的山姆，仿佛是为了回应刘子轩，在他话音落下的时候，哼唧了一声。

听着山姆的哼唧，刘子轩蹲下身来，一边抚摸着山姆的下巴，一边开玩笑说道："你以为你多拍马屁，我就可以给你多找点儿吃的啊？"他的话，山姆好像听懂了，一副委屈的样子挑眼看向刘子轩。

这一刻，刘子轩的心里抽痛了一下。他突然站起身来，往前面一个超市走去。等到了不远的小超市，他摸了摸口袋，还是进去了。没过一小会儿，出来的时候，他的手里多了一袋子的火腿肠。

走到山姆跟前，刘子轩撕开火腿肠包装，掏出一根火腿肠，从中掰断一截放在了山姆的脚边，山姆毫不挑食地吃了起来，然后他将另一截送进了自己嘴里。

他想，接下来的日子要和泡面、火腿肠亲密接触了。

用完早餐，刘子轩来到北京电影制片厂，凭借着出众的相貌和气质，没费什么劲便从一个演员统筹那里谋求到一个跟组演戏的机会。

"那你在北京的生活呢？"听着刘延烈在北京偷偷看见刘子轩的生活，何善钦不禁问及刘延烈在北京的事情来。刘延烈却苦涩一笑，扭头看向窗外的府南河，他并非觉得自己在北京的生活有多难以启齿，因为没有掩饰的必要。

刘延烈相信，无论是曾经的富甲一方，抑或是妻离子散，还是到北京后的窘迫无力，以及最后再回到这个生自己、养自己的城市，都是一种注定的宿命，而每个人的命运早已被上天安排好了。曾经，他相信人定胜天，不相信人的命运需要去折服于现实，但经过现实的"洗礼"，如今懂得折服，也知道人不应该贪得无厌，要知道满足。

和刘子轩来到北京一样，此时的刘延烈需要找一个地方住下来。但他又和刘子轩不一样，刘毅珑将他驱逐出汉风集团的时候，没有留给他任何资产，手里紧紧握着已经有些年头的皮箱，这是他求着刘毅珑留给自己的唯一东西。那是当年他创业时，王淑芬送给他的，而现在却成了刘延烈对妻子的唯一想念。

除了皮箱和里面的几件衣服，刘延烈的身上没有更多值钱的东西，变卖伯爵腕表得来的现金，虽然能够维持一段时间，但他依然迷茫。

走出北京西站，看着多少有些熟悉的城市，刘延烈不禁有些感伤。他扭头朝着广场上奔流不息的人群看去，他很希望能在人群里看到刘子轩。可是，他知道，这是不可能的。

“请问……”刘延烈找到路边一个环卫工人，想了一会儿问道：“您知道去北京电影制片厂坐几路公交车吗？”

环卫工人停下扫地，抬手指向西站综合楼的公交车站，说道：“387 路，在北太平桥西下，路对面就是北京电影制片厂。”说着，环卫工人埋下头继续忙碌自己的工作，连刘延烈的“谢谢”都没有回应。走进公交车站，刘延烈很顺利地上了 387 路公交车。坐在前排的他，其实不知道自己该去什么地方，但他知道自己的儿子会去什么地方。他想，自己或许去了那儿能碰见儿子。一无所有的时候，他希望上帝能给他一个救赎的机会。

走下 387 路公交车，望着马路对面的北京电影制片厂，他并没有为这里依旧拥挤着的群演而意外，而是想着自己找到了儿子。结果心里一高兴，就想冲向马路对面。

“你他妈不要命啊。”一辆奥迪一下停在了他的左前方。车主探出头来，对刘延烈谩骂着。

刘延烈赶紧笑着向车主鞠了一躬，然后抬头看了看马路对面的刘子轩，回过头来就往前面的天桥跑，他希望自己的速度能在刘子轩离开天桥前赶到他面前。

在跑上天桥后，刘延烈再次扭头看向刘子轩，他的脚步忽然慢慢停了下来。因为在他的视野中，出现了一个让他感到害怕的人，那人站在不远处正目不转睛地看着刘子轩，嘴角更是泛着让人不寒而栗的冷光。刘延烈生怕自己看错，赶紧将老花眼镜掏出来用衣角擦了擦，慌忙地戴上后抬头朝那人看去。

“郁红晓……”刘延烈失声喊了出来。等话音落下，他又觉得那人不是郁红晓，虽然她长得和郁红晓很像，但她身上散发出来的气质和郁红晓有着天壤之别。郁红晓的妩媚是被迫的，但她是自然的。

不管那人是谁，刘延烈的直觉告诉他，她会对刘子轩不利。想着想着，刘延烈三步并作两步提着皮箱往刘子轩跑去，他要把自己看到的告诉刘子轩。可当他跑到桥头准备下桥的时候，刘子轩却在他的视野中消失了。他慌张地往四周张望，忙跑下桥去寻找，却连个影子都没有看到。

刘延烈刚到北京，颓然和担心就这样侵袭了他的心。这一整天，他如同行尸走肉一般在这个城市里游荡，毫无目的。直到夕阳从景山落下，直到饥饿感流窜他的全身，他才停了下来，寻了一个面馆走了进去。

“您好，请问您要吃点什么？”虽然是一个小面馆，但服务员见到刘延烈，还是第一时间跑了过来，将手里的点菜单友好地放在了刘延烈面前。刘延烈没有翻看服务员递来的菜单，微笑着点了一份三两的红烧牛肉面。

如果可以，刘延烈只想吃一份二两的红烧牛肉面，但一天都没吃饭的他，让他奢侈了一些。是的，现在吃一碗面对他来说都是奢侈，他没有更多的钱来支持自己的经济压力。利用吃晚饭的时间，刘延烈把自己晚上住什么地方想了一通。等最后一根面吞进肚子，他一边用纸巾抹着嘴角的红油，一边下了决心，想着寻一个廉价的旅馆先将就一晚。

刘子轩现在就是刘延烈的梦，他要找到刘子轩，但命运却和这个可悲的男人开了一个不大不小的玩笑。当寻找旅馆的路上，他走出蓟门桥地下桥洞的时候，遛着狗给米亚打着电话的刘子轩正在他头顶的桥面上，一人在上，一人在下。一人朝北，一人朝西。两人就这样背对背擦肩而过，谁也没想到彼此会在同一个地方相遇。

如果错过算得上一种祸，那这一日的刘延烈可谓是到了极其倒霉的地步。即使这样，还祸不单行，在他晃神之际，一个流浪汉从他身后将他的皮箱夺了下来，一溜烟地顺着河道往前跑了。刘延烈还未来得及去追，那流浪汉便已经跑没了影，眼前一片黑茫茫的夜色。

刘延烈悲叹着命运的捉弄。皮箱的丢失，也让他更加感觉到，除了对不起亡妻王淑芬外，刘子轩成了他现在唯一的想念，所以他更加迫切地想找到刘子轩。所幸的是他的钱没有丢，这让他还能在这个城市生活一段时间。可他又转念一想，担心还会招来横祸，那时便没有任何退路。忽然，他觉得在寻找刘子轩之前，有必要先把自己安顿下来，然后再找一份包吃包住的工作，才能再议后面的计划。

可是，寻找工作并没有刘延烈想象中那么容易，他的年龄成了他找工作的最大障碍，因为没有人敢用一个年过半百的人。

一连寻了几天，刘延烈都没有找到合适的工作，那些上得了台面的工作一一拒绝了他。吃了一碗炸酱面后，刘延烈早早地回了廉价的旅馆。

当他走进自己的房间时，发现自己藏在床铺下的整钱已经不见了。他感觉到有一群看不见的人虎视眈眈地看着他，这让他不禁毛骨悚然。他不敢在这里逗留下去，随即逃离了旅馆。

从旅馆出来，走到小月河边，此时虽然有些寒风，但刘延烈并没有感觉到有多冷，毕竟现在已是早春，天气还不算太冷。他将双手插入口袋，死死地捂着所剩不多的零钱，一边打着哈欠一边顺着河道来回走动。直到凌晨一两点，城市都安静了下来，刘延烈才有了困意。于是，他走到前边的一张条凳上躺了上去，打算在这张条凳对付一晚。第二天等刘延烈醒来的时候，他的身上竟多了一层报纸。他感激给他身上盖了这层报纸的人，它多少给自己挡了点寒，随后一个激灵，坐了起来，他急忙将手伸进了裤兜里。当他的手指触碰到钱包的棱边时，顿时长出了一口气，嘴角扬了起来，甚至有了一些心情将报纸打开看了起来。

这是刘延烈来到北京的第一个星期，他看完几天前的报纸，觉得凡事都会事不过三，从今天起一切都会顺顺当当。他将报纸叠好放在条凳上，看见了首页的天安门照片，笑了笑便站了起来，然后伸了一个懒腰，抬头望了望天空，脸上泛起一丝快乐来，这让他看上去增添了不少活力。

看了眼手机上的时间，刚好 6 点，刘延烈决定去天安门看一场升旗仪式。抖了抖身体，他迈出步子朝路边的公交车站走去。

在看完庄严神圣的升旗仪式后，刘延烈被一股飘来的香味吸引。他穿过长安街地下人行道，走过广场东侧路，拐进东交民巷，再往前走了一小段路，才发现了香味飘来的地方。可他却没有再往前走的勇气，甚至躲进了拐角，只探出头来看。

巷子口的路边摊，刘子轩和长得像郁红晓的女孩正在搭讪。刘延烈知道那个女孩不是郁红晓，而是自己前天在北京电影制片厂外见到的人。他没想到，这个女孩还是找到了刘子轩，并和刘子轩有了亲密的接触。

对刘子轩的担心和保护欲，让刘延烈准备上前揭穿女孩的真面目。但当女孩从刘子轩怀里挣脱出来的时候，他又缩了回来，因为他见女孩转身朝着自己走了过来，他担心她会看见自己，那样会使刘子轩陷入危险之中。

当女孩经过刘延烈面前的时候，他又害怕自己冤枉了好人，他觉得自己有必要暗中观察一下这个和郁红晓长得极其相似的人，然后等一切信息确定之后，再来见刘子轩。这样想着，刘延烈又回到了巷子口，他想跟着刘子轩去看看他住在什么地方。可到巷子口时，刘子轩已经不在了，于是，他坐在女孩刚才坐过的位置要了一碗豆腐脑。

吃完之后，在他掏钱包付钱的时候，却发现自己的另一个裤袋多了两千多元现金和一张银行卡。刘延烈端详着手中的银行卡，不免有些吃惊，因为那是他两年前给王一翎的银行卡附属卡。这张卡的出现让他有些意外，但当他去银行查询过卡里的余额之后更加意外，卡里有整整十万元的余额，那是他给她的第一笔生活费。

走出银行，刘延烈来到昨晚露宿的小月河边，那张条凳静静地立在那儿，他向四周打探，除了打扫卫生的环卫工人，不见他人人影。他走近条凳，躺了上去，闭上眼，夜色中，王一翎在远处观望着刘延烈，当他熟睡之时，她轻轻地走近他，忍住呼唤他的冲动，将怜悯克制在内心中，然后从手包中掏出一张银行卡塞进刘延烈的裤子口袋。……刘延烈睁开眼笑了,笑着笑着,他的泪水不禁顺着鱼尾纹流了下来。于是找了一个无人的角落,刘延烈默默地哭了一会儿,然后将王一翎的银行卡放在了钱包最里面的地方,他没有想要花这些钱的想法。不管王一翎是不是刘毅珑的棋子,自己对王一翎的感情毋庸置疑。

人生如一场戏,很多人都是情非得已的逢场作戏,旧事已如烟,不必耿耿于怀睚眦必报。人,总要忘掉一些事,记住一个人,然后拿出耐心,等待生活早已给你备好的答案。如同有人为梦想来到这个城市,有人带着泪水离开!

Chapter 14 ······ 如坠五里雾中

书中云，

情感之事，合则双利散则俱败，

人海相遇是缘须倍加爱惜，

两情相牵是福应弥足珍视。

明知，他在召唤我，

我却用沉默审视着内心一直暗涌的痛苦和冲突。

❤
❤
❤

感情对于人来说，是既奇妙又捉摸不定的东西。人的一生中无论遇见谁，都是命中注定、无法逃避的缘分。

“那之后你有见到王一翎吗？”车内，何善钦听到刘延烈提到王一翎，不禁有些意外地问道。

刘延烈轻笑了一下，摇头说道：“没有，一次都没见过。也不清楚她当时是怎么找到我的。”

“没有试着联系她吗？”何善钦不紧不慢地继续问道。

“联系过，但没有联系上。”刘延烈说着，苦笑了一下，扭头看向了车窗外的春熙路。春熙路的变化他多少有些了解，但没想到变化如此之大，大得让他有些惊讶。正在刘延烈感慨之际，他看到了 IFS 楼顶天台边沿趴着的一只憨憨的熊猫，乐了起来，随即问道：“谁设计的？太有意思了。”

何善钦看了一眼，见刘延烈说的是蓉城国际金融中心的那只熊猫，淡然一笑回答道：“好像是国际著名艺术家 Lawrence Argent 挂上去的，他们说这是悬挂艺术。”说着，何善钦的电话响了起来。

来电显示是米亚，何善钦接起电话，第一时间便问道：“见面还好吗？”

“就那样，以后别再让你闺女为难了，求您了。”应着何善钦的话，米亚轻笑着撒娇。站在路边的她见到何善钦的商务房车，赶紧挥手喊道：“这儿，这儿！”之后便挂断了电话。

何善钦后排座上，挨着刘延烈坐着一位西装笔挺、戴着墨镜的中年男人，他顺着何善钦招手的方向看去，看到了让他只知其名不见其人的米亚。不过，他不禁有些失望，因为米亚和他预想之中的温文尔雅有着很大差别。

上了车的米亚向刘延烈问了声好，便瞧见旁边的中年男人，她意外地顿了一下，问道：“爸，那边才结束，你这儿又给我张罗一个，你不怕把我逼急了，我剃度出家？”说罢，她合上了车门，系上了安全带。

听着米亚的话，刘延烈哈哈大笑，中年男人一边摘下墨镜一边低笑。何善钦顺着米亚的话说：“人家可是大明星，介绍给你不好吗？”

“大明星有什么好的。那些见不得光的潜规则就不说了，关键是有事没事就闹绯闻，闹着闹着，假的就成真的，真的又说是假的，弄得我们这些吃瓜群众脑袋疼。指不定哪天就出现个疯狂粉丝为了爱自杀，无辜赔上一条人命。”说着，米亚轻哼了一声，回过头来用蓉城话问中年男人：“帅哥，你叫啥子名字喃?”

“美女，我可不是啥子帅哥。”中年男人用夹生的蓉城话应着米亚，然后一本正经地介绍着自己：“米小姐好，鄙人王勃。”

米亚听到中年男人是传说中的王勃，不禁有些意外，说：“哇，见了鬼了啊！终于见到了本尊。”说着，她又看了一眼坐在旁边，显得和王勃有些亲近的刘延烈，不禁好奇地问道：“对了，你和刘叔叔什么关系啊?”

“扯不断理还乱的亦师亦友的关系。”应着米亚的话，王勃不禁抬手扶住刘延烈的肩膀，“这不，他前脚回蓉城，我后脚就跟着找他来了。”说着，王勃转头看向对面的何善钦，说：“不过没想到这么幸运，一到蓉城就能获得何董的宴请。”

何善钦一听，摆了摆手：“别说这么客气，延烈兄和我有手足之情。再说你是远道而来的客人，我理当尽好地主之谊，哈哈。”

米亚可不想听他们之间的寒暄客套，当即插话问王勃：“你来蓉城干吗?”

“自然是有事情呗。”说着，王勃抿嘴一笑，往车窗外看去。其实，他并不是第一次来蓉城。以前由于工作的缘故，他来过这里，但那都是工作之余留下的匆忙身影，他并未真正地去了解过这个城市。可这次不一样，他是随着刘子轩回蓉城筹备电影《奔腾的心》的，他可以用很长的时间来了解这里。这让他有一些兴奋和期待，不过王勃没有向米亚做过多解释。

见王勃没有说的意思，米亚对着王勃翻了一个白眼，说道：“不说拉倒。”接着便扭头看向何善钦，问道：“爸，叫上娜娜了吗?”

“她安排好就过去。”

见何善钦有叫上谢丽娜，米亚叹息地说道：“这下我算是还了她的债。”

“什么债?”

“你等下就知道了。”米亚不紧不慢地说道，然后想起在会展中心发生的事情，显得有些不开心。这一刻，她又在心里问刘子轩回来了为什么不去找自己，难道他真的对自己没有感情了？米亚疑惑着。可她不知道，此刻站在他们头顶天桥上的刘子轩正在人群中寻找她。

回想着上午在酒店发生的场景，经过一番思量，刘子轩拨通了徐梦莲的电话，邀请她携家人在耍都美食广场一起吃晚饭，以表上午米亚意外出现时自己对徐梦莲的歉意。之所以约在耍都美食广场，是因为它离徐梦莲上班的锦江王朝大酒店很近，只隔着一条府南河。

带着王勃参观完何氏集团旗下的天府广场的奢侈品商业卖场后，米亚领着他上了集团大厦的贵宾接待室。身着优雅服饰的女服务员正殷勤地为刘延烈和何善钦添茶，很显然他们已经是茶过三巡。王勃环视着富丽堂皇、优雅舒适的接待室，注意力被四壁珍挂的名人字画及各色古董吸引，不禁上前欣赏，别说何善钦的爱好与品位还真不俗。欣赏完后，王勃才落座。四人在茶饮之间，调侃着时下的热门话题，一派早已深情厚谊亲密无间的模样，这一聊便是两个时辰。

何善钦接到谢丽娜的电话时，王勃才得知晚宴在鞠香雅苑举行。想了想，王勃以大道至简和想尝尝蓉城的街头特色为由，委婉地建议寻一热闹的地方吃些小吃即可，不用太过麻烦。一旁的刘延烈也同意王勃的建议，简单商量后，何善钦和米亚也欣然接受了王勃的建议。这是米亚和王勃第一次见面，但他身上散发出来的成熟，以及不张扬、不刻意、不以自我为中心的性格，让米亚很是欣赏。她想刘子轩在北京能认识这样的挚友，是他梦想道路上的幸运之一。

生活就是这么有趣，刻意的回避反而让彼此走到了一起。在鞠香雅苑安排好晚宴的谢丽娜急忙走出餐厅，打了一辆出租车便去了耍都美食广场。此刻的她不会知道，这一晚并没有想象中那么轻松惬意。

耍都美食广场，每一个夏夜都是人满为患，四周的餐饮店生意非常火爆。捧着玫瑰游卖的孩童在喝酒聊天的人群里叫卖，抱着吉他的年轻音乐人，对着点歌的客人或嘶吼或轻吟，唱着的或许是对自己梦想的遗憾或坚持。

米亚一行人来到广场时，天已经黑了。先行下车的米亚站在广场边沿的台阶上踮着脚伸长脖子找位置。寻了一圈下来，只有一个靠近府南河边的位置还空着，高兴的米亚奔着空桌就跑了过去。何善钦见此，对王勃表达了心中的歉意，王勃乐呵地一笑，说很享受这样的氛围。

刚坐下的米亚一边掏出湿巾纸擦着桌面，一边挥着手扯着嗓门叫忙得不亦乐乎的服务员。等何善钦等人落座后，一个肥头大耳胖乎乎的男服务员拿着菜单小跑了过来，微微鞠躬之后双手将菜单递到米亚面前，用着天府大地特有的椒盐普通话说道："您好，请问你们要点什么？"说着，从围裙的兜里掏出一支笔和一个小本子来，双眼直愣愣地盯着米亚。

米亚将手里的菜单扫视了一遍，双眉一锁，抬眼问道："这么久了，你们还没弄点儿什么新鲜菜品啊？"

"不好意思，这个我不知道，我是才来的。不过我会向经理反映您说的问题。"服务员腼腆地笑着回答。

米亚听着服务员的话，将菜单放在了桌上，吧唧了一下嘴巴，说道："那你听好了，我们要五花肉、小猪肉、脑花、腰片、鲫鱼、扇贝、排骨、鸡翅、大茄子、基围虾、牛黄喉筋、小龙虾……”

“您好……您能说慢一点儿吗？”服务员哪想到米亚一口气不停地能喊这么多菜品，他的手根本跟不上米亚说话的速度，字迹也是扭曲难认。

米亚伸头看了一眼服务员的点菜夹，忍不住给了他一个白眼，苦涩一笑，问道：“不是，你这手速也太慢了吧！我念了半天，你才记下三个！”

她抢过服务员的点菜夹，麻利地将要点的菜品写在了纸张上，然后备注了份数，递给服务员，还嘱咐道：“记住，多辣多麻多孜然，赶紧做去。”服务员被米亚完全给震住了，不禁有些慌张，伸手去拿菜单的时候衣袖不小心碰到了米亚面前的玻璃杯。如果不是王勃眼疾手快把杯子给扶住，估计啤酒会洒米亚一裤子。

等服务员走远，米亚抬手猛力拍了王勃的肩膀一下，大笑着说道：“还是兄弟你够义气，没让我受委屈。”

王勃没想到米亚会突然和自己说话，而且是如此的客气却又豪迈不羁，不免有些意外，摆手说道：“没事，谢谢你带我出来长见识。”

米亚听完后哈哈大笑，不禁把右脚踩在王勃的椅子横档上，挨着他的耳际，说道：“听你这口音，你是北方人吧？”

这气势，哪是一个女孩应有的样子，王勃忍不住上下打量了一番米亚，心想这就是让刘子轩爱得死去活来的女人？

何善钦见米亚没规没矩的男孩样儿，轻声斥责着她：“米亚，你这个样子成何体统。你好歹是受过高等教育的人，一点礼貌都没有。”

王勃连忙笑呵呵地回应：“没事没事，我就喜欢米小姐这种不装腔作势的人，多洒脱自在啊。”罢了，回复米亚：“鄙人山东青岛人，混迹在北京。”

“米小姐米小姐，好像我长得像一碗饭似的。我都跟你说了喊我米亚。”米亚嘟着嘴强调。

刘延烈哈哈大笑地解释：“小勃啊，你可别意外，我是看着她长大的，她从小就这性格，不过内心善良温柔，接触下去，你会发现她好玩着呢！”

米亚听完后坦然一乐，看着何善钦回着刘延烈的话：“刘叔叔，此言差矣。我若不是什么人的掌上宝，不然我早就是蓉城最顶尖的大律师了，他毁我前程啊。”

米亚话未说完，刘延烈三人哈哈大笑，罢了，米亚抓起啤酒杯举在王勃面前，开玩笑地强调着说道：“你可别信刘叔叔的话，我可不好玩，跟我玩不好的人，都会粉身碎骨筋脉全断。不过，你也别害怕！你是我欣赏的男人，来，我敬你。”说完，米亚仰头将杯中的啤酒一饮而尽。

看着米亚的豪爽，王勃哭笑不得，他在刘延烈的作陪下将杯中的酒一饮而尽。

喝完杯中酒的王勃问刘延烈和何善钦："蓉城妹子都像米亚这样麻辣吗？"

刘延烈边说着边给王勃倒酒："那可不尽然，如果都像她那样，蓉城的男孩子们就惨咯。"说完，三人哈哈大笑。

米亚抬手对着刘延烈作揖，假意带着戾气，说道："求刘叔叔放过，我也有迷人的一面，是你们男人眼拙。"说完，她忧心忡忡地转头问王勃："你说，我们这么干脆的女人哪儿找得到，他却辜负了我……"

何善钦见米亚一本正经地没完没了，赶紧呵斥："行啦，是爸不好，用餐厅局限了你的天地，是爸不对，爸自罚。"罢了，何善钦将杯中的啤酒一饮而尽。

米亚收回搭在王勃椅档上的脚，捋了捋刘海，乖乖地低头坐在桌子前，像一个犯了错的小孩，一副楚楚可人要哭的样子，她被父亲何善钦的言语感动。

正当四人有些尴尬的时候，送烤串的服务员打破了沉默。扑鼻的香味顿时让米亚抬起了头，王勃摩拳擦掌对服务员端上的美食垂涎三尺。

"木炭五花肉、酸辣脆腰、山椒烤脑花……"服务员的菜名报完后没走，站在一旁，看着沉默的米亚，似乎是在等待劈头盖脸的一顿骂。

米亚见自己让一个无辜的人怕成这样，更加是觉得无地自容，别扭了半天回过头来对着服务员一笑，赶紧道歉："小兄弟，刚才点菜的时候，我人来疯，你别介意。"

见自己逃过一劫，服务员顿时松了一口气，整个人都乐了起来，龇牙咧嘴地笑着对四人说："没关系，你们慢用。"

何善钦一边给王勃选着菜色最好的烤串，一边给王勃介绍耍都美食广场。听着何善钦的热情介绍，王勃竖着大拇指连声称赞。倒是刘延烈只是在一旁笑着，然后倒了一杯冰水放在王勃面前，说道："蓉城人是无麻辣不欢，你要是感觉辣了，就漱漱口。"

刘延烈的话顿时让何善钦反应过来，赶紧对王勃表示歉意："一时开心，忘了你是北方人不怎么吃辣，实在抱歉。明儿个，还是去我们鞠香雅苑尝尝特色菜！"

"好哇，全听何董安排……"王勃高兴地应着。鞠香雅苑是他这次来蓉的目的地之一，一直期盼了很久，他很想去看一看那个在刘子轩口中无比快乐、无比逍遥的地方。其实，他拒绝晚餐前往鞠香雅苑，是因为下午在和刘子轩微信聊天时，得知刘子轩一天糟糕的经历，也知道刘子轩晚上约了人在耍都美食广场撸串，所以他想给刘子轩和米亚制造一个彼此旧地偶遇的机会，于是建议在此吃饭。

就在米亚四人热火朝天地享受着美味、聊得正欢的时候，刘子轩和徐梦莲一家三口也到了要都美食广场，不过他们谁都没有想到，会在这里遇上米亚等人。刘子轩看到给自己使眼色的王勃，顿时明白了这不是巧合。此时，谢丽娜刚好下了出租车。看着眼前的刘子轩和米亚那副深情的样子，谢丽娜心想，难道一会要上演过儿和小龙女十六年后相见的感人场面？但在好戏之前，她觉得自己有必要化解一下眼下尴尬的气氛，赶紧上前装出很惊讶的表情，拍了一下刘子轩的胳臂，大声喊道："亲爱的小轩子，你怎么也在这儿啊？"说着，她看向米亚，继续故意说："噢，你是来找我们家米亚的吧？"

徐梦莲并不认识谢丽娜，可当谢丽娜说及刘子轩和米亚的时候，她的心里还是忍不住地抽痛。她嘴角抽动了一下，逼迫自己笑着看向刘子轩，试探着问道："要不……我们换个地儿？"

米亚并不是没有看到徐梦莲的反应，她知道徐梦莲的心里其实从未放下过刘子轩。这种尴尬，如果在这个时候爆发，那么被无辜伤害的会是徐梦莲的老公和孩子。

"既然都来了，一起吧。"米亚站了起来邀请刘子轩等人。

谢丽娜高兴地让服务员拼了桌子和椅子，兴奋地看着米亚走向刘子轩。可是，米亚却对刘子轩置之不理，她走到徐梦莲的女儿面前，蹲下身来问道："小妹妹，你真漂亮，你叫什么名字呀？"

小嘟嘟才过两岁生日不久，她本能地躲在了徐梦莲的身后，只伸出个头睁着一双眼睛看着米亚。徐梦莲应着："她叫唐诗。"说完，她蹲了下来，将唐诗牵到米亚跟前，指着米亚说道："诗诗，这是米亚姐姐，给米亚姐姐打声招呼吧？"

徐梦莲说完后，粉嘟嘟的唐诗将小手抬起，冲着米亚一阵摇晃："米亚姐姐好，米亚姐姐也好漂亮。"

米亚笑眯了眼，冲着小唐诗晃手问好。

徐梦莲看着米亚，愧疚地说道："米亚姐，今天不是有意要隐瞒你，我……"

米亚起身站直身体，打断了徐梦莲的解释："不用说了，我明白你的心情。"说着，她请徐梦莲一家三口，还有刘子轩，走向他们的位置。

经米亚一番介绍后，徐梦莲一家三口才坐了下来。站在一旁的刘子轩迟迟没有要坐下的意思，他吃惊的并不是在这里见到了米亚，而是自己已经快有三年没有见过面的父亲刘延烈。刘延烈见刘子轩迟迟不坐下，于是他站了起来，看着面前的刘子轩，却一句话也说不出来。

看着刘延烈的踟蹰和惊悸，一旁的王勃将空着的椅子往外挪了挪，如同招呼客人般笑着对刘子轩说："兄弟，赶紧坐。"

这种熟悉的生疏，让每一个人都感到了尴尬。谢丽娜反应最快，她赶紧朝王勃使了一个眼色，王勃瞬间明白了其中的深意。于是他赶紧起身，将紧挨着米亚的位置腾了出来，生拉硬扯地将刘子轩压在了米亚身边的椅子上，然后自己坐到了刚才他挪出的椅子上，刚好隔着刘子轩和刘延烈。

让在场所有人意料之外的是，在刘子轩坐下的那一瞬间，米亚将自己往外挪了挪。刘子轩对米亚这样的举动感到一丝惊愕，可他又觉得在情理之中，不禁酸涩难言地一笑。

刘延烈笑嘻嘻地逗着乖巧可爱的唐诗，徐梦莲和她老公唐一森显得有些谨慎地和何善钦寒暄，王勃拍着照片发微信朋友圈，记录自己的蓉城之行，谢丽娜则在吧台向服务员加着菜。在这一小段时间里，刘子轩和米亚就如同空气一样被所有人忽视，可他们还是没有任何举动，即使是彼此心里很珍惜这次故地重逢。这种心境，两人都无法去描述。刘子轩不知道该用怎样的开场白，来开启和米亚的重逢。他想象过与米亚重逢时的各种情景，却没想到今天与米亚的两次相遇，居然都这么啼笑皆非。

沉默了好一会儿，刘子轩觉得自己没必要如此拘束，抬手要去拿串。没成想，米亚也抬手去拿。两人的手一碰到一起，都不禁一愣。

刘子轩扭头看向米亚，他伸出去的手指在和米亚眼神对撞的瞬间抖动了一下。时光似乎又回到五六年前的那个夜，他和她在图书馆偶遇，却没有这般的不知所措。那个时候，两人至少还能以尽情地打骂来宣泄不快，现在却只能故作沉默。

米亚赶紧将手缩了回来，看了一眼刘子轩，有些不好意思地低下了头。

刘子轩将两人刚才抢夺的一串烤虾拿起，摆在米亚的餐盘里，米亚简短地回复一句“谢谢”，便又安静的地呆滞着，她尽力掩饰着眼里的感伤。所有人都装作没看见刘子轩和米亚的动作，他们在谢丽娜的主导下热热闹闹地玩着行酒令。

谢丽娜见刘子轩和米亚依然没处在一个磁场，无法忍受的她起身拉着米亚离开了饭桌。

府南桥边。米亚依然沉默着，路灯逆光下的背影有些变形拉长，她回头看向背后的美食广场，只见刘子轩和王勃正在举杯。

谢丽娜见一反常态的米亚，询问道：“你到底要怎样？见不到人的时候，满心的思念和期待。如今他回来了，就坐在你身边喘着大气，你又置之不理。米亚，你能告诉人家，你脑袋里想什么呢？有什么就给人家说吧！”

在谢丽娜的话音刚落下之时，米亚突然大声哭了起来，她瘫坐在马路牙子上，泣不成声：“我也不知道我怎么了，我就是觉得别扭。你说他是不是变心了啊？”

“好啦，我明白了，变没变心我不知道。不过我知道怎么考验他变没变心。”

米亚有些惊讶地抬起头看向谢丽娜，一番打量后，扭头望着看不见星星的天空，轻轻地哽咽着。那一瞬间，她觉得这个城市和自己变得分离起来。她的耳朵听不到任何声音，四周的环境也渐渐模糊起来，最终变成一团迷雾。

当最后一滴眼泪从米亚眼角滑落的时候，她望着夜空，问谢丽娜：“你知道刘子轩不辞而别的头几天，我是怎么过的吗？”

谢丽娜没有回答，因为她早已知道。她看着独自难受的米亚，从她的手中拿过她的手机，然后编了一段短信发给了一个号码。发完短信后，她坐在米亚身边，陪着米亚一起沉默、遐想。

席间，王勃拿起酒杯敬着刘子轩，心态平和地在刘子轩耳边低声说：“老子给你创造了机会，不是让你来玩沉默的，脸皮薄的男人怎么能追回心爱的女人？喝了这杯，你知道自己该做什么吧？”

刘子轩没回答，他看着王勃，将手中杯子里的啤酒喝掉，镇定自若地说道：“谢谢老王，世间唯你懂我。”说完，他在众人的注视中走向米亚。

在他离开席位时，徐梦莲看着刘子轩的背影，眼神里充满了不甘和爱慕，看出端倪的何善钦则泰然自若地独饮杯中酒，刘延烈则低着头看着自己的脚尖，心中为刘子轩加油、祷告。

慰藉着米亚的谢丽娜看见刘子轩朝她们走来，细声对米亚说道：“他过来了。”

米亚快速拭干了眼角的泪水，调整着呼吸，等着刘子轩的到来。

“现在你就乖乖地等着。”谢丽娜将手机还给米亚时，一副胸有成竹的样子。

米亚查看着手机短信，发现谢丽娜刚才编辑的短信是发给陆思涵的。然后，她收起手机，起身看向朝她走来的刘子轩。米亚突然发现，看见刘子轩，自己的心依旧会痛。在那一念之间里，她心底抱怨着谢丽娜，不该叫陆思涵过来蹚这摊浑水，她甚至害怕刘子轩见到陆思涵。她不禁有些懊悔，于是立即拨出陆思涵的电话，结果语音提示他正在通话中。

米亚挂掉电话时，刘子轩恰好来到她的面前，两人静静地看着彼此，一时相顾无言。

谢丽娜看不下去了，她指责着刘子轩：“你今天到处找她，就为了傻傻地看着她？”说完，谢丽娜转身离开，迈出步子时，又回头看向刘子轩，带着警示的口气说道：“或许这是你最后的机会了。”

刘子轩被谢丽娜的话语给震住了，哆嗦着启齿道：“你还好吗？”

米亚微微一笑，看着不知所措的刘子轩，问道："春熙路那么多人，你又不知道我在哪？哪能找得到我。"

"我就是想去试一试，最后发现即使在同一条街道，碰不到的两个人还是不太容易碰到。"刘子轩静静地看着米亚，细声细语地回答道。

米亚听着刘子轩的话，又坐到街边的马路牙子上，看着面前熙熙攘攘的车流，似乎是在等待着刘子轩一个迟来的解释。

刘子轩坐到米亚身边，捡起一颗小石子在地上画了一个圆，然后转头看向米亚，说道："过去的经历就像这个圆圈，我从起始点就努力地让自己学会放下。碰到辛小诺时，我把她当成了对郁红晓的精神寄托，那些对自己说的话也变成了空话。忘不掉郁红晓，是我对你最大的背叛。一路走下来，我发现自己困在了自己画的牢里，走不出来，就像在这个圆圈里一样，始终打转。所以，我才没有联系你。米亚，请原谅我。"

米亚平静地看着街对面，有一对恩爱有加的老年夫妇相互搀扶着过马路，回应着刘子轩的话："世界上有那么多男人，男人又有那么多不同，为什么偏偏是你走进了我的心？"说完，她转身看向一侧低着头的刘子轩，道出了自己的爱情立场："如果你让我原谅你，那我告诉你，我早就原谅你了。不过，我要的爱情不是这样的，虽然它并不是我生活的一切。"米亚是多么希望刘子轩能不顾一切地抱着她，告诉她，他做过的蠢事，求她给自己一次救赎和拯救他们迷失爱情的机会，可刘子轩并没有这样做。

刘子轩听完米亚的答复，抬起头看向米亚，正准备进一步诉说内心的愧疚和牵绊时，一辆炫彩的兰博基尼急速停靠在了他们面前，他惊愕地站起来，看向驾驶室，一位装扮温文而优雅的男人正看着他苦笑。刘子轩看得出来者不善，他转头看向一侧的米亚，可米亚却一副不理会世间事的神情，看着漆黑一片的府南河。刘子轩走近米亚，伸手去拉她，却被她甩开。坐在车内的陆思涵看着尴尬的这一幕，并没有下车。当刘子轩待在原地沉默时，米亚朝陆思涵看去，玩着手机的陆思涵似乎从她的眼神中读到了她发出的信息。

沉默一会儿后，刘子轩绕到米亚面前，吞吞吐吐地说道："我知道我做得不对，不过……"

米亚见刘子轩在给自己寻找借口，毫不犹豫地将身体转开，没有理他。刘子轩见此，想去扶米亚的肩膀，陆思涵却拿着手机从车上下来，并大声呵斥着刘子轩。"干吗呢？我这录着像呢。你是刘子轩吧？你要是再敢碰她一下，我就告你性骚扰。"说着，陆思涵晃了晃手里拿着的手机。

刘子轩瞠目结舌地看向陆思涵，不知道他葫芦里卖的什么药，但他选择不予理睬。他掰过米亚的肩膀让她正视自己，然后一改刚才的状态虔诚地说道:“米亚,你说你生命里的温暖不多,但却全部给了我,让我不要辜负。我知道你讨厌谎言,我也的确做了让你憎恨的事情,这些是我不对。但我保证,从今天起我一定会好好珍惜你。”说完,他将米亚揽入怀中,可米亚却挣扎了起来。

“你给我放开她!没看见她不情愿吗?你要是个男人,就该有点风度。”陆思涵举着手机一边继续拍一边大声喊道。他的声音吸引了路人的目光,也搅乱了王勃等人的笑谈,他们快速地朝人群跑过去,只留下徐梦莲一家三口在原地。

刘子轩放开米亚,愤怒地冲到陆思涵面前,举拳砸向他,被身后的米亚一把拉住。

“刘子轩你要干吗?你别咄咄逼人啊!”米亚情绪激动地呵斥刘子轩。

刘子轩甩开米亚的手,用力揪着陆思涵的衣领,狠狠地问道:“你是什么东西,管屁事管到老子身上了。”

“我是谁?哼,我是她男朋友!”陆思涵将“男朋友”三个字的语调强调到一种挑衅的高度。

刘子轩彻底被陆思涵激怒了,他听到陆思涵的回答再看米亚不言不语的神情,他猜测陆思涵没有说谎。想到这,刘子轩再次举起拳头挥向陆思涵,一下将他打倒在地,手上的手机随即摔在地上,摔得七零八落。

倒地的陆思涵擦着嘴角的血丝,继续挑衅地看着刘子轩,说道:“别为了自己的执着为难了别人作践了自己,想要搏回女孩的欢心可不是用拳头就能做到的,你打在我身,会疼在她心。”

刘子轩没想到陆思涵会用这般教育的方式嘲笑自己,他更加愤怒,三步并作两步走到陆思涵身侧,用力地抓住他的衬衣领和领带,狠狠地给了他一拳。瞬间,陆思涵嘴角冒出了一股血丝。在刘子轩准备挥出第二拳时,赶来的王勃抱住了他,将他拉了起来。

王勃安抚着怒不可遏的刘子轩:“有什么事咱们好好说啊!别激动,平静一下。”

刘子轩挣扎着,他依然一副气急败坏的模样怒视着眼前的情景,陆思涵被哭泣着的米亚搀扶起身。一旁的刘延烈、何善钦、谢丽娜不敢相信眼前的这一幕,目瞪口呆地看着陷入情感旋涡的三人。

陆思涵放下米亚搀扶的手,用领带擦着嘴角,然后朝何善钦鞠躬致歉,收起身子后,平心静气地说道:“让何董和各位见笑了,无意打扰你们聚餐,抱歉。”说完,再次朝何善钦等人鞠躬致歉,一副谦谦有礼的君子派头。罢了,他补充道:“我本不该出现在这里,但恰巧路过看见我喜欢的女孩子被人欺负,所以不得不理论一句，谁知这位兄弟年轻气盛……”

陆思涵装模作样的行为再次让刘子轩怒发冲冠，他极力想挣开王勃的束缚，却没有成功，于是骂道：“你胡说八道什么，你个伪君子！”

没等陆思涵说什么，一直沉默的米亚指着刘子轩，说道：“刘子轩你怎么还没长大呢？遇到事情总是这样，冲动、不成熟。你太让我失望了。”说完，她牵起陆思涵的手，转身离开。

明知他在召唤自己，米亚却用沉默审视着内心一直暗涌的痛苦和冲突。

刘子轩愣住了，他不知所措地看着米亚离去的背影，久久没有回过神。

王勃放开冷静下来的刘子轩，站在一旁，他不知道该怎么去帮助刘子轩，毕竟感情这种事是两个人的事，别人无从插手。

一旁的谢丽娜没想到自己的一个善意举动会引来“血祸”，慌张地站了出来，绕到刘子轩的身边，打着圆场：“刚才我们不是去上洗手间了吗？结果公司来电话，需要米亚回去一趟，等了半天出租车，没等到，这才叫陆思涵过来的。是人家的错，不能怪米亚和陆思涵，改天！改天人家做东，向你请罪！”

站在兰博基尼车前，米亚的注意力却在刘子轩身上，她似乎在等刘子轩的挽留。不过，她的等待没有如她所愿。当陆思涵摇下车窗看向她时，失望的她还是拉开车门坐了进去，随着轰隆隆的引擎声消失在了夜色里。

“都是人家的错，本来该让人家回公司处理事情的，但米亚姐看人家很久没出来好好吃一顿了，所以就把这个机会让给了人家。”谢丽娜见气氛还僵硬着，继续打着圆场来。说着她来到刘子轩身边，对他撒娇道：“小轩子，走，人家陪你不醉不归。”

美食广场餐桌前，谢丽娜坐在刘子轩身边，她麻利地在自己面前倒了三杯酒，一边倒酒一边笑嘻嘻地说：“都是人家的错，人家先自罚三杯。你大人不计小人过，就别生气了。”

不过谢丽娜的手还没碰到酒杯，刘子轩苦涩一笑，端起酒杯，把三杯酒都喝掉。

见气氛已经到了无法收场的地步，徐梦莲只好站了出来。她一边起身，一边面红耳赤地对何善钦几人说道：“何董，刘叔，唐诗困了，我们就先告辞了，实在抱歉。”说着，她见唐一森还傻坐着，便踢了他一脚。反应过来的唐一森赶紧站了起来，对着何善钦连声致歉。

刘子轩已经没了再坐下去的心情，接着徐梦莲的话，说道：“我送你们。”然后就离开餐桌，走到马路边，冲着来来往往的车辆不停地招手。将徐梦莲一家三口送上出租车后，刘子轩眼里的泪水控制不住地流了下来。他一边朝锦江王朝大酒店走去，一边任由泪水流淌。王勃没想到刘子轩会扔下刘延烈不管，本想在刘子轩离开的时候上前叫住他，却被刘延烈阻止了。

几人一阵沉默后，刘延烈看着闷闷不乐的何善钦，端起杯酒站了起来，敬向何善钦："善钦兄，这两天麻烦你了，有什么不对的地方，请见谅。"

何善钦没想到刘延烈会说这样的话，忙端起酒杯起身应着刘延烈。不过刘延烈没有给他说话的机会，仰头便将酒一口饮下。放下酒杯，刘延烈坦然一笑，说道："等王勃安顿下来，我们再聚。那我们就先走了。"王勃一听，赶紧向何善钦道了款待之谢，然后扶着刘延烈离开。

其实何善钦知道刘延烈心中想的是什么，他们都是年过半百的人，各自的心思又有谁不明白呢。但他们都没有把这层窗户纸捅破，这样彼此至少还能是朋友，但何善钦还是不由得叹息起来，望着冒着气泡的酒，眼角不禁有了泪花。

见何善钦眼角闪着的泪光，默默撸串的谢丽娜停了下来，问道："何董，怎么了?"

何善钦一笑，抬起头来问谢丽娜："你是不是觉得我有些龌龊?"

这是谢丽娜生平第一次听到一个身家几十亿的老板评价自己"龌龊"，这让她一时之间不知道该如何回应，只能傻坐在那里，一个字都没敢往下接。

"我真的是龌龊!"说着，何善钦拿起一瓶啤酒倒满一杯仰头喝光，倒第二杯时，被吓着的谢丽娜抬手拉住。

何善钦满眼泪光地看着谢丽娜，问道："你们是不是都恨父母包办婚姻?"

谢丽娜深吸了一口气，她知道，何善钦问出这个问题，就说明何善钦的心里是对米亚充满亏欠的。但她没有回答何善钦，而是慢慢松开了他的手，然后给他的司机打电话，将他送上了车。

上了车的何善钦没有再哭，他从公文包里取出一张体检报告，上面用粗黑字体标注着体检结果：胃癌Ⅲ期。这个结果迫使他要为女儿寻找一个安定的家庭，而刘子轩无法成为他的选择，他只能叹息造化弄人。

看着何善钦的车子消失在自己的视野，谢丽娜擦了擦眼角，她知道即使何善钦心中有愧，也无法改变刘子轩和米亚两人的结局，因为挡在两人之间的一堵墙不是陆思涵，而是米亚自己的心。

时间终究会将一切都抚平。

米亚坐上车后并没有跟着陆思涵离开，而是在车子开出几公里后，就让陆思涵将自己放了下来，然后独自打车回到了别院小区，回到了那个和刘子轩充满无数快乐回忆的地方。此刻的她安静地坐在和刘子轩曾经缠绵的床上，挑眼看着窗外的漫天星辰，任凭眼泪滑落脸颊。

两年前，她的心就已经受了伤，所以她选择将这间房子封闭起来，两年内未踏进这间房。她以为时间能治愈一切，可是却未曾想过这些伤一直深埋在时光背面，一旦触及，她还是会痛得歇斯底里。

楼下的敲门声让米亚回过神，她赶紧从床上站了起来，不由得轻声呼出“子轩”二字，然后一溜烟地钻进浴室，把刚才哭花了的妆补上。这才怀着激动忐忑的心情，快步走向大门，可当门打开的时候，却是父亲何善钦。失落一下席卷了她，她逼迫着自己笑着和父亲打招呼：“爸，你怎么来啦?”

何善钦见到女儿挤出来的微笑，心里不禁痛了一下。但他只能将自己的悲伤和愧疚深深隐藏，然后浅浅一笑，回答道：“爸爸就想来看看你。”

米亚知道何善钦担心自己，她上前在何善钦的额头留下一个吻后，一边请他进门，一边问道：“娜娜呢?”

进门换鞋子的何善钦回答道：“娜娜吃得有些撑，就不来找你玩了。”说罢，何善钦的情绪突然低落起来，随即抿嘴一笑，走到了客厅沙发旁坐了下来，静静地看着米亚。

靠在沙发上的米亚边看韩剧边吃糖果，还随着剧中命运悲惨的女主角一起哭泣。

何善钦看着米亚，拿着面巾盒坐到了米亚旁边，将她揽入了怀中：“都是爸不对，从明天起，你喜欢做什么就做什么，爸不再干涉你了。”

米亚和电视剧中的女主角一样，放声大哭了起来，她哽咽道：“电视剧和生活其实一样，必定是要有起承转合才能让整个剧情不那么单调。只不过，我觉得编剧开玩笑的水平越来越厉害，他嫌弃女主人公太过和谐的生活，于是无聊地玩弄起她的感情来。”

米亚哭着哭着，突然仰头笑了起来。她的注意力被放在电视机旁的一张刘子轩的照片吸引了。那是刘子轩带她去祭奠王淑芬时，在路上的时候她偷偷拍下的。那个时候的刘子轩虽然有着最深的悲伤，却也有着最干净的向往。看着照片，那一天的经过顿时萦绕在她的脑海里。她发现自己对刘子轩的爱依旧那么深，深到让她无法割舍，即便是自己已经被这段感情伤得遍体鳞伤。“不能哭。”米亚在心里告诉自己，她相信时间的流逝会让她不那么在意刘子轩。可是，她越是逼自己忘记，痛却越深。痛越深，她的眼泪也就越多，慢慢地视野也变得模糊起来，哭声渐渐充斥了让人窒息的房间。

听着怀中的女儿撕心裂肺地哭泣，何善钦没有说话，只是轻轻地拍着她的后背安慰。

对于何善钦的心思，刘延烈其实明白，所以他并没有责怪何善钦的意思，而是选择和何善钦保持距离，为的是不想彼此尴尬。他的心里还未完全放下一切的繁杂，对某些事依旧还有期盼，可一想到可能无法实现内心的期盼，他不免有些悲伤。

商务酒店里，王勃坐在刘延烈房间的沙发上，正通过微信劝慰着刘子轩。刘延烈听到他忍不住的哈欠声，浅浅一笑，说道："困了就赶紧回房睡觉吧。"

王勃摆了摆手："还行，不困。现在是他最脆弱的时候，我不能把他扔下。"说着，又打了一个哈欠，然后自顾自地大笑了起来。说不困是假的，他只是想尽自己之力帮刘子轩从悲伤中走出来。

刘延烈也跟着王勃笑了起来，他感激在北京的这几年，自己和刘子轩能遇上王勃这样一个可以交心的人。这种感激，让他和王勃之间有了一种不可分割的感情，这种感情如师如友、如父如子。

见刘延烈也笑了，王勃松了一口气，开口问道："叔，子轩和米亚的事你不再帮帮忙吗?"

"不了，老话说儿孙自有儿孙福，况且每个人在感情上都有自己的造化，如果我干预过多，他会反感的。"说着，刘延烈叹息了一下。他知道王勃这话的意思，自己心中也为儿子感到惋惜，可他仍然觉得如今的刘子轩还是和米亚门不当户不对。更别说这三年的时间里，刘子轩还伤害了米亚。

听了刘延烈的话，王勃没有再回应，只是一个哈欠接着一个哈欠，他看了一下时间，已经是凌晨 2 点。他在微信上给刘子轩发完最后一段抚慰的话后，站了起来，朝刘延烈说道："叔，我撑不住了。您也早点儿休息吧!"王勃边说着边伸着懒腰朝门口走去。

刘延烈看着王勃出了门后，道了一声晚安便上了床熄灯睡觉。

在王勃刷开房门的那一刻，他收到了一条陌生人发来的短信。他打开一看，不禁笑了起来，真是天无绝人之路啊！刘子轩和米亚之间还是有机会的，要不米亚怎么会在这个时候发短信邀自己明天上午 10 点见面呢?

"嗯，我得给子轩赚点儿印象分才行。"王勃自言自语地说着，踏进房间将房门关上。

这是王勃在蓉城的第一个夜晚，他原本觉得自己会有些兴奋，甚至会拉着刘子轩去泡吧。可是计划赶不上变化。一番洗漱之后，他倒在床上睡了过去。

直到第二天上午 10 点半，敲门声才让他从梦中惊醒。

王勃不清楚米亚是带着什么样的心思来找自己的。或许，物是人非的尘封往事值得回味；或许，蹉跎岁月的青春依然值得触景生情。

踏过的路面，还留着旧梦的痕迹。而信仰，也不止是一种遇见，它更温暖着一颗奔腾的心。

Chapter 15 ······ 奔腾的心

天将降大任于斯人也，

必先苦其心志，劳其筋骨，饿其体肤，空乏其身，

行拂乱其所为，所以动心忍性，曾益其所不能。

于是，我明了，

只有经过长时间埋头沉没于艰苦的梦想中，

方可有所成就。

门外的敲门声很有分寸地响着。

刚醒来的王勃睡眼惺忪，听到敲门声他下意识地摸了一下嘴角，枕头上的湿漉感让他猛地坐了起来。拿起手机一看，没想到已经10点半。他急忙起来准备去开门，可敲门声却停止了。

于是，王勃不紧不慢地钻进卫生间冲凉水澡，可当他冲澡冲到一半的时候，门外又响起了敲门声，他只得立马关掉水龙头，披着浴袍走出浴室。

此时，敲门声越来越急促，一声紧接着一声。

听着迫切的敲门声，王勃胡乱擦了擦湿漉漉的头发，转身走向门口，准备开门的那一刻，他突然将余光移到床上，然后大步流星地走到床边，将被自己口水沾湿的枕头翻了个面，才跑到门口，一边问着门外是谁，一边开了一条门缝。等他见到是米亚，不禁吧唧了一下嘴，说道："催命啊？这么早。"

"早吗？我们约的是10点，现在都10点半了。我们认识第二天，你就跟我耍大牌啊？"

"不敢，不敢，昨晚忘了设闹钟。"

米亚看着王勃湿漉漉的头发，拿出手机在他面前晃了晃，说道："我在外面已经等了你半个多小时，你不觉得愧疚吗？"

"对不起，对不起，我一定闭门思过。"王勃冲着米亚傻笑，随即将门关上。

被挡在门外的米亚一头雾水，扬手准备大力敲门时，王勃随即将门打开。

他拉下脸来，问道："不对，我凭什么要觉得愧疚啊？我又不是作死的刘子轩。"说完，他再次一边把门合上一边说："反正你都等了半个多小时，也不急于一时，就再多等一会儿。"

米亚没想到自己主动的邀约，却被王勃如此对待，不禁气得咬牙切齿，第一感觉就是，自己遇到了对手。不过，愤怒的她并没有责怪王勃，因为她想要知道刘子轩这三年在北京发生了什么。她曾经也去北京找过刘子轩，但一无所获，最终只能带着怨恨和遗憾回来。总而言之，米亚做的这一切都是因为爱情。她发现，自己对刘子轩的爱丝毫没有减少。

当王勃听到米亚是找自己了解刘子轩在北京的事情，会心一笑，心想刘子轩运气不错，还没有完全失去自己爱的人。在米亚的提议下，两人来到蓉大图书馆。看着眼前的图书馆，米亚觉得一切仿佛就像昨天一样，两个人不管是要延续还是结束，都应该有对爱情的态度。王勃知道这座图书馆对于米亚和刘子轩的意义，坏心思油然而生："我会把子轩在北京的奋斗史一五一十地告诉你，但你也要把你们的浪漫史如数家珍地告诉我。"

"他，没把我们的故事讲给你听吗？"米亚不相信刘子轩会把他们的爱情深藏在内心。

"你们的故事他零零碎碎给我讲过一些……"

米亚难以置信，半信半疑地问道："他真的那么吝啬？难道他觉得我们的故事不值得向好朋友倾诉吗？"

"子轩是个完美主义者，很执着，喜欢独自思索，希望一切尽善尽美。"王勃直截了当地说道，随即又补充道："他把对你的爱深埋在心底，不过有些时候，特花痴。"

"花痴？"米亚好奇地问。

王勃不怀好意地笑着，然后一本正经地应道："就是对着你的照片左手换右手，对我说你的身材怎么怎么好，你的……"

"停停停！他害不害臊啊？"米亚打断王勃。

王勃见米亚的脸一片绯红，得意地笑着躺在草坪上，说道："那画面，你脑补吧，哈哈。在他眼里，你是独一无二的，是能陪他走过一生的人。"

"那他还爱上了辛小诺？他把我当成什么了？"米亚坐到王勃身边，眼神突然暗淡下来。

听到"辛小诺"三个字，王勃没有立即回应，他掏出手机，找出一张照片，递给米亚看。

"这不是郁红晓吗？你怎么有她的照片？"

"不，她是辛小诺。"

"她太像郁红晓了，太不可思议了。"

提及郁红晓，王勃才想起那个可悲可悯的女人也是在这个校园遇到刘子轩的，她的命运充满了悲伤。

"其实，子轩并不是见异思迁，而是他遇上了不该遇上的人。"

仔细打量辛小诺的照片，米亚恍然大悟，她笑了起来，笑命运竟会有如此巧合。笑罢，她深吸一口气，觉得有什么东西卡在喉咙里，鼻头传来一阵酸楚。她开门见山地问王勃："子轩对她动了真情，是吗？"

王勃听到米亚颤抖的语气，赶紧解释道："子轩对她从未动情，顶多就是一份寄托和愧疚。"

“对郁红晓的愧疚，是吧？”米亚将手机还给王勃。

王勃觉得自己的回答糟糕透了，象征性地给了自己的嘴巴一巴掌，然后笑嘻嘻地说道：“子轩不是有意冷落你，你要相信他，他心里只有你。结束那一段昙花一现的关系后，他觉得他背叛了你，愧对你的爱，无脸再面对你。”

听着王勃的话语，米亚隐隐作痛的心缓解了许多。她告诉自己，不管是曾经的郁红晓，还是现在不知道在什么地方的辛小诺，都无法成为她爱刘子轩的阻碍。即使他们之间有很多需要去跨越的障碍，但是她相信，时间可以治愈一切伤痛，而他们经过时间的磨炼，也会变得成熟。米亚想着想着，脸上不禁荡漾起一朵烂漫的微笑之花。

见米亚释怀，王勃松了一口气：“秘闻听完了，你还要不要听正史啊？”

“赶紧说！没看我满心期待吗？”米亚露出本性，一副刁蛮霸道公主的模样。

“哎呀，你的状态切换得也太快了吧？女人心，海底针！”

“你再磨磨叽叽的，我就召唤出一个连的姐妹来，24小时不间断地摧残你的意志，将你打进一个暗无天日的世界……”

“大姐，行行好，嘴下留情。我说还不成吗？”米亚的举止让王勃一身的汗毛都立了起来。

“识时务者为俊杰。”米亚笑哈哈地催促。

王勃的思绪回到两年之前，他意味深长地说道：“一切要从子轩到北京的第二个月说起。那时，他刚从一部电影上下戏……”

时间回溯，刘子轩结束了一个半月的剧组生活。这一个半月，他像打了鸡血一般兴奋不已，每天跟着剧组走东串西，听从着副导演的安排，演着随从甲、乙、丙、丁。在不需要他跑龙套的时候，他会偷偷地跟着导演，学习导演如何运转一百来号人的剧组，学习如何与各部门沟通配合，学习如何跟演员讲戏……刘子轩学到了不少宝贵的经验，虽苦犹荣。当然，在这一个半月里，他会隔三岔五地给米亚打电话，分享彼此的成长和苦闷的相思。

跟组拍摄的机会不常有，一颗奔腾、追梦的心无处安放。经上一个剧组相识的伙伴介绍，八一影视基地有许多抗战片在拍摄，需要大量的基础演员。所以，刘子轩带着山姆乘坐大巴去了八一影视基地。

所谓车到山前必有路，说的可能就是刘子轩现在的情况，他刚来这里，就赶上八一影视基地一家专供群演的单位招人。一个陕北大胖子正在和刚来的几位新人交谈着，刘子轩见状，走过去询问。

“请问，您是不是群头？”

“是。”大胖子转过身来应了一声后，继续和同伴们聊天。

“请问，您这招人是吗？”

“你知道行情吗？”

“嗯。”

刘子轩说完后，大胖子立马对着院子喊道：“黑子，带这位兄弟在西厢找个床铺，然后带他去城楼门子逛逛。”

刘子轩听着大胖子的吆喝，他实在不敢相信自己就这样被录取了，过程简单的让他都不敢相信。当瘦小黝黑的黑子带着他来到一套平房的西厢院落时，他是又惊又喜。不过，在他来到自己的房间和床铺前时，不禁有些惊愕。一个二十多平方米的房子里布满了上中下铺的高低床，留出来的过道只能容一人侧着身子通过。不仅如此，每个床上都堆着简陋破旧的被褥，最难忍受的是整个房间充斥着一股令人作呕的汗水与脚臭的味道。

“这个是你的铺位。”领路的黑子指着一个空床位说道。

看着黑子安排的是房间最里面靠墙角的中间床位，刘子轩顿时少了进门前的那股兴奋劲儿。“能换到挨着窗户边的那个床位吗？”他指着靠近门口窗户边空着的床位问道。

“你第一天出来混的吧？不属于你的东西就不要惦记。”

“请问什么意思？”刘子轩一头雾水。

“等你在这里待上三五个月你就知道了。”黑子说完朝门口走去，走了几步回身说道：“你收拾一下，我带你去基地，上我们自家的戏看看。还有，贵重物品随时带着，要是丢了，这儿一律不管。”

“我家‘兄弟’能带上吗？”

“什么？”

“就是它，能带在身边吗？”说着，山姆像听懂了刘子轩的话，竟往他们跟前凑了凑。

“随你便，自己盯着，别让他们给烤着吃了。”

看着黑子离开房间，刘子轩将换洗的衣服和背包压在指定的床铺下后，带着钱包离开房间。在去影视拍摄区的路上，经过一个小卖部时，刘子轩给黑子买了一包云烟和一瓶水，黑子欣然接受后比之前更加健谈。从聊天中刘子轩得知，黑子来自河南，已在涿州、怀柔、王佐等影视基地混迹了三年多，从一开始的热情似火到现在的得过且过，也就是一念之间。在一次拍摄中，扮演清兵的黑子被失控的马撞倒，导致腰椎骨折，现在他很少上前线拍戏，偶尔有特约才会进剧组。他大部分时间都是帮陕北大胖子打理群演们的日常生活，就像个大管家。

“你看着和其他的群演不一样。”刘子轩听着黑子悲惨的过去，好奇地说道。

“是吗?”

“嗯,看得出你文化水平不低,有教养,长相也很秀气。”

“我大专学的是金融。”黑子扔掉手上的香烟,转而问刘子轩:“你也是大学生吧?”

刘子轩简短地将自己的经历告诉了黑子,黑子听完后很惊讶地看着刘子轩,他似乎不相信刘子轩身上发生的故事。

“你干这一行,是不是期待有一天也像‘宝宝’一样能出人头地?”快走到城楼处时,刘子轩忽然问沉默中的黑子。

“谁没有个悸动,没有个梦想呢?只是梦想太完美,现实太残酷,我们没有足够的幸运去支配自己的命运,只能叹息入错行是件非常痛苦的事情。”黑子说到曾经的梦想时,不禁露出一丝惆怅、悲伤的情绪。

“此话怎讲呢?”刘子轩有些不解地问道。

“你慢慢地就会体会到,现在跟你多说也无益。”

刘子轩不再多问。两人沉默着走到几米高的城墙入口处时,看到里面正在拍一个清装戏,刚巧一驾马车拉着一个落魄的小姐急速地驶出城楼。

“那不是糖糖吗?”刘子轩惊讶地问道。

黑子没有正面回应刘子轩的话,而是说着八一影视基地的辉煌:“在这里见到大明星不足为怪,像《人间正道是沧桑》《我的团长我的团》《亮剑》《建国大业》《投名状》《英雄》等都在这儿取过景,这里多的时候一天有七八个剧组同时开工。”

在马车经过自己面前时,刘子轩屏气凝神地看着哭花了脸的糖糖,当导演喊“咔”之后,一群人围在她身边,有扇风的,打伞的,补妆的,端茶递水的,执行导演弓着腰给她讲接下来的戏。刘子轩看到这一幕,不禁感叹,作为演员能够达到家喻户晓的地步得吃多少苦,流多少血泪啊!在经过导演所在的太阳伞下的监视器时,刘子轩驻足观望。虽然他不是第一次看这样的情景,但今日他的感受和之前不一样,微妙的变化驱使着他更留心地观察着导演组的一举一动,在没人注意的时候,他掏出手机偷偷地拍了一些导演和众演员聊天时的照片。

落日余晖,刘子轩和黑子坐在城楼上。这个地方可以一览整个影视城的面貌,两个一见如故的年轻人聊着过往,聊着未来,聊着悲怆。

从公共浴室洗完澡,回到臭气熏天的宿舍,刘子轩向所有人做了一个自我介绍,然后安静地听着他们闲聊,聊趣闻,聊猎奇,聊八卦,聊鸡毛蒜皮的小事……

深夜时分，刘子轩依然辗转反侧，糟糕的木床，刺鼻的异味，此起彼伏的呼噜声，让他夜不能寐。看着月光照亮的挨近窗户的那个空床铺，他不禁好奇那个床铺的主人是谁。窗外，时不时地传来爆炸声，随着爆炸声响起的还有惨叫声和各类枪响声，刘子轩听着声音，对自己接下来要拍摄的电视剧充满了好奇和期待。

不知几点睡着的刘子轩在5点半时被黑子喊醒，他拖着沉重的身躯跳下床，在大家争先恐后刷牙、洗脸、抢早餐的时候，他第一时间去看柴房中的山姆。当他迈向柴房时，隐隐感到不安，因为他喊了几声山姆的名字，山姆没有任何反应。刘子轩加快脚步走向柴房，推开门时，整个人都快崩溃了。山姆躺在新窝中一动不动，连睁开眼睛的力气也没有，他连忙摸了摸山姆的额头，滚烫的温度刺痛了刘子轩的心。

刘子轩飞速抱起山姆，朝院落跑去，不断大喊："这里有兽医吗?"

黑子听到刘子轩撕心裂肺地叫喊声，忙拨开人群向院落走去。

"小刘，你的狗怎么了?"

"发着烧，很烫。"

黑子摸了摸山姆的脑门后，说："这怕是感冒了。"然后，他转身朝一个戴着眼镜，身高不到一米七的男孩喊："皮蛋，把你上回没用完的感冒药拿来，快。"

戴着眼镜的皮蛋正大口地吃着白面膜，没有吱声。

"你别急。"黑子安抚完刘子轩后，走向皮蛋："我说的话你听到没，大家都是一个屋檐下的伙伴，有困难要相互照应。"

"万一我下次感冒，这药……"皮蛋有些胆怯地回答着黑子。

"你每顿吃六七个馒头，想感冒也不是容易的事情，帮帮忙，快。"

黑子说完，皮蛋愣了一小会儿，还是快速跑向寝室，将还未吃完的白色感冒药交到刘子轩手上。刘子轩放下山姆，掏出钱包，拿出二十元钱递给皮蛋，皮蛋没有立马接钱，而是死盯着刘子轩的钱包不放。刘子轩意识到后，连忙将钱包塞进裤兜，不过这一举动被在场所有人看得清清楚楚。

"谢谢你的帮助，钱，你还得收下。"

黑子走到皮蛋跟前，拍了拍他："给你你就拿着，别再叨叨感冒药的事情。赶紧吃饭，一会儿给我好好拍戏。"

皮蛋接过刘子轩递来的钱，再次朝屋檐下的早餐派发员走去，继续领着馒头。

在刘子轩给山姆喂药的时候，黑子走了过来，蹲着边吃馒头，边转身看向身后那帮叽叽喳喳的群演，说道："你刚才干了一件很愚蠢的事情。"

刘子轩回头看向黑子，有些疑惑地问道："你是说漏财了吗?"

黑子点头："你知道这帮家伙是什么角色吗？"

刘子轩给山姆喂完药，转头看向有说有笑的男男女女，这些人中年纪稍长的四十多岁，年龄最小的不过十五六岁，男女高矮、瘦胖各不一样。他们有的边吃着饭边和女生聊天，有的倚在一角郁闷地抽着烟，有的对着镜子整理发型……

"他们不都是追梦人吗？"

"呵，追梦？他们平时睡觉都不做梦，追什么梦。他们在这里不过是混日子或逃避外面的世界罢了。"

"不会吧！不是来这里的每个人都希望自己有朝一日能出人头地，实现自己的梦想吗？"

"你真是太天真，他们现在可能都在算计，怎样拿到你口袋里的钱包。这里鱼龙混杂，什么事情都会发生。有些人把这里当安乐窝，得过且过；有些人本性不坏，不过这里的日子让他们乱了心术；有些人的确是为梦想而来，可最终抵不过现实，变得痴迷呆茫。"说着，吃完馒头的黑子站起身，看向不远处的男男女女，继续说道："倚在墙角抽烟那个，看见他手臂上的刺青了没，他以前是混帮派的，犯了事之后才来这里的，你给他一把西瓜刀，保不准他会冲到街上去收保护费。你再看那个和小女生聊得正欢的东北爷们，别看他年纪不大，他已经离了三次婚。再看皮蛋，他连考了五年的北京电影学院和中戏，连个毛都没通过，别看他弱不禁风的，在和父母争吵时差点砍了自己父母，还有……"

"别说了。谢谢你的提醒。"刘子轩打断黑子的话，怕黑子再说下去，他就会从这些人悲惨的经历中看到自己的影子。但他始终相信只要坚持就一定能实现自己的梦想，于是他说道："是日新月异，还是堕落腐化，主要看意志力的坚强，我相信自己，也相信每个人的善良。"

"你好好看管自己的钱财，看你兄弟今天的状况，是没法跟你出去了。你要信得过我，就交给我照顾吧！"

刘子轩有些犹豫，低头看着山姆。

"放心吧，我会像你一样好好照顾它。"

听完黑子的话，刘子轩一番感激后，踏出院门，去了基地。

在一个抗日剧拍摄现场，副导演选择重点群演时，刘子轩从人群中往副导演面前挤去，或许是太过用力，差点儿撞在副导演的胸膛上。等他站定下来，忙冲副导演笑着："导演，选我吧？"

副导演上上下下打量着刘子轩，然后摇头。

刘子轩见副导演一副否定他的模样，极力争取道："导演，我可以的，我上一个戏是剧组的跟组演员，大大小小出演了十多个角色。"

“能剃头吗?”

“啊?”

“不是……你这头发太长了,怎么看都不像是冲在前线的抗日尖兵啊。”副导演说着,绕过刘子轩,指着他身后几个长相呆板的群演不停地挑兵选将:“你,你,你……”

在副导演挑选第四个人的时候,刘子轩打断了他的工作,赔着笑一脸殷勤地说道:“导演,我的头发可以剪,只要在镜头的中近景里,你怎么剪都行,我无条件配合。”

“哟,你还知道景别啊?”副导演听刘子轩这么一说,不禁对他刮目相看。

见自己似乎有戏,刘子轩赶紧点了点头,应了一声:“对,学过一点皮毛。”副导演看刘子轩诚恳的样子,软了心肠,对他说道:“今儿个你就演日本兵,如果明天早上我能见到你,就让你演个有特写有台词的角色。”说完,他拍了拍刘子轩的肩膀。

刘子轩知道副导演的话只不过是在敷衍自己,因为几百号人的群演都等着戏拍,再说,有特写有台词的角色都是专门找特约演员,这样的机会怎么可能落到自己的身上? 算了,还是先把今天的戏演好吧! 这样想着,刘子轩跟着一众群演去领戏服。换衣服时,刘子轩闻着衣服上的汗臭味,内心是拒绝的。

穿上肮脏陈旧的戏服,刘子轩跟着一旁的小伙伴学着打绑腿。搞定之后,他来到化妆车厢前,接受现场化妆师的理发。伴着电动推子“嗡嗡”的响声,漆黑的长发飘飘落地,许多部经典电影里理发的桥段在他脑海闪现,男主角在经历一段地狱之旅后,理去万千青丝,似乎就断掉了忧愁或痛苦,然后重生,进入下一幕的新篇章。

“今天,你就是主角,人生这部伟大电影中独一无二的男主角。重生吧,少年。”

摸着毫无美感的寸头,刘子轩竟然兴致勃勃。

在拍一场攻城战的时候,同样穿着日本人军装的皮蛋就在身旁,刘子轩蹲下身来,试探性地问道:“听说你中戏毕业的?”刚一说完,皮蛋就低下了头。看皮蛋一副不开心的样子,刘子轩深吸一口气对他说道:“不好意思,如果提到你的什么伤心过往,我向你道歉,对不起。”

“没事。”唉声叹气后,皮蛋的情绪缓和许多,说道:“我也想上中戏,也想成为红雷大哥的师弟,可是连考了五年,他们都不要我。”

听着皮蛋的话,刘子轩知道黑子没有对自己说谎,这也就意味着,自己的确要防范这帮“危险”的路人甲、乙、丙、丁。

“不过,刚才副导演跟我说,明天会让我演更好的角色,或许还能说上台词。"皮蛋的话击碎了副导演对刘子轩的寄语。他心情郁闷地低下头,继续听着皮蛋诉说:"只要我说上第一句台词,就能说上第二句,第三句,第一万句,然后越来越多,越来越多!过不了多久我就可以像'宝宝'一样演男主角了。那个时候,就没有人会再关注我是不是连续五考北电和中戏失败过。你说呢?"

"嗯,我相信你能做到!"刘子轩见皮蛋如此有信心,鼓励着皮蛋。

一天的冲杀、嘶喊、卧倒,不仅枯燥无味、来回重复,还根本无法发挥演技。还好,导演在晚上 11 点结束了拍摄。刘子轩拖着沉重的步伐回到宿舍,刚到院子里便听到山姆的叫声,不禁喜出望外,奔向柴房。经过一天休养的山姆已经恢复了体力,它热情地扑向刘子轩,舔着刘子轩又黑又脏的脸。

一番打闹后,刘子轩安置好山姆便去公共浴室。昏暗的灯光,窄小的浴室,挤满着赤裸的男人,排队十多分钟之后,刘子轩如愿站在花洒之下,开闸放水,被冰冷的水惊吓到,调试多次后,依旧没有热水。迫于无奈,刘子轩只能接受刺骨的冷水冲刷自己。看着脚下黑乎乎的脏水,他趴在墙上,欲哭无泪。他感叹,二十多年来衣来伸手饭来张口的自己,这几年的经历,就像一部电影。吃的苦,受的难,伤过的心,流过的泪,无法用华丽的辞藻去形容,心灵仿佛被枷锁禁锢,没有一刻能解脱。

当你做出一个自以为绝对正确的抉择时,现实依然不会遗忘给予你灵与肉的伤痛,不仅如此,还会在你原有的伤疤上给你一记响亮的耳光。或许,这就是成长与人生。

刘子轩忆起十八岁生日那天,刘延烈对自己说的话。他说:"成长是一种经历,成熟是一种阅历。每个人都会成长,但并不意味着每个人都会成熟。成熟的人,不为得而狂喜,不为失而痛悲,竭尽全力之后,即使失败也能坦然接受。成熟的人,不因功成名就而目中无人,也不因籍籍无名而卑躬屈膝,他们总是保持一颗平常心,不卑不亢地生活。我希望你也能做一个成熟的人,能够有担当,懂得感恩,心静气和,淡定从容地处理人生每个阶段的故事。"

听到这段话时,刘子轩非常满足有这样一位豁达知性的父亲,虽然他陪自己的时间少,但他说的每一句话都像书本上的文字,既简单易懂又意味深长。可是如今,这段话却变成了一段关于嘲讽的故事。他想,自己应该放平心态,不必再为过去的人和事伤神,因为有些事,过去就过去了,眼下应该面对当下的困苦挫败,因为这些很可能就是以后登高的阶梯。从未想过要在残酷的现实面前低头的刘子轩,躺在床铺上已精疲力尽,抱着自己的钱包,不知不觉闭上了疲倦的双眼。

或许是刘子轩百折不挠的态度感动了上苍,在拍完上午枯燥乏味的巡逻戏,吃完午餐,他带着山姆在城门楼子溜达的时候,撞见了昨天的那位副导演。

"导演好,导演辛苦了。"

听到刘子轩的问候,副导演认出了刘子轩,无关紧要地回了声"加油"。

等副导演离开后,刘子轩不忘在山姆的耳畔炫耀:"怎么样,我说我可以的吧!"

下午,在排队换领另一套戏服的时候,副导演找到刘子轩,说:"今天给你一个露脸的机会!"话音刚落下,副导演低头看到了一旁的山姆:"你怎么带了一只牧羊犬?"

刘子轩赶紧解释:"它是我在这个城市唯一的亲人。它感冒了,我想带着照顾它。"说完,刘子轩憨笑了起来。

听完刘子轩的话语,副导演认真打量着他,问道:"能吃苦吗?"

"能!"

"那你跟我来吧。"

跟着副导演绕过两条古街,刘子轩终于来到剧组的核心地带。此时,导演坐在监视器前仔细地看着演员的表演,作为主演的大牌明星一丝不苟地演绎着角色。

随着导演的一声"咔",担任执行导演的闻小跑当即喊道:"各部门准备下一场,第十集 38 场。"随即,几位主演的助理赶紧跑过来递水摇风扇。工作人员则紧锣密鼓地张罗着下一场戏。扮演死人的群演一个个从地上爬了起来,他们拍掉身上的土,寻了一个可以坐的地方休息,等到下一场开始时,他们会继续扮演冲锋陷阵的战士或者死人。或许他们没有露脸的机会,但是,只要执行导演一声嘶喊或当摄影机从他们面前掠过的时候,他们还是以各种姿势倒下,尽情诠释着自己的表演。

刘子轩在这一刻遐想着即将要扮演的角色,露脸的戏份让他兴奋不已,对于一个群演来说,露脸演出的感觉就像登上头版头条。就在刘子轩好奇的时候,副导演拿着剧本朝他走过来,指着剧本里的一个角色对他说:"等一会儿你就演这个角色。"

"好。"应下副导演的话,刘子轩拿过剧本认真阅读,结果发现自己演的是一个被活埋的村民。这不禁让他有些吃惊,还有一丝恐惧,瞪大双眼看向副导演,笑着问道:"王导,请问还有别的戏份吗?"

两分钟之前,刘子轩从梳妆师姐那里得知副导演叫王林,四川泸州人。

"怎么?嫌弃啊?"王林见刘子轩害怕的样子,浅笑着说。

"没有,您不是说有露脸的机会吗?这都被埋了,怎么会有……"刘子轩只能用别的借口寻求换角色的机会。

王林将手搭在刘子轩的肩膀上,搂着他解释道:"你不是说你跟过组吗?

那就是有表演经历。你想，当你被活埋的时候，你是什么心情？愤怒和无能为力，对不对？这么有戏的角色，你觉得我们的摄影师会放过？懂了吗？”

见自己终究是逃不过被活埋的缘分，刘子轩只好应下王林的话，但他的双腿因为害怕已经开始发抖。他强装镇定地感谢王林选择自己：“谢谢王导，我会竭尽全力演好这个角色，不负王导的信任。”

王林坦然一笑，说道：“好好表现啊！别给我掉链子！”

刘子轩应下王林的话，将山姆带到不远处的柱子边，将绳子拴在上面。然后，他利索地换上了角色服装，和其他几个群演来到一个早已挖好的土坑前。随着他们一起来到这里的，还有十来个穿着日本军服的群演，他们手里拿着道具枪和铁锹，枪上的刺刀抵着刘子轩他们的后背。

当剧组各部门都准备到位之后，导演大喊一声：“Action!”应着导演的指令，站到镜头前的女场记当即打着场记板：“第十集 38 场第一镜。”随着场记板“啪”地一声合上，女场记闪到一边。话音刚落，刘子轩便被身后的男五号一脚踹倒在土坑里，和其他几个即将被活埋的群演一起东倒西歪地躺着、挣扎着，等待着即将而来的一铲铲沙土淹没他们的身体和头颅。这是刘子轩来八一影视基地获得的第一个角色，虽然有些不堪，但他准备用自己所有的情绪去诠释这个悲惨的角色。当沙土一层一层地覆盖他的时候，他的双眼怒视着站在周边大笑的敌人。他没有台词，只能用神情来表达自己此刻被活埋的愤怒。不过，导演并没有过多在意他们的表演，只是坐在监视器后面，不停地用扩音喇叭喊着：“好，很好，保持！”

直到黄土盖过刘子轩的头颅，光明的世界顿时变成黑暗，耳边再也听不到其他声音的时候，这一切才停了下来。黑暗之中，刘子轩突然宁静下来，思绪万千。自己为何会来到这里？真的仅仅是为了梦想吗？是不是也有黑子所说的逃避？逃避那个有刘延烈存在的城市。

如果真的是在逃避，那自己是对不起米亚的，想着想着，刘子轩恨起自己来。

“快点搞，里面埋着的可都是活人……”刘子轩精疲力竭，在他呼吸急促之际，听到有人大声呼喊道。那声音一开始很微弱，慢慢地变得洪亮起来。又过了一小会儿，他才听清楚，这是执行导演闻小跑的声音，里面还掺杂着刨土的细微声响。这声响由远及近，最后来到刘子轩的头顶，然后落过他的眉梢、鼻尖、嘴唇、下颌，直到整个身体被人像拔萝卜一样从沙子里拔了出来。

站在土坑边的导演转身时不经意看到狼狈不堪的刘子轩，问道：“小伙子没事吧？”

刘子轩的周身无处不是沙子，他一边猛力地将沙子从耳朵里抖落出来，一边应着导演的话："谢谢导演，没事，您辛苦了。"

"小伙子不错。"表扬完刘子轩，导演回到了监视器前，和摄影指导交谈起刚才拍摄的场景。刘子轩在抖落身上的沙子时，发现其他几个被埋的群演惴惴不安，一双眼睛一直紧盯着导演。他们眼神中流露出的潜台词，刘子轩看懂了，那分明是祈求导演这场千万不要重拍，不然还要被活埋一次。

过了一会儿，导演和摄影指导似乎有了结论。这是让所有群演都窒息的时刻，每个人都站了起来，除了刘子轩。刘子轩是等闻小跑到了自己跟前才站起来的，他虽然也想知道这场戏到底有没有过，但和其他群演不一样，他对重来一次没有那么抗拒和排斥。

幸运的是，闻小跑通知大家这场戏一遍已过。顿时，其他几个群演松了一口气，有说有笑地摇晃着身体走到一边，寻了一个靠墙的地方坐下来，然后专心致志地把沙子从发梢里清理出来。

刘子轩很开心，他一边将耳朵里所剩不多的沙子抖出来，一边问王林："王导，我还想多体验一下其他的角色，请问还有其他戏份吗？"

听到刘子轩的话，王林笑了一下："看你表现还不错，我再看看。"

"好的，谢谢王导。"

"下次拍被埋的戏，记得塞一截棉花在耳朵里，没棉花纸巾也可以。"

听着王林的嘱咐，刘子轩忍不住打了一个喷嚏，随之喷出的鼻涕浑浊不堪。

一旁的王林见此并没有觉得恶心，点起一根烟吸了起来，然后抬手把着刘子轩的肩膀朝制片主任走了过去。等到了制片主任面前，王林说道："哥，我们组不是还差一个会演戏的跟组演员吗，这小子不错，有经验。"

刘子轩赶紧点着头打招呼。

制片主任与刘子轩相视一笑，跷起二郎腿对刘子轩说道："你，学过表演吧？"

刘子轩不紧不慢地回答："回主任，读的是导演专业，在学校学过两年导表课，上个戏就是跟组演员。"

"哦，还是个后生啊。"说着，制片主任满脸堆笑，深吸一口气后，说道："这事啊，王林，你商量着办吧。"

"谢谢主任。"说完，刘子轩朝主任弯腰 90 度鞠躬，然后紧跟着王林走到城墙一角。

"我们在这还有一个多星期的戏，之后转天津，跟组这事老大没直接同意，我也挺为难的。不过……要不这样，这些天你先来我这边报到，等这边杀青时，我看能不能帮你一把，带你去天津。"

“谢谢王导，谢谢王导，我一定好好学习，好好表现。”刘子轩并不想放弃这个来之不易的机会，一个劲地向王林表达着感激之情。

晚上，刘子轩把这一消息告诉黑子时，黑子为他来之不易的机会感到兴奋，并表示全力支持。不过第二天黑子就消失了，一同消失的还有刘子轩随时携带的所有积蓄，只留下了钱包和钱包里米亚的照片。他不知道黑子为何消失，也不知道自己的钱包是谁偷走的，但他知道自己接下来的日子会很凄惨。可是，当他看到山姆时，他幻想着黑子回到了河南老家，就如之前他给自己讲的他要照顾已多年未见的父母。

第二天夜戏，刘子轩从皮蛋的口中知道了他们更多的心酸故事。原来，那个挨着窗户一直空着的床铺无人肯睡，是因为跟一起凶杀案有关。一个丢失苹果手机的小伙趁另一个偷自己手机的小伙睡觉时，把他杀死在床上。刘子轩回到寝室后，去翻了翻那张床铺，上面果真还有血迹。

接下来一个多星期的时间，刘子轩和王林相处得十分融洽。王林知道刘子轩身上的一些遭遇后更加照顾他，剧组上上下下的工作人员跟刘子轩相处后，都对他另眼相看，这让刘子轩不禁有些感动，所以在拍戏空隙，他经常帮王林干一些跑腿的活儿。可是，天下没有不散的筵席，剧组离开八一影视基地时，王林拉着刘子轩到宾馆一边，将一千元钱递到他手上，说这是仅代表他个人对刘子轩的支持，然后掏出一张写着电话号码的纸递给刘子轩，让刘子轩明天去找他。刘子轩接过纸条后，和王林深深地拥抱起来。他为在这个无比残酷的现实社会，能遇到王林这样无私善良的人感到高兴和感激。两年之后，刘子轩再见王林时，王林已是一位小有成就的制片人。两人说起这段插曲，王林说他当初是被刘子轩这股对梦想的冲劲给感动了，他在刘子轩身上看到了自己当初的影子。从一定程度上来说，王林是刘子轩进入影视圈的第二个伯乐，虽然不常联系，但刘子轩依然对王林充满了感恩。

刘子轩看着手里的电话号码，他知道自己不能错过这次机会。

由于群头陕北大个子不肯放人，刘子轩十天后才带着山姆走出八一影视基地。走的时候他从群头那里领到了近一个月的片酬，除去伙食、房租、管理费外，一共四百块钱。

看着手里仅有的一千多元钱，刘子轩百感交集。当沙土淹没他的头颅时，他有过一丝放弃的念头，因为米亚；而现在，他觉得自己不能放弃，也是因为米亚，因为米亚还等着他“荣归蓉城”。想着这些，刘子轩不禁望着西南边斜着的太阳，抿嘴一笑。生命的意义和人生的使命，不就是在活着的时候，迎难而上，解决困难，分享成长吗？他觉得自己在这座城市渐渐扎下了根，自己的梦想会在不久之后开花结果。

山姆似乎感觉到刘子轩的喜悦，用舌头舔着刘子轩的脸。痒痒的感觉让刘子轩笑了起来，笑得像个孩童一样。刘子轩紧紧地抱着山姆，说："山姆，我们在这里终于可以安定下来了，你不用再担心我们没饭吃，也不用担心吃不到肉了。"

坎坷和磨难并没有轻易放弃对刘子轩的鞭挞，他的逐梦之路并没有想象中那样一帆风顺。由于自己晚了十天才回到北京，王林介绍的制片主任告诉他，他们的跟组演员已满员。随后，他制作了一份精美的简历，跑了太阳宫、大望路和牡丹园等几个剧组常驻的酒店，但是在接下来的一周时间里，刘子轩未接到任何电话。他并没有气馁，告诉自己，这是天将降大任于斯人也。

盛夏在一夜雷雨之后悄然降临这座城市，尾随而来的还有十里扬沙，昏暗的天空下，每个人的脸上都戴着一个口罩。

上天并没有眷顾对梦想执着追求的刘子轩，不得已，他一边在北京电影学院导演系进修班插班蹭课，一边在蓟门里附近的一家蓉城 24 小时营业的小吃店里干着兼职。

小吃店的老板并不是地道的蓉城人，自然不会给刘子轩老乡的情分和待遇。虽然他同意刘子轩晚上 8 点的上班请求，却也给他安排了繁重的活儿，除了收盘子、打扫卫生之外，刘子轩还必须要到后厨帮着洗碗、择菜、打杂。但即使是这样，小吃店老板也没有给刘子轩对应的报酬，一个小时才给二十块钱，对于这个经济膨胀的城市来说，显得是那么微乎其微。对此，刘子轩并没有一丝抱怨和异议，反而对老板的举止心存感激，看似刻薄的老板是他的救命稻草。

当刘子轩带着山姆一如既往地出现在北京电影制片厂大门外的时候，红彤彤的太阳开始散发着热浪，山姆不停地流着哈喇子，刘子轩也是不停地抹着额头的热汗。蹲在马路牙子上，刘子轩和其他在这里等待的群演一样，一句话都不说。直到红彤彤的太阳开始泛白的时候，一个戴着鸭舌帽满脸痘坑的演员群头，拿着扩音喇叭和一瓶水从一辆大巴车上走了出来。他先是喝了一口水润了润嗓子，才举起扩音喇叭大声喊道："群演，十名，男性，要年轻禁得住扛，挨得住打的！"

当群头话语落下，原本一哄而上的几十号人，零零散散地转身走了回来，只剩下几个还不知道情况的人在他面前痴笑着，如同一条乞食的哈巴狗一样，双眼满是可怜地望着即将给自己食物的主人。这俨然是一种献媚，但刘子轩没有觉得这种献媚有任何不可，因为他觉得自己现在和他们差不多。

所以，刘子轩见人群散开之后，立马跑到了群头面前，和其他人一样哈着腰满脸谄媚地看着他，举着手说："导演，我可以的。"

群头上上下下地打量着刘子轩，忍不住轻笑了一声，说："就你这身板，行吗？"

"把'吗'字去掉，我一定可以的！"

"那我可说好了，伤着了我们可不管。"

"放心，我门儿清！"

坐了一个多小时的车，刘子轩带着山姆出现在怀柔影视基地。和以往一样，他将山姆拴在一个看不见自己的地方。

在演员副导演的带领下，刘子轩和其他人很快换上了清兵戏服，那是一种在里面塞了很多棉花当作缓冲的棉袄。这大夏天的，穿这么厚实的衣服且不说会出多少汗，光是这份重量奔跑起来都让人难受，考虑到流下的汗渍会弄脏自己的衣服，刘子轩干脆就把自己的衣服脱了下来。

即便刘子轩已经为挨打做好了心理准备，却还是没有料到对戏的人下手会这般重，每被袭击一下，都痛到了骨头里。这种痛，让他整个人快要窒息，但他只能强忍着，用自己对角色的理解尽情演绎着。

在一次次地挣扎中，刘子轩演绎的已经不全然是剧本里被赋予生命的角色，更多的是在演绎他的悲惨经历。从未挨过打的他，心里突然升起一股低落感，即使是曾经被刘毅珑设计锁入高墙时，他也没有这般狼狈。身上的疼痛感提醒着刘子轩的落魄，而他演绎的愤恨也成了对自我讥笑的安慰。

刘子轩还是扛了下来，坚韧的意志最终战胜了内心的恶魔。当他脱下戏服准备换上自己的 T 恤时，拿到薪酬的开心劲瞬间随着他脸上的表情凝固。藏在贴身运动短裤口袋的新钱包不翼而飞，里面有他仅有的六七百元现金。刘子轩抱着一丝希望翻过戏服所有的口袋后，仍然没有发现。不幸中的万幸是，他昨晚将米亚的照片拿出来放在了床头，还把部分尚有储蓄的银行卡藏在了房间的墙缝里，这让他不禁有了一丝安慰。

带着仅剩的一百多元钱，刘子轩来到山姆面前，将它紧紧地抱在怀中，一言不语。山姆没有哼唧，它嗅到了刘子轩身上散发的汗味，以及汗味里面掺杂的落寞。狗的灵性让山姆变得悲伤起来，它将头埋进刘子轩的怀里，如同一个少女一般，挑眼看着爱自己的刘子轩。

生活，一边心灰意冷，一边卷土重来；梦想，一边败兴而归，一边锲而不舍。

疲惫的刘子轩决定休整一天，躺在床上的他不禁想起那个和郁红晓长得酷似的女孩，于是他带着幻想独自去了天安门广场。刘子轩沿着广场东侧路和附近的巷子，一遍又一遍地寻觅着让他悸动的身影，在找遍所有角落仍未找到她时，刘子轩垂头丧气地准备放弃。然而就在这时，在街道的转角，他迎面撞上一个匆忙而时尚的女孩。他连忙向女孩道歉，发现女孩就是他苦苦寻觅的对象，刘子轩感慨皇天不负有心人！

“是你?”刘子轩一下子激动了起来，差点儿将内心的独白脱口而出。

“你是?”女孩一副思索的模样，并未想起刘子轩是谁。

“大约两个多月前的一天早晨，我们第一次在前面的早餐摊相见。当时我错把你当成我过世的女朋友，还闹出了笑话。”刘子轩努力做出解释，想勾起女孩的回忆。

果然，女孩听到刘子轩的话，想起那天早上的事情，不禁又惊又喜，说道：“是你啊！你的狗狗呢?”

“出门不便，就把它交给室友照顾了。”

女孩一副娇羞的模样，不好意思地问道：“你是专门来找我的吗?”

“是，也不是。我好久没来这里了，过来逛逛，没想到会再次碰到你。”刘子轩很想告诉女孩自己就是专程来找她的，但他害怕真话说出来会吓坏她。停顿几秒后，刘子轩向女孩伸出手：“很高兴认识你，我是刘子轩。”

“辛小诺。”女孩温婉地介绍着自己。

松开辛小诺的手，刘子轩犹豫了一下，最终还是鼓起勇气问：“你赶时间吗？如果不赶时间，一起坐一会儿?”

漫咖啡馆二楼，刘子轩和辛小诺坐在一个靠窗户的角落里。

喝着咖啡的辛小诺吃惊地看着笑而不语的刘子轩，疑惑地问道：“你是我见过第一个在咖啡馆喝绿茶的人。你的爱好真特别。”

“唉，陋习难改。”刘子轩叹了口气，自我嘲讽着回答道。说完，他试探性地问辛小诺：“听你说话的口音，你是……蓉城人?”

辛小诺一副惊讶的表情，看着刘子轩，快速地说：“你怎么知道？我们除了这两次相见，难道之前还见过?”

刘子轩没有立即回答，而是掏出手机，然后登上郁红晓的 QQ 空间，找了一张郁红晓的照片，递到辛小诺面前。辛小诺迟疑了一下，还是接过手机。看到手机上的照片时，她惊呆了，急切地问道：“你怎么有我的照片?”

刘子轩平静地摇了摇头，说道：“这是我前女友。”

“太像了，世界上怎么有这么相像的两个人，真不可思议。”辛小诺感叹道。

“你也觉得极像啊！我第一次见你就把你当成她了，所以才会抱着你不放。”刘子轩解释着，脸颊不由得红了起来。

辛小诺柔声细语地问：“她也在北京?”

刘子轩再次摇头，强挤出一抹微笑，抬手指向上空，回答道：“她去了天堂。”

一去不复返的美好，只能存档在我们的右脑，如果记忆好的话，便能回味其中的滋味。如果健忘，就再也回不到那时的美好，过去的就会成为过去，任凭你如何努力回忆也是枉然。翻过那些悲悯的扉页，刘子轩回过头来想，岁月似乎是一场磕磕绊绊的捉迷藏游戏，终究会让你在闪着光亮的地方找到一份满意的答案。正如面前这个叫辛小诺的女人，就是他想要的答案，他不想再放手，假如……没有假如。

刘子轩简短地向辛小诺讲述了他和郁红晓的爱情，就连刘延烈那一篇章他也没有做任何隐瞒。辛小诺听着听着，竟然为命运悲戚的郁红晓流下了眼泪。

递上纸巾给辛小诺时，刘子轩看到她身旁的行李箱，问道："你这是出差？还是……"

辛小诺擦干眼泪，平复了一下情绪，解释着："不是，我原本和闺蜜合租一间房子，她现在恋爱了，有些不方便，所以……"说着，她抿起嘴角，一对洁白的门牙咬着下唇，侧头看向窗外的商业街。

刘子轩沉默了好一会儿，才问道："那你找到住的地方了吗？"

"还没有，刚计划着去找呢。"说着，辛小诺对刘子轩苦涩一笑。

刘子轩等辛小诺话音落下，当即说道："老乡一场，又缘分匪浅，如果你不介意，你可以先去我那儿挤挤，等你找到了房子，然后再搬也不迟。你说呢？"

刘子轩如此邀请，是因为在心里把眼前这个叫作辛小诺的女孩多少当成了郁红晓，曾经的自己对郁红晓的过世有重要的责任，并且他对她有愧于心，现在对辛小诺的反应无疑是他对郁红晓的一种补偿。在这一刻，他的内心没有任何多余的杂念，根本不会去想辛小诺的出现是否是个巧合。

刘子轩说完后不禁嘲讽自己，人家女孩只见过自己两面，怎么可能会幼稚到跟一个陌生人回家呢？刘子轩正这样想着，没想到辛小诺竟同意了。

于是，刘子轩带着辛小诺去了自己的住处。刚带着辛小诺走进房屋大门，就看见室友程静波在搬家，他在往租金便宜很多的隔壁房间搬，如此一来，就把房屋里环境最好的屋子给空了出来。

见此，刘子轩掏出手机，急忙跑到楼道拨打房东的电话，把空出来的房间给辛小诺租了下来。他相信这是上天给他赎罪的机会，他要借此把之前对郁红晓的所有亏欠都弥补上，即便他心里十分清楚地知道，那个女孩并不是郁红晓。

人一高兴，总是容易头脑发热。刘子轩忘记了最重要的一件事情，那就是他并没有多少的积蓄。等他挂了房东的电话，走到房门口的时候，他才反应过来。顿时他停下欢快的步伐，转身回到楼道，坐在台阶上发起愁来。

去哪儿弄钱成了刘子轩此刻唯一的想法，他想上天会不会可怜一下自己，让自己发一笔横财呢？真是荒谬，刘子轩不禁觉得自己的想法可笑。正当刘子轩一筹莫展之时，辛小诺来到了他的身边，静静地看着他，露出甜美的微笑，递给他一沓钱，说道："这是房租，刚才你和房东打电话我都听到了，谢谢你。"

刘子轩尴尬地看向辛小诺，此刻的她笑得很开心，像极了无忧无虑的郁红晓。刘子轩猛然站起来，再一次将面前的女孩紧紧地搂在怀里。这一次，辛小诺没有挣扎，而是轻轻地抚慰着刘子轩颤抖的后背。

此刻，刘延烈的心情是五味杂陈的。他跟着刘子轩来到这里，看着刘子轩和辛小诺走上六楼。他本想把手里那份从成都寄来的文件交给刘子轩，但始终没有机会，只能躲在楼下的小道里。

刘延烈几经波折后，终于在大钟寺附近的一个建筑工地上安顿了下来。他靠着蓉城的朋友关系，弄明白了辛小诺的来历。原来，辛小诺是一家酒吧的调酒师，偶然机会被刘毅珑发掘，重金返聘监视刘子轩。一直忙碌的他，未能将这一实情及时告诉刘子轩，未曾想到辛小诺已经和刘子轩产生了不一样的感情。

看着两人紧紧地拥抱在一起，内心充满着对郁红晓愧疚的刘延烈知道刘子轩是在弥补曾经的错，才会如此对待辛小诺。虽然这是一种带有目的，并且被设计的感情，但他还是不忍去打破。刘延烈思量了很久，最终将手中的那封装有辛小诺照片的文件撕掉，扔到一旁的垃圾桶中，然后转身离开。刘延烈深知刘毅珑的手段，辛小诺只不过是他的一颗棋子，他所做的一切只是为了让刘子轩放弃梦想，成为一个无所事事的废人，那样，他就再也不用担心自己费尽心机得来的汉风集团会被刘子轩夺走。

在接下来的日子里，刘延烈没有再出现在蓟门里附近，因为他所在的建筑工地正如火如荼地施工。在一次浇灌水泥的作业过程中，敏锐的他发现了赶工中的施工错误，并不顾一切地反对，及时为项目部挽回了巨大的损失。为此，所有人都为他喝彩，看他的眼神也多了一份钦佩之意。由于掌握熟练的建筑知识和出众的工程管理能力，刘延烈从临时打杂小工变成了施工员，并被项目经理借调到东四环的工地。那工地离蓟门里太远，加之紧凑的工期让他根本没有时间去留意刘子轩和辛小诺。

不期然而然，辛小诺和刘子轩之间并没有按照刘毅珑计划的那样进行。刘子轩没有因为辛小诺的出现就忘记自己的梦想，他每一天仍然前往剧组跑着龙套，拼死拼活地争取进步与成长。闲暇时光，他会和辛小诺一起遛狗，和她聊聊自己的心事，给她讲述他和郁红晓的故事。慢慢地，他给米亚打电话的次数越来越少。

刘子轩的坦诚渐渐地改变了辛小诺，她甚至在很多时候忘掉了自己接近刘子轩的目的。她开始欣赏刘子轩身上散发出来的对梦想孜孜不倦的探索精神和对生活积极豁达的态度。

半个月下来，刘子轩和辛小诺朝夕相处，他们一起起床，一起出门，一起晚归，一起撸串，一起畅聊梦想，一起在北京电影学院的食堂吃蓉城小吃……他们的关系从量变到质变是在一场电影之后。

从大钟寺中坤广场看完电影《让子弹飞》，散场时，已经将近凌晨。路上的车辆稀少，寒冷的北风在耳边呼啸而过，走下天桥的刘子轩将自己的围巾摘下围在辛小诺的脖子上，眼里充满了爱慕之情。在四目交触的一瞬间，辛小诺知道自己已经不知不觉爱上了面前的这个男人。在刘子轩转身准备前行之际，满脸绯红的辛小诺拉住了他的手。他对她眼神里透露出来的渴望不言而喻，他用他温暖而又有力量的右手紧紧握着她冰冷的小手，生怕丢失或者走散。

一路上，他们相顾虽无言，但彼此心如鹿撞，心脏怦怦地剧烈跳动，仿如一块石头落入湖面激荡起的层层涟漪。他们紧紧地握着彼此的手，心照不宣地迈着步伐一致的步子，在昏黄的夜色里，留下一道柔情蜜意的风景线。

回到蓟门里的房子，刘子轩打了一桶加了少许盐的热水，将坐在床上的辛小诺的双脚放入桶中，然后蹲下身来为她洗脚。他的右手在她的双脚间来回游走，不时为她按摩舒缓经络。

坐在床沿边上的辛小诺有些许忐忑不安，心也是"怦怦"地跳个不停。温暖的暖流从她的脚踝升起，升至足三里，渐渐上游至中极穴，经过十二指肠和胃，来到心窝，然后蔓延至全身。看着蹲着身子为自己洗脚的刘子轩，辛小诺的双手一时不知道该往哪里放，原本冰冷的手心此刻冒出了热汗，一种久违的感动慢慢涌上心头。她缓缓闭上眼睛，怡然自得地享受着刘子轩带来的温暖。她的脑海中浮现出一幅画面，无忧无虑的刘子轩背着心花怒放的郁红晓飞驰在一望无际的花海之中。

替辛小诺擦干双脚后，刘子轩脸上露出欣慰的微笑，在他转身离开之际，辛小诺再次拉住了他，将他牵引到床沿边，然后拉他坐下。四目相对，那些来不及说爱的思绪淋漓尽致地在两人脑海里流窜。辛小诺闭上眼睛，听到了自己激烈的心跳声，她深呼吸一口气后送上了自己的嘴唇。那些被烈风卷走、被黑夜吞噬、被酷日炙烤的如海般的思恋，在一霎间归位。刘子轩闭上湿润的双眼，双手轻轻地搭在辛小诺的后背，吻着她的玉唇。

吻的速度和力量随着全情地投入愈来愈猛烈。一番激吻后的刘子轩和辛小诺快速地脱掉彼此的外套和内衣。柔和的灯光下，他们欣赏着彼此。此刻的刘子轩，没有了和郁红晓初夜时的缠绵悱恻，没有了和米亚共赴巫山时暴风雨般地激烈。他屏气敛息地坐在辛小诺的面前，像是在博物馆观摩亨利·马蒂斯的著名画作《舞蹈》一样，眼里显露出来的是如梦如幻般的不可思议，既让他悸动，又让他平静。

一切发生的是那么自然而然，辛小诺一直微笑着，她在感叹命运的神奇，将一个有着复杂故事而又心地简单善良的男人送到了自己面前。她情不自禁地伸手去抚摸刘子轩的脸颊，当她的手触碰到他的皮肤时，她感觉到了他闪电般的战栗，随之而来的是从他泛红的眼眶流出的泪水。她轻柔地用指尖擦拭着刘子轩脸颊两边奔涌而下的泪水，然后品尝着它们的滋味，眼中是说不尽的情意绵绵。

默默流着泪的刘子轩仔细打量着面前的女人，他清楚她不是郁红晓，可脑海中的情意胜似当初。他流着泪的双眼，从她乌黑油亮的头发看至水晶葡萄般的眼睛，看到她那如玫瑰花瓣娇嫩欲滴的双唇。他闭起眼，将鼻子送到她白皙的脖颈边，嗅到她身上散发出的那一缕缕似曾相识的雅香。他的左耳贴着她的心坎，聆听了她那其声瑟瑟的柔语和销魂夺魄的心跳。

再多的克制，再多的审视，再多的遐想，再多的揣摩，再多的想念，在此时，幻化成一只色彩斑斓的蝴蝶，它轻盈飘逸地扇动着翅膀，在记忆的花海放意肆志地飞舞。一篷熊熊燃烧的烈火，烧开了两人心涧的清泉，他们乘着沸腾的热浪，进入彩色与梦幻的世界。尽管帆船航行的过程热力四射，而刘子轩和辛小诺没有如斧削山壁的颤动，没有如浪淘沙滩的荡漾，没有雷击黑夜的洪亮，他们古井无波般的平静，心神安宁地享受着彼此的身体和灵魂，亢奋而不激烈，却又充满着无穷无尽的想象。

深深的爱恋，沉沉的梦幻。

一觉醒来，刘子轩发现辛小诺已不在身旁。他起床上洗手间时，在过道碰上买早点归来的室友程静波。

程静波一副眉飞色舞的八卦样："兄弟，你艳福不浅啊，来京三个多月就把女神追到手了。幸好你没功成名就，不然半个娱乐圈的美女们不还得投怀送抱啊。"

走向洗手间门口的刘子轩坦然一笑："别胡说，有些人永远不需要取悦，比如我，不是我的我一样不稀罕，懂吧。"

程静波穷追不舍地说道："你这话我可记住了，如果哪一天看到你有绯闻，我一定写一本关于你的书，让大家认清你的真面目。"

"赶紧写，现在就写，写完了赐我一本，我一定奉为圣典，夜夜细读。"说完，刘子轩敲响了洗手间的玻璃门。

"你不知道她走了啊？"走到自己房门口的程静波回头问刘子轩。

刘子轩听闻此话，赶紧拉开玻璃门，空荡荡的洗手间果然没有辛小诺的身影。他惊慌失措地转身,看向程静波,急切地问道:“你看到她了?”

吃着早点的程静波回复着刘子轩:“嗯,早上起来刷Boss的时候,看到她提着行李走了。她没告诉你吗?”

刘子轩听完程静波的话整个人愣住了,过了好一会儿,才缓缓地走向辛小诺的房间。他无力地推开房门,整齐干净的空间,显示着她真的离开了,消失了。难道自己脱离不了无情的宿命,一次又一次被命运捉弄?一种说不出的悲痛,突然填满了刘子轩的心胸,他蹲下身子,挥出一记重拳砸在水泥地上。

程静波看着用情颇深的刘子轩,说道:“她难道一声不吭就走了?女人心,海底针。”

听到程静波的话,刘子轩赶紧起身在辛小诺的房间翻找,一无所获后朝自己的房间跑去,果然,他在书桌上发现了辛小诺留下的信纸。

坐在床沿上的刘子轩看着信纸上柔中带刚的字迹,绝望而悲戚。

子轩,请原谅我以这种方式向你告别。当你看到这封信时,我已经坐上了南下的高铁,之所以逃离,是因为我是一个你不值得喜欢的人。曾经的我生活在一个永无黎明的黑夜,彷徨又迷离。直到遇到你,我才有了这短暂的幸福时光。和你相处的时间虽不长久,但你就像高塔上的光亮,温暖了我。你身上散发的一切都深深吸引着我,我更是情不自禁地爱上了你。我知道你对我的爱是源于对郁红晓的愧意,可我愿意一辈子沉迷其中不愿醒来,但这样对你不公平,所以我选择离开。谢谢你让我靠岸,谢谢你的温暖,谢谢你的爱。

每个故事都有一个结局,有的像童话故事那般快乐和幸福;有的只能顺从现实生活的残酷和凄惨。至于你我的爱情故事,我希望有一个美丽的结局,你就当做了一场美好而短暂的梦,梦醒之后,忘掉过去,勇敢面对未来!不要试着找我,就让我们天涯各安,把这份情谊停留在彼此快乐的时光里。

或许我们的爱来得太过突然,它没有阳光般的炽热,也没有流水般的绵长,更不可能有一辈子般的持久。不过,我想让你知道,在我心中,你是一个成熟而优秀的男人,我真的爱你。但是我不能,我也不配,因为我是被人利用来靠近你的,小心刘毅珑。

昨晚,已值得我一辈子去珍藏和回忆。

以后我们再也不会再见了,珍重。

辛小诺

离开北京的辛小诺去了广州，她没有选择回蓉城，是害怕自己会再次伤害刘子轩。在她的心里，刘子轩不仅是她爱的人，还是改变她生活轨迹的人，她不再愿意被刘毅珑利用。

当刘毅珑联系不到辛小诺时，他无比愤怒，唯有吸毒后的快感能让他忘掉一切的担忧和恐惧。

颓靡，消沉，懊丧，这些情绪一直困扰了刘子轩一个星期之久。他不愿相信命运会一次又一次地捉弄自己，甚至连给他救赎的机会都要夺走。在千头万绪的红尘世界里，刘子轩始终学不会用一颗坦然的心去对待所发生的的一切。或许，是因为每次都爱的太深，以至于让他无法去忘记。

刘子轩大病了一场，要不是程静波的照顾，他还不知道何时能恢复。房东在例行串门时，告诉刘子轩，辛小诺私下和他联系过，并且将他的小单间续租了半年。刘子轩听到后大为感触，一个带着目的接近自己的人，居然在自己最困难的时候伸手相助，这不禁让刘子轩的鼻头酸酸的。于是，他决定要重新开始，忘掉过去，勇敢面对未来。

风起云涌时，时光寂然无声迈着轻盈的步伐，偷走往昔的良辰美景逍遥长去。

因为跑剧组的原因，刘子轩多次未能按时去蓉城小吃店上班，这让小吃店的老板在没有一分遣散费的情况下毫不留情地将他扫地出门。此时的北京已进入了初秋时节，刘子轩望着钱夹里仅剩下的几十块钱不禁发愁，而这是他吃着馒头蘸着辣椒酱节省的成果，可他还是没法改变这样的绝境。现实就这样狠狠地扇了他一记响亮的耳光，让他心里痛得快要窒息。

秋高气爽的清晨，刘子轩带着山姆来到北京电影制片厂门口的城墙下席地而坐。当天空传来一声雄鹰的叫声时，他不禁抬手遮挡住刺眼的阳光，望着在天空翱翔的雄鹰，另一只手摸着山姆的下巴，说道："山姆，你说，我什么时候能和它一样，飞那么高呢？"

山姆面对刘子轩有气无力的问话，眨巴着眼睛望着前方，一动不动地趴在地上。直到刘子轩低下头来，从衣兜里取出一根火腿肠和一个被压扁的面包，并将面包在山姆的鼻子前晃了晃，它才缓过神来，吐着舌头晃着尾巴看着刘子轩，一副饥肠辘辘的样子。刘子轩浅笑了一下，撕下一半的面包放在山姆的脚前，山姆嗅了嗅才吃了起来。刘子轩叹息一声，望着手里花掉了最后十块钱买来的午餐，他觉得再美味的食物都让他难以下咽。

正当刘子轩陷入绝境的时候，王勃出现了。这一刻，刘子轩感慨命运对他还是怀有怜悯之心，天无绝人之路并非无稽之谈！

王勃刚下中巴车，即刻被一群群众演员围了个水泄不通。

刘子轩像往常一样并没有跟上去，因为此时的他完全沉浸在最后的午餐的悲伤当中，想着自己是否应该重新找出路。或许回到蓉城，回到米亚身边，自己会过上衣食无忧的生活。或许自己应该认命，让那个叫作梦想的东西，完完全全地从自己的世界里消失。想着想着，他低下头来，看着手里的火腿肠，不禁苦笑起来。然后，他掰断了火腿肠，将一半递到了山姆的嘴边。

可是，山姆并不吃。刘子轩疑惑不解，将火腿肠放在山姆的脚前。

山姆依然没有吃，刘子轩有些生气，轻声吼了起来："别犟了，赶紧吃吧。你知道的，这是我们最后的午餐。"说完，他深吸一口气，仰头看向天空。

山姆对刘子轩的言语置之不理，拿前足推着火腿肠，时不时地用鼻子闻闻，然后抬头看向刘子轩，一副很无助的样子。

回过头来，刘子轩见山姆还是没吃，再次说道："我是认真的，你不吃掉它，今天就不带你回家。"

刘子轩说完，心里不免自问："我还有家吗？我连在这里活下去的力气都快没了。"想着，他扭头看向了山姆，或许这家伙知道这是最后的午餐，自己如果不吃，它是不会吃的。于是，刘子轩将手里剩下的半截火腿肠塞进了嘴里，山姆见此，毫不犹豫地将地上的火腿肠吃了下去。

刘子轩见状，嘴角不禁泛起一丝弧度，可那弧度似笑非笑。纠结的心情让刘子轩抬手衬着额头，抽动的嘴角，酸楚的鼻尖，让他只能闭上双眼，强忍着已经在眼眶打转的泪花。

刘子轩前一段时间读到一段文字，说岁月的洪流，卷走了青春，卷走了年华，只剩下一个被岁月刻下深深印痕的伤痕累累的躯壳和一颗沧桑的心。他当时不以为然，认为自己只要有一颗奔腾不息的心，就足以抗拒一切不利的绝境，可是如今，他深深体会到了这句话的真理。

吃完火腿肠的山姆，抬头看着难过的刘子轩，不禁转头在他身上来回蹭着。刘子轩感觉到山姆的动作，放下了手，对着山姆强挤出微笑，抬手将它抱在了怀里。

这一切被站在门口高处的王勃看得一清二楚。

此时的王勃，还没有成为被人熟知的小明星，只是一个多年混迹在影视圈的演员副导演。因为拍摄的一场抗日戏，戏中需要一只德国牧羊犬，王勃辗转几个宠物特训市场之后几乎绝望，没想到会在北京电影制片厂门口遇见自己想找的狗。

王勃朝着刘子轩走了过去，一群人紧跟在他身后，当他来到了刘子轩的跟前，他身后的人无意间将刘子轩围在了中间。

"嘿，带上你的狗，跟我走。"王勃站在刘子轩跟前，撇着八字腿，左手叉腰，右手拿着扩音喇叭冲着刘子轩喊道。

听到喊声，刘子轩抬起头来，看着眼前这个戴着墨镜，头发用发蜡塑了一个火箭头的人，愣了片刻，昂头问道："你是在对我说话吗？"

"你咋这么轴呢？不是你难道是这堵墙吗？"王勃说着，白了刘子轩一眼，然后转身从围着的人群中挤了出去。

王勃的话让刘子轩喜出望外，他兴奋得一下蹿了起来，牵着山姆赶紧从人群中挤了出来，往王勃身后追跑过去。等跑到了王勃身边，他忍不住地连声道谢，在这一刻，王勃是他的贵人，他的恩人。

王勃听着刘子轩的道谢，摆了摆手，显得很淡然地用青岛话说："别谢我，我也是上天派来终结你面包火腿肠生活的。"说着，他抬腿迈上了中巴车。

刘子轩听了此话，不由得更是欢喜，蹲下身来用力地抚摸着山姆的脑袋，兴奋地说："山姆，明天的午餐咱们有着落了！"

"磨蹭什么呢？"坐上车的王勃从窗户探出一个脑袋，不耐烦地催着刘子轩。

"来了！"听到王勃的催促声，刘子轩不禁大声应了过去，连忙牵着山姆进了中巴车。

人生就如一台戏，在舞台之上，我们演绎着属于它的悲欢离合、爱恨情仇、生死曲直。在生活之中，我们依然为了它，孤注一掷了青葱岁月，忘情抛舍了幸福安康，它却不闻不问我们的输赢，还笑着说，这不过是我和你玩的一场游戏。

虽然你的影子还出现在我眼里，但在我的歌声中早已没有你。那只是一场游戏一场梦，不要把残缺的爱留在我这里。在我的世界里，或许不该有你，或许庆幸，我去找过你。

Chapter 16 ······ 地狱之旅

昔我往矣，杨柳依依。今我来思，雨雪霏霏。
行道迟迟，载渴载饥。我心伤悲，莫知我哀！
在十八层地狱的我，
突然发现，
一个人的视力分两种功能：
一种是向外去，发现无限宽广的世界；
另一种是向内来，无限深刻地去发现自己的内心。

王勃风轻云淡地讲述着属于刘子轩的心路历程，故事里的大喜若狂、撕心裂肺、万念俱灰，在杨柳依依和雨雪霏霏间打马而过，在这个忧伤而明媚的夏月，穿过紫荆花，穿过梧桐树，穿过小叶榕的气生根，穿过时隐时现的因果和无常。

“这就是你们相遇的方式?”米亚听着王勃的回忆，忍不住笑了起来，显得有些不相信。王勃也乐了起来，全然不顾图书馆大厅里周遭同学的鄙视眼神，说:“这就是生活，无巧不成书。其实那天本不该由我去找动物演员的，负责人当天临时有事情才委托我的。”王勃深吸一口气，看向米亚:“当然，如果不是我要求去北京电影制片厂逛逛，也就无法和子轩相识。”

“那你怎么和刘叔认识上的? 看你们很亲密的样子。”

王勃挑眉对米亚说:“因为我长得玉树临风，气宇非凡，帅得不知道用什么词来形容。”

米亚没有搭话，把头转向一边浅笑。

见米亚笑而不语，王勃趴在书桌上，头枕在一堆书上，说:“其实和刘叔相识，是在我和子轩住在一起之后的事情了。”

“你们同居啦?”米亚一副既好奇又嫌弃的模样。

“对。不过把我们串合在一起的，是山姆。”

“怪不得子轩弃我而去，原来是你把他带弯了。”

“我要有那本事啊，早去好莱坞发展了。再说，就算子轩同意，山姆一定不会同意。”

突然提到山姆，米亚的心不禁抽痛了一下。她低下头，责怪自己都快要忘掉了山姆的存在。如今山姆突然被这样提及，她心里依旧是那样的不开心。

不过她没有说话，而是将心里的痛隐藏起来，安静地听王勃继续说着刘子轩在北京的生活。

王勃的出现，无疑成了刘子轩能够在北京活下去的一根救命稻草。他紧紧地抓住了这根稻草，也开始寄望于未来的美好。他很开心地抚摸着山姆的脑袋，告诉它，他们不用再吃快要过期的火腿肠和面包。刘子轩满怀憧憬地牵着山姆，随着王勃往怀柔走去。

这里不仅有王勃所在的剧组在拍摄，还有其他的摄制组也在忙碌。基地有不少人认识王勃，在遇到他的时候都会很谦卑地喊一声“勃爷”。

这种被人尊重的即视感让刘子轩明显感受到王勃极高的地位和人气，他不免好奇地问道：“他们都认识您，您在这里一定很吃得开，对吗？”

王勃没有停下来向刘子轩解释，他的脚步匆忙而且步伐很大，快得山姆都要小跑起来才能跟得上。走过一片茂密的树林，他们来到一片开阔的营地。然后，王勃指着搭建的场景，对刘子轩说：“到了。”

围墙的铁门之后会是怎样的景象，刘子轩很是好奇。门口停着一辆载满盒饭的面包车，一个肥头大耳的男人坐在门口的石板上，埋头玩着手机，时不时露出笑容来。

王勃走到男人身边，礼貌地说道：“老李，恐怕今天你又得久等了。”

男人听了他的话，没有站起来，而是抬头看向王勃，微笑着应道：“已经习惯没有个准点的导演了，还好是热天，不然凉饭凉菜就不好吃了。”

肥头大耳的男人是生活制片老李。听着老李的回应，王勃浅笑着推开铁门，从仅够一个身体的门缝里钻了进去，身后的刘子轩随即跟着他钻了过去。山姆在门口犹豫着，显得很惧怕，它在原地打了几个圈，迟迟不进门，刘子轩再三拍手邀请后，它才勉为其难地溜了进去。

铁门合上，刘子轩见到铁门之后的景象，不禁有些吃惊。偌大的院子里，布满了所需场次的所有道具，因为是拍抗战题材，院子里满是火药和汽油的味道，沙土也被堆成了几个小山丘，紧挨山体的城墙边上还有战壕、沙袋。

此时，正在拍摄一个炸弹爆炸的场景，几十个扮演日本兵的群众演员做着逃跑的姿态，他们手里的枪上还挂着条纹旭日旗。随着一声爆炸声响起，红彤彤的火焰和乌黑黑的浓烟在空中翻滚，群演们不约而同地随着爆破声向四周扑开倒下，一群穿着八路军服装的大队人马，在响亮的冲锋号中朝高地冲去。

刘子轩看着熟悉的热血场面，早已没有了以前的激动和好奇，他怀着一颗平常心看着眼前的一切。群众演员的表演获得了导演的赞扬，应着换场的提示，刚才被“炸飞”的武术组成员和群众演员都爬了起来，拍了拍身上的沙子准备下一场。

趁着换场的空隙，王勃赶紧将刘子轩领到了导演跟前，一旁的摄影指导也走了过来。

“导演，你要找的……我已经找过来了。”王勃说话的时候，故意中断了一下，还有些怯意地看向刘子轩，又看向山姆。

导演仔细地打量着山姆，逗了一番山姆后，才转头看向刘子轩，然后点了点头。一旁的摄影指导对着导演说道："感觉还不错。"

"嗯，和我想要的狗一样。"说着，导演蹲下身来，想要抬手抚摸山姆。在他抬手的瞬间，山姆吼叫起来，躲到了刘子轩的身后。这是一种警示，山姆的反应让刘子轩挑眼看向导演。

"对不起导演，山姆估计有些害怕。"刘子轩赶紧向导演解释。他想可能是刚才的爆破声让山姆产生了恐惧，这才让它有了本能的反应。

导演苦笑，摆了摆手，说："没关系。"然后站起身来，问道："你是'90后'吧？哪里人啊？"

"导演，我是'90后'，蓉城人。"见导演并没有生气，刘子轩松了一口气，微笑着点头应话。

"你叫什么名字啊？"

"刘子轩。"被问及名字，刘子轩琢磨着自己可能会被这个导演记住。如果是那样，自己离梦想就又近了一步，这让他的微笑更加灿烂和幸福起来。

"这牧羊犬多少钱买的啊？"

"不是买的，是我捡的。"

其实，导演说这些话都是有目的性地寒暄，他得到自己想要的答案后，没有再将这种寒暄进行下去，而是问道："台词都背熟了吧？"

"嗯，都记在心里了。"

等刘子轩应了自己的话，导演对着王勃摆了摆手，随即走向监视器，安排起活来："好了，带他去换衣服。"

刘子轩跟着王勃走出几步后，导演似乎想起什么，转身看向刘子轩，说道："小伙子，好好干，你前途不可限量。"

"谢谢导演夸奖。"被导演三番五次地夸赞，刘子轩的心里不禁美滋滋的。不过，导演说的是好好干而不是好好演，这让他心里有些说不上的异样感觉，当然他觉得自己还是幸运和幸福的。

在服装小姐姐的帮助下刘子轩很快换上了日本军官的戏服。这次，他饰演的是一名在日本军队里的卧底，是一名地下共产党员。现在他的身份被发现，他和他的战友，就是导演和拍摄指导口中提及的"英雄狗"，将一同冲出包围圈，然后将情报送回大后方。当然，这个时候的刘子轩全然不知，山姆也要出镜。刘子轩带着满脸的欢喜，看着被拴在树干上蠢蠢欲动的山姆。他坐下来靠在树干上，对山姆说："山姆，相信我之前跟你说的吧，许多奇迹，我们相信，才会存在。我准备好迎接特写了，我们的处境会改善的。"说着，他扭头看向山姆，用手挠着它的下巴，继续说道："而且，我总不能一直让你一日三餐都吃快过期的面包和火腿肠，相信我，我会做得更好。"说完，没想到山姆冲他吠了几声。

愣了一会儿，他看了看身上的戏服，才笑着对山姆解释说："我演的是卧底，是个好人。"

就在刘子轩和山姆还在笑侃的时候，王勃的声音突然响起。

"嘿，你们别磨蹭了，麻利点，马上就拍摄了。"

"我们？"听到王勃的喊话，刘子轩不禁有些疑惑地看向王勃，问道："山姆也要参演吗？"

"当然了，你的狗也是这场戏的特邀演员，我可以给它算一个人的酬劳。"

"可是它没受过训练，这也行吗？"听明白了王勃的意思，刘子轩毫无底气地问着，蹲下身解开拴在树干上的绳子。刘子轩突然问道："对了，山姆应该不会有什么危险吧？"

王勃深吸了一口气，说道："拍戏的道具都是假的，能有什么危险。"然后，他若有所思地补充了一句："你还是担心你明天有没有面包吧。"

听了这话，刘子轩虽然还是有些担心，但他还是应了下来，对着山姆说："今天你也要出镜，晚上我得买些牛肉好好犒劳你，给你庆功！"

山姆听着刘子轩的话，将头耷拉了下来，显得很害怕。刘子轩看着它反常的模样，叹息一声。他相信自己所看到的一切，这里的很多特效都是后期加上去的，山姆是不会有任何危险的。想罢，刘子轩牵着山姆，往指定的位置走过去。刘子轩到位后，听到导演用扩音喇叭喊道："大鼎，带'90后'走位。"导演口中的"90后"，自然指的是刘子轩。

"谁也没能料想，事情并没有像预想中的那样发展。"回忆着当初的事情，王勃长叹了一声。毕竟山姆的死，他难辞其咎，虽然刘子轩从未将这件事归罪于他，可他自己从未原谅过自己。

何善钦知道，山姆是刘子轩和米亚一起收养的"孩子"，自己在这三年里，已经不止一次听米亚说起对山姆的想念。

所以当王勃说山姆在那一场戏中死亡时，何善钦不禁一惊，当即问道："怎么回事？"

王勃苦笑，继续回忆起三年前刘子轩第一场戏的故事，说："在拍摄过程中，导演临时改变了主意。"

在一处几米高的土岸前，刘子轩饰演的共产党卧底在被发现后，被日本兵追捕。几番交战之后，他大腿受伤，鲜血染红了裤腿，但他还是拖着沉重的身体，挨着地面艰难地往前爬动，背后是轰隆隆的爆炸声和哒哒哒的机枪声。被炸飞的泥土掺杂着火星从天而降，盖在他的身上。抖落掉脸上的泥土，刘子轩抬头看向落在不远处的手枪，想伸手去捡，却在这时，几颗子弹打在离他近在咫尺的树桩上，吓得他转身微坐起来，背靠着树桩，看向已经迫近自己的一小支日本兵。他的身边，山姆一直朝着追来的日本兵不停地吼叫，保护着刘子轩饰演的卧底不会受到伤害。

山姆的本能反应是为了护主，它不懂什么叫表演，只知道当有人要伤害它的主人时，它要拼尽全力地保护他。突然，绑在山姆身上的血包被烟火师爆开，流出了鲜血，原本要倒下装死的山姆依然站在刘子轩身边，朝着追来的日本兵大声地嘶叫着。

导演连忙喊停，和戴着粗金项链的制片主任看着监视器，低声议论了一会儿。罢了，只见制片主任点了点头，导演转身，对着身后的王勃说出自己的打算。可是，当王勃明白导演的意图之后，不禁吃惊地看着他，问道："这样……是不是太残忍了？不太合适吧？"

"叫你去你就去，别废话，是不是不想干了？"导演怒视着王勃。

王勃被吓得浑身哆嗦了一下，苦涩一笑，半哈着腰说："用别的方法不行吗？"

导演没了耐心，将手里的剧本裹成一圈卡在腰间，深吸一口气问道："你真够啰唆的，要是影响了片子的进程，责任你担吗？"说完，导演白了王勃一眼，便回头看向监视器，并和一旁的拍摄指导讨论起拍摄方案来。显然，导演只是通知王勃他和制片主任的决定。不管王勃有什么意见，都不会改变导演的决定。

休息一小会儿之后，所有人再次回到原本的戏份上。

此时，刘子轩完全沉浸在角色之中，根本不知道有第三支枪指向自己。他努力地演着自己的角色，匍匐着伸手去捡地上遗落的手枪，后面已经快要逼近的敌人不断开火，他身边不时会被发射过来的炮弹炸出一个个土坑来，溅起的泥土盖满了他的全身，流着血的山姆依然不离不弃地守护在他的身边。

忽然，片场响起一声枪响，一旁的山姆应声惨叫，随之倒在了血泊之中。

山姆的惨叫声，让刘子轩猛然扭头看向它。只见那瘦弱的身躯不停地颤抖，四肢在死亡的边缘挣扎。刘子轩看着山姆身体下慢慢晕开的血泊，顿时变得不知所措，不禁愣住了。好半天，他才回过神来连滚带爬地冲到山姆身边，用力地堵住它身上流血的地方。可他越是用力，鲜红的血液从他指缝之间流出得越快，这让他心中的伤痛越发明显。

他轻声呼喊着："山姆……山姆，你别睡，睁开眼睛！"

"山姆……千万别睡！"

"山姆……"

"山姆！"

当山姆眼角流出最后一滴泪的瞬间，它还是被死神带走了。刘子轩无法接受这样的残酷事实，他陡然间声嘶力竭地仰天大吼了起来。

“好！”导演并没有因为山姆的死亡而悲悯，反而在监视器后面兴奋地称赞着刘子轩：“这表演绝了，B机推上去，特写。”

一旁的王勃沉默而悲伤，双手紧紧地捏成拳头。泪花在眼眶之中打转的他强压着心里的愤怒，看着山姆安静地躺在刘子轩的怀里，永久地睡了过去。

刘子轩怎么会放过杀了山姆的凶手。他停止悲泣，轻轻地将山姆放下，然后捡起身边的手枪，站起身，满身愤怒地朝着导演走了过去。

看着监视器的导演嚷嚷道：“这怎么回事？演员接着往下演啊！”

没有人回应他，此刻恐怕只有毫无公德心的他没有被刘子轩的愤怒震住。直到刘子轩走到他跟前，他才反应过来，忙不迭地拿着剧本护在了身前，双眼恐惧地看向刘子轩。

“王勃！王勃这是怎么回事？”因为恐惧，导演向王勃求救。

刘子轩用衣袖抹去眼角的眼泪，他的脸紧绷着，表情里满是阴霾、愤怒。上上下下的剧组成员被刘子轩异常的怒气给震住。这时，制片主任朝王勃使了一个眼色，迟疑的王勃还是上前将刘子轩拉住，刘子轩使出全身力气抛开王勃，王勃摔倒后，从地上爬起再次紧紧地拉住刘子轩。刘子轩没有挣脱，抬手用手中带着鲜血的手枪用力敲打着王勃的头部，打了几下，王勃倒在了地上不再反抗，鲜血顺着额头流了下来。

“拦住他啊！”导演冲着其他人吼叫起来。可能大家也觉得用实弹打死一只活生生的宠物狗实在残忍，所以没人阻拦刘子轩。就连和导演一起定下这个龌龊决定的制片主任，也在这一刻抛弃了他，选择沉默地待在一边。没有他人的阻拦，愤怒的刘子轩来到导演的跟前，抬手抓住他的衣服，一下子将他从椅子上拽了起来，然后用手里的手枪顶在他的太阳穴，并将他推到一棵大树前，死死地压住。

随着天际轰隆的一声雷响，倾盆大雨瞬间笼罩着整个悲伤的片场。雨水打湿了刘子轩的脸颊，但他的愤怒没有丝毫的减弱：“为什么……为什么要打死它！”

导演全身哆嗦着，嘴唇也因颤抖说不出话来。

“你太残忍了……”说着，刘子轩不禁将手枪的保险松开，食指放在了扳机上。即便枪管里装的是空包弹，可一旦他扣动扳机，导演就算不死也会被弄得重度脑震荡。

死亡来临的恐惧，让导演赶紧抬手抱住刘子轩按着自己的手臂，乞求起来：“年轻人不要逞一时之气，有话好好说。放心，我和剧组会补偿你的。”

“补偿？你觉得你的补偿能让一条生命复活吗？”

“这都是为了作品考虑，等影片播出时，你会认同我的观点。你……你真的太过激动了，咱们有话好好说，你这么优秀，别因为一时冲动毁了自己……”导演继续为自己的罪责开脱着，可他不知道山姆对于刘子轩来说，是一直陪伴自己的亲人。

所以，导演的话让刘子轩更加愤怒起来。刘子轩轻笑一声，说：“如果我杀了你的兄弟，你希望我拿什么来补偿你？”此时的刘子轩，已经做好了以命抵命的准备，他的右手食指开始扣动扳机，强忍了许久的眼泪从眼角滑落。

啪嗒一声，在刘子轩眼泪坠落在地面，手指触动扳机的那一瞬间，王勃手里的枪托重重地落在了刘子轩的后脑勺上，随即刘子轩倒在了地上。见刘子轩已经倒下，导演终于松了一口气，竟然抬起一只脚狠狠地踢在刘子轩的肚子上。罢了，他抬头对着王勃一笑，走到他跟前，抬手拍了拍他的肩膀，说：“勃爷血性，干得好！以后就跟着我，保证你五年后就能当导演，拍自己想拍的戏！”

“是吗？不过我现在就想你把人情还我。”

导演听到王勃此话不禁有些惊愕，他还没反应过来，王勃的右拳就落在了他的脸上，直接将他打趴在地，站不起来。片场的人见此都没有上前拉住王勃，他们安静地看着王勃将刘子轩架起，然后离开拍摄场地。

次日，刘子轩和王勃在怀柔的郊野山林为山姆举行了葬礼。葬礼上只有他们两人，刘子轩在山姆的新坟前烧着冥币，额头围着纱布的王勃则站在他的身后，闭眼吹奏着悲伤的口琴。

山姆的坟墓被刘子轩装饰的很有特点，选用的是鹅卵石，堆积起来就像是一座城堡，坟头立了一根木头做成的墓碑，上面刻着一行字“永远的兄弟山姆之墓”，而坟的左边插着一面吊丧的白旗。

琴音渐渐低落下来，一阵山风刮来，冥币的灰烬随风卷起。

“对不起。”放下口琴，王勃向刘子轩道歉。

“不怪你。”刘子轩双眼无神地看着墓碑，“没有你，他们也会那么做。”说着他苦笑了一下，起身看向王勃，说：“倒是害你丢了工作。”

王勃往旁边啐了一口唾沫，说道：“那个破事，老子早就不想干了！”

应着王勃的话，刘子轩轻笑了起来。山风再起，吹散了山姆坟前的冥币灰烬，却带不走它和刘子轩在一起的所有快乐时光。刘子轩自我安慰地想，山姆的离开也许是一种解脱，至少它再也不用跟着自己饱一顿饥一顿了。可是，转念一想，如果米亚知道山姆去世的消息，一定会和他一样的悲痛。想到这儿，刘子轩决定不把这个噩耗告诉米亚，他不想让米亚跟自己一样悲伤、痛苦，这一切就让他自己一个人承受吧！

刘子轩回到蓟门里出租屋时，已经是傍晚时分。开门之前，他刻意看了一眼旁边的房间，门依旧紧锁着，显然辛小诺并没有回来。

随着刘子轩走进房间，王勃仔细打量起他的住所来。除了摆满了吃完了的方便面面盒的桌子外，十来平方米的房间里就只剩下一张床和床头柜，唯一算得上的装饰，是墙壁上挂着的用宣纸写就的一幅毛笔字：一个人必须为他所爱的去奋斗，而他所爱的也必须为他所敬。然而不是他能够明白理解的东西，那又何能对他产生敬意呢？

房间虽然简陋，但王勃发现，床头的柜子上摆放着很多和影视相关的书籍。他将进门时脱下的衬衣随手搁在床上，然后拿起最上面的一本书翻看。

"《演员的准备》？你想学星爷？"

刘子轩没有回答他，只是扭头看着他笑。王勃白了刘子轩一眼，伸手拉开桌子旁没有关紧的抽屉，见里面放着厚厚的一叠红色信封，他好奇地拿出一部分来。查阅时发现每一个信封上都写有"米亚"两个字，但是没有地址和信息。王勃翻着信封，有些疑惑地问道："米亚是谁？"

刘子轩依旧没有回答他，反手抢过他手中的信封，装进抽屉里，顺势躺在床上，仰头看着天花板上。

看刘子轩还是不回答自己，王勃顺着他的眼神，发现剥落的天花板上贴着的一个女孩的海报。

"她是米亚？"

刘子轩默默点头。

"你小子艳福不浅啊。"再次环视一圈房间后，王勃说道："这也叫人住的地方？起来吧，收拾东西搬到我那儿去。"

这句话倒是让刘子轩有了反应。随即，他坐起身来，很认真地对王勃说："一块面包和一根火腿肠可不够我吃饱哦。"

王勃无奈地摇头一笑："我没法供你花天酒地，但起码不会让你如此窘迫。"话音落下，他将衬衣拿起，一边往门外走，一边说："对了，剧组赔你的钱你得分我一半，就算你交的房租。"

"转身照照镜子，看看你脸上写的什么？"

应着刘子轩的话，王勃转身朝墙壁上的镜子照了照，自信地说："除了帅气和诚意就没有什么啦。"

刘子轩抬手扶着额头叹息一声："少年戒刚，中年戒色，晚年戒贪。别年纪轻轻就像个讨厌的老头子。"

"不好意思，你说的三样，我好像都雨露均沾耶。"

"那我真要怀疑你活着的意义了！"

王勃没有回应，在搬着东西出门的时候，抬起左手对着刘子轩竖起中指，然后一溜烟地消失不见。

刘子轩轻轻一笑，可是，眨眼的工夫又沉默下来。他走到门前，看向辛小诺那间紧闭的房间，深吸了一口气。他担心一旦从这里搬走，如果辛小诺回来找不到他怎么办。于是，他对程静波嘱咐了一番，然后，才搬到了王勃那里。他认为辛小诺和他的缘分，或许就如同他和郁红晓一样，只能是镜中花水中月，美好却不长久。所以，他现在唯一希望的就是辛小诺能够一切安好，祈祷她能拥有比郁红晓更好的未来。

王勃住的地方在东四环百子湾路的后现代城，九十多平方米的二居室里，除了两张简易的床铺和两张宜家的书桌外，还有一台 43 英寸的彩电和一台老爷级别的联想电脑。不过，房间干净敞亮，最大的亮点是墙壁上贴的明星海报和客厅门角处堆叠的各类酒瓶。

相处几日下来，两人除了聊中国电影的未来和各自的前途命运外，更多的是坐在一起喝闷酒。

晚饭后，刘子轩坐在桌边，翻阅着从北京电影学院老师那里借来的视听语言书籍，低头写着笔记。王勃则一边拿着哑铃锻炼着肱二头肌，一边看着日本青春爱情电影。

“你啊，这辈子算废了。”看书的刘子轩嗤之以鼻。

“我这是锻炼和学习两不误。人生漫长，何必活得那么苦闷。”王勃辩解着。

“你的梦想早死于这种‘雅趣’之下了吧？”刘子轩冷不丁地反击。

“谁说人活着就一定要有梦想？”

“一旦你的梦想消失，你也许可以继续生活，但会活得枯燥无味。”

“你这纯属匹夫之言。我虽然还没法做到看尽天下影片心中自然无码的境界，但我的生活依然乐趣横生啊。”

话音落下，王勃拿起桌上一瓶还未喝完的劣质白酒，“咕咚”着干掉了几口。等火辣辣的感觉传到他胃里时，他将酒瓶递到了刘子轩跟前：“你不来一口？”

刘子轩摇了摇头，继续翻看着资料，记录自己想要的东西。

王勃一笑，坐在桌边，望着窗外的大好世界，不禁感叹道：“就你这不抽烟不喝酒不泡妞的德行，怎么做导演啊？”

“你要是能戒烟戒酒戒色，并且用积极的心态对待自己的初心，转行做演员，我保准你能拿一影帝。”刘子轩回击着王勃，依旧没有抬头看他一眼。

王勃听着这话不禁咧嘴冷笑，然后起身回头，望着刘子轩说：“你以为评委都是你家大爷啊。”说完，王勃又闷了一口酒，继续调侃道：“别说我没劝你，一旦你真做导演了，你就……”

“我才疏学浅，现在还不是时候。”刘子轩打断了王勃的话。

“唉，我记得，你在蓉城有个相好吧？你倒是联系啊！别以为你对一个和前任长得一模一样的女孩有好感，就感到愧疚，就觉得自己不忠？你居然还老掉牙的写信，写了又不寄出去。活该你难受。”

“你偷看我的信了？”刘子轩停下手中写字的钢笔，严肃认真地质问着王勃。

“没有，绝对没有，我对天发誓。”王勃一本正经的表情，信誓旦旦地道。

刘子轩合上钢笔，麻利地站起来，带着鄙夷的眼神看向王勃。

王勃死皮赖脸地解释着：“好啦，好啦，就看了一丢丢，一丢丢不至于你大动肝火。”

刘子轩没有接话，而是摆出一副愤怒的样子走向王勃。王勃见此，边往门口退，边大声喊着：“站住！”刘子轩站住后，王勃犹豫了一番，猜不出刘子轩的心思，只好使出撒手锏，看似真诚地说道：“我知道偷看一丢丢也是错，这样，我自罚三杯。”说完，他仰头将瓶中的白酒喝了三分之一。

刘子轩被此举震惊，担心王勃醉酒，转身回到书桌前，继续做笔记。见自己的撒手锏起了作用，王勃又没脸没皮地坐到刘子轩对面。

刘子轩再次放下钢笔，正儿八经地问道：“你刚才说一旦我做导演，怎么着？”

王勃恍然大悟，应声接下话题：“对啊，差点忘了。接着说啊，一旦你做了导演，也就意味着你选择了和电影纠缠一生，你的创作、你的人生都会被电影影响、见证、渗透。到时，你的电影就成了你人生的一部分，而你的人生也就成了电影的全部。”说完，王勃冷笑了一下。

刘子轩不禁被王勃这番话惊得下巴都快落在地上，瞪大双眼看着王勃，问道：“你不是高中没毕业就出来混了吗？哪来的这些大道理啊？”

“我可没那么大本事，这是我一哥们儿说的。他还说一个人的视力分两种功能：一种是向外去，发现无限宽广的世界；另一种是向内来，无限深刻地去发现自己的内心。”说着，王勃指向了自己的心脏。

望着王勃的心脏，刘子轩不由叹息道：“你朋友真有学问。”

“那是！人家读书的地方叫高等学府。”王勃故意将“高等学府”四个字顿了又顿，然后又说：“话说回来，做导演得有梦想，有了梦想后就得学会淡泊名利。”

听至此，刘子轩哈哈大笑了起来，双手摊开在王勃面前，不以为意地说道：“导演要淡泊名利，那也要先给他名利，然后再让他去淡泊。若上帝在我面前，作为一个中国人，我只能这样上前祈祷：My God，我是一名中国 Director，请给我名利，多些再多些，让我好去淡泊它。是这样吗？”

王勃被刘子轩逗笑了，他把手里的酒瓶子放在刘子轩的手心，摇着头说：“不要把心底的话全部掏出来，那些是只属于你的财富，更不要抱怨名利欠了你什么，因为名利根本不知道你是谁，只有时间能改变你。”

“时间？”

刘子轩沉默了。他惊讶，一个高中未毕业的人居然悟出了这么多警示之言，王勃似乎把过往积累的阅历和他所知道的所有道理都告诉了自己，而最后那一句关于时间的话，自己却无法反驳。

这一沉默，便让刘子轩从这个世界上如同蒸发一般，消失了三年多的时间。王勃也因为他的话，真的戒掉了烟，戒掉了看低俗影片的习惯，却没有戒掉酒。王勃在那个上高等学府的发小帮助下，转行做了演员，一路运气很好，接二连三地碰到合适的角色，加上先天的条件与后天的努力，两年多的时间，慢慢成为一个家喻户晓的喜剧小明星，并不时出现在国内几个重要的电影节上。

时间更替，岁月轮转。冬天的到来只不过预示着春天不再遥远，又一个夏天的雷雨也只不过是提醒着刘子轩父子俩来到北京已经三年了。

三年的时间如同白驹过隙，没有谁留得住时间，也没有谁留得住过往。人不能活在过去而踟蹰不前，只要心中还有梦，就应该为未来奋力喝彩。

岁月仿如流沙，拂走了青涩年华，摧残了儿时的美梦，蹂躏了烦躁不安的心神，淬炼出来的则是最美的风景，它会记得那些始终如一的人、事和物。那些刻骨铭心的东西，如同一部部经典电影珍藏在心中，永远不会抹去。

“前往蓉城的 CA1091 次航班即将起飞，请还未登机的旅客尽快登机。Ladies and Gentlemen，may I have your attention please……”

当刘子轩的双脚踏上三年后的蓉城，眼前的一切都已被王勃所说的时间改变了。包括这个城市，城市中的人，有了家室的徐梦莲，患了癌症的何善钦，被安排了政治婚姻的米亚，当然也包括刘子轩自己。

如果我们总把自己禁锢在熟悉的地方，不去走陌生的路，看陌生的风景，见陌生的人，那么我们的人生会黯然失色。或许经历陌生时，我们也会经历微笑、沉默、得意、失落、悲伤。没有一代人的青春是容易的，每一代人有每一代人的宿命。

我们每个人都是自己宿命中的过客，我们终结不了它，它却能以它的方式终结我们，而我们无可遁形，逃无所逃。

Chapter 17 ······ 今夕何夕

万里悲秋常作客，百年多病独登台。
艰难苦恨繁霜鬓，潦倒新停浊酒杯。
看着他那一头白发，好想告诉他，
曾经的不舍和纠结，
好像一个个形态各异的标点，
是是非非，起起落落，
其实就是一种注脚，一段痕迹而已。

一直深信，一个人在天地间，与一些事情产生密切的联系，再产生深沉的爱，以致到无法割舍，这就是一种宿命。

米亚脑海里想着诗人余秀华所写的句子，终于知道刘子轩为何两年里不和自己联系的原因，愧疚也好，羞惭也罢，他和辛小诺短暂而火热的爱情，终究还是在他们之间形成了一层窗户纸。当米亚从王勃口中得知这些故事时，复杂的心情压得她喘不过气，走出蓉大朱红色的牌坊大门，她深呼了一口气，然后回头望向蓉大校园。一切从这里开始，注定也要从这里结束。于是，米亚抿嘴一笑，再次回过头迈步向前的时候，她做了一个决定，她要和过去三年做一个诀别。

望着米亚渐行渐远的背影，王勃不由叹了一口气。一方面他最终还是没能挽救刘子轩的爱情；另一方面他又觉得，米亚选择放手，或许是对她和刘子轩最好的结果。

这个城市无论如何改变，仍然保留那种安逸悠闲的韵味，可是人与人之间的变化却应了物是人非。或许，穷则变，变则通，通则久。

晨曦时分，窗外已然开始喧嚣。

刘延烈知道前晚一别，他和何善钦之间的关系会陌生一些，可他不想强求什么。他觉得自己老了，不应该再去管下一代的事情，做人还是要保持初心，或许只有这样才是最好的。

怀揣着释然的心态，刘延烈走出位于宽窄巷子的酒店，转乘公交车之后，来到了别院小区。门岗里的保安已经换了新人，他们在见到刘延烈的时候，已经不像以前那样起身敬礼，只是低头把玩着手机。

别院小区依然低调内敛地矗立在景山之后，瀑布后侧的人工小溪里，似乎还是以前那群锦鲤。小溪两边茂密的柳条都快低垂到了地面，调皮的孩子在柳条之间穿梭玩耍着，发出“咯咯”的笑声。

刘延烈看着他们，不禁想起十几年前的刘子轩也在小溪边开朗活泼地奔跑，对未来也是这般没有任何的忧愁，每天只会放肆地玩耍，知足地笑。跑累了就会扑到他的腿上，伸出胖乎乎的小手，瞪大着一双水汪汪的眼睛，口齿不清楚地喊着："抱！"

突然，一个孩子一不小心踩到了一颗石子，瞬间失去重心摔倒在小溪边，发出了叫声，这叫声打断了刘延烈的回忆。他一个箭步冲了过去，将孩子扶起抱在怀间，一边查看孩子的脚踝，一边轻声询问："孩子，脚没崴着吧？"

孩子有些害怕地抬着头，一双明澈的褐瞳透过长长的睫毛羞涩地看着刘延烈，抿嘴憋出一句："没事。"然后，对着刘延烈笑了起来，还伸出胖乎乎的小手，把刚落在刘延烈头上的柳叶拿到嘴边吹着玩了起来。

看着开心的孩子，刘延烈松了一口气，也笑了起来。忽然，一个熟悉而急促的脚步声传来。来人应该是刘延烈怀里孩子的家长，她用担心而有些愤怒的语气问道："Baby，有没有伤到哪里？"说着，伸手将孩子从刘延烈怀里拉了过来。

"一翎？是你……"

刘延烈抬头看向女人的时候，忍不住喊了出来。在王一翎有些惊愕地看向他的瞬间，刘延烈猛地起身朝四周看了看。

"老刘？你怎么来了？"见刘延烈向四周看，王一翎从惊讶中缓过神来，一边将头发别在耳郭后，一边对刘延烈笑着说："刘毅珑早不在这边了。"

听到这话，刘延烈整个人轻松了不少，这才回过头来，望着王一翎一阵傻笑。两人一时之间都不知道该说什么好，彼此都选择了沉默。

两人尴尬对视后，刘延烈看向王一翎拉着的孩子，问道："你的孩子？"

"像吗？"王一翎蹲下身子，将脸贴在孩子耳际，浅笑着反问刘延烈。

刘延烈苦涩一笑，点了点头。他真不敢相信王一翎竟结了婚生了孩子。

"他是我侄子。"说着，王一翎指着刘延烈对孩子说："奕伦，这是刘伯伯。"

听着王一翎的介绍，刘延烈蹲下身来，抬手摸着王奕伦胖乎乎的肩膀说："告诉伯伯，你今年几岁了？"

"三岁。"王奕伦说着，把手里的柳叶举到嘴边吹了起来。

三岁，代表着他离开蓉城的三年，王一翎知道这三年对刘延烈意味着什么。一切都被命运安排得那么凑巧。可能刘延烈也这么觉得，但他还是平静地问着王一翎："你怎么在这里？"

王一翎笑着答道："这事说来话长。你离开汉风集团之后，刘毅珑变得不可一世，恬不知耻，处处排挤老股东，集团效益一落千丈，还变本加厉地吸毒，后来又迷上了豪赌，欠下了巨额的高利贷，最终被董事会踢出局。看着他一步步沉沦，我突然就醒悟了，我不想再过胆战心惊的生活，只想安定下来。恰巧那个时候，我做期货赚了一笔钱，于是就从他那儿接手了别院小区的这栋别墅。”

站在别墅大门外，刘延烈看着曾经的家，心里暗涌着悸动，他没想到会是这样的结果。深呼一口气后，他转头看向身旁的王一翎，说道：“这些都在我意料之外。”

王一翎见刘延烈有些错愕，低头一笑，叹出一口气，对刘延烈说道：“刘毅珑跑路之前，汉风集团已经被几位元老操控，这栋别墅是他最后的救命稻草，虽然我把它买了下来，但从法律上来讲，它还是你的。”

刘延烈感激地说：“谢谢你没让它落入别人之手，等你哪天有空，我们去一趟房管局，把手续办了。”

“不说这个了，进去坐坐吧。”王一翎领着刘延烈走进房子。

看着眼前的王一翎稳重又知性，刘延烈不禁感叹时间的魅力，它既能让人堕坑落堑，也能让人迷途知返，变得更加美好。刘延烈走进房子里，就如同以前在家一般，在客厅来回踱着步，打量着熟悉而又陌生的环境。房间的布局依旧，不过经历了翻新，过往的传统不再，风格时尚而简约。

刘延烈看向二楼，问道：“我能去书房看看吗？”

王一翎点了点头：“这是你的家，你可以随意。”

刘延烈疾步踏上前往二楼的台阶。看着刘延烈的身影，王一翎发现他的脊背佝偻了一些。真是岁月催人老啊！王一翎不禁在心里感叹着。

刘延烈打开书房的褐色大门，发现里面一尘不染、整整齐齐，他没有走进去，只是站在门口看着里面一如往昔的物件，心里不禁思绪万千。当他转眼看到墙壁上挂着他们一家三口的全家福时，再也控制不住眼眶里的眼泪，任由泪水不断落下，滴在地板上散开。

调整好心情的刘延烈回到一楼，他看见王一翎在客厅跟着电视上的视频学着插花，走了过去，很平静地对王一翎说：“谢谢你将书房保留着原样。”

王一翎笑而不语，继续学着手艺。刘延烈忽然记起什么，掏出钱包。钱包还是三年前的那个钱包，但钱包的边已经裂了皮，能够看到里面的白绒，钱包里只有几张百元现钞。刘延烈从钱包最里面的卡位里，将三年前王一翎偷偷留给他的银行卡取了出来，递到了王一翎面前。

王一翎一眼便认出了这张卡，问道：“你这是干吗？”

“这是你的，我怎么可以用？不过，我感谢你的帮助和心意。”说着，刘延烈笑了起来，脸上的皱纹也凑到了一起。

此刻，面对刘延烈的笑，让王一翎觉得比什么时候都要难受，眼泪在她眼眶里打着转。她强忍着哽咽声，挑眼望着这个曾经爱她也被她爱过的男人，问道：“那你这三年，是怎么过来的？”

刘延烈不以为然地耸了耸肩，回道："还不是一样的过。有些人在失去后方知爱之深，有些事在经历后才明白生活的滋味。这几年虽举步维艰，但我却能淡定地面对一切，失落和痛苦也就不会那么强烈。所以古话说得好，淡泊以明志，宁静以致远。"

"对不起，当初我……"

"没有什么对不起，每个人都有自己要走的路，你我只是都选择了适合自己的那条路。"刘延烈说着，不忍心看着王一翎落泪，抬手轻轻地抹去她眼角的泪珠。

当刘延烈的手指抚上王一翎的脸时，她感觉到刘延烈的指尖没有了往昔那般温润，反而多了一股粗糙感。这种粗糙划过她的脸颊，让她体会到了不一样的感受，那是一种厚重，是一种沧桑。王一翎感激刘延烈的理解，即便他没有了原来的挺拔，也没有了原来的权势，可他多了一种可以让人依偎的温暖，一种可以靠近的随和。

"不再离开了，好吗？"王一翎终究鼓起勇气抬手抓住了刘延烈的手，双眼期待地望着他。

那一瞬间，刘延烈有些心动了，他想留下来。可当他看见王一翎身后的王奕伦，那个三岁已然明白世故却又懵懵懂懂的孩子。他把手抽了出来，一边把银行卡放在王一翎的手里，一边苦笑着说："我现在已经不适合你了。"

刘延烈的拒绝让王一翎愣在了原地，直到刘延烈的背影快要从门前的树丛里消失时，她才猛地起身快速朝门口跑去，扶着门框喊住了刘延烈："姐姐的忌日要到了，你准备好了吗？"

王一翎口中的"姐姐"不是别人，正是刘延烈的妻子王淑芬。或许因为她们同姓，也或许因为她们爱上了同一个男人，也愿意为同一个人厮守一生，王一翎把王淑芬当成了姐姐。

刘延烈没想到王一翎会把亡妻的忌日记得如此清楚，这让他惊愕地停下了脚步。不过他没有回头，背对着王一翎，点了点头。

见刘延烈点头，王一翎高兴了起来。她知道这代表着自己还有一丝希望，所以她赶紧对刘延烈说道："那我去接你，告诉我你住在哪里？"

"不用了，我自己坐车去。"刘延烈应完王一翎后，迈腿离开。只是在王一翎看不见他的时候，流下了老泪。刘延烈觉得自己能够拥有这份爱意已经足够，自己不能再奢望更多。可他的拒绝，再次让王一翎感觉到失落。她失落地站在门口，看着刘延烈走出别院小区，自己却无法留住他匆忙的脚步。直到王奕伦走到她身边，抬手拉住她的手，问道："姑姑，你是不是喜欢刘伯伯啊？"

王一翎愣住了，等她缓过神来，蹲下身问道："你知道什么是喜欢吗？"

“知道啊，喜欢就是不舍得，我就不舍得我的泰迪熊，因为我喜欢它。”

王一翎笑了，笑着笑着又哭了。她摸着王奕伦的肩膀，自语说着：“下午，姑姑给你买一个一模一样的，好不好？”

看着可爱的王奕伦连连点头，王一翎心想，连孩子都知道什么是喜欢，为什么他就不明白呢？可是王一翎又怎么会明白，正是因为那份爱，刘延烈才会拒绝她的靠近。或许对男人来说，责任并不是简单的一句我爱你就足够，物质在特定的环境下才是最根本的基础。

刘延烈离开别院小区后，已经没了再去其他地方走走的念头，可他不想这么早就回酒店。于是，一番思索后，他来到锦江王朝大酒店。离酒店不远处的一家超市正举行着促销活动，音响中正放着电影《小时代 3：刺金时代》的片尾曲《时间煮雨》，听着抒发时间残酷流逝的歌曲，刘延烈不禁放慢脚步感伤起来。在他准备走进酒店大堂门口时，遇上了赶来上班的徐梦莲。

徐梦莲一眼认出了刘延烈，赶紧停下匆忙的脚步，朝刘延烈微微一笑，问候道：“伯父，您是来找小轩的吗？”

这是刘延烈第二次见到徐梦莲，当他听到徐梦莲称呼儿子的称谓有些亲昵时，他想着，这个女人和子轩有着怎样的关系呢？刘延烈不禁上下打量起徐梦莲，的确是一位温婉成熟的小女人，身上散发着一种让男人感觉到安心的气质。

罢了，刘延烈才应了徐梦莲的招呼，淡然一笑道：“不是。”

其实，徐梦莲不知道刘延烈父子之间的过往，自然没有觉得有什么不妥，笑着继续问：“那您是有其他什么事情吗？我能做一些什么？”

“谢谢小徐，我就走走。”说着，刘延烈朝着大堂看了过去：“我能在大堂坐坐吗？”

“当然可以。”说着，徐梦莲赶紧抬手迎着刘延烈走进酒店大堂。等刘延烈坐在靠窗的沙发上，徐梦莲亲自为他沏了一杯茶。

见徐梦莲很是热情，刘延烈更加对徐梦莲赞赏起来。等徐梦莲走远了一些，他不禁看着她的背影微笑起来，他感觉得到徐梦莲对刘子轩有着某种难以名状的感情。眼下，米亚和刘子轩之间的爱情算是走上了绝路，而自己和何善钦之间的疏离，也让这段感情没了回旋的余地，更何况，米亚还当着刘子轩的面上了陆思涵的车。人世间的是是非非，谁能说得清楚谁对谁错呢？刘延烈思索着作为一名父亲和长辈，他能为刘子轩做点什么。

其实，谢丽娜一直没有想明白，当时自己为何要打电话叫陆思涵来接米亚。趁着鞠香雅苑还没有开门迎客，她站在宽巷子边上的迎宾台后面，用手托着腮帮子想着。想得有些浑然忘我时，一个男人已经站在了她身边。

男人耍了一个帅气的动作后，侧身去看谢丽娜，然后用浑厚的舞台剧腔问道："女士您好，请问现在有什么吃的呢？"

"不好意思先生，还没到用餐的时间，暂时不迎客。"懒散的谢丽娜头也不抬地回道，声音显得有些低沉。

男人见谢丽娜双眼无神地看着前方若有所思，不再理会她，起步朝鞠香雅苑里面走去。

"先生，不是说了还没迎客嘛！"谢丽娜见男人如此无礼，直接发了火，当即拽着男人的马甲，将他往后猛地一扯。男人哪会料想到谢丽娜会这般举止，毫无心理准备的他，一个踉跄，被她甩到了宽巷子街上，差点没摔个四脚朝天。等男人回过神时，谢丽娜认出了男人。她瞠目结舌地看着男人大呼："王勃，哦不，王老师。王老师，怎么是你啊？"

等王勃站定下来，他整理着衣襟，一副高高在上、装腔作势的模样，对谢丽娜说道："怎么就不能是我？莫非，这就是鞠香雅苑的迎客之道？"

谢丽娜赶紧上前帮忙整理着王勃的衣服，抱歉地问候："有没有伤着哪儿啊？人家在想事情，对不起王老师。"

"想事情？"王勃拒绝了谢丽娜的帮忙，双眉一蹙，挖苦着她："就你这心宽体胖的样子，应该不会有什么忧愁吧。"

"人家只不过是体重超支那么一丁点儿而被打入凡间的天使，相信人家，有一天人家会轻得飞上蓝天，让你们顶礼膜拜。"谢丽娜一如既往地说着自己的口头禅，然后转身往鞠香雅苑里面走去。王勃不紧不慢地跟了上去，两人在大厅靠门口的位置坐了下来。

此时的鞠香雅苑只有上早班的服务员，大家都在各司其职。不过，谢丽娜看了看四周，凑近王勃，小声地说道："知道人家刚才在想什么吗？人家在想前晚是不是不该把陆思涵叫过来？"

一听谢丽娜是在纠结这个事，王勃本想告诉她其实不用再多纠结，可他表面上却装出落井下石的样子，抬手指着谢丽娜，指责道："哦，原来始作俑者是你啊。古语云，宁拆十座庙，不毁一桩婚。你害人家小两口情断义绝，你可真够可以的啊，小心你嫁不出去！"

"不是，不是你想的那样。你也知道前晚刘子轩和米亚待在一起有多尴尬，人家就是想喊陆思涵过来激一下他嘛。"谢丽娜连忙解释着，一副委屈的模样。

"那你就要棒打鸳鸯啊？太狠毒了吧你。"王勃说着白了谢丽娜一眼。

被王勃这么一说，谢丽娜变得焦急不安起来。她站起身，手足无措地对王勃解释："人家不是……人家也想他们俩重新在一起的，可是……唉，哪知道剧情不往人家设计的方向走。”

“你看你这模样，像个编剧吗？祖师爷赏你吃这碗饭了吗？”见谢丽娜摇头，王勃继续挖苦与调侃着：“你还设计剧情？嘿，我要是你的老板，今天还让你站在这里，就是天理不容。”王勃嘴上虽然这样说，心里却得意不已。

谢丽娜当即不知道说什么才好，憋了半天，在原地纠结着踱了几步，最后才憋出一句：“老板就大了啊？她即便不是我老板，我也会那么做，谁叫她有我这么个闺蜜呢。”

“那不就得了。”

“那不就得了？”王勃漫不经心的话让谢丽娜变得更加纠结，她站着也不是，坐着也不行，原地转了一圈才停下来，然后猛地回过头对王勃说道：“但人家真的不想他们分开。”

“可是他们的故事没法峰回路转了。”

“人家，唉，人家就是个千古罪人啊……”

“停，停，停。”王勃实在听不得谢丽娜再纠结下去，赶紧做了暂停的手势，对谢丽娜说：“昨天我已经把子轩在北京发生的事情告诉了米亚，希望能挽回他们的感情。”

“那结果呢？”谢丽娜赶紧坐到椅子上，瞪大双眼看向王勃。

“结果大失所望啊！我是一位不合格的心理导师。”王勃遗憾不已地说道，然后将头埋了下来。可他的话让谢丽娜瞬间站了起来，再次边来回走动边念叨着：“完了，完了，完了……”等谢丽娜绕得王勃有些头晕的时候，她才停了下来，对着王勃摊开双手说：“这下完了，刘子轩一定会怪人家把陆思涵叫了过来，这下梁子可结大了。”

见谢丽娜一副不纠结个几天就不会消停的劲儿，王勃也没有再说话，起身朝大厅走去：“来点牛排、沙拉、意面什么的呗，我饿了。”

“没有！”谢丽娜此刻有些心烦，语气也变得焦躁起来。她拽着王勃的衣角，将他拖到宽巷子街口，抬手指着宽巷子的另一头说道：“往前面一直走，走到底，在右边有一道小门，小门后有一条小巷子可以到窄巷子那边，而在小巷子另一边有一家星巴克，去吧。”

“你就这样敷衍我？我来蓉城是要吃蓉城的正宗小吃的。”

谢丽娜哪管王勃要吃什么，此刻的她心烦意乱，双手叉在腰间，凶神恶煞地看着王勃，吼了一声：“走不走！”

“走走走，可走之前你至少告诉我，哪里可以吃一碗正宗的小面什么的啊？”

“傻啦吧唧的，要吃小面去重庆吃。你不走是吧？”见王勃一副死皮赖脸的模样，谢丽娜更加急躁起来。她转身疾步拐进大门，转眼之间拿着一把扫帚出来，指着王勃大吼："有本事你站着别走！"

王勃见状，哪还有心思问吃的，一溜烟顺着宽巷子跑了。等他拐进谢丽娜说的小巷子，谢丽娜才放下扫帚，叹息起来，像个泄了气的皮球耷拉着嘴皮，心想接下来该怎么办？要是自己真的拆散了一对恩爱的人儿，自己的罪过就大了。失落的她没有注意到米亚的到来，而米亚看着谢丽娜脸上不开心的神情，上前想要问个明白。

在米亚抬手触碰到谢丽娜肩膀的瞬间，谢丽娜举着扫帚猛地转过身来，闭着眼破口大骂："你这人怎么这么烦人啊，都说了这里不供应早餐！"等她骂完才睁开眼，结果一看是米亚，慌得赶紧把扫帚靠在门框上，双手后背地对着米亚笑眯了眼："原来是人家世上最亲爱的人儿，今天怎么来得这么早啊？"

米亚完全不知道发生了什么，谢丽娜的状态在惊悚和喜剧的模式下切换得实在太快，快得让她来不及反应。过了一小会儿，她才缓过劲儿来，笑着问道："娜娜，谁惹着你了？"

"没有，人家这么心宽体胖的吃货，怎么会有人惹得到人家呢！"谢丽娜说着，连忙整理自己的妆容，然后对着米亚一歪头说："你还没吃早餐吧？走，人家去给你准备。"罢了，她一吐舌头，转入大厅，脚底抹了油似的蹿到了厨房一阵捣鼓。

米亚站在门口摇头苦笑，心想这都是什么啊。不过，她发现谢丽娜还是那么的贴心，居然知道她还没吃早饭。想着，她赶紧往厨房走去，一边走一边喊着谢丽娜："娜娜，别整那些五花八门的，给我熬点儿皮蛋瘦肉粥就好，顺便加个煎蛋。"

王勃那边自然就没有米亚这样幸福了。他到了谢丽娜说的那家星巴克，可是星巴克还没有开门迎客，实在饿得有些不行的他，拨通了刘子轩的电话。

此时的刘子轩还在沉睡，房间冰箱的大门敞开着，里面的各类小酒全部被他喝光了，遍地都是酒瓶。宿醉的难受让他此时睡得很死，直到王勃打了三通电话，他才不情愿地醒了过来，在被窝里找了半天才把手机掏了出来。眯眼一看是王勃，刘子轩翻了一个白眼，侧了一个身，接起电话。

"干吗呢？大早上的，还让不让人活了。"说着，刘子轩抬手摁在胀痛难耐的额头上。

王勃才不理会自己打扰了刘子轩的清梦，站在金河宾馆外的十字路口，问道："子轩，蓉城的早餐都吃什么啊？"

"包子、油条、豆浆。"刘子轩心不在焉地回道。

"我是说地道的蓉城小吃。"

"双流肥肠粉。"

"双流肥肠粉?"王勃一听,顿时起了兴趣,心想用肥肠做成的粉丝是什么样子?吃起来又会是什么味道?想着,他决定早餐就吃肥肠粉。于是,他对刘子轩道:"就它了,那你知道哪里可以吃到正宗的双流肥肠粉吗?"

刘子轩实在无可奈何,半坐起来,深吸一口气问道:"你现在在哪儿呢?"

"刚从鞠香雅苑过来,现在在……"王勃往四周看了看,"金河宾馆下面的十字路口。"

好久没听到鞠香雅苑这个名字了,刘子轩不禁愣了一下,在鞠香雅苑度过的那些生活片段快速在他脑海闪过。可他很快回到现实中,苦笑着,一边下床,一边在心里对自己说,过往已然是过往,人活着还是应该要往前看。

等他走到洗手间里,边解手边对王勃说:"你能看到地铁的人民公园站 B 出口吗?"

"能!"

"顺着那条街往前走,等到了人民公园入口的时候,你就能看到公园对门的那家肥肠粉店。"说着,刘子轩放下手机看了看时间,然后又说:"不过这个点儿去应该没位置,得排队。还有,吃肥肠粉记得配锅盔和节子。"

"知道了,等我电话!"王勃得到想要的答案后,挂了电话。

顺着刘子轩的指示,王勃很顺利地找到了那家双流肥肠粉店。饥饿加上满心的好奇与期待,让他忍不住叫了一份大碗粉和一个锅盔外加两个节子,拼了桌后拿着筷子,双眼紧巴巴地盯着门口的灶台,心想肥肠粉到底长什么样子。

等肥肠粉端到他面前的时候,他顿时叫住了送餐的服务员。

"等会儿,这确定是肥肠粉,不是其他什么粉?"

服务员一脸不理解地看着王勃,眨巴着眼睛,回应道:"这就是肥肠粉啊!"

得到服务员的肯定后,王勃看着面前这碗在苕粉里加了几根肥肠,撒点儿香菜、葱花、黄豆、花生,再加了点儿豆芽,拌了点儿红油辣椒的特色小吃,一头雾水。

王勃果断地拿出手机拍了一张照,给刘子轩发了过去,接着火急火燎地拨通了他的电话。

电话那头的刘子轩看着王勃发来的照片,以为王勃找对了地方,打电话来是要说感受。结果在接通电话的瞬间,他没想到王勃操着青岛口音一阵狂吠:"刘子轩,这就是你说的正宗的肥肠粉吗?你逗我玩呢?"

"谁逗你了?这就是肥肠粉啊!"刷牙的刘子轩一脸蒙圈。

"肥肠粉不该是用肥肠做成的粉丝吗?这一碗和苕粉有什么区别呢?"王

勃继续质问着。

刘子轩当即大笑起来："谁告诉你肥肠粉是用肥肠做成的粉丝？你家牛肉面是牛肉做成的面丝儿啊？幸亏你是外地人，否则老板一定会把你当作找碴的扫地出门。"

听了这话王勃才消停下来，望着眼前的肥肠粉，说道："这……这真的是肥肠粉？我读书没你多，你别骗我。"

"你赶紧吃吧，冷了就不好吃了。"

刘子轩这么一提醒，王勃果断地挂断电话，挑起一筷子，试探性地闻了闻，然后往嘴里送。刚出锅的红油辣子，伴着一股灼烫，从王勃的口腔落到胃里。

"真辣啊！"王勃没想到会这么辣，赶紧对服务员说："小哥，来一瓶北冰洋呗。"

"北冰洋是个什么东西？没有。"

"那有什么喝的呢？"

"豆奶。"

"那来一瓶呗。"

"自己拿。"

"嘿！"王勃瞬间被这个服务员折服了，心想这服务素质真差劲。他正想发作，却看到了这里的每个食客都是自己去门口的冰柜自取饮料，而且这里的生意很是火爆。虽然是一碗简单的苕粉，但里面的配料让它变得与众不同。酸辣爽口，辣而不燥。尤其是那两根包着汤汁儿的肥肠节子，更是入口爽滑，肥而不腻，再伴着金黄的锅盔吃起来，简直是麻辣脆香、有滋有味。

这不禁让王勃忍不住将满是辣子的汤料喝得干干净净，完了还意犹未尽地舔了舔嘴巴。放下碗筷时，他早已经大汗淋漓，却感觉浑身舒畅了许多。这种舒畅让他不禁掏出手机，将刚才拍的照片发了微博与朋友圈，一改之前的不悦，各种赞许。

刘子轩整理完着装准备出门，不经意瞄了一眼朋友圈。当他看见王勃刚才还表示不悦的肥肠粉，此刻已变成了只应天上有的佳肴珍品时，笑着摇了摇头。

这已经是刘子轩回到蓉城的第五天，他还没有为《奔腾的心》剧本找到投资方。原本他想着让何善钦出手帮一帮自己，可现在以他和米亚的关系，显然不能再去寻求何善钦的帮助。

想着，刘子轩不由深吸一口气，拉开房门。房门外正巧是刚要敲门的徐梦莲，刘子轩微微一笑，招呼着："早啊。"

"早。"徐梦莲抿嘴一笑，抬手指向电梯口："伯父在大堂，你要见他吗？"

刘子轩知道徐梦莲说的是刘延烈，其实前晚是他离家出走之后第一次见到刘延烈。其实那个时候，他就已经知道自己没有那么记恨刘延烈，毕竟血浓于水的父子关系是无法改变的。

不过，刘子轩并没有想要和他正式见面的打算，沉默了一会儿后，假装淡然地说："不了，我从酒店的车库离开吧。"

"好的。"徐梦莲虽然应下刘子轩的请求，但还是不忘问道："真的不见一面吗？"

"很多事情一言难尽，一时之间也不好向你解释。"

"那我就不多问了。"

三年的时间，见过各色各样的人物，已经让这个曾经懵懂的女孩知道什么叫作"情商"，知道什么该问该说。经过时间的磨炼，她至少已经明白，一个人活在一个荒诞的世界里，就必须去接受这个世界的游戏规则。人和人的关系并不是一开始就注定是一场悲剧，我们也只不过是宿命的黑白棋子。

徐梦莲知道这一点，所以她变得更加知性。正因如此，她开始散发出不一样的魅力，如同麝香迷人的气味般开始吸引他人的注目。

刘子轩安静地跟在徐梦莲的身后，在所难免地被这种魅力所吸引，他的目光一直都落在徐梦莲的身上。直到他跟着徐梦莲出了电梯走到地下车库，在徐梦莲骤然停下的瞬间，他才收回失态的眼神，对着徐梦莲轻轻一笑，道了一声"谢谢"后，麻利地穿过地下停车层，从出口蹿了出去。

等刘子轩绕到大堂外的时候，他踌躇未决一番后，还是驻足了下来。隔着被河风吹得有些伤痕的玻璃，望着大堂沙发上坐着的那个背影佝偻的老人，刘子轩的心还是不禁抽痛了起来。岁月无情催人老，刘子轩从未想过自己再次如此安静地看着父亲时，会看到他的华发苍颜，会看到他的龙钟潦倒，会看到他的满脸沧桑。此刻，他想起几天前的晚上，王一翎对自己说的话。

"他去了北京，为什么不来找我？"刘子轩的心里不免升起一个疑问来。他很想走到刘延烈的面前，问问他为什么，可是当他看见刘延烈转过头朝自己看来的时候，他还是下意识地转过身，选择了逃避。他也不知道自己为何会是这样的反应，明明心底有丝丝关切。或许是因为见到刘延烈，会让他有意无意想起郁红晓，心里升起悲伤之感。

因为悲伤会让人心痛，没有人愿意心痛，所以面对悲伤，逃离是最好的办法。

但是，逃离也改变不了悲伤带来的心痛。刘子轩带着骤然低落的心绪坐上了前往人民公园的出租车。等他下车找到王勃的时候，他拿着一支惟妙惟肖的女子糖画，正津津有味地吃着。

刘子轩走到王勃身边，嘲讽道："多大了还吃糖，跟个小孩似的。"

"有吗？"王勃嬉皮笑脸地反问。

"没有吗？"话毕，刘子轩转身走进了人民公园的大门。今天他来这里不是游园逛景，而是有事商谈。他约了一个投资人在这里见面。

王勃紧跟着他，两只眼睛不停地打量着公园里的一草一木，一人一影。此时是早上9点，公园里已经热闹了起来，走过门后的石拱小桥便到了一道长廊。

长廊的围栏边坐满了鹤发童颜的老人，他们安详和蔼地笑着摆龙门阵。儒雅的老叟手拿着纸扇，纸扇上是自己题的字，一边扇风，一边看着长廊旁边的圆坛里唱着舞着的老妪们。老妪们唱的都是一些老派的歌谣，王勃听着歌谣，觉得这些歌应该比自己妈妈的岁数还大，不过听起来还真有不一样的悠扬之感。

再往公园里走就是一条小道，小道两侧栽满了高耸的香樟树。树与树之间栽满了蝴蝶花，郁郁葱葱的一片翠绿之中，仰头时偶尔能够看见一片紫黄。小道约莫五十米的长度，小道的尽头，是孩童的欢笑声。循着声音看去，在一片梅树的枝丫之间，能够看到一片瓦房，瓦房的后面有一处游乐园，站在这里能够看到游乐园的空中飞车。

贪玩的本性让王勃不由自主地往右走，不过没走几步，就被刘子轩喊住。

听到刘子轩的喊声，王勃回过头来，不以为耻地笑着问道："不是这边啊？"

"你觉得和别人谈正事，会约在一个环境嘈杂的地方吗？"刘子轩给了王勃一记白眼。

王勃则是一脸正经地反驳道："那不叫嘈杂，那是童心。"

"你是想说自己童心未泯吗？"

"是的。"

"那你脸皮可真够厚的，你看你这模样，竟好意思说出口。"

"没办法，我长得比较着急而已，但我是靠内涵行走江湖的。"

"你反躬自省的态度倒是值得肯定。"

王勃听着刘子轩的调侃沉默不语，他没有再接着贫下去。两人边走路边望着彼此，然后两人都忍不住笑了起来，不约而同地抬手把住彼此的肩膀向前走去。王勃之所以没有反击回去，是觉得刘子轩说得很正确。一个人可以童心未泯，可以嘻嘻哈哈，甚至也可以奴颜婢膝，可是对梦想不能忘怀。若梦想死了，那人的心也就死了，即便是人还活着，那也只不过是行尸走肉。

看着地上随行的影子，刘子轩想起鲁迅先生说过的一句话：人生最苦痛的是梦醒了无路可走。做梦的人是幸福的；倘没有看出可以走的路，最要紧的是不要去惊醒他。

力量，是来自心间的梦想。

梦想是呼吸，是追逐，是彻底的信念，是因果宿命对信仰的一诺千金。

带着信念之情与敬畏之心，刘子轩在公园一隅见到了约谈的投资人，一个想从房地产转型到影视行业的中年胖子。

Chapter 18 ······ 相逢何必曾相识

青春，

是没有经验和任性的。

我们都已不再青春年少，

但我们的心却依旧轻舞飞扬，

虽不能拥有一台时光机回到过去填补遗憾，

可我们能一如既往，

笑着去流泪。

梦想对于有些人来说是一本无字天书，穷其一生未必能读懂。

中年胖子叫周大宇，王勃在坐下前仔细地打量了他一番。中年胖子光头胖体、小眼浓眉，穿着一件银灰色的大号西装，里面搭配着一件花哨的衬衣，自上往下数，衬衣的前三颗纽扣都没有扣上，还能看到袒露的胸脯上镌刻的文身。他那肥大的脖子上戴着一条粗犷的金项链，和他手指上的金戒指显然是一套的。或许是为了让自己显得儒雅，他的左手大拇指上戴着一枚玉扳指，王勃一看便知道这是缅甸血玉。

王勃似乎觉得自己这样盯着一个初次见面的人十分不妥，赶紧摘下墨镜，坐了下来。

刘子轩在坐下之前，则是躬身抬手到周大宇面前，笑着说："周总，我就是昨天和你联系的刘子轩，这是青年喜剧演员王勃。"

"您好，周总。"王勃笑着问候时，起身和周大宇握了握手。

应着王勃的致意，周大宇咧嘴笑了起来。就在他张嘴的同时，他那两颗金灿灿的假牙顿时让王勃差点喷笑了出来。

"王老师这两年演艺事业可谓是风生水起啊！大小银幕的戏都抢眼得很，真希望有机会与您合作。"周大宇一边把玩着大拇指上的玉扳指，一边吹捧着王勃。

王勃强忍着笑意，双手合十回答道："王勃不才，承蒙周总欣赏，如有机会一定合作。"其实他此时的内心声音是："要是让暴发户进了影视圈，那还能有太平日子吗？更何况跟你合作一衰十年，你还是回去搞你的土建吧。"

双方礼节性的客套后，刘子轩转入了正题。他一边拿出自己的剧本《奔腾的心》和投资策划书，一边对周大宇说："周总，这是《奔腾的心》的剧本和项目介绍，您先过目一番。如果您认可我的创作，我们再详谈。"

"不用看了。"周大宇抬手将剧本和投资策划书压在茶几上，半躺在沙发上，说道："只要你答应我一个要求，我立即投资，钱不是问题。"

刘子轩没想到谈得这么顺利，不禁有些错愕地愣了一下，当即笑了起来："周总，您说。"

“让她做女一号，找红雷、渤哥来和她搭戏，多少钱我都出。”说着，周大宇掏出几张照片来。

刘子轩感到无比尴尬，脸上挂着礼貌的微笑，说道：“周总，这部戏讲述的是一对父子爱恨情仇的故事，如果您不介意……”

“我说了，就这一个条件。”周大宇显然不想听刘子轩的解释，当即瞪大双眼看着刘子轩，并打断了他的话。

刘子轩咽下一口口水，礼节性地接过周大宇拿出来的照片。

王勃好奇地瞥了一眼，差点让照片里的女孩吓得缓不过气来。照片中的女孩不仅长着一张网红脸，还有让人不可思议的尖下巴。王勃忍不住遐想，作为男一号的自己要是和这个女人拍吻戏，自己的下巴准会被她锥掉。王勃还没怎么细想，只觉得胃里翻江倒海。

“对不起，肠胃有些不舒服，容我去趟洗手间。”王勃说着托词，起身慌忙离开。等钻进厕所，王勃立即掏出手机，用微信向刘子轩发了一条信息：“你要是敢同意暴发户的要求，老子找你拼命！”

“我已经同意了……你委屈一下自己。”很快，刘子轩的信息回了过来。

看着刘子轩的回复，王勃气得一拳打在卫生间的隔板上，嘴里说着：“刘子轩，你就是个见利忘义的家伙。”然后他手指飞舞地回复道：“那你找别人演你的男一号去，我不伺候了。”

等他按下发送键后，听到了门外的敲门声：“里面的人给我出来！”

一听是个女人的声音，王勃一愣，赶紧应道：“阿姨，我等一下就好，等一会儿再打扫行吗？”说完，他不禁回忆自己刚才进来的时候，并没有看到“正在清洁”的告知牌。不过，他甩了甩头，觉得没必要理睬，还是先把性命攸关的事情解决了再说。

刘子轩无心听周大宇侃侃而谈，他盯着手机上王勃的回复心中乐开了花，然后又回了一条信息：“作为一名演员，你应该具有崇高的职业道德和完美的职业素养。”

“对不起，面对资方、演员和导演，这种职业道德和素养我没有！”王勃用语音回复着刘子轩，言语里充斥着怒吼。看到此，王勃觉得自己有必要将周大宇赶走，不能让他毁了自己和兄弟之间的情谊。当他推开隔断门，看见站在自己眼前的不是保洁阿姨，而是一个二十二三岁出头，扎着马尾，长相精致的姑娘时，他不禁往门口的标识看过去。

“哎呀……”王勃发现自己错进了女厕所，尴尬地低下头，脸一下变得火辣辣的羞红起来。他透过墨镜，眯着眼打量着面前满脸怒气的女孩。她有着婀娜多姿的身段，肌肤雪白如玉，身上隐隐散发着一股大白兔奶糖的芬芳。王勃不禁靠近女孩的耳际，嗅着她的芳香，浅笑着道歉："美女，实在不好意思，走错了而已，我绝对绝对没有偷看……"

"流氓!"啪的一声，一记响亮的耳光落在王勃的脸上，鼻梁上的墨镜也被打歪了。

打完王勃耳光的女孩白了王勃一眼后，一边揉着手心，一边走出厕所。

"这叫什么事啊？什么样的牛鬼蛇神都找上了我？不行，回去我得烧纸拜一拜。"王勃说着挽起袖口，气势汹汹地往茶厅走去。等他走到刘子轩身边的时候，对面的沙发上已经没有了人。他张望着四周问道："那死胖子呢?"

"走了。"

"你真的答应他的要求了?"

"对啊，人家投我，我又需要人家投，干吗不答应？跟谁都可以过不去，可别跟人民币较劲啊!"

"刘子轩，心理学上有一个现象，说有什么样的内心就有什么样的世界，你看到的外部世界其实是你自己内心的投射。你看你那副唯钱是主的德行，没有一点儿艺术追求，抱着这个心态你是拍不出好作品的。电影不是有钱就能任性。是，当下影视圈投资是火热，可也不能让那些土豪为了捧自己的人搅乱我们创作的氛围啊！马失前蹄的例子还少吗？盲目和冲动会让你付出巨大的代价的!"王勃站在刘子轩面前，口若悬河地指责着他。

"谢谢王老师的教导，可惜你这番言论拍到马蹄子上去了。"刘子轩不以为意地微笑着回答。

"电影市场这几年多好，机遇也好，正是出人出作品的时候，你要是像某些缺乏深刻思考的电影人一样，你这辈子都甭想出来……"看着一边收拾剧本一边乐呵呵的刘子轩，王勃恍然大悟："你说什么马蹄子，莫非你没同意那胖子的要求?"

"你不是让我拒绝他嘛!"刘子轩边说着边站起身，他拍着王勃的肩膀，意味深长地说道："你也是走南闯北阅人无数的'老司机'，干吗这么急躁啊，要学会淡定。"等挖苦完王勃，刘子轩才看见他脸上鲜红的手印，不禁抬手勾着他的下巴，大惊小怪地问道："这是怎么了？这几分钟里发生了什么荒诞不经的故事?"

"别提了，要不是她溜得快，我一定打得她立马胖十斤!"说着，王勃猛地将刘子轩的手弹开。

"你惹到辣妹子了？你心可真够大的，蓉城辣妹子你都敢惹。"

"我要是能变身超人，一定会在拯救世界前先把世界上任性的人都干掉，这样地球就会轻很多，我也就不会平白无故地遭到他们的挑衅。"王勃横了刘子轩一眼，继续胡说八道。

“你该不会是跑到女厕所去了吧？”

王勃没有回应，而是瞥了他一眼。见自己还真的说中了，刘子轩被王勃的举动吓得倒吸一口冷气，瞪大双眼看着他，说：“偷窥？王勃同志，用不着这样吧。你好歹注意一下自己的身份，要是传出去，你准会被列入娱乐圈黑名单……”

“我警告你啊，别无中生有，老子前程似锦大富大贵。”王勃长吁一口气，转身疾步往茶馆门外走去。等走到刚才幽径的路口时，他停了下来，问道：“接下来去哪儿？”

“不知道。”

“那就陪我去玩一会儿。”说着，王勃转身朝着那一排瓦房走去。刘子轩无奈地耸了耸肩，只能跟了上去。

穿过瓦房，两人来到了人民公园的小游乐园。这里聚满了小孩，大人们或站或坐地看护着自己的孩子。这里并不是很大，一眼就能看完所有游乐设施。

看着儿童版的空中飞车、碰碰车和太空船，王勃一脸不爽地问刘子轩：“就没大人可以玩的吗？”

刘子轩鄙视地看着他，摇了摇头，然后转身在一堵描着彩色画瓷的墙边坐了下来，安静地看着这里的一切。在他的记忆中，六岁那年这里还没有这些游乐设施，有的只是身边的画瓷。而且，那个时候既没有哆啦A梦，也没有喜羊羊与灰太狼，那个时候的画瓷角色都是黑猫警长、孙悟空、舒克和贝塔……让刘子轩有些意外的是，王勃在寻了一圈之后，也坐到了他跟前。王勃向画瓷老板要了一片美羊羊的画瓷，对着手机里百度出来的美羊羊图片开始上色。看着王勃天真幼稚的模样，刘子轩没有取笑他，见他用嘴咬着墨镜，一脸认真的样子，刘子轩放下自己的背包，招呼着老板拿了一片蝙蝠侠的画瓷过来。

王勃挑眼看了刘子轩一眼，咧嘴轻笑了一声，什么都没说，继续给美羊羊上色。

一分时间，一分成果。等两人给手中的画瓷上完色，两人的脸上也沾满了五颜六色的颜料，像极了两只大花猫。看着自己的作品，王勃长松了一口气，兴高采烈地看着。刘子轩则是会心一笑，将混色的地方做了最后的修改。

付完钱后，王勃一把抓过刘子轩的黑白色蝙蝠侠画瓷看，然后又仔细地端详了一下自己五颜六色的成品，看着天壤之别的两种画风，不禁抬头看了看刘子轩。沉默了一会儿，他才说道：“是我太阳光明媚，还是你内心太阴暗？”

“你说的两样我都没感觉到。”说着，刘子轩将自己的黑白色蝙蝠侠画瓷抢了回来。对刘子轩来说，黑白才是一切艺术的经典色彩。从电影诞生时的黑白片，到如今高规格的各行各类的设计，无不诉说着黑白组色的精髓。有人将甜美的粉色比喻成烂漫的少女，那么就会有人将简练的黑白色比喻成成熟的女人，而成熟女人富有的韵味和魅力，包容和大度的胸怀，低调冷峻中能给人以内敛的视觉冲击力和细腻柔美的神秘感。

“有些饿了，找个地方吃午饭去。”刚说完，王勃的肚子就配合地“咕噜”叫唤了起来。

刘子轩轻笑了一下，收回自己的思绪：“行吧，你想吃什么？”

“鞠香雅苑有哪些招牌菜？”

刘子轩没想到王勃会想去鞠香雅苑吃午饭，他愣了一下。等他缓过神来，才发觉自己作为蓉城人，竟还没有尽过地主之谊，王勃作为客人，应该满足他的一切要求。

所以，在刘子轩深吸一口气后，才说道：“那儿的醋熘白菜挺不错的。”

“就这个啊？你也太鸡贼了吧，我又不敲钟打木鱼的。”

“没办法，得给你降降火，不然又该跑到女厕所去惹祸。”

“那是意外好吗！”见自己的糗事又被刘子轩拿出来调侃，王勃顿时觉得以后在刘子轩面前没有了主权。

谢丽娜看到刘子轩和王勃来鞠香雅苑吃午饭，其实是有些诧异的。当她看见两人的脸都像个大花猫似的，在他们进门之前，故意刁难了一番：“人家这里暂时没有允许叫花子入场的规定。”

“胖妞，我今天对胖子很窝火哦。”王勃见谢丽娜拦下自己，不禁有些气愤，左手抱着自己的美羊羊画瓷，右手指着谢丽娜的鼻头说道。

谢丽娜听到王勃嘲笑自己，她抬手猛地拍打在王勃的手背上，王勃被突如其来的招式吓了一跳，痛喊着立马缩回手来。说时迟，那时快，等王勃缩回手时，谢丽娜当即左手叉腰，右手食指顶在王勃的心口，双眼瞪得像个灯笼一样，问道：“你把刚才的话再说一遍试一试！当人家心宽体胖好欺负是吧？跟你说了多少遍，人家不过是……”

“你不过是体重超支一点点而被打入凡间的天使，相信你，有一天你会轻得飞上蓝天，让我们顶礼膜拜。到时，我一定对你顶礼膜拜。”王勃打断了谢丽娜的话，抢着说道，惹得一旁的刘子轩抱着胳膊直笑，一副看戏的心态。

“你个锤子，看姑奶奶今儿个不把你个瓜娃子大卸八块，你不晓得人家的脾气。”急躁的谢丽娜操着一口字正腔圆的蓉城话摆开了阵势。

“老姐，有事好商量，别这么生气。生气容易上火，上火对肝不好，肝不好就容易硬化，肝硬化你就再也吃不了东西，连喝水……”

“你个瓜娃子，你……”谢丽娜一下气得词穷，冲上来就要和王勃搏命。

王勃没想到谢丽娜发起火来这么凶猛，赶紧服了软，抬手握着她的右手，用蹩脚的蓉城话吹捧着她："美女美女，我错咯，你不光在我眼里是绝世美女，你在13亿中国人眼里，都是沉鱼落雁、国色天香、倾国倾城……子轩赶紧帮忙想一想形容貂蝉、王昭君她们的形容词，快。"

"兄弟，这个爱莫能助啊。"

谢丽娜轻哼一声，被逗乐了，但依然斜了一眼死皮赖脸的王勃，收回要干架的阵势，勉为其难地问道："两位客官，要吃点什么啊？"

"醋熘白菜。"刘子轩在谢丽娜话音落下时，飞速地嚷出王勃不想听到的四个字。

王勃冷眼看向刘子轩，流露出一副极其不爽的神情："不是，你是来逗我玩的是吧？"鄙视完刘子轩后，他又看向谢丽娜，还撩了撩发型，抛了一个媚眼："你俩都听好了啊，我要吃铁板阿拉斯加鳕鱼、香辣波士顿龙虾、西班牙黑猪嫩肉、日本神户牛肉、宫爆小龙虾……"

看着王勃口若悬河地念出一堆鞠香雅苑曾经的招牌菜，刘子轩和谢丽娜都惊呆了。刘子轩打断王勃，有些惊讶地看着他："等会儿，你怎么知道这些……"

王勃没有满足刘子轩和谢丽娜的好奇，他晃了晃手机，然后摇着头，走进了鞠香雅苑的大门。

刘子轩说是请王勃吃醋熘白菜，可还是点了鞠香雅苑的亲民招牌菜。然后，两人在谢丽娜的安排下坐进了后院的雅间里。

王勃没想到鞠香雅苑的后院还有这么多间别致优雅的包间，这和北京的四合院京味菜馆有着异曲同工之妙。不过，他并没有就此坐定下来欣赏雅间的地域特色，他觉得有必要去收拾一下自己，否则要是被人抓拍到如此邋遢的样子，恐怕就要"下周一见"了。

王勃离开雅间后，刘子轩来到窗户边，推开一道细缝，看向对面二楼米亚的办公室，他想知道米亚在做什么。其实，他知道那天晚上，米亚上陆思涵的车是故意气他的。他相信时间可以抚平他们的伤口，能连接上他们爱情的断点，能抹去两人单程旅途中的瘀伤，毕竟时间是这个世界上最强大的黏合剂。

洗手间里的王勃洗完脸后对着仪容镜苦涩一笑，随即又瞬间凝滞下来，他像刚做完噩梦一样，因为他在镜子中看到了一个让他愤恨的身影。他猛地转身，看向刚站在他身边的女孩。

"色狼！跟踪狂！"女孩突然冲着王勃大吼起来，麻利地从女厕门后拿出一个拖把，警告地说道："别以为你长得像某个小明星，我就不敢打你。"

不等王勃解释，女孩就动起手来。在附近的谢丽娜听到动静之后立即赶了过来。

“怎么了？颖颖。”谢丽娜先是问着女孩。

“他是个跟踪狂，从人民公园跟到了这里来。你赶紧报警。”女孩说着，把拖把逼近了王勃的脸。

谢丽娜听罢，撇嘴看向王勃，瞪大双眼问道：“给个解释呗，王老师。”

“姐，你们认识啊？”女孩有些惊讶地看向谢丽娜。

“认识啊。”谢丽娜应着，不过口风立即一转：“才认识的，人家不知道他是个衣冠禽兽。”说着，她回过头看向王勃，故意瞪大双眼，高昂着头。显然，她是要落井下石。

王勃看谢丽娜的样子，无可奈何地摇了摇头，笑了起来，对女孩解释道：“第一，我今天不是有意跑进女厕的；第二，我也不知道你会在里面；第三，我是来这里吃饭的，根本不知道你会在这里；第四，我要是知道你在这里，八抬大轿抬我我都不来。”

“等等！”谢丽娜似乎听到了重要消息，八卦的表情瞬间暴露无遗：“你，跑进了女厕？”

“都说了是无意的。”

“姐，你别信他，他就是个色狼！跟踪狂！专长就是爱盯着女厕！”

“他偷窥你上厕所？还是轻薄了你？”谢丽娜问着女孩，抬手将女孩护在身后，上下打量着她。

看着谢丽娜紧张气愤的样子，王勃拍了拍手，示意谢丽娜看自己，然后侧着脸指着脸上还没有完全消去的手印，说道：“你应该问问她对我做了什么。”

“活该。”谢丽娜白了王勃一眼，然后对着女孩竖起了拇指：“颖颖，你打的？嗯，做得对，使劲了没？”

女孩露出笑脸连忙点头。

“你们两个怪咖，一瘦一胖，不是一个亲妈生的就可惜了。”王勃看着眼前的两个人不禁说道。

“我们就是一个亲妈生的，谢丽颖，谢丽娜，怎么着，你羡慕嫉妒恨吧，哈哈！”

“你们老妈生你俩真是倒了八辈子霉，你们两个一个暴躁，一个疑心，绝配。”

“你怎么说话的？”谢丽颖嘟嘴看着王勃，愣了一下，突然对谢丽娜说：“姐，一看他就知道不是什么好玩意儿，我们得把他抓起来，免得他对其他女生轻佻。”

突然，刘子轩出现在他们背后，见谢丽颖还是一个刚出社会的女孩，身上学生的稚气还未褪去，刘子轩狡黠一笑，为谢丽颖的决定鼓掌叫好："我支持！"。

见刘子轩幸灾乐祸的模样，王勃当即指着刘子轩的鼻尖，狠狠地问道："还是兄弟不？你会为你反水付出代价的！"

刘子轩没有回话，白了王勃一眼，才对谢丽娜姐妹解释道："这事怪我。今天我去人民公园约见了一个投资人，结果那人提了一个要求……"

为了把王勃的事情能够解释得足够清楚，刘子轩费了不少时间，从洗手间外一直说到了包间。等刘子轩解释完，谢丽颖才发现自己的确是误会了王勃，对王勃鞠了一躬，然后羞涩而尴尬地说道："对不起，王老师，没想到会是您。对了，喜欢您很久了，能签名合影吗？"

"我得思量思量，左脸的痛影响到中枢神经，反应慢，别见怪啊。"

见王勃一副讨打的模样，刘子轩一边让谢丽颖坐下，一边对她说："你那一巴掌其实打得挺好，正好灭灭他身上的歪风邪气。"

"都说了我是无意的。"王勃说完，实在不想把这个话题继续下去，于是转而向谢丽娜问道："我说胖妞，我们的菜啥时候上啊？"

"你……"

"等一下……"王勃见谢丽娜深吸一口气像是要放大招，当即抬手堵住了她的嘴，双眉紧锁地看着谢丽颖。

由于刚才的一番打闹，王勃不禁对谢丽颖有了不一样的兴趣，他上下仔细地打量着她。谢丽颖有着每个女孩都想拥有的瓜子脸蛋，长而挺拔的睫毛上画着淡淡的柳叶眉，一对杏仁眼清澈明亮，高挑的鼻子下是一张涂着粉红唇彩的樱桃小嘴，面颊白润，清秀文丽，这一切和她那个秀美的脸型完美地搭配起来，宛如是从画里出来的人儿一样。

静下心来的王勃完全被这个叫作谢丽颖的女孩吸引，他收回眼，看向谢丽娜不禁问道："你确定她是你的亲妹妹？"

"你什么意思？"

"我的意思就是，难道你是后天基因突变才变成这副模样的？"王勃说着，上下打量起谢丽娜。

谢丽娜深吸一口气，压制住内心的怒火，然后站起身，对王勃露出职业的微笑，"两位客官，你们……"

"米亚，吃过午饭，你能不能陪我去一趟公司，我介绍一个人给你认识。"门外突然响起陆思涵的声音，打断了谢丽娜的说话。包间里的四个人不约而同地朝门外看了过去。

当米亚和陆思涵走到醉风涧门口时，看见里面坐着的王勃和刘子轩，连忙停了下来。米亚惊愕地看向一旁的谢丽娜。

谢丽娜没有想到会出现这样尴尬的局面，若是以前她必定能够游刃有余地化解掉，但现在她的心里不知道是该站在刘子轩这边，还是米亚那边，所以她左右为难，只好对谢丽颖说："赶紧去厨房催催菜，这都半天了。"等谢丽颖走开后，她转过头来，对米亚端正姿态微微一笑，说道："对不起米总，刘先生他们订下醉风涧的事情我没能及时向您汇报。"

"没事，打搅你们了，你们继续。"米亚微微一笑，忍不住看了刘子轩一眼。然后，她对陆思涵耸了耸肩："陆总，我去看看还有没有其他雅间吧。"

"没……"

"不用，你们用这里吧，我们去大堂。"刘子轩打断陆思涵的话，拿起自己的背包迈步离开，在醉风涧门口时，他和米亚相互对望，脸上泛着恰到好处的微笑，然后头也不回地走出了醉风涧。王勃一时也不知道该说什么才好，他对陆思涵和米亚礼貌地点头致意了一下，跟着刘子轩出了门。等到了大堂，看着已经人满为患的场面，刘子轩不禁深吸一口气，抬头极力寻找着可以坐下的地方。可巡视一圈下来，空着的桌子也已经被人预订了下来，无法做出变更。

谢丽娜对此自然十分熟悉，她知道刘子轩为何要让出醉风涧，经过短暂的思量后，她对刘子轩说道："要不，你们去楼上的雅间吧？"

"还有雅间吗？我记得鞠香雅苑最吃紧的就是雅间。"刘子轩有些意外地看着谢丽娜。

谢丽娜苦笑了一下，抬头看向楼上最里面的雅间，说："三年前你离开之后，米亚就把那个雅间给锁了起来，不再对外使用。"应着她的话，刘子轩抬头向楼上看去，顿时明白了过来，那是一间早前刘毅珑经常使用的雅间。其实，刘子轩不明白米亚为何会锁住那个雅间，但他知道，既然锁起来了，自然是有不能让人知道的东西。

经过一番思考后，刘子轩觉得自己没必要也没有资格走进那个雅间，所以他选择了在大堂等待翻台。王勃是聪明的，他自然能猜到刘子轩的想法，于是在刘子轩转头看向自己的时候，他耸了耸肩膀，摊开手，说："没关系，下次早点儿预订外面的位置就是了。"

"刘子轩，人家觉得你有必要去楼上的雅间看看，不然你一辈子都会恨自己。"谢丽娜神色有些紧张地规劝着刘子轩。

谢丽娜的神色让刘子轩有些疑惑了，似乎那个房间里有和他有关联的东西，否则谢丽娜又怎么会说出这样的话来。刘子轩自我安慰地一笑，如同调侃地问道："那你有开门的钥匙吗？"他相信，米亚锁起来的门，谢丽娜是不会有钥匙的。

谁知谢丽娜微微一笑，迈步走在前面。

刘子轩和王勃站在原地对视一眼，王勃知道此刻的刘子轩一定心情很复杂，既有着不愿再和过去有任何瓜葛的心思，又有着想要知道雅间里面到底有什么的好奇心。其实王勃也一样，他也想知道那里面有什么东西，能让谢丽娜说出这样的话来，不过他更在乎刘子轩的想法和感受。两个人沉默地对视着，直到有服务员在他们身后轻声喊道借过时，两人不约而同地笑了起来，心照不宣地往楼上走去。

谢丽娜的确没有打开雅间房门的钥匙，当刘子轩看见并未上锁的门时，他才明白，原来谢丽娜口中的锁，是米亚的心锁。

王勃明白过来后，没有跟着刘子轩走进雅间。站在门外的他不想在这种尴尬的气氛下久待，便问道："我能去厨房吃一份醋熘白菜吗？不然真的白来了。"

谢丽娜知道王勃是在转移话题，轻笑了一下，摆了摆手说："跟人家来。"然后，她带着王勃去了鞠香雅苑的天台，留下刘子轩一个人在雅间里，独自回忆、暗自悲伤。

雅间里其实并没有什么特别的变化，依旧是和三年前的布置一样，一面墙上挂着一套工作装。刘子轩一眼就认出了，那是他穿过的工作装，不仅仅是因为那是一件三年前的款式，更重要的是衣服的衣角上用金黄色的线绣着一个"轩"字。那是米亚绣上去的，她说衣服上有他的味道，不想在干洗之后被别人穿，即便那个时候的鞠香雅苑只有刘子轩一个男服务员。

回忆起米亚绣字时的努力和艰辛，刘子轩忍不住走到那套衣服前，衣服上的"轩"字格外别致，之所以别致，是因为米亚多次拆合之后的结果。他抬手抚摸着那一个"轩"字上的每一条纹路。刘子轩想起米亚绣完字后手指上贴着的创可贴，他曾心疼地问她受伤的原因，却被她告知是不小心被水果刀划伤的。

"原来是我伤了你的心……"刘子轩情凄意切的自言自语。

"你现在说这话，还有什么意义？"

身后响起米亚的声音，刘子轩赶紧放下手来，迅速调整神态，转身朝门口看去。他显得有些尴尬地对米亚解释道："我不是有意要进来的，如果你介意，我马上出去。"

在刘子轩等待米亚回答的时候，她不作声地跨过门槛，走进房间，转身将门合上。

"我知道你在北京发生的事。"米亚很冷静地说着。

"是吗？"刘子轩淡然一笑。

"有些事情我不相信。"米亚挑眼看着刘子轩。

刘子轩看向米亚，他知道米亚不愿意相信自己和辛小诺之间的事情，于是从容不迫地说着内心的话："是真是假，我相信你能判断。那件对不起你的事情，让我深深自责，但我并不后悔。忠贞和因缘一样，在炽烈的太阳光下，都会脆弱得如风干的狗尾巴草。"

刘子轩的话像一根带着倒刺的针扎在米亚心里，她最不愿意相信的事情还是从他的嘴里说了出来，可是她没有哭，因为眼泪早在几天前的夜晚流干了。两个人沉默着，雅间里安静地只能听到窗外大堂里的喧闹声。良久，刘子轩转身走到窗户前，推开窗户看向楼下，深吸了一口气，打破了沉默："什么都在变，唯独楼下的热闹没变。"

"当然，鞠香雅苑的生意一向如此。"米亚的回答显得有些冷淡。显然她不想和刘子轩探究生意上的事情，鞠香雅苑有谢丽娜的管理，她这个总经理不过就是个闲职而已，每每想去周游世界忘掉烦恼，每每都会有琐碎的事情干扰着她。

"过往已然是过往，再美好的回忆也只能是徒增悲伤，何不就此放下，轻装前行。如果是命中注定两个人的缘分，踏遍千山万水两个人还是能走到一起。这两年，我其实一直想着……"

"米亚，楼下有客人闹事。"谢丽娜的闯入，打断了刘子轩即将想要阐述的告白。

米亚被谢丽娜的话惊了一跳，她回身看了刘子轩一眼后，才跟着谢丽娜脚步匆忙地往楼下跑去。刘子轩知道，鞠香雅苑有着不一样的背景，而且何善钦向来处事低调，不会轻易树敌。闹事之人必定不是什么善类，米亚或许会有危险。

如此想着，刘子轩赶紧跑到楼下大堂。

大堂挨着传菜区木门的桌子旁，谢丽颖正紧抱着托盘梨花带雨地哭着。在她的面前，一个身材魁梧的光头男人正袒胸露乳地坐在靠椅上，心高气傲地看着谢丽颖，指桑骂槐道："我听说鞠香雅苑的服务一向专业周到，今天看来也不过如此。"男人说着，不禁轻哼了一声，挑眼看着正在哭泣的谢丽颖。谢丽颖吓得后退了一步，是个明白人都知道这个男人对她做了不当的举动。

米亚问明原因后，得知是这个男人趁谢丽颖上菜，轻薄了她。米亚忍着怒意，强露出微笑对男人说道："先生，鞠香雅苑的服务在蓉城是有口皆碑，这个无须我赘述，相信在座的各位都是冲着这个来的，也不是您一句话就能否定了它。当然，如果是我们的服务没做好，还请您以正确的方法来指导，何必为难一个实习的学生？"说着，米亚对谢丽娜说："赶紧通知前台，这位先生今天的酒水免单。"

“酒水免单？”男人听到米亚的话，放下搭在板凳上的右脚，站起身来：“你当打发叫花子呢？就你们这种服务水准，我真觉得这么多人来吃饭，是不是有什么猫腻？还有，蓉城的各类餐饮推荐网站及媒体的负责人都要买我三分账，你别把我不当一回事。”说着，男人瞟了米亚一眼，将他那猥琐的目光在米亚的身上游走起来。

一旁的刘子轩本没有想要插手这件事情的想法，他知道米亚对男人依旧保持着礼貌，是她不想让男人的挑衅得逞，进而坏了鞠香雅苑的招牌。可是，他不能容忍别的男人用猥琐的目光看着米亚。于是，他走到男人面前，将米亚往身后一拨，一句话都没说，冷冷地看着男人。

“你谁啊？”男人觉得自己的雅兴被打扰了，有些不悦地问。

“我是谁？我是你大爷。”刘子轩一个字一个字地说着，话毕，他趁男人走神之时，抡起拳头狠狠地落在了男人的脸上，当即将男人打倒在地。不等男人起身，刘子轩又拿过椅子架在男人身上，左脚踩在椅子上，弓着身，对不能动弹的男人鄙夷地说道：“认清你大爷这张脸，你要是有血性，欢迎随时去锦江王朝大酒店找我。”

刘子轩在教训男人时，男人的几个伙伴在一旁蠢蠢欲动，他一手指向大堂四角的摄像头，警告着几人：“看看那些探头，不怕的话你们尽管朝我来。”男人的伙伴们闻此不敢轻易而为，刘子轩继续教训着被控制的男人：“你今天所有的德行统统都拍了下来，不巧的是我就是做媒体工作的。要是你以后胆敢再来闹事，我就把你丑陋的行为做成病毒视频，发到各大平台，让人们都看看你这丑陋的面孔。”说罢，刘子轩将椅子往旁边猛地一蹬，吓得男人连忙爬起，抱头如老鼠般要跑。

“干吗呢？还想加一条吃霸王餐的陋习吗？”刘子轩看男人还不明事理，当即呵斥住他，双眼冷冷地看着他，抬手指向收银台：“埋单的位置在那儿。”

男人全身都哆嗦了起来，掏出来的钱包落在了地上。刘子轩捡起落在地上的钱包，然后数了数桌子上的菜品，从钱包拿出一沓现金，细细地数着，接着将现金递给了一旁的谢丽颖。不再哭泣的谢丽颖接过现金后，刘子轩从自己的口袋掏出几张零钞，塞进男人的钱包，调侃着说道：“先生，您一共消费了4 260元，除去米总所说的酒水单，一共是 3 340 元，这个是找零。”说完，他将钱包插进男人的口袋。

男人怒发冲冠地看着刘子轩，却不敢犯浑，在同行伙伴的拉扯下，他们逃离了大堂。在他们快要离开门口时，刘子轩朝他们的背影大声喊道：“客人慢走，欢迎下次光临。”说完，他得意地走到米亚面前，露出迷人的微笑，似乎是在向米亚邀功。

“以后我的事情和你没关系。”米亚冷冷地横了刘子轩一眼，转身离开。

刘子轩没想到米亚会这般对待自己，当即摇头自嘲地笑着，转而看向安慰谢丽颖的谢丽娜：“好心被当成驴肝肺，我又是何苦呢？”

谢丽娜微笑着答谢刘子轩：“谢谢你的解围，她不领情，我们姐妹领情，回头一起撸串。”等她转过身看向米亚时，米亚已经上了楼。作为闺蜜，谢丽娜知道米亚此刻的心里在想什么。她回过头来，对刘子轩说道：“雅间的事情你已经知道了，既然她让你以后不要再管她的事情，你就……”

“我明白。”刘子轩抿嘴一笑，忽然想起什么，问道：“王勃呢？”

“这儿呢！”

听到回应，刘子轩抬头往后堂看去，只见从厨房走出来的王勃正啃着一个烧鹅腿，嘴上泛着油光。

王勃来到三人面前，见还在颤抖的谢丽颖，连忙关心起来：“妹妹，怎么啦？谁欺负你了？哥哥替你教训他。”

谢丽颖没有说话，谢丽娜扶着她去了员工休息室。

看着谢氏姐妹凄楚的身影，王勃一头雾水，他转头问刘子轩：“子轩，我错过了什么？”

刘子轩没有回答王勃的问题，而是一本正经地说道：“我们该走了。”

“等一下。”王勃说着，转身往楼上天台跑去。刘子轩不知道他要干什么，只好等着。王勃再次出现的时候，手里竟然拿着一个打包盒，里面是大半只烧鹅。

“她刚刚给我点了一只烧鹅，怎么转身就哭了？怎么回事？”

看着满嘴油腻腻的王勃，刘子轩叹了一口气，从他的口袋掏出墨镜替他戴上，转身抬头望了一眼楼上米亚的办公室，然后沉默着朝门口走去，王勃一脸茫然地跟在他身后，不忿地啰唆着：“今儿个你欠我一顿佳肴，你记住了，别想赖掉……我们去吃肥肠粉吧，我想吃锅盔。”

谢丽娜安慰完谢丽颖后，上了二楼，叩响了米亚办公室的门。她一边合上门，一边告诉米亚，刘子轩他们离开了。

米亚站在窗后，低头看着醉风涧紧闭的门。说到底，她还是无法忘记她和刘子轩曾经发生的事情，而这自然也成了她接受陆思涵的障碍。今天，刘子轩站出来保护她的举动，更是让她不知该如何面对自己的内心。

谢丽娜见米亚沉默着，走到她身边，望着楼下后院的荷花池，轻笑了一声，说道：“人家做了件大错事。”

“什么错事？”

“不该让陆思涵出现在聚餐上。”

米亚抬头，深吸了一口气：“你没错，错的是我们都已经变了，变成了自己原本不想要的模样。”

“你明明是爱着刘子轩的，为什么要摆出一副不理睬他的模样呢？”

一直低着头的米亚抬头看向谢丽娜，叹了一口气，说道：“是的，我深深地爱着他，可那又能怎么样呢？当他不明缘由地跟我说愧对我，不配拥有我们的爱情，然后就消失得无影无踪，我就猜到他在北京出了状况。当王勃告诉我他与辛小诺的爱情故事时，我居然一点儿都不生气，甚至有些羡慕和忌妒，我竟然特别想去理解他。换位思考一下，假如我碰到了一个死而复生并且曾经爱得入骨的前男友，我可能也会那么做。我知道他一直都很爱我，可是一想到他跟我分开不到三个月就和别的女人在一起，我还是不能原谅自己。是我做得不够好，如果我陪他去闯天涯，就不会发生这样的事，我们的爱情就不会变。”

“你别责怪自己，这不怪你。人世间很多事情都是因果轮回的安排，种什么因，得什么果。我们只是这个过程中不安分的参与者，并不能主宰任何事的结局。”

“也许你说得对。时间已经把我们都改变了，我们再也回不到无忧无虑的过去，只能朝着命运安排的路线毫无退路地走下去，即便我们不知道接下来会发生什么，却也无法回头。”

“到底是命运决定了选择，还是选择决定了命运，你我这等弱女子就不要去想了，好好善待自己，别想那么多。”谢丽娜说着，转身朝外面走去。等到了门口，她又停下来，回头看着形单影只的米亚，说道：“不管你和谁在一起，人家都希望你是幸福的。”

倚靠在办公桌前的米亚没有抬头看谢丽娜，她低下了头，闭上了眼，一滴眼泪从眼角滑落了下来，砸在了桌面的白纸上。米亚恨，她恨刘子轩在这个时候突然站出来保护自己，这让她已经坚决的心又妥协了。事实上，她的心里始终爱着刘子轩，时间和相隔两地并没有让这份爱减少，反而更加浓厚。

“为什么，为什么你要站出来保护我，我们已经没有关系了，不是吗？”米亚哭了起来，抬手掩住悲伤的脸庞。

不论是曾经刘子轩不辞而别将她一个人留在别院小区，还是她得知刘子轩在北京和辛小诺在一起，抑或是现在内心的左右为难，米亚的一切悲伤都是因为刘子轩。有一句话是这样说的，恨有多深，爱就有多深，只有到了无所谓的地步，才会没有了爱。米亚觉得这句话是那样真实，她无法自欺欺人，因为她做不到无所谓。

刘子轩又何尝能做到呢？他的内心充满着想要呵护米亚的决心，可他又害怕自己的一时冲动会伤害到米亚，会让她为难。

“算了，不要多想了。”刘子轩在心里告诉自己，不禁苦涩一笑，看向坐在对面的王勃：“对不起，本想请你吃大餐的，结果却来吃路边摊。”

王勃吸吮了一下满是锅盔味道的手指，摆手说道：“这肥肠粉也是好东西，不比大餐差。”说着，他不禁顿了一下，想了一会儿，才竖起大拇指说：“子轩，听你那么一说，我觉得你刚才在鞠香雅苑有血气，够男人，给我长脸！”

刘子轩摇头笑了起来：“别说我了，你倒挺享受的，兄弟我被人欺负，你却置身事外吃着东西，不仗义。”说着，他发现了王勃的异样：“对了，你是不是看上某个人了？”

“谁？”王勃害羞地低下了头，挑眼偷看着刘子轩。

见王勃还有脸红害羞的时候，刘子轩忍不住哈哈大笑。不过，他觉得能够让王勃脸红心跳的女孩，那一定是因为爱情。刘子轩提醒着王勃：“我告诉你，既然喜欢人家，就要改掉你之前的那些坏习惯，好好地对人家，女孩是需要呵护的。”

“这才到哪儿的事啊？才一面之缘，说爱情过早了。”

“朱丽叶和罗密欧，杰克和露西不都是见了一次就深深爱上对方？等一下，谁家姑娘那么横遭不幸，被你看上了？”

“你管老子！还有，朱丽叶和罗密欧，杰克和露西他们是一见钟情，相爱的过程也轰轰烈烈，可是结局太悲惨了，我不要那样的爱情。我的爱情不一定要烂漫夺目，也不一定要风风火火，能一起朝朝暮暮相濡以沫就好。”

“最长情的告白就是陪你一起慢慢变老，对吧。”

“嗯，无法厮守终生的爱情，就像在寒冬收到‘双 11’秒杀的水晶杯，满怀希望地拆开包装倒入开水时，它却炸裂了。”

“不正确的打开方式，终究要毁掉心旷神怡的心。哥们儿我案例在前，你不可大意。”刘子轩叹息一声：“我觉得，人这一辈子会遇见那么几个人。一个是爱你你也爱的人，可惜他们只存在于我们年少轻狂的时候。一个是爱你但你不爱的人，他们存在于我们事业有成的时候。一个是你爱但不爱你的人，他们存在于我们孤单的时候。”

“那哪一个人适合结婚呢？”

“因人而定。我有一个高我两届的师哥，大学那会儿和班上的班花好上了。两人的爱虐了一群单身狗，当所有同学认为他们毕业后会结婚生子携手一生时，没想到毕业后不到两年他们就分手了。于是，师哥放弃梦想回到蓉城，开了一家广告公司，自己更是身兼数职，后来，公司做得风生水起。一次广告拍摄时，他结识了剧组中还未毕业的女演员，便疯狂地追求她，日日夜夜分分秒秒都想着给女孩制造惊喜，24 小时对他们来说根本不够用。有时候，女孩睡着了忘了回最后一条微信，他会失眠一宿。他们爱得如胶似漆，轰轰烈烈。等女孩大学毕业，他就娶了她，一年之后，他们有了爱情的结晶。随着孩子一天天长大，夫妻俩却像变了个人似的，不再卿卿我我缠缠绵绵，有的只是让人难受的客气。有一次，我去他们家做客，他们夫妻俩在餐桌上都不抬眼看彼此，24 小时除了关于孩子的话题外，两人都在沉默中度过。”

“夫妻做成这样太可怕了，你师哥该不会是在外面有人了吧？”王勃吃完最后一根苕粉，放下筷子，好奇地看着刘子轩。

刘子轩摇着头说：“夫妻俩外面都没有人。”见王勃不回话，一脸惊愕的神情，他补充道：“不管是跟你爱的，或者爱你的，或者彼此都爱的人结婚，婚后能有哭有笑、能聊能摆才是过日子的‘王道’。相守相望的是眼，知冷知热的是心，不离不弃的是情，一生一世的是爱。心眼不和，何来爱情？”刘子轩说着，双眼凝视着王勃。

王勃听完此话，全身上下忍不住激灵了一下：“这番话害我起了一身的鸡皮疙瘩，你都可以把这些话写成一本关于婚姻和爱情的心灵鸡汤了。”说完，他晃着脑袋笑了起来。

刘子轩坦然一笑，起身往收银台走去。当他走到收银台时，看见了台面玻璃瓶里摆放着含苞待放的香水百合，他凑近其中一朵开得最旺盛的百合花旁，闻着芳香的气味。再过一段时间便是母亲王淑芬的忌日，一想到会和三年未曾说过话的刘延烈相见，刘子轩不知见面时会发生什么事情，是彼此礼节性的问候，还是默不作声，然后老死不相往来呢？

岁月，总是不经意间从我们身边掠过，它在每个匆忙的身影背后，或绽放芳香四溢、沁人心脾的花朵，或留下伤痕累累、悲喜无常的恩怨。它的有爱和无情，逼迫着我们的步伐匆匆来匆匆去，向一个遥不可及的地方怀念。蓦然回首，往昔的记忆涌上刘子轩的心间，它们缓缓地积淀、聚集。这份既沉重又美丽的回忆只能留在他右脑深处不能被遗忘的角落，待到以后的岁月里慢慢余味无穷。

Chapter 19 ······ 想说爱你不容易

在人生这一部电影中，
幸福与不幸都有起承转合。
那些友情客串的人无非是路过，
作为主角的自己，
无论你爱过谁，结果只有一个，
陪你到最后的，
才是真爱。

花开花落几度秋，缘起缘灭几度尘。逝去的是时间，带不走的却是伤痛。

转眼之间，王淑芬的忌日到了。

隆冬阴沉的天气，黑压压的云层像一个茶碗盖，严严实实地盖住了蓉城大地。

三年都没能来看望母亲一眼的刘子轩在这一天起得很早，他依旧穿着那件橙色的衣服出门，不同的是这一次他所穿的裤子不是米亚送给他的那条，也没有她的陪同。

由于王勃的精心安排，刘子轩不得不和父亲刘延烈一起去祭拜。不过等他们到了福寿园门口的时候，看见了站在门口的王一翎，父子俩都愣住了。

王一翎看见刘子轩父子，主动走到他们跟前打招呼，并把手里捧着的香水百合送到刘延烈的手里，笑着说："我知道姐姐喜欢香水百合，所以也提前准备了一束花。"说罢，她转向刘子轩，抿嘴一笑："其实你爸是一个好父亲，只是犯了一次小错误，他应该有被原谅的机会。"说完，她深吸一口气，微笑着迈步离开。

刘子轩没想到王一翎会来，而且还带着妈妈最爱的香水百合。不过他知道，她出现在这里，说明她对刘延烈的感情是真挚、坦诚的。

"既然来了，就一起吧。"刘子轩喊住了王一翎。

王一翎的脚步骤然停止，有些意外地回头看向刘子轩。刘延烈也很惊讶地看着儿子，似乎完全没想到他会留下王一翎。

刘子轩见两人惊讶的表情，轻轻一笑，说道："世上没有永远的爱，也没有永久的恨。不管怎样，过去是过去，现在是现在，未来……我不知道会怎么样，所以请一起来吧。"说完，刘子轩扭头看向刘延烈，那斑白的双鬓是那么的刺眼，眼角的鱼尾纹更是显露着沧桑。

刘子轩突然想到一句话，我们夺走了父母的青春。

如果可以再给父亲一次青春年华，或许所有悲痛的事情就不会发生。然而，遐想的难能可贵就在于它能天真畅快地去"如果"，"如果"是可遇而不可求的，因为生活无法倒带，不管是美好的，还是凄楚的，都是现场直播。刘子轩觉得，父亲的青春年华他是无法给予的，而王一翎或许能够带给他另一种类型的青春。刘子轩希望过往的一切，都能在今天、在这里得到一个结束，然后，以快乐和轻松的姿态面对未来。

带着这种有一丝悲伤又有一丝憧憬的心情，刘子轩站在了王淑芬的墓碑前。刘延烈站在他的身后，王一翎则站在刘延烈的身边，王勃站在了刘子轩的另一边。

刘子轩蹲下身，掏出一块手绢擦掉墓碑上的灰尘。

"妈，原谅儿子三年都没能来看你。这是你最爱的香水百合，有我的，有你丈夫的。"

刘延烈听到刘子轩的话眼眶湿润了，他等刘子轩承认自己，等了三年，这一刻对他来说太重要了。王一翎看刘延烈流出的眼泪，安静地拿出纸巾递给他。

"妈，我知道，曾经的我浑蛋过，没少让你操心。可儿子现在回来了，再也不离开，只要有时间，我就过来看你。你在那边一定要照顾好自己，做个美丽开朗的女子，每分每秒都能幸福的如同夏花般灿烂。"

王勃在这一刻终于明白刘子轩为何要执意回到蓉城找投资，因为只有这样，他才能留在这里，陪着他爱的人。

刘子轩坦然一笑，站起身来，看向刘延烈："你不说点什么吗？"

"要说，要说。"刘延烈说着，赶紧抹了抹眼泪，迈着蹒跚的步伐走到王淑芬的墓前。他真的老了，连蹲下来这么简单的动作，做起来竟如此吃力，蹲下后他直接跪在了地上，似乎是带着深深地愧疚。

刘延烈安静地看着墓碑上王淑芬的照片，忍不住再次老泪纵横。当他满是褶皱的右手触碰到王淑芬照片的时候，张合了半天的嘴唇，才说出了话。

"淑芬，对不起，现在才来看你，让你孤单了。我记得你嫁给我那会是一个爱笑的女孩，可是，我总是无意识间给你带来伤害，对不起。如果可以，我希望有一天再见到你，能帮你找回那个让我魂牵梦绕的笑容。我愿意每日每夜追随你，为你歌唱为你牵挂。"说着，刘延烈缓缓放下手，重重地将额头磕在地上，一连磕了三个头，刘延烈才在王勃的劝阻下停了下来。可他依然声泪俱下地对着王淑芬的照片，情绪激动地说："淑芬，是我浑蛋，是我无赖，子轩说得对，是我害死了你，我是一个不合格的丈夫。淑芬，希望你能原谅我。"

刘延烈的忏悔对刘子轩来说来得有些晚，可终究还是来了。刘子轩无法心如止水地去聆听父亲的忏悔，只能尽可能地不让泪水流淌下来。站在一旁的王一翎看见刘延烈痛哭流涕的模样，心疼地抬手捂着嘴啜泣起来，忍不住也流起泪来。

刘子轩听着父亲的忏悔，从心底里完全原谅了他。就如同曾经他要断绝和这个男人的父子关系一样，他决定和这个男人重新开始，而不是自欺欺人地选择遗忘。因为遗忘也改变不了他们的父子关系。

天际边传来轰轰烈烈的惊雷。

“估计天要下雨，我们得走了。”刘子轩说着，上前和王勃一起将刘延烈扶了起来。

站定之后，他看向王一翎，说道：“谢谢你还记得我妈喜欢香水百合。另外，最近我和王勃要忙着筹备电影的事情，我爸爸能不能麻烦你照顾一下？”

刘延烈惊讶地看着刘子轩，他等这一声“爸爸”，已经等了三年多的时间，为了这一声爸爸，他熬白了头发，佝偻了身躯，褶皱了皮肤。可这一切，在刘子轩喊出爸爸的这一瞬间，他觉得一切都值得。

刘延烈不禁喜极而泣，父子俩终于能冰释前嫌，王一翎也跟着哭了起来，连忙点头说：“放心吧，我会好好照顾他的。”

雨终究没有下来，天边响过几声闷雷后，就刮起了东南风，压在头顶上的乌云也被吹散，东边升起了明媚的太阳。

离开福寿园，刘子轩和王勃因为有事，便和刘延烈、王一翎分开。为了能够更好地照顾刘延烈，王一翎把他接到了别院小区，让人将他的行李从酒店搬了过来。

熟悉的房子，熟悉的家具，熟悉的人。坐在客厅的沙发上，刘延烈没有像之前一样倒靠在沙发上跷着二郎腿看报纸。现在的他端坐着，手里捧着一杯白开水，时而抿上一口心中也觉得滋润甜美。王一翎坐在他身边，安静地看着他，然后将头靠在了他的肩膀上，说道：“我们让子轩也住回来，怎么样？”

刘延烈没有立即回答王一翎的问题，他沉默着。望着水杯里蒸发的热气发呆，他在想，现在的自己到底能不能给王一翎幸福？王一翎见他没有回答自己，坐了起来，撒着娇问道：“我问你话呢？”

“你真的打算和我这么个糟老头在一起吗？”刘延烈扭头看向王一翎，一双眼里满是担心。

王一翎果断地点了点头：“你还好啦，还没那么糟糕。”

“为什么？”

“没有为什么。”王一翎微微一笑，又靠在了刘延烈的肩膀上：“你也知道，我从小就没有父亲，是病恹恹的母亲一手把我拉扯大的。可是，高中那会她也没了，孤零零的家也就散了。辍学踏上社会后，我吃了不少苦，过得无比艰难。幸好，我在人生最黑暗的时候遇上了你，你把我收留在身边，像照顾女儿一样让我丰衣足食，无忧无虑。而我却没逃过利益的诱惑，做出了伤害你的事情。

如果不是你，我估计早糜烂在痛苦的生活里……”

看着依靠在肩膀上的王一翎，听着她楚楚可怜地讲述自己所经历的苦难，刘延烈扶起她，语重心长地安慰道：“谁没有糊涂的时候呢？就让往事都过去吧，旧事不要再提了，好吗？”

王一翎听完刘延烈的安慰后，趴在他的肩膀上，仿佛是要将这几年的眼泪都发泄出来。然后，她在颤抖中向刘延烈告白：“虽然现在你没钱人也老了，但我依然喜欢和你在一起。我愿意每天为你做饭洗衣，为你捶背揉腰，陪你散步遛弯，等你老了不能动弹了我要为你端屎倒尿，我要守着你，和你在一起。”

王一翎平静的话，像是展望，更像是一个年迈的妻子，对自己的老公说着平凡却温馨的话。话里没有华丽的辞藻，没有海枯石烂的誓言，也没有不切实际的诳语，有的只是平凡朴实。刘延烈想，这其实就是真正的生活。他终究是被王一翎给打动了，或许在三年前，在他睡在小月河旁的长凳上，醒来看见王一翎留给自己的银行卡时，就已经被她打动了。只不过，时间给了他答案，给了他们可以在一起的理由。想着想着，刘延烈的脸上绽放出明朗的微笑来。他深情款款地对王一翎说：“那我从明天起，得好好锻炼与保养，争取不让你伺候我。”

“那是最好的。”王一翎听着刘延烈的答案，开心得笑了起来。

当他们都快乐和幸福的时候，忘却了一个人，那就是刘毅珑。或许这个故事不应该再有这个人的出现，他的龌龊，他的拙劣，即便让他从这个世界上消失掉一百遍都不足惜。但他是一个活生生的人，活在离他们不远的地方，即便落魄不堪，浑噩度日。

经不住吴铭糖衣炮弹的轰炸和亲身引诱刘子轩吸毒，刘毅珑从一个鄙夷毒品的人变成了一个离不开毒品的人。这是多么痛的讽刺，刘毅珑见识过毒品的危害，在他陷害刘子轩吸毒后，他想与罪恶的日子扬长而去，好好经营汉风集团。然而，吴铭既是一头饿虎，又是一只饥鹰，更是一个游走在刀锋上的鬼魅，他一步步地引诱“猎物”进入笼子。他看透了刘毅珑内心的嫉妒、贪婪和不可一世，堕落和腐败只是时间的问题。什么兄弟情义，什么合作关系，对吴铭来说，钱才是一切，毕竟他是一个将脑袋别在裤腰带上过日子的人。

命运，一半灿烂，一半悲伤。

刘子轩离开蓉城慢慢失去消息后，唯有吴铭和刘毅珑的勾当让米亚有所振作，她将所有时间倾付于此。通过大半年的探案跟踪和对比无数条的线索，米亚发现了以吴铭为头的贩毒网，并掌握了他们活动的规律。就在她准备报警之时，她得知吴铭已经被绳之以法。后来她才知道，吴铭是遭到深染毒瘾欠下巨额高利贷的刘毅珑的报复，他在他们一次较大规模的交易中报了警，吴铭才没逃过天网恢恢。米亚也以匿名的方式将手上掌握的吴铭的犯罪证据交给了警方。

从王一翎手中拿过最后的钱财后，刘毅珑并没有隐姓埋名改过自新的生活。两年的时间里，他依然毒瘾缠身。改变，无法逾越人的内心中恶的本性的极限。如今，他身无分文地回到了蓉城，一个有着他一切悲情的城市。

刘毅珑回来的是那样悄无声息却又那样匆忙，让人都来不及反应。白天，他窝藏在蓉城东郊一个残破地拆了一半的楼房里；夜晚，他像蝙蝠一样悄悄地出来觅食。他想用自己的聪明赢回新的命运，相信自己注定是一个俯视众生的人，而不是暗无天日般苟活着被人投以鄙夷目光的人。

"我要让你们都付出代价！"看着手里儿时和刘延烈合影的照片，额头上冒着冷汗，全身颤抖着的刘毅珑自言自语。他的毒瘾又犯了，可他没有钱去购买毒品，他必须寻找到一笔钱，一笔可以让自己死而复生的钱。脑中思索着邪念，头重脚轻的他刚迈出两步便倒在昏黄的大街上，几位跳广场舞的热心阿姨围了上去。刘毅珑口吐白沫，视线朦胧，听觉也模糊了起来，任凭他人嘶喊都无动于衷，在天旋地转间合上了疲惫的双眼。

第二天一早，刘毅珑醒来时发现自己躺在医院的病床上。他趁护士不注意，偷偷地从急诊部溜了出来。在准备出大厅时，他突然看到了一个熟悉的身影，于是连忙躲在石柱后，然后悄无声息地跟在那人身后，那人正是来检查身体的何善钦。待何善钦一番检查离开医院后，刘毅珑迅速返回医院肿瘤外科，以高超的骗词获得了一个让他亢奋的消息：何善钦患了晚期胃癌。

从医院出来后，刘毅珑仿佛找到了神丹妙药，他决定以此要挟何善钦。而这，将是他整个复仇计划的开始。这样想着，刘毅珑掏出电话，一个百元左右就能买到的老人手机，向何善钦打了过去。电话响了好一阵子才接通，听到何善钦声音的一瞬间，刘毅珑龇牙咧嘴地笑了起来。

"何董，近来可好啊？"

"请问您是？"何善钦礼貌地问道。

"我的声音你都听不出来了？我是刘毅珑啊。"刘毅珑说着，将背靠在裂了缝透着凉风的墙壁上。

何善钦一听是刘毅珑，惊得半天都没有说话。他知道刘毅珑的身上发生了什么，可他突然出现，还联系自己，一定是有什么不好的事情。但何善钦不会表现出自己的慌张，他双眉一蹙，问道："找我何事？"

"好久不见，甚是想念，想约何董见上一面。"

"档期近来比较紧，估计没空，有事你就电话里说吧。"何善钦委婉地拒绝了刘毅珑见面的邀请。

刘毅珑听着何善钦的说辞，哈哈一笑，说道：“别啊，老哥身患重病，做弟弟的怎么能不去看望一下呢？”

坐在车上的何善钦双眉顿时皱了起来，让司机将车停在路边，然后拿起电话对刘毅珑冷笑道：“你有困难就跟我说，能帮的我一定帮。至于我的健康，就不烦你操心。”

“要是小感冒，做弟弟的自然不会打扰您，可是，你都胃癌晚期了，弟弟自然要关心关心……”

“你怎么知道我的病情？”靠在座椅后背上的何善钦一下子坐了起来，他赶紧将商务车的窗帘关了起来。此刻，他猜想刘毅珑突然联系自己是为了钱，直截了当地问道：“你要多少钱？”

“何董果然是个精明之人，知道我是冲钱而来。”

“如果我一毛钱都不给你呢？”

“你不是担心会给家里人带来不安吗？我想……”

“别拐弯抹角，你开个价吧。”何善钦知道自己被刘毅珑抓住了痛处，于是，从随身携带的手包里将支票本取了出来，拿着笔等着刘毅珑的回答。

刘毅珑又怎么会如此轻易地放过何善钦这棵摇钱树，他知道何善钦也不是省油的灯，自己拿了钱再想讹他简直是痴人说梦。所以，他没有告诉何善钦自己想要的额度，而是说了一个地址，三个小时后在那儿碰面。

精明干练的何善钦又怎么会不知道刘毅珑的小心思，但在会所一番徘徊后，还是无可奈何地照着刘毅珑说的地址，往蓉城东郊而去。他的商务车从沪蓉高速金堂出口下，再驶入一条小道，往前行驶了近半个小时的村路后，才到了刘毅珑所说的地方。

下了车，何善钦观察了一下周围的环境。放眼望去，周围没有任何人烟，山坡上长满了郁郁葱葱的柏树。山林之间，零零散散地分布着几栋破旧不堪的房屋，一派山野村舍的样子，却没有那种祥和与宁静，在夏日里反而显得特别的萧瑟。

“何董，依旧是掐着钟表过日子。”刘毅珑鬼使神差地出现在何善钦的身后，言语里透着狡黠。

何善钦听到刘毅珑的声音，转身朝背后看了过去，只见骨瘦如柴的刘毅珑，双眼凹陷，脸色苍白，整个人如同将死之人一般，摇摇晃晃地站在山坡下看着自己。何善钦心想，刘毅珑能够联系上自己，还约在这么一个不毛之地相见，足见他的奸猾。何善钦心里不禁劝诫自己有必要小心为妙。

“老左，我若半个小时没出来，你就通知米亚。”何善钦大声地对司机吩咐过后，迈步朝刘毅珑走去。

等何善钦走到跟前，刘毅珑不禁轻笑了一声，看着倚靠在车前盖上的司机，道："何董果然是江湖中人，谨小慎微啊！别怕，我不会把你怎么着。"

何善钦没有接刘毅珑的下文，而是侧身对着他，等着刘毅珑的下一步安排。

刘毅珑淡淡一笑，假咳一声，说道："何董，请吧。"说着，他领着何善钦往山坡上走。

大约走了十分钟，何善钦跟着刘毅珑来到了一栋破旧不堪无人居住的平房前。刘毅珑推开平房的大门走进去，他身后的何善钦站在门外迟疑不决。何善钦观望着面前的那扇门，说是一扇大门，也不过是已经掉落得只有几块参差不齐的木板，如果外面的风刮得稍微猛一些，这门恐怕会随风倒下。他想，自己的处境何尝不是如此呢。生命，本是人的一部惊天地泣鬼神的杰作，在不经意间，他阅读到了末页，拼命地想从开篇研读，却艰难地发现，末页即是第一页，那些记录生平点点滴滴的字迹早已化作尘埃，风吹云散。

见何善钦彷徨不前，刘毅珑走到门口，将何善钦的化验单拿了出来，在他面前晃了晃。何善钦没有伸手去拿，看着化验单，问道："我想知道，你是怎么得到这东西的？"

"山人自有妙计。""旁门左道。""可能是上天还眷顾着我，给我一个让我东山再起的机会。"说着，刘毅珑示意何善钦进屋。

走进房屋，大堂里发出一股恶臭，熏得何善钦捂住了鼻子，四下打量起整个屋子。屋子空旷，中间摆着两张残旧的四方椅，椅腿上满是灰尘和蛛网，椅面却干干净净。靠南边的墙角摆着一口瓦缸，瓦缸里堆满了饭盒和面桶，里面绿色的臭水都溢了出来，恶臭似乎是从那里散发出来的。墙壁上的水泥已经剥落了一片又一片，露出了里面的灰砖石块，如同溃烂掉的皮肤露出骨头一样，让人看上去有一种不寒而栗的感觉。

刘毅珑请何善钦坐下，然后自己坐在何善钦的对面。这就是他们的谈判场所，没有投影仪，没有会议桌，没有茶水，只有四面透风的墙和两个不在一个频道上的人。

何善钦将装着支票的手包放在腿上，用两只手压着，开门见山地说道："说吧，你要什么条件？"

刘毅珑轻轻一笑，假装沉静地说："何董何必如此心急，再怎么说我们也是相识一场，多年不见，我自然应该先问候一下你的身体才是。"

听着刘毅珑的虚情假意，何善钦看了看手表，轻哼了一声："不劳费心，你所剩的时间不多了。"

"对啊，差点忘了时间，再过一刻钟，你的司机会给米总打电话，哈哈。"

“识时务者为俊杰，你就不要拐弯抹角了，直接开个价，我给钱，你消失。”说着，何善钦拉开公文包，从里面掏出支票和签字笔来。

刘毅珑低眼看着支票，没有立即说话，寻思了片刻，才说道：“除了钱，我还需要你替我办一件事情。”

“不违法不伤天害理，我能帮尽量帮。”

“帮我约刘延烈出来。”

“那是你们的私人恩怨，我不会参与。”

“何董，你觉得我是在和你商量吗？”刘毅珑说着，再次将体检单亮在了何善钦的面前。这是他的筹码，足够让何善钦满足自己所有条件的筹码。

何善钦对此毫无反抗的能力，他知道，一旦家人知道自己身患重病，一定会寝食难安、伤心难过。他不希望自己临死前还给他们带来不幸，他想在闭眼之前，看着米亚快乐地嫁给陆思涵，那样自己就可以了无牵挂地离开这个纷繁的世界。所以何善钦只能选择妥协，他想，帮刘毅珑约刘延烈并不算伤天害理，这样做虽然有些不合情理，可他别无选择。

“好，我可以帮你。但你要知道，我何某人已经没几天可以逍遥，如果你做出丧尽天良的事情来，我要让你死，你绝对不会活。”何善钦说着，拿着签字笔在支票簿上填下了一个数字。罢了，他将支票猛地打在刘毅珑的脸上，站起身说道：“虽然我不想在此多待一秒，但有必要提醒你一句话。”

刘毅珑收起支票，看了看。看着支票上惊人的数字，他兴高采烈地笑着，然后站了起来，挑眼看着何善钦，等待着他的训斥。

“人在做，天在看，善恶有报。”

“不劳您关心，我们不过是各取所需而已。”说着，刘毅珑将体检单递在何善钦的眼前。

不等何善钦碰到体检单，刘毅珑轻轻一笑，松开了手指，体检单落在地上。此刻，他深凹进去的瞳孔突然泛着得意的光芒，羸弱的身躯承载着喜气的光环。他要让每一个看不起自己的人，一个接一个地在自己面前低头，不仅是何善钦，还有刘延烈、刘子轩、王一翎。

何善钦却没有弯腰去捡那一张体检单，反而冷冷一笑，收回手来，转身头也不回地离开。他知道，凭着刘毅珑的聪明，拿走这一张体检单无法阻止他的猖狂，毕竟有钱能使鬼推磨，他用两百万，就足够重新得到自己想要的一切消息。既然如此，索性从心理上打击他一番，这样一来，何善钦相信刘毅珑势必不敢再找自己和米亚的麻烦。

他成功地震慑住了嚣张的刘毅珑，刘毅珑看着何善钦头也不回地离开，脑子里满是何善钦转身之前那一张冷笑的脸。他软坐下去，一不小心坐翘了椅子，整个人四仰八叉地倒在地上，手里的支票腾空而起，最终慢悠悠地飘落盖在了他的脸上，遮住了他那让人惧怕的双眼。

刘毅珑爬起来，走出门，看着山下何善钦的座驾启动离开，癫狂地笑了起来。他相信，这一切都不过是上天要让自己成功之前的考验，迟早有一天他会让这些人都跪在自己的面前。

狂笑过后，刘毅珑严肃起来，开始执行起自己早已制订好的计划。第一步就是跟刘延烈见面，他相信，刘延烈和王淑芬，还有王一翎之间的事情，一定可以让自己从他们身上得到自己想要的东西。不过在这之前，他还是第一时间联系上了地下毒品供应商，对于现在的他来说，没有什么比吸毒更过瘾。

何善钦眼看着自己的病情越来越重，并已经接到了医院的病危通知，他决定加快和陆家的联姻，从而保证自己一手打下的天下能百岁千秋。

米亚虽然已经在和陆思涵进行试探性地交往，但也从未想过会和他开花结果水到渠成。她原本以为只要能和陆思涵保持来往，何善钦就不会再过问她的感情生活，却没想到何善钦会在她毫无心理准备的情况下，要求自己和陆思涵立即订婚。

“爸，你不觉得这很荒谬吗?”米亚苦笑着，看着坐在沙发上一脸严肃的何善钦。

“有什么荒谬的，男大当婚女大当嫁。”

“那我也可以和别人结婚啊，为什么一定要是陆思涵?”

听着米亚的话，何善钦气愤地站了起来，说道:“如果你还想着和刘子轩在一起，我现在就可以告诉你，我不同意!”

米亚欲哭无泪，反击着何善钦的咄咄逼人:“当初他还是汉风集团继承人的时候，你甚至都不嫌弃他吸过毒。如今，他焕然一新坚毅顽强，你却嫌弃他?”

“因为你们门不当户不对，他一个无心生意之人，我能放心把这个家交给他吗?”何善钦说着，不禁激动地喷出唾沫星子来，双眼怒视着米亚。

这还是那个平和的父亲吗? 米亚心里想着，她感觉得到，爸爸突然变了，变得让自己感觉好陌生，甚至有了一种莫名的距离。想着，米亚摇起头，很坚定地对何善钦说道:“我决不会拿自己的婚姻和幸福做筹码，人一辈子的幸福只有一次，错过了，破碎了，就不会再有，为什么你就不能替我着想呢。”说着，米亚不想再听何善钦的劝说，转身跑出了家门。

这是米亚第一次感情用事离家出走。她的顶撞，加上先前见刘毅珑堆积起来的怨气，顿时让何善钦的胃癌并发症发作起来，整个人一下倒在了沙发和茶几之间的地板上，双手紧紧地按在肚子上，蜷缩成一团。幸亏管家方爱春及时发现，将他送往了医院，要不然，何善钦或许就此撒手人寰。

经过一番急救，何善钦得到了有效的治疗，踏入鬼门的半只脚又撤了回来。医院 VIP 病房里，医生拿着最新的检查报告，语重心长地对何善钦说道："何董，现在动手术您还能多撑三个月，如果再拖下去，神仙也救不了你。"

何善钦摇了摇头，抿着苍白的嘴唇微微一笑："这辈子吃了太多的苦，我不想临走之前还受那个罪。是，动手术是能多活三个月，可是米亚他们就要多痛苦三个月，我不想让他们为了我伤心沮丧。人嘛，总有一死，长痛不如短痛，你们也知道拖泥带水不是我的作风，就听我的，止痛药就行，该来的就让它来吧。"说着，他扭头看向另一边的管家方爱春，吩咐道："方姐，暂时不要把我住院的事情告诉小亚，如果她问起你我去了什么地方，你就说我出差了，过几天回来。"

何善钦话音刚落下的时候，陆思涵捧着一束鲜花，手里提着大堆营养品，叩响了房门。

何善钦回头一看是陆思涵，当即喜笑颜开地抬手迎着陆思涵。陆思涵放下鲜花和营养品之后，三步并作两步地走到何善钦跟前，亲切地问候着："伯父，您受苦了，现在感觉怎样？"

"已经好了很多。"何善钦说着，扭头看向一旁的医生。

医生耳聪目明通情达理，微笑着说道："何董，那您好好休息，我还有其他病房要巡查。"说完，医生带着护士离开了病房，管家方爱春随后也离开了病房，并将房门带上。

看着坐在床沿边的陆思涵，何善钦伸手握住了他的手，问道："你怎么知道我生病住院的？"

"我有个朋友在这家医院工作，他见到您后，就给我打了电话。"说着，陆思涵不禁深吸了一口气，紧紧地握着何善钦的手，微微一笑，问道："伯父，你既然生病了，为何不把集团的事情都交给米亚去打理，你自己多休息休息呢？"

"那你觉得，米亚现在能够把集团的事情打理好吗？"

"鞠香雅苑她能经营得那么好，我想打理集团也是没有问题的。"

何善钦浅浅一笑，看向陆思涵，摇着头说道："米亚在企业管理上还算是一块璞玉，但鞠香雅苑和整个大集团不同。鞠香雅苑只要做好服务管理和菜品经营就行，可集团的事情就庞杂得多，光是那帮股东和那堆繁杂的事情，她都应付不来。"停顿几秒钟后，何善钦让陆思涵靠近自己，语重心长地说道："思涵，你能不能答应伯父一件事情？"

"伯父您说。"陆思涵双手捧住何善钦的手说。

"一，暂时不要告诉米亚我生病的事情。"

“伯父,这也瞒不住啊!”

“是啊,瞒一天算一天吧,她现在正处在情感最脆弱的阶段,我不想给她加痛添堵。”

“伯父舐犊之爱,思涵明白,好,我答应您。”

何善钦满意地点头,说出了他的第二个愿望:“二,我的时间不多了,以后米亚就交给你了,你要好好呵护她,不要让她受委屈,你做得到吗?”

这突如其来地托付,让陆思涵有些不知所措。他心里清楚,米亚爱的不是他,而是刘子轩。可当下,陆思涵面对面色如灰的何善钦,知道自己只能答应下来。他微微一笑,点着头说:“伯父您放心,我会照顾好她的。”

得到陆思涵肯定的答复,何善钦松了一口气,乐呵呵地笑了起来。突然,他想起了什么,便让陆思涵从床边的抽屉里找出一个笔记本来。何善钦接过笔记本,打量一番后,将它放在陆思涵的手里,说道:“这是米亚的日记,你读读,在了解她是怎样的一个人和她的过去之后,我想你会有办法让她爱上你的。”

看着手里的日记本,陆思涵苦涩一笑:“伯父,这不好吧?”

“没有什么不好,这个日记本是米亚在两年前扔掉的,被我捡了回来。我知道她其实舍不得,毕竟里面记满了她和刘子轩的快乐与悲伤。”说着,何善钦怕陆思涵会多想,拍了拍他的手,说:“米亚对待感情很专一,我希望你不要介意米亚的过去,每个人都有过去,但我们的生活是在未来。”

“我明白,伯父您也累了,我就不打搅您休息了。”陆思涵笑着应下了何善钦,轻轻起身,把何善钦的手放进被子里,然后轻手轻脚地离开房间。床上的何善钦笑中带泪地看着陆思涵离去。

回到家里,陆思涵迫不及待地打开米亚的日记本。他知道这样做在道德上是会被谴责的,可他迫切地想去了解米亚。他想,只要是为了爱,一切的手段都是合情合理的。

此时的米亚并不知道她的过去正被陆思涵窥视着,她只身一人走在城市街道上,看着与自己擦身而过的都是幸福的情侣。昏黄的街灯下,她低着头,茫无头绪地溜达着。突然,一个男人站在他面前,她懒得抬头去看男人的脸,想从一侧绕过去,但男人伸手将她拦住。她停了下来,漫不经心地抬头,然后又惊又喜地望着站在自己对面的男人。

米亚吞吞吐吐地问道:“子轩?你,你怎么在这里?”

“王勃在K歌,我觉得吵就出来透口气。”说着,刘子轩指了指旁边的KTV。

米亚扭头看向了KTV的门口,霓虹灯点缀着招牌,一对情侣从里面走了出来,女孩依偎在男孩的怀里,挑眼笑看着男孩的侧脸,将手里的冰激凌喂到男孩的嘴边，在男孩伸头的时候调皮地又拿了回来。曾经，自己和刘子轩何尝不是这样的一往情深，可现在两个人只能对望着，情不知所以。

看着魂不守舍的米亚，刘子轩关切地问道："你怎么了？心不在焉的。"

收回目光，米亚没有回答刘子轩的问题，而是问他："就你们两个人吗？"

"对。"刘子轩回答得很平静。

米亚没有再说什么，而是转身朝KTV大门走了过去。刘子轩凝视着米亚的背影，站了一会儿，才跟了进去。

王勃正唱得起劲，见推门进来的人是米亚，立马停了下来，迎上前展开双臂想要抱一抱米亚，结果米亚一闪，刘子轩撞进了他的怀抱里，王勃直接把他给抱起来摔回沙发。米亚和王勃击掌后，坐在点歌台前点着歌曲。

"怎么着，你们是死灰复燃了吗？"王勃对着麦克风问刘子轩，整张脸满满地坏笑。见刘子轩白了自己一眼，他抬手一把将刘子轩拉坐在沙发上，然后一溜烟地蹿到米亚身边，抬手搂着她的肩膀，阴阳怪气地问道："米大小姐，今天怎么有雅兴来这里找我们家子轩呢？"说着，王勃把麦克风放在米亚的红唇前。

看着王勃调皮的样子，米亚忍不住笑了起来。她拨了一下刘海，想了一下才说道："我听说，这里有个八线九线的小明星，所以就来了。"

"哎呀，什么乱七八糟的，我这张脸辨识度还是很高的好不好，往春熙路一搁，必定堵得人山人海。"王勃扮成女声绘声绘色地描述着，然后扭捏着身体像个害羞的姑娘一样，在米亚身上乱蹭。

刘子轩实在看不下去了，拿起一颗花生米砸在王勃的头上，等王勃看向自己，当即瞪大双眼："还能不能愉快地玩耍了，不知道的以为我性取向有问题呢。"刘子轩顿了一下，收回手来，说："要不我把谢氏姐妹喊过来，让她们收了你这个黑山老妖。"

"滚，有你这么落井下石的吗？"王勃一听要喊谢氏姐妹来搅局，顿时变得正常起来，丢给刘子轩一个冷眼。罢了，他放下麦克风，起身伸了一个懒腰，说道："吃得太饱了，我得出去走走，你们先耍着。"说着，他朝门口走去，在合门之前回过头对米亚说道："大小姐，不准删我点好的歌。"然后才带上门离开。

被留下的两个人显得有些尴尬，刘子轩安静地看着一米开外的米亚，而沉默的米亚在点歌台上一顿捣鼓后，不声不响地切掉了王勃未唱完的歌曲，房间里响起王菲所唱的那首《匆匆那年》电影同名主题曲。

如果再见不能红着眼
是否还能红着脸
就像那年匆促刻下永远一起

那样美丽的谣言
如果过去还值得眷恋
别太快冰释前嫌
谁甘心就这样彼此无挂也无牵
我们要互相亏欠
要不然凭何怀缅
……

这是米亚这半个月来最喜欢听的一首歌。

刘子轩不曾想一部电影的主题曲会在这里被米亚唱起,还唱得那么悲怆无望。他知道自己伤了米亚的心,这一首歌又何尝不是米亚送给自己的道别或怀念。他没有再去胡思乱想,而是安静地听着米亚流露在旋律里的衷肠。

米亚唱完的时候,声音变得哽咽起来,她不敢转身看刘子轩,担心他看到自己的脆弱和绝境。

既然作为道别,刘子轩也有必要为米亚高歌一曲,算是对米亚这首歌曲的回应。

当王志文和江珊经典对唱的那首歌曲《想说爱你不容易》在屏幕出现,米亚有些吃惊地看向刘子轩,在“90后”的记忆里,这应该是一首古老的旋律。

刘子轩微微一笑,拿着麦克风从沙发上站了起来,走到米亚跟前,伴着前奏对米亚说:“小亚,你是我这一辈子最爱的女人,和其他人不一样,你给了我生命的全部。这首歌送给你,你要幸福。”

无数个夜里
悄悄地思念你
迟到的风里系着你
每页的日记里
轻声地呼唤你
醒来的梦里在哭泣
想说爱你并不是很容易的事
那需要太多的勇气
想说忘记你也不是很容易的事
我只有伫立在风中
想你
……

门外,王勃听着刘子轩嘶吼到变得沙哑的声音,不禁潸然泪下。这是他第一次听刘子轩唱歌,他觉得这是自己所听过最好听的情歌。王勃不知道为何相爱的人要分开,可他知道,自己现在或许不该打扰刘子轩和米亚最后的相聚。想着,他微微一笑,抹了抹脸上的泪痕,转身离开。

房间内,听刘子轩唱歌的米亚早已哭成了泪人,她抬手紧紧地捂着嘴,却也掩盖不住她的悲伤。于是,她将头深深地埋在两膝之间,歇斯底里地哭着。

停下歌唱的刘子轩不知道该如何安慰米亚,他仰起头不让自己的眼泪落下来。他似乎到了该彻底离开的时候,三年前离开之时就欠米亚一个拥抱,这一次他不能再留下遗憾。他放下麦克风,走到米亚身后,看着眼下这个孤立无助的身影,蹲下身来,鼓起勇气紧紧地环抱着米亚。一秒、两秒、三秒,米亚没有反抗,他的内心却痛得在滴血。

刘子轩轻轻地松开手,站起来,没有说伤离别的话语,拿过自己和王勃的手包,迈步朝门口走去。在他的手放在门把的那一瞬间,米亚疾步上前,一双手从背后将他死死抱住。

“不要走,不要离开我。”

米亚发现在爱情面前,没有人能够做到自欺欺人,伪装得再高明的冷漠和坚强,都会在某一个点土崩瓦解。三年前刘子轩离开过一次,是时间让她明白自己无可救药地爱上了这个男人。现在他的离开,让她明白爱情其实没有那么多道理可言,爱就是爱了,不爱就是不爱了,在还未上升到责任的高度时,为何不放肆去爱?至少现在她还未嫁,他也未娶,两人再多的放肆也合情合理。于是,在刘子轩放下手转过身来的一刹那,米亚再也按捺不住内心的克制,抬手抱住刘子轩的脖子,吻向刘子轩。

刘子轩扔掉手里的物品,紧紧地搂住米亚,并回应她。两人转到沙发上时,刘子轩一把抓住米亚的小手,看着米亚害羞地低下了头,他不禁也低下了头,正想要说些什么。没想到米亚站起身来,牵起他的手,带着他跑出了 KTV。

等拿着粉色棉花糖的王勃兴致勃勃地回到 KTV 包间时,等着他的只有空荡荡的房间和结账清单。王勃垂头丧气地瘫坐在沙发上,不禁笑了起来。他由衷地为刘子轩高兴。他想,这次刘子轩和米亚岌岌可危的感情应该可以死灰复燃了。

破镜重圆,不是愈合,只是想换一种方式去守望。

Chapter 20 ······ 无巧不成书

我们这一生，注定有很多偶遇，

偶遇一件事，偶遇某个人，

偶遇，让我们的生活多出一些玩味。

不管是让你念念不忘的那些事，

还是让你陡生叹息的那个人，

一颗本真的心，

让我们彼此惺惺相惜。

醉后方知酒浓，醒来才知梦空，原来很多东西我们在得到的同时，也在失去。

沉醉的时间总是过得很快，恍惚之间便到了天擦亮的时候。包间里，啤酒瓶东倒西歪地铺了一桌子，王勃坐在地上扶着沙发睡了过去，只有歌曲的伴奏一曲一曲地切换着。等他被服务员叫醒的时候，已经是早上 8 点，王勃抹了抹嘴角的口水，才拿着衣服打着哈欠睡意昏沉地离开了 KTV，打车回了酒店。

在他倒头睡下之前，还是掏出手机看了看刘子轩的微信，见小情侣还没有秀恩爱，心想应该是还没有从温柔乡里醒过来。于是，他关了手机，抱着枕头，蒙头睡了过去。

我们趋行在人生这个亘古的旅途，在坎坷中奔跑，在挫折里涅槃。

锦江王朝大酒店。

刘子轩的房间里，米亚已经醒了过来。她轻轻侧过身，静静地看着近在眼前的刘子轩，笑得不禁有些害羞，可是脸上却泛着满满的小幸福。她将手指轻轻地落在刘子轩的脸庞上，然后，从额头滑到鬓角，再滑到下颌。

轻微的痒感让刘子轩醒了过来，他抬手将米亚抱在怀里，给了她一个早安吻，虽如同蜻蜓点水般，却让米亚全身如同触电般地激灵了一下。等全身放松下来，米亚不禁把头往后仰了一些，瞪大眼睛看着刘子轩。

一夜之间，刘子轩长出了浅浅的胡碴，有些扎人却多了一份稳重和成熟。依然是那张极致完美的脸庞，俊朗绝伦的五官，深邃冷静的眼眸，结实有力的臂膀，挺拔宽阔的胸膛，无不散发着气宇轩昂的魅力。既显得温顺可人，又有些孤清性感，这是每一个女孩都不会拒绝的理想爱情对象。或许每个男人都需要时间去成长，米亚觉得，刘子轩已经长成了一个足以让自己托付终身的男人。

于是，她给了刘子轩一个柔情似水的吻，然后调皮地玩了起来。

刘子轩被米亚弄醒，假意猛地将她推开，然后愤怒无比地瞪大双眼，做出鬼哭狼嚎的神情来吓唬她。米亚咬着下唇笑了起来，笑着笑着，不禁胳肢起刘子轩来。

米亚还是和三年前一样调皮，刘子轩被米亚一阵胳肢，停下了搞怪的动作，一边笑着，一边伸手也胳肢着米亚："看谁厉害，好了，玩够了没？"

"没有，一辈子都不够。"米亚笑着说道。

"还是一点儿都不矜持。"说着，刘子轩抿嘴一笑，停下动作，抬手将米亚的刘海别在她的耳郭上。他没有立即把手收回来，而是轻轻地捧着她的脸，有些悲伤地说："对不起，让你等了这么久。"

"你知道就好。"说着，米亚嘟哝着嘴巴，抬手捏了捏刘子轩的脸。

刘子轩双眸露出款款深情，瞬间弹起，抱着米亚的蜂腰，将她反压在身下，照着红唇吻了下去。米亚闭上眼，浓情蜜意地迎合着刘子轩的热吻，两个人的舌尖搅和在一起，淀粉酶迅速地发生着化学反应，荷尔蒙激增。刘子轩将嘴唇从米亚的唇沿移开，往下滑落到她的喉结，她的锁骨，她的耳根。

随着两人越来越激烈，刘子轩突然停了下来，看向米亚。米亚睁开眼，有些羞涩地问道："怎么了？"

"我能不能申请一下不使用道具啊？"刘子轩说着，调皮地笑了起来。

米亚用手指点着刘子轩的额头说："不可以。"

"为什么？"刘子轩的头被米亚撑着，只能低着眼望着她。

米亚把头扭向一边，嘟着嘴俏皮地说道："我都还没有长大，不想那么早当妈妈。"说完，她回过头，抬手捧住刘子轩的脸，笑嘻嘻地重申着心底的话："其实与那些无关，只不过我不想过早地结束这灿烂的时光。"

刘子轩听着米亚的话，不禁有些伤感。他坐起身，沉默了一会儿，再次对米亚说道："对不起。"

米亚察觉到刘子轩低落的情绪，安慰道："过去的就让它过去吧。幸好我们还爱着彼此。"说完，看着一室狼藉，笑着说，"我们昨晚太疯狂了吧"？

刘子轩平复了一下心情，忽然，邪笑着说道："是你太疯狂了，天蝎座简直可怕啊！"说完，他没有给米亚说话的机会，低头覆上了她的唇。

米亚心想，让自己心爱的人做自己孩子的父亲，其实是一件很幸福的事情。想着想着，她不禁幻想起一家三口生活在一起的场景。虽然，她从没有想过让自己早早的当妈妈，正如她所说的那样，自己还是一个没长大的孩子，但如果是她和刘子轩的孩子，那她愿意。其实，一家三口的生活也是幸福的。

既然一切都已经注定，又何必再去苛求他来得是早是晚，欣然接受一切的安排也是一种洒脱。激情之后，米亚依依不舍地离开，带着小女人的幸福回到了鞠香雅苑。当她准备进大堂时，嗅觉灵敏的谢丽娜当即拦下了她。

"等等，你今天未换衣服却换了香水，昨晚发生了什么事情？难道偷人去了？"谢丽娜挑眼看着米亚，围着她认真地嗅着。

“怎么说话呢。”说完，米亚忍不住幸福地笑了起来，这笑出卖了她。

谢丽娜见米亚笑得如此开心，她踮起脚凑到米亚耳边，神神秘秘地问道：“是刘子轩吧？只有他用这种古怪的香水。”

“嗯。”米亚一反霸道女王的姿态，咬着嘴唇，很乖巧地肯定了谢丽娜的猜想。

见自己猜得没错，谢丽娜不禁为米亚为了爱情的勇敢竖起大拇指。可等她赞许完，才想起何善钦和陆思涵在办公室等着米亚，刚才还满是开心的表情顿时被抛到了九霄云外。她一脸惶恐不安地说：“何董和陆思涵在办公室等你，你准备怎么办？”

米亚其实也不知道自己该怎么办，人生不会什么事情都两全其美，有得必有失。随遇而安，不作非分之想，心境泰然，必定能在爱情与人情的世界里，寻觅到解决问题的方法。

米亚深吸一口气，诚实地对谢丽娜说道：“不知道，走一步看一步吧。毕竟计划赶不上变化。”

“凡事只要无愧于心，就不必计较太多，活出一个真实洒脱的自我，人家支持你。”谢丽娜说完，从刚才的担心状态刹那间切换到娱乐八卦的状态，再次踮起脚凑到米亚耳边，不怀好意地悄声问道：“汇报一下感受，和早前有什么变化？”

见谢丽娜一双鸡贼的眼放着光，米亚不禁白了她一眼，反问道：“要不借给你试一试？”

谢丽娜摆出一副自高自大的酷样，毫不犹豫地笑着说：“人家不介意，只要刘子轩有这熊心豹子胆。”

“熊心豹子胆他有，可惜你这辈子没这个福分咯。”

米亚说罢，两个人不约而同地笑了出来。趁着米亚的欢乐劲儿，谢丽娜继续套着消息：“昨晚的故事一定高潮迭起吧？”

米亚觉得在这种场合谈论这种事情有些太过害羞，但她知道，如果不满足一下谢丽娜的好奇心，她能跟着自己闹一天。所以，她见四下无人，凑到谢丽娜的耳边，把事情的经过一五一十地告诉了她。

听罢之后，谢丽娜的下巴被惊得快要落到地上，但她还是恭喜米亚，终于能够修成正果。

米亚表达了谢意之后，嘱咐着谢丽娜：“行了，赶紧做事情吧。这事你别瞎传啊，说漏了嘴，我赏你一包鹤顶红。”

米亚知道谢丽娜热衷于八卦猛料，但口风还是挺紧的。之所以敢把自己的秘密告诉她，是因为她不会将不该说的话透露出半个字。

“知道了，低调、矜持嘛。”谢丽娜贼笑着回应，等她走到大堂门口，才回过头对米亚说道：“对了，你得赶紧换身衣服，何董他们等你很久了。”

“知道了。”米亚笑着应了谢丽娜，快速朝后院走去。

米亚深吸一口气，觉得一切不好的情绪和事情，都会如同彩虹下的乌云一般，迟早会被风吹走。风的到来，需要时间，需要等待。

王一翎此时的心情没有米亚那样复杂，虽然她和米亚一样享受着失而复得的幸福，但她拥有的不再是刺激，而是细水长流的平凡。此刻的她，已经如同一个过了青春年华的中年主妇一样，早早开车来到伊藤洋华堂，挑了才上市的新鲜蔬果，然后在别院小区外的早餐店买了油条和豆浆，回到家里。当她走进门，闻着扑鼻而来的香味时，不免有些惊讶。

餐桌上，已经摆满了各式各样的小菜和精心烹制的小吃，一旁的牛奶正冒着淡淡的热气。

“你回来了。”刘延烈从厨房里端着两碗小米粥走了出来，见王一翎回来，赶紧放下小碗，大步流星地走了过去，接过她手中的购物袋，并招呼着她：“赶紧去洗洗手吃早饭，凉了就不好吃。”说着，他对王一翎浅笑了一下。

那一笑，让王一翎宛如见到了多年前第一次见到的刘延烈。但那个时候的他高高在上不可一世，身边不仅围着一群成功的商贾人士，更是不缺投怀送抱的女人。而如今，他却系着围裙为自己做了一桌丰盛的早餐。

幸福瞬间充盈着王一翎的心。看着刘延烈的背影，她的脸上荡漾着幸福的微笑，缓缓地走到餐桌前，看着让人垂涎三尺的早餐，问道：“你什么时候学会做这些的？”

刘延烈摸着后脑勺，有些不好意思地憨笑着，回答道：“在没经商之前我开过饭馆，去了北京后这才重新捡了回来。”说着，他拉着王一翎坐到桌边，说：“以后买菜的事情就交给我，这附近啊，有家挺不错的蔬菜超市，菜品多，价格还比商场便宜。”

王一翎不知道刘延烈到底在北京经历了什么，才会让这个曾经对钱没有任何概念的人，变得对钱一分一毫都计较起来。她想，或许这才是过日子，这才是真正的生活。自从见证了汉风集团从繁华到没落，王一翎不再奢求锦衣玉食，她很满足现在的生活。她转身看向忙碌的刘延烈，走到他身后，抬手抱住他，将脸轻轻地贴在他的后背上哭了起来。

听到王一翎的哭泣，刘延烈连忙转过身，抬手握住王一翎的双手，细声细语地问道：“怎么了？”

王一翎哭泣着摇头：“想想你在北京遭的罪，我就难受得想哭。”

刘延烈听到此话，抿嘴一笑，和王一翎一起走到餐桌前，然后将碗筷递到她跟前，一边给她夹菜，一边对她乐呵呵地说道："就像别人说的，未越过坎坷泥泞的小径，哪能知晓阳光大道的宽阔；未经历风雪交加的黑夜，哪能体会风和日丽的温暖。对于我来说，那些失败都是我自己一手造成的，有坏因就有坏果，我早就坦然接受了，面对挫折和磨难的确不容易，但冷静下来再重新出发，就会知道，它也不过是一种考验，跨过去了也就没什么大不了。现在，物质生活虽然今非昔比，但在精神层面上我得到了蜕变，体会到了过去十多年来没有体会到的喜悦。在北京吃的苦，遭的罪，都不算什么，因为我过得很开心。"

刘延烈陪着王一翎坐在餐桌前吃着早饭，那些刻骨难忘的经历浮现在他的眼前，仿如昨天发生的一般。

刘延烈被调到东四环的工地没多久，刘子轩就遇上了王勃，经历丧失山姆之痛后，刘子轩搬到王勃在百子湾路后现代城的家里。度日如年中，刘延烈以为从此就断掉了和刘子轩的联系，却没想到大半年后竟会偶遇王勃。

为了能够让自己的日子更充实，同时赚到更多的收入，刘延烈在一工友的强迫推荐下，和他一同做起了小生意。下工后，刘延烈会骑着一辆破旧的三轮车，满载着新出的电视剧与电影光盘，在工地附近的百子湾路贩卖。

华灯初上，密布的乌云笼罩着帝都，却没有下雨，闷热成了这个夜晚的主旋律。

从金都杭城的漫咖啡开完会出来，王勃独自一人朝西边的后现代城走去，漫不经心地边走边打量着街道四周的小摊小贩。忽然，一个人进入了他的视线，他脸上露出一丝猥琐的微笑。

经过在一旁卖水果的工友悉心详尽指导与苦口婆心地劝说后，憨涩的刘延烈总算迈过心理障碍，在贩卖正经影碟的同时，也搭着卖一些年轻人喜欢的电影，这才让生意红火了起来。此刻，老主顾正在他的摊位前选着片子。刘延烈边摇着蒲扇，边详细介绍每一部影片的男女主角和内容。收下中年男人递来的零钱，刘延烈将中年男人所选的电视剧和电影光盘装入黑色塑料袋，中年男人接过光盘扬长而去。

刘延烈等老顾客走远后，低头整理着三轮车上的影片，并吆喝着他精编的叫卖词儿。

王勃哼着《小苹果》，大步流星地走向刘延烈的摊位，仔细地打量着三轮车上摆放的影碟。刘延烈见王勃走了过来，笑容满面地问道："小兄弟喜欢什么类型的电影啊？"

王勃不假思索地问道："都有哪些？"

"武打片、文艺片、抗战片，都有。"刘延烈笑容满面地回答道。

“就没有一些有激情有力量的电影?”

“你说的是《速度与激情》吗？不巧,这个系列今天卖完了。”

王勃见四下无人,用手比画着自己想购买的电影。

“没你说的那种影片。”刘延烈斩钉截铁地告诉王勃,然后扒拉出几部电影推荐给他:“《建国大业》《建党伟业》《王的盛宴》,这些都很不错,好看。”

王勃见刘延烈置若罔闻,走到刘延烈跟前,靠近他耳边小声地说道:“老板,放心,我就一上火青年,你通融一下嘛。我还等着回家边喝啤酒边吃炸鸡欣赏呢。”

刘延烈听此话,白了王勃一眼,轻描淡写地说道:“年轻人要懂得爱护好自己,身体是革命的本钱,别肆意挥霍。我给你推荐几部好看的国剧吧。”

王勃与刘延烈一边闲聊着,一边随意挑选着影片,心想,一回生二回熟,等熟络后他要的类型电影,老头自然会卖给他。王勃付完钱后转身离开,走出十几米开外后停下步伐,自言自语:“我这是要干吗呢？初衷断不可忘啊!”

自言自语后,王勃将手里的影碟全部扔进一旁的垃圾桶里。这一举动被刘延烈不经意间看见。

刘延烈没想到,王勃几日后会再次来找他买影碟。

刘延烈一边整理着影碟,一边问他:“年轻人,这次想看些什么电影?”

“老头,你没被拒绝的顾客找过麻烦啊?”王勃答非所问地回着刘延烈。

“谁愿意跟一个糟老头计较啊？年轻气盛的小伙子都习惯在网上看视频,像你这样还来买影碟的年轻人,如今少见了。”

“我懒,懒得去下载。”王勃边喝着啤酒边说道。

“今天要买什么?”

“这些,这些,我都要。”王勃随手指着。

“你上次买的电视剧都看完了?”刘延烈故意拖长声音问。

“随便看了一眼。”

“小兄弟,你这不是浪费钱吗?”

“几张光盘而已,能浪费多少钱?”

“钱虽少,但日积月累可还是不少呢。”

王勃没接刘延烈的话,掏钱递给他的时候,说道:“你真的没有我想要的那种类型电影?”

刘延烈摇头,将鼓鼓的一包影碟递到王勃面前,说道:“这是你上次买过后扔掉的,这是你这次买的,一起给你打好包了。”

“反正扔了你又要捡,你留着吧。唉,活见鬼。”王勃并没有要去接的意思。

唉声叹气的王勃悻悻地离开,刘延烈看着他懒散的背影,脸上露出一个苦涩的笑容。当王勃刚进小区单元电梯时，城管们找上刘延烈，将他的影碟和三轮车尽数没收。王勃没有想到事情会如此发展，等他过几日再来到四环外的百子湾路休闲广场的时候，才得知刘延烈在几日前被城管驱逐的事情。他本以为以后不会再见到那个老头，却没想到会在西土城的电影学院门口撞见他。

再次见到刘延烈的时候是在半个月后，刘延烈安静地坐在电影学院门口前的马路牙子上，看着学院门口，像是在等人。

王勃意外地看到这一幕时有些惊讶，他和其他同学告别后，走到刘延烈身边，问道："老头，你在跟踪我？"

"跟踪你？没有，我在等人。"

"哦，那我们真算是有缘分啊。居然从东边到西边还能碰上，今天没卖光盘吗？"王勃说完，凑近问道："你在等谁呢？"

"等我家儿子。"刘延烈没心情和王勃玩笑，很平淡地回应着。

"儿子？你儿子在这里上学啊？看不出来嘛，卖光盘供孩子上北京电影学院，真是可怜天下父母心啊。"王勃吃惊地看着刘延烈。

刘延烈扭头对王勃一笑，站起身来，边拍屁股上的灰土，边说道："你有没有空？介不介意一起喝一杯？"

"嗯……好吧。"王勃看着手机上的时间犹豫一番，但还是应了下来。

蓟门里的一小饭馆里，王勃沉默着看着刘延烈喝着闷酒，他看得出面前这个男人一定有很多难以言状的伤痛，所以他没有去打破那份感伤的氛围。两瓶啤酒下肚的刘延烈已经有些微醺，自从失去汉风集团之后，他滴酒未沾。长久的压抑和对刘子轩无比的思念，让他此时只想借酒浇愁。

一顿饭在尴尬和克制中结束。

在和王勃抢着埋单时，刘延烈从裤兜里掏出钱包，却不小心掉到地上。王勃赶紧低身将钱包捡起来，不经意间看到钱包里夹着的照片，照片上那个小孩的脸有些眼熟，他却一时想不起来。王勃将钱包递给刘延烈，说道："你儿子小时候真可爱。"

刘延烈一脸平静中略带着一丝悲伤，说道："是啊，可是我是一个不称职的父亲。"

刘延烈简短地将几个月前看见刘子轩出入电影学院的事情告诉了王勃，其实他不过是希望得到一句"你们父子会团圆的"安慰。

王勃没想到会是这么一件悲伤的事情，照片中那稚嫩的脸一直萦绕在他脑海里，他觉得自己一定见过照片上的人，问道："这么说，您儿子也在我们学院上课。我目前在学院里进修，他叫什么名字，或许我认识。如果不认识，我托同学帮你找一找。"

刘延烈对王勃淡然一笑，自顾自地摇着头继续喝闷酒，他知道这位善良的人是在安慰自己。不过，笑完之后，他还是看着照片，对王勃说道："他叫刘子轩。"

"刘子轩！"惊讶的王勃不敢相信自己的耳朵，目瞪口呆地看着刘延烈，急切地问道："哪个地方的刘子轩？"

见王勃激动的反应，刘延烈愣了一下。他反应过来后，猛地抬头看向王勃，如同看到了希望，迫切地问道："蓉城的，你认识我的儿子？"

人海茫茫，人与人之间能够相遇相知，或是相亲相爱，是必然，也是偶然。王勃突然觉得这个世界好小，小到在北京这么大的城市里，遇上一个意想不到的人，或许冥冥之中注定是一种缘分。

"太认识了，他就住在我那里。"王勃说着伸出手，介绍起自己来："我是他的室友，王勃。"

"你不会是骗我的吧？天底下哪有这么巧合的事情？"刘延烈有些怀疑王勃的行为举止，不敢相信那个来自己这里买光盘却扔进垃圾桶的人。

"我真的没骗您。"王勃立马掏出手机，打开相册，选了一张和刘子轩的合影递给刘延烈看，满心欢喜地问道："这是他吗？"

刘延烈看完照片后，一行老泪滚了下来，抬起双手，握住王勃接回手机的手，颤抖着问道："那他……现在过得好不好？"

王勃乐呵呵地笑着说道："要不，你跟着我回后现代城，就是你上次卖光盘附近的小区，见到他，你就知道他过得好不好了。"王勃说完，起身准备带刘延烈去见刘子轩。

刘延烈却犹豫了，他坐着不动，看着照片发呆。王勃见事有蹊跷，察觉到这里面似乎另有隐情，才会让刘延烈看上去这么失落。他也跟着坐了下来，靠近刘延烈，殷切地关怀道："伯父，怎么了？"

"我……我没脸去见他。"刘延烈说着，思绪又被一堆不堪回首的往事塞满，声音不禁变得哽咽起来："我不想再影响到他的生活，我希望他一身轻松地去追逐梦想。"

其实，刘延烈父子间的爱恨情仇，王勃从刘子轩那里多少知道一些。看着刘延烈的悸动，王勃一时不知道该如何安慰他，只好抬起手轻抚着刘延烈的后背，希望这样能让他好受一些。两人交换电话号码后，王勃告诉刘延烈让他不用再来电影学院等刘子轩，有什么事情直接打他的电话。

王勃知道刘延烈是刘子轩的父亲之后，与他的第二次见面是在刘延烈上班的工地上，这时离上一次见面已经过去了十多天，王勃买了很多营养品和水果过来看望他。还未下班的刘延烈还没来得及换下满是灰尘的工装，大热的天里，安全帽在他的额头上箍出了一道印子。

工地不远的移动房子里，王勃打量着刘延烈简陋的房间，除了几张高低铁架床外，就只有一台老式电视和 DVD。从桌上摆放的搪瓷杯里的牙刷，可以看出这个二十来平方米的房间住着四五个工友。当刘延烈在电视上看到王勃拍的一些刘子轩日常生活起居的视频时，他的眼泪在眼眶里打转。

刘延烈沉默了一会儿，问道："你是他的朋友，那你能帮我一个忙吗？"

"您说。"

"把这张卡给他。"说着，刘延烈从钱包里抽出一张银行卡递给王勃，可在王勃准备接过的时候，他又收了回去，说："不行，他要是知道这钱是我给的，一定不会收的。"刘延烈把银行卡压在王勃的手里，语重心长地说道："这里面的钱，是我这一年多攒下的，交给你了，你们两个人一起用，如果小轩有缺什么，你就买给他，银行卡的密码是他的生日。"

王勃笑了起来，看着手里的银行卡，心想刘延烈也太放心自己了吧。但他也感觉到了刘延烈对儿子的爱，所以王勃还是应下了刘延烈的要求，

王勃没有再多说什么，带着刘延烈那句"替我给子轩置办一些东西"后，离开了那个让他心酸的房间。王勃回到小区楼下，拿着银行卡到附近的提款机，好奇地想看看卡里的余额。等他成功输入密码之后，看见银行卡里有十万块钱的余额，简直不敢相信自己的眼睛。十万块是他两部电视剧的片酬，需要大半年的时间才能攒到，而刘延烈在工地干活，这笔钱想必是他勒着裤腰带省吃俭用攒下来的。王勃有幻想过拿着这笔钱消失，但他很快就放弃了这荒唐的想法。他取出一千块钱，准备带着刘子轩出去好好吃一顿。如果这是他自己的钱，他不会如此吝啬，可他觉得，这十万块钱里的每一分，都是刘延烈用血汗换来的，是刘延烈对刘子轩深深的爱。日后，他才知道，除了深深的爱，还有满满的忏悔、愧疚和自我救赎。

接下来的两个月，王勃没有去见刘延烈，因为他接到一个熟知他的青年导演的邀请，与中戏表演系毕业的发小一同主演其小成本电影里的男一号。正是这部文艺电影，让王勃在一年之后成为导演与制片人热衷合作的人，继而成为小有知名度的男演员，身价也一跃而起。可他并没有因为自己的成功就舍弃刘子轩，更没有忘记和刘延烈的约定，所以一有空，他便会去看望刘延烈。

站在快竣工的大楼前，王勃抬头看向忙得热火朝天的施工队伍，满脸疑惑地问道："伯父，您在这里具体做什么？"

"什么都做，看项目经理的安排。"刘延烈微笑着回答着王勃的疑问，脸上没有一点儿疲惫和不悦，反而是满脸的满足。

王勃似乎想起什么，但又羞于启齿，沉默了一下，怯怯地说道："我听子轩

说，伯父您之前是一位成功的企业家，怎么会沦落到……”说着，王勃觉得自己问了不该问的问题。

刘延烈听着王勃未问完的话，摆了摆手，坦然说道：“说来话长，要不这样，你等我下班，我请你吃饭，然后我们边吃边聊。”

“可以。”王勃毫不犹豫地应下，内心非常期待刘延烈的故事。

夜幕降临的时候，刘延烈从工地下工。洗完澡后换上了干净的衬衣和西裤，身上散发着一股清淡的蛇胆皂香。走出工地大门，刘延烈领着王勃到了工地附近的一家路边烧烤摊。王勃发现，这里聚集着不少的农民工，他们三五成群地拼成一桌，撸着烤串喝着啤酒，兴高采烈地说着各自遇到的新鲜事。

一瓶啤酒下肚，王勃才问道：“伯父，您这一年攒了那些钱，自个没少吃苦吧？”

“还行，我适应这样的环境比想象中快。除了担心子轩，其他什么的都好。”刘延烈说完，深吸一口气，举起酒瓶和王勃碰了一下，仰头喝着瓶子里的酒。

喝过酒后的王勃放下啤酒瓶，耐心介绍着刘子轩的近况：“我们认识那会儿，子轩过得比较艰苦。不过现在好了，他一边学习，一边和朋友们跑剧组宾馆，这几个月下来成长了不少，也在很多影视剧中演了特邀角色。而且，他写的剧本很不错，我给他介绍了一个制片人，对方已经有了投资意向。”王勃慢条斯理地说着，他想这些信息对刘延烈来说，会是最大的欣慰。

刘延烈听着王勃的讲述，内心无比的开心。刘子轩锲而不舍勇于追求梦想的精神深深打动着他，他坚信在刘子轩坚持不懈地努力下，一定会在电影的道路上走得更远、更高。

“来，我敬你，谢谢你对子轩的照顾。认识你是他的福气，希望他好好珍惜你们之间的情谊，虚心向你学习。”说完，刘延烈仰头将半瓶啤酒一饮而尽。

“伯父您别客气，我和子轩是缘分所致。认识他那会儿，我的热情和梦想也快消磨殆尽，是他积极阳光的一面影响着我，然后还一天到晚给我‘安利’……”

“安利？他在做安利？”

“没有没有，他一心扑在梦想上没有时间做那个。我的意思是说，他一天到晚给我讲大道理，看完我之前演的一些桥段，还极力说服我转变想法，转行当。在自我较真的时候，刚好来了个机会，我就从幕后转到了幕前，主演的第一部电视电影前天杀的青。这一切都像做了一场梦，子轩的出现，让我的梦复苏和精彩。”

“恭喜你成功了，也谢谢你一回来就来看我。”刘延烈敬着王勃酒，喝完后，一副羞于启齿的模样看着王勃，一番犹豫后，鼓起勇气问道："辛小诺和子轩，还在一起吗？"

王勃有些不可思议地看向刘延烈，在他的记忆里，刘子轩对于这段过往闭口不提，自己也是在刘子轩写给米亚的信里看到过辛小诺的名字。他听刘延烈提到辛小诺的名字，不禁好奇地问道："伯父，您怎么知道辛小诺？"

刘延烈叹息一声，才将自己和刘子轩之间的那些事情，一五一十地告诉了王勃。

王勃没想到这对父子之间竟然发生了那么多在电视剧中才会出现的情节，更是没想到刘延烈如今干着如此繁重的活却毫无怨言，而这一切都是为了追随刘子轩，希望得到他的原谅。

虽然他很理解刘子轩为何会痛恨刘延烈，换作是他，发生那些事情，他也会痛恨自己的父亲。可现在，他又同样可怜眼前这个年过半百的老人。在他看来，人非圣贤，孰能无过，能够在有限的生命里去忏悔，去赎罪，那就值得被原谅。

想着想着，王勃笑了笑，举起酒瓶安慰着刘延烈："您是个好父亲，你们之间本来就是一个误解，我相信过不了多久子轩一定会理解您的。"

刘延烈举着酒瓶碰了上去，点头轻笑，说道："谢谢你的吉言。天下无不散之筵席，相聚欢喜，别离伤感，父子也是如此。我和子轩一同坐着同一趟列车，走过了一段难以忘怀的路程，只是一时糊涂的我在纸醉金迷的车站下了车，然后彼此匆匆分散，深深伤害。现在，我一直等待着再次相见和被原谅。"罢了，仰头将最后一口酒一饮而尽，放下酒瓶，他不禁大笑起来，吼道："爽，这是我在北京最开心的一晚，谢谢你，王勃。"

"一切都是命运在冥冥之中的安排，我恰巧做了你们父子俩故事的看客，祝愿你们早日团圆。"王勃见刘延烈笑了，也高兴起来。

喝完酒，王勃偷偷摸摸埋了单，然后在送刘延烈回去的路上，借口想看看刘子轩小时候的照片，往他的钱包里塞了三千块钱。他希望这三千块钱能够让刘延烈心底踏实，让他知道有自己在刘子轩身边，事情只会朝好的一面发展。

王勃和刘延烈之间的感情，因为这一晚而变得不一样。尤其是当他看见刘延烈孤单的背影渐渐消失在工地的昏暗中时，忍不住落下眼泪。在他转身准备离开之际，收到了刘延烈发来的一条短信："请不要告诉子轩我们见面的事情，拜托。"

"好的。"王勃简短回复了刘延烈，看了一眼已经望不见刘延烈身影的工地，才转身离开。

时间像午后和煦的阳光，从指缝中偷偷溜走，炙热了我们的容颜，也灿烂了我们的人生。

不朝既定的目标奋勇奔腾不息，又怎能知道自己的潜力在哪里？借着刘子轩的激励，王勃更加懂得年华的定义。在他积极进取精益求精地努力下，通告越来越多，档期与行程越来越紧，能够和刘延烈见面的机会更是越来越少。幸好三个人的生活都安定了下来，所以他们两人再见面的时候，也不再只围着刘子轩的事情聊，还会谈谈王勃的事情，比如和某个女明星发生了荧屏之吻等。

“其实，我在北京的生活原本是枯燥乏味的，幸亏遇见了王勃，如果没有他，我估计还沉沦在凄凉忧伤的时光中，更不会得到小轩的原谅。”刘延烈说着，激动的眼泪落了下来，滴进手中的茶杯里，与茶水融汇，发出清脆悠扬的声音。

王一翎早已经哭花了妆，她没想到刘延烈在北京会过得如此艰苦。

刘延烈见王一翎如此悲伤，赶紧抿嘴一笑，伸手握住她的手，安慰道：“好了，我现在不是好好地坐在这里了吗？我早已习惯了，反而觉得那样才充实，所以你别痛心了。”

“可我真的难受啊。”王一翎说着，看向刘延烈。

刘延烈放下茶杯，抽出桌上的湿巾纸，为王一翎拭去泪痕，深情款款地问道：“那一晚你是怎么找到我的？”

“你不是打电话询问老吕辛小诺的底细吗？他告诉我，你住在蓟门里小区的旅馆，所以我就……”

“感激命运让我遇见你。”刘延烈拿起王一翎的手亲吻着，继续说道：“我现在还清晰地记得那天早晨，当知道你来过我的身边，我都能感觉到时光与岁月的无声，所以从那天起我更加珍视生活，热爱生命。”

对刘延烈来说，现在的一切他已心满意足，不仅得到了儿子的原谅，身边还有相爱的人陪伴。如果非要说遗憾，那唯一遗憾的是，自己无法帮衬到刘子轩的爱情，不管是曾经的郁红晓，还是现在的米亚。

米亚换好衣服，上楼见到何善钦与陆思涵后，才得知何善钦要将自己的终身托付给了陆思涵，她气不打一处来，情绪随之波动起来。伴随而来的争吵差点让陆思涵将何善钦犯病的事和盘托出，米亚的执着彻底惹恼了心急如焚的何善钦，他用去世多年的妻子压迫着米亚。可是却适得其反，米亚在他咄咄逼人的气势下，再次选择了逃离。她离开鞠香雅苑后，独自一人在母亲墓前诉说着委屈和衷肠。

米亚前脚离开鞠香雅苑，何善钦就进了医院。此时，他正躺在医院病床上，心中一团乱麻，进退两难，他在想自己的决定是否正确。他后悔了，不该对米亚发火，觉得自己亏欠米亚的实在太多，没有让她感受到一个完整的家的幸福，没有享受到足够的母爱。

“可我现在又该怎么办呢？”想着，何善钦不禁挑眼看向头顶的吊瓶，懊恼自己不中用，又喃喃自语道：“上天对何某人太不公平了，让我拥有财富却失去挚爱，为何，为何？”

何善钦呼天抢地地责问完，起身要将针管拔掉，幸好被拿完药回来的方爱春及时阻止。一番安慰之后，才让何善钦平静下来。

方爱春看着床上深深自责的何善钦，轻声说道：“先生，我有一句话，不知道当说不当说。”

“说吧。”

“我知道先生深爱小亚，怕自己走后她孤苦伶仃，所以处处为她计划，可是沙子握得越紧，流失得越快。儿孙自有儿孙福，爱有些时候需要放手。”方爱春说罢，安静地看着何善钦。她知道何善钦的想法，否则昨晚和今天上午就不会和米亚发生争吵，更不会气得胃癌并发症发作。

何善钦没再说什么，仰着头看着天花板，长叹了一声。

方爱春年岁上比何善钦小四五岁，为人精明善良，煮得一手好菜。她是在两年前米亚失恋痛不欲生时，被何善钦安排进入别院小区照顾米亚的。那个时候，何善钦就已经时不时地表现出胃痛的病状来，只是因为工作繁忙一直没能前去就医诊治，还再三嘱咐方爱春不要将他的病况告诉米亚。

安置好何善钦，方爱春走出病房，她站在楼层大厅的西口转角，纠结着到底该不该把何善钦的事情告诉米亚。她虽然劝诫何善钦想开一些，但眼见着何善钦身体状况每况愈下，父女之间还在这个时候产生了隔阂，这真是莫大的悲哀。她希望自己能够帮上何善钦一些忙，至少能让父女之间的感情不在这个时候出现间隙。想罢，方爱春颠了颠手里的保温盒，扯了扯花布衬衫的衣角，疾步走出医院大楼，打车前往鞠香雅苑。在她堵在锦江桥上的时候，从墓地回来的米亚正在停车。

谢丽娜是第一个见到方爱春到来的人，于是赶紧迎了上来。她一边伸手去接方爱春手里的保温盒，一边笑嘻嘻地问道：“方姨，您说我们一开饭馆的，您成天往这里送饭菜，让我们大厨情何以堪啊？”

“我给米亚送她爱吃的，没想惹他。”

“开玩笑的啦，他们哪有时间理咱们女人之间的事情啊。你做的菜，米亚爱吃才是硬道理。今儿个是红烧虾球？”谢丽娜一边说着一边领着方爱春上楼。

“你是属狗鼻子的吧?”

“差不多,哈哈。”谢丽娜将保温盒的盖子打开,方爱春的招牌菜红烧虾球的香味瞬间从盒子里喷涌而出,谢丽娜不嫌烫手,赶紧抓了一粒虾球塞进嘴里。

方爱春没有阻止谢丽娜,见她嘴馋的样子反而开心地笑着。等到了二楼,她才小声问道:“娜娜,米亚昨晚没回家,你知道她去什么地方了吗?”

谢丽娜是个聪明的人,她清楚方爱春和何善钦之间的信任关系,咧嘴一笑,应道:“方姨,人家不知道。怎么着,米亚昨晚没回家啊?”

方爱春见谢丽娜笑得很勉强,猜测到她是在搪塞自己,抢过她手中的保温盒,假装生气地说道:“不说实话,以后这好吃的可就没你的份儿。”

对于谢丽娜来说,只有拿吃的作为威胁才会有用。谢丽娜虽然痛恨别人用这样的手段对付自己,可也痛恨自己面对这一招的时候毫无反抗之力。不过,这一次她知道事情的严重性,尤其是在知道何善钦即便有多不情愿也要把米亚嫁给陆思涵的情况下,她提醒着自己在这一刻一定不能站错队。

一番纠结之后,两人走到了米亚办公室门前,谢丽娜搂着方爱春,一本正经地说道:“方姨,您真的多想了,昨晚我和丽颖在一起,真的不知道米亚去了哪儿。”说着,她抬手叩响了米亚的办公室门,并对里面的米亚大声喊道:“米总,方姨来看你了。”

这显然是在给米亚通风报信,方爱春心里当然看得出来,却依然笑容满面地看着谢丽娜,然后应着开门声走了进去。谢丽娜当即长松了一口气,心想自己终于抵挡住了美食的诱惑,没有做出卖朋友的事情。可在她转身还未迈步离开的时候,身后的方爱春突然喊住了她,吓得她全身一抖。

“娜娜。”

“方姨,还有其他事情吗?”谢丽娜深吸一口气,回头笑看着方爱春。

方爱春凝视着谢丽娜,却一句话都没说,这更加让谢丽娜的小心脏跳到了嗓子眼,心想自己是不是被方爱春看穿了。

“没事,今天怎么没见着丽颖啊?”

一听是问妹妹的事情,谢丽娜的心才落了地,应道:“她今天轮休,被朋友约出去玩了。”

“这样啊,我还想着,等你们姐妹下班就和米亚一起回家,我给你们做顿好吃的,解解馋,放松放松呢。”

“谢谢方姨关心,改天吧,改天人家给你打下手好吗?”谢丽娜说着,对方爱春笑着点了下头,转身一阵小跑,蹿下了楼。等她拐进传菜区,木门合上的瞬间，顿时长吁了一口气，不禁抬手轻抚着心口，心想这也太惊心动魄了，差点儿犯了心脏病。不知道何善钦犯重病的谢丽娜，想着，方爱春和何善钦的关系还不明了，她就已经表现出一副董事长夫人高高在上的样子，要是两人真成了，岂不是得一手遮天？不敢设想以后到底会是什么样子，谢丽娜赶紧甩了甩头，用手拍了拍脸，让自己别瞎操心别人的事情。忽然，她想起妹妹谢丽颖，赶紧摸出电话，给谢丽颖打了过去。

电话彩铃响了半天，谢丽娜最后却得到一句："对不起，您拨打的电话暂时无人接听，请稍后再拨。"

"干吗呢，居然还不接电话？"谢丽娜自言自语，变得忐忑不安起来，她一边往鞠香雅苑外疾步走去，一边拨出刘子轩的电话号码。在电话铃音响到快要结束的时候，刘子轩才接通电话。不过接电话的不是他本人，而是她正担心会拐走妹妹谢丽颖的王勃。

"胖妞，催命啊？"王勃死皮赖脸地调戏着谢丽娜。

"催你个死鬼啊，赶紧滚蛋，让刘子轩接电话。"谢丽娜一听王勃飞扬跋扈的语气，当即冲着手机吼了过去。

电话那边，王勃想继续跟谢丽娜缠斗下去，结果被刘子轩一把抢过手机，问道："娜娜，怎么了？"

"你们在干吗？"谢丽娜大声问着刘子轩，言语之间带着责骂的意味。

刘子轩被谢丽娜义愤填膺的气势吓得说话都有些哆嗦："没，没干吗啊。"说着，他扭头看向不远处有说有笑正烤着鸡翅的王勃和谢丽颖。

"没干吗，你怎么一副做贼心虚的样子？"走出宽窄巷子的谢丽娜说着，赶紧抬手拦下一辆出租车，又问道："你们在哪儿，我这就过来。"

"我们在塔子山公园野炊。"刘子轩说着，心想谢丽娜这么急忙慌张地要过来，必定是担心谢丽颖和王勃在一起会出事。

"不准告诉他们俩我要过去的事！"谢丽娜强势地说着，当即挂断电话。

看着已经挂断的电话，刘子轩不禁愣了一下，心想这怎么有点儿捉奸的感觉，想想竟觉得有些可笑。可等他转头看到王勃对谢丽颖一副大献殷勤的模样时，觉得自己还是乖乖地听谢丽娜的话才对，否则到时候她大闹一场，场面就会无法收拾。刘子轩不愿看见王勃惊慌失措的样子，所以决定在谢丽娜赶来之前，将他支走。想罢，刘子轩回到烧烤炉前，说道："勃哥，你能去买点儿啤酒吗？"

王勃正和谢丽颖聊得起劲，哪有心情走，当即白了刘子轩一眼，说："我们不是带着啤酒吗？"

"我要喝冰镇的。"刘子轩说着，坐到野炊炉前的餐桌旁，满眼可怜地斜眼看着王勃。

这一招对王勃来说百试不爽，虽然刘子轩不明白这是为什么，反正自从王勃主演第一部电影之后，对他可谓是有求必应。当然，王勃这样做，完全是因为刘延烈的原因，可现在刘延烈和刘子轩已经冰释前嫌，王勃自然觉得自己没有必要再任他骄横放肆。

王勃将手中烤好的鸡翅放在托盘之中，然后和谢丽颖打了一声招呼，拉起刘子轩，抬手把住他的肩膀，将他拽到一边。

“人在生活中什么最重要知道吗？长进，就是要有脑子。一个人天资再聪敏，再有盖世的才华，如果他不能把脑子带到生活上头，等于作贱了生活。你知道哥孤寂了多久，才遇上了一个让我心动的姑娘吗？你就不能懂点事，让哥省省心？”王勃严肃地教训完刘子轩，不禁回头对谢丽颖笑了笑。

刘子轩见王勃指桑骂槐地训斥自己，掰开他搭在自己肩上的手，冷嘲热讽地说道：“就你和谢丽颖这暧昧的劲儿，你就不怕自己英年早逝？”

“我们是你情我愿，怎么扯上了性命。”

“两情若是长久时，又岂在朝朝暮暮。谢丽娜知道你和她妹妹在一起很生气。”

“她生气关我什么事？”王勃一脸不解地看着刘子轩。

刘子轩忧心忡忡地说：“她正往这里来，你说关你什么事不？”

“她真是盏不省油的灯啊。我不管，你必须为了兄弟的终身大事替我牺牲一下。”王勃说着，不禁深吸一口气，回头看向谢丽颖，一番思索之后又说道：“这样，我现在就带颖颖离开，你在这儿等她。至于你怎么应对她，就靠你的天资聪敏。”

不等刘子轩反驳，王勃抬起拳头亮在了他的跟前，用赴死战场的悲壮语气说道：“子轩兄，勃哥的幸福就拜托你了。”

“去吧，就算粉身碎骨我也要换你的幸福。”刘子轩被王勃一本正经的模样逗笑了，他抬拳应下王勃的话。

刘子轩话音刚落，王勃迅速转身回到谢丽颖身边，一番耳语后，收拾着东西带着谢丽颖离开了。刘子轩没想到谢丽颖居然还真的跟王勃走，而且心甘情愿有说有笑的，他很好奇王勃说了什么花言巧语。

看着王勃与谢丽颖离去的背影，刘子轩有着莫名的幸福感，他希望王勃真的如他所说能在感情上抱得美人归。可当他一想到自己等一下还要应付气急败坏的谢丽娜，松下来的心情顿时又变得紧张起来。

躺倒在地上，望着蔚蓝的天空飘着的白云，吃着烤翅的刘子轩不禁想着，原本以为生活就此会变得平和下来，不会再有悲伤，每个人都会得到自己的幸福，却没想到这一切都不过是风中湖面，一波未平一波又起。看样子，谢丽娜是不放心妹妹和王勃处对象，其中的原因刘子轩能猜到一二，谁让王勃没有给谢丽娜留下一个好的印象呢。

谢丽娜赶到塔子山公园的时候，没看见王勃和妹妹谢丽颖，强忍着一肚子的火和怒气也没有对刘子轩发泄出来。不过，她还是没让王勃得逞，虽然她知道谢丽颖对王勃也有情谊，但她后来还是用一张前往上海的机票强迫送走了谢丽颖。自此，王勃和谢丽娜的关系更是雪上加霜、水火不容。

醇和的爱情，在时间的流逝中，并不一定能恒久不变。

米亚和刘子轩终究还是没能像他们想象中那样和平地重新走到一起，因为米亚从方爱春的口中得知父亲何善钦身患重病的消息，她不得不选择将自己的心关闭，服从父亲的安排。

夜深人静的时候，谢丽娜坐在鞠香雅苑大门的门槛上，看着已经空无一人的宽巷子，听着从巷口灌进来的呼呼夜风，聆听着米亚憋在心底透骨酸心的爱情。

谢丽娜想起加夫列尔·加西亚·马尔克斯《百年孤独》中的一句话，正能诠释他们所有人的痛：所有人都显得很寂寞，用自己的方式想尽办法排遣寂寞，事实上仍是延续自己的寂寞。寂寞是造化对群居者的诅咒，孤独才是寂寞的唯一出口。

Chapter 21 ······ 一半火焰，一半海水

那时，我们有梦，

关于文学，关于爱情，关于穿越世界的旅行。

如今，我们深夜饮酒，

杯子碰到一起，都是梦破碎的声音，

不再轻易言说年少轻狂的幻想。

在喜欢幻想的人脑海中，爱情往往像一支画笔，你以为它能将苦不堪言的人生绘制成五彩斑斓的画卷，偏偏它却制造了更多的遗憾与混乱，让一切变得黯然失色。

爱情，有时候可以克服一切，但有时候也会毫无力量。

“米亚，你真的决定了吗？”谢丽娜疑惑地问着米亚，双眼呆滞地望着前方，一行眼泪已经从她的右眼滑落了下来。

米亚抿着嘴，满脸愁容，点着头用淡淡的鼻音应了一声：“嗯。”

“你说，我们是不是很残忍？”谢丽娜埋下头，语气低沉地说道：“其实，我不想破坏妹妹的爱情的。”谢丽娜眼眶里的眼泪“啪嗒啪嗒”地掉落在青石板上，在昏黄的路灯下散开成一朵朵花。

米亚侧头看向谢丽娜，她什么都没有说，也不知道该说什么，沉默了好一阵子，才问道：“明天几点的飞机？”

“下午3点。”谢丽娜应着，抬起来头，扭头看向米亚，眼神里充满着依依不舍，语带哽咽地说道：“我走后，你要好好照顾自己。”

米亚强忍着不去哭泣，对谢丽娜努力挤出一个浅浅地笑，点头应允着：“我会的。”

谢丽娜没有再说什么，站起身来，回头望着自己待了三年多的地方，心头的不舍让她顿时大声地哭了出来。她知道自己是自私的，甚至对待王勃过于苛刻和冷酷。她无法再以平和的心态待在米亚身边，即便她一遍又一遍地告诉自己，这一切都是自己的选择，和米亚无关。可是终究，她没能逃过世俗的残酷，也没有活得洒脱。

米亚没能挡住溃堤的泪水，抱着谢丽娜痛哭着、叹息着。她觉得这一切似乎早在自己在望江亭捡到刘子轩的《伯格曼论电影》那一刻开始，就已经注定的。米亚不愿生活如此的悲伤，但她却无能为力，只能期待日子能够归于平静。

谢丽娜带着谢丽颖回到上海，回到了父母身边。鞠香雅苑也随之暂停营业，身心承受着巨大压力的米亚每日陪着何善钦，希望在最后的日子里能全方位地照顾好父亲，和陆思涵一起陪着父亲走完人生中的最后一段旅程。

生活起起伏伏。寻寻觅觅，冷冷清清，凄凄惨惨戚戚。米亚发现生活有太多的无奈，她无法改变，也无力去改变，更糟糕的是她失去了改变的想法，不得不臣服于残酷的现实。她想，那些自己不愿意面对的事和物，终究会在痛苦中结束，而漫漫长夜会抚平那些悲痛。就让悲痛结束这一切吧，她做好了最坏的打算。

可是，刘毅珑不会让这一切就这样结束，对他来说，一切都只是一个开始。

在何善钦出院那天，他提前来到何善钦的家外等候着何善钦，此时的他虽然还是瘦骨嶙峋，但换上一套干净的西装后显得有气色了不少。何善钦并没有一眼就认出刘毅珑来，住院的几日里，他几乎忘了和刘毅珑之间的约定。直到刘毅珑主动招呼他，他才认出了这个斯文败类。对此，何善钦有些意外，刘毅珑跑到家门口来等自己，甚至还知道自己出院的日子，他觉得刘毅珑或许没有想象中那般好对付。不过唯一让何善钦安心的，是再也不用因为自己身体的原因而怕刘毅珑拿米亚来威胁自己。为了能让刘毅珑完全消失在何家的视野里，他决定在私下和刘毅珑见上一面。

两人来到了锦江王朝大酒店的总统套房，何善钦的司机站在门外。

刘毅珑很久没有享受过这样的环境，跷起二郎腿，靠在沙发上吃着水果，品着红酒，一脸如痴如醉的神情。

何善钦不想在刘毅珑身上浪费时间，坐下之后立即问道："说吧，找我什么事情？"

"什么事情？"刘毅珑睁开眼，斜看着何善钦："难道何大哥忘了和我的约定？"

何善钦冷若冰霜，漠然地回击道："你休想再拿这个来威胁我，米亚已经知道我的状况。"

看着何善钦以退为进的自信模样，刘毅珑不禁轻笑起来，从容不迫地说道："看来我得恭喜何董。"说着，刘毅珑放下酒杯，站起身来，慢悠悠地走到落地窗前，看着窗外的景观，脸上露出毛骨悚然的微笑。然后，他转身看向何善钦，双眉一挑，问道："如果我把中兴力诚的财政危机，告诉陆振雄，你觉得他还会允诺自己的儿子娶米亚吗？"

"你……"何善钦没想到刘毅珑还有这一手，气得不禁岔了气，咳个不停。

看见何善钦气得一副咬牙切齿的样子，刘毅珑不禁大笑起来，再次走到沙发边坐下，摆出一副已经失去耐心的样子，问道："你不作声，我就当我们的约定还有效。"

"好，我这就替你安排和刘延烈见面。"何善钦双眼愤怒地看着刘毅珑，气得咬牙。

面对何善钦的愤怒，刘毅珑笑得更加猖狂得意。他兴致勃勃地看着何善钦，不怀好意地说道："行吧，我就耽搁您仅剩不多的时间了。"说罢，刘毅珑站起身来，抽了一下鼻息，神气十足地离开总统套房。

在电梯口，徐梦莲和刘毅珑不期而遇。但刘毅珑因为毒瘾开始隐隐发作并没有注意徐梦莲，可是徐梦莲认出了他。等电梯门合上，徐梦莲看见从总统套房里走出来的何善钦，显得更加惊讶。但是，当何善钦走到她跟前时，她收起情绪，微笑着抬手按下电梯下行键，恭恭敬敬地送走何善钦。

刘毅珑和何善钦见面，让徐梦莲十分不解。在她看来，刘毅珑已经消失了两年，现在突然出现，却和何善钦在一起，这里面一定有什么不为人知的秘密。她隐约觉得，刘毅珑回来必定是和刘子轩有关。想着，徐梦莲不敢有半点的懈怠，赶紧掏出手机拨打刘子轩的电话。没想到，刘子轩的电话已关机。于是，她只好试着拨打刘子轩酒店房间的座机，可仍是无人接听，心中的担心越发强烈起来。见电梯迟迟没有上来，迫不及待的她只好一口气顺着楼道下到十八楼，到了刘子轩所在的房间门口，猛力地拍打着房门。力度大得连旁边的房客都跑出门来看情况，但是，刘子轩的房间一直鸦雀无声。

怅然若失的徐梦莲拿起走道的座机拨通了大堂的电话，急切地问道："知道1831房间的住客是什么时候出去的吗？"

"好像是早上6点。"前台应着徐梦莲的话，从抽屉里取出一个信封来，补充着说道："徐总，刘先生给您留了一封信。"

"信？"徐梦莲不禁有些疑惑。

来到大堂的徐梦莲从前台值班人员手中接过信封迅速拆开。原来，刘子轩清早去重庆是为了洽谈自己电影项目的投资。

没有见到刘子轩的徐梦莲闷闷不乐地度过了一天。下午交班的时候，她又拨打刘子轩的电话，依然是关机状态。一番徘徊与挣扎后，她买了一张前往重庆的动车票。等徐梦莲从重庆北站出来的时候，已经是晚上7点半，天已经漆黑一片。坐进出租车时，她焦急地给刘子轩打电话，满心期盼着一定要接通。当她听到刘子轩声音的那一刻，整个人都松了下来，急切地问道："你怎么一天都在关机啊？"

"谈事情呢，不方便。"

"那你现在在哪里？"

"重庆。"

"我知道，我是问你在重庆什么地方，我现在要过来找你。"

刘子轩不禁一愣，反应过来后才说道："希尔顿酒店。"

“你等我，千万别走。”徐梦莲挂掉电话，对出租车司机说道：“师傅，希尔顿酒店，麻烦您在安全的情况下稍微快一点，谢谢您。”

见刘子轩一头雾水的模样，坐在刘子轩对面的王勃兴致勃勃地问道：“女的，谁啊？”

“徐梦莲。”刘子轩不紧不慢地说着，然后继续点着菜。

点完菜，加完餐具，服务员离开后，王勃伸长脖子看着刘子轩，问道：“是不是一个月前，被你带来吃烧烤的那个少妇？”

见王勃说着此话的时候，一双眼睛里闪烁着异样的光芒，刘子轩忍不住笑了一下，看了看手腕上的表，嘲讽道：“谢丽颖才走几天啊，你那股风流劲又躁动不安了？她要是知道你是一个轻佻之人，还会爱上你？”

“别混淆概念，爱情和激情是两码事。”王勃说着收回身子，望向窗外重庆的夜色，怡然自得地说道：“不过说实话，徐梦莲还是有几分姿色的，虽然生了孩子，但多了一种成熟和妩媚。”

“狗嘴里吐不出象牙。”刘子轩看王勃越说越离谱，不禁瞪了他一眼。

王勃轻哼了一声，拿着叉子指着刘子轩，半眯着眼说：“人家抛下老公抛下孩子抛下工作，不辞辛苦千里迢迢地跑来找你风花雪月，你别不解风情啊，虚伪可不是这个档子该有的表现。男人遇到心仪的女人要有提起枪与世界为敌的魄力。”

“滚蛋！”实在不想再理会王勃的无理取闹，刘子轩抛给王勃一个白眼，起身下楼。

王勃早已饿得前胸贴后背，见刘子轩进了电梯，他赶紧招来服务员，把重庆特有的招牌菜又点了几道。等刘子轩带着徐梦莲回到酒店餐厅时，王勃正舒眉展眼地吃得满嘴流油。

刘子轩坐定后数落着王勃：“你是饿死鬼投胎的吧？起码的礼仪都不懂。”

“你们又不是外人，等什么？”说着，王勃对徐梦莲温柔地笑着，解释道：“美女，请你理解，实在是太饿。”

“连自己嘴巴都控制不住的人，怎样控制自己的人生？”刘子轩说着，被王勃狼吞虎咽的样子给逗乐起来，继续挖苦：“我觉得你和娜胖子才是天生一对，你们上辈子一定是死在野草丛中的流浪饥民。”

王勃听完刘子轩的话，甩掉手中的羊脚，哭丧着脸，说道：“跟你说了多少回了，别在我面前提死胖子，再提，我就弄死你。”王勃说着，不禁想起谢丽颖离开的时候痛哭流涕的样子，随之心痛起来。

刘子轩摊手不回话，他温文尔雅地给徐梦莲盛着汤。王勃抬眼打量着徐梦莲，装模作样地问道：“对了美女，你找我们家子轩有什么急事啊？”

“是这样的……”

“别理他，你先吃东西。”刘子轩直接打断了徐梦莲的话，然后瞪了王勃一眼，说道：“你吃得倒挺香，就不能让别人先吃点再说吗？”

“得，我吃饱了，你们慢慢享用。”说着，王勃擦了嘴起身要离开。

刘子轩看着满桌佳肴，双眉一蹙，吼住了他：“干吗呢，小学一年级的孩子都知道浪费粮食可耻。你点了这么一大桌，不把它吃完再走，我跟你急。你要时刻记得我们在北京……”

王勃打断刘子轩的话，抬手作揖求饶起来：“停停停，别动不动提那些糟心的日子。你就不能让我小资一把？忆苦思甜有意思吗？”

“静以修身，俭以养德。你没什么事情，接着来吧。”

站起来的王勃见刘子轩一副较劲的模样，无奈地坐了下来，很不情愿地拿起筷子，带着情绪夹起菜，细嚼慢咽地吃了起来。刘子轩和徐梦莲看着顽童一般的王勃，相视而笑。

刘子轩望着满桌子的菜肴愁眉苦脸，继续训斥王勃：“你真够狠的，合同还没谈下来你就准备让我明儿个没米起锅啊。”

“不就是一顿饭钱嘛，你至于这么抠？大不了我再‘包养’你一年。”

“滚蛋，跪求包养的日子已经一去不复返，现在啊，不求连城璧，但求启程路。”刘子轩见自己光顾着和王勃侃大山，没怎么理会徐梦莲，赶紧转头对她说道：“你别见怪，我们俩上辈子欠着彼此，这辈子一见面就互相伤害。”

“笑看落花，静观流水，你们这样挺和谐的。”徐梦莲笑着应了刘子轩。

见刘子轩和王勃能够如此其乐融融，徐梦莲的心里不免犹豫着该不该把蓉城的事情告诉刘子轩。她知道，一旦自己把事情告诉了刘子轩，刘子轩肯定就会立即回蓉城，这也就意味着，他要放弃这里的合作事宜。她害怕让刘子轩背上背信弃义的骂名，从而造成没必要的坏名声。心中的郁结让徐梦莲有些难受。苦闷一笑后，她问道：“能喝点酒吗？”

徐梦莲的话，让刘子轩和王勃不约而同地看向她。两人都有些惊愕，不过两人的内心活动又全然不同，王勃是在惊讶徐梦莲真的够豪迈，居然如此主动。而刘子轩之所以惊讶，是担心徐梦莲此行的目的如果真的像王勃说的那样，到时候就麻烦了。

作为朋友，刘子轩不好意思地笑了起来。他想拒绝徐梦莲，支支吾吾了半天，话到嘴边，却被王勃打断：“当然可以！我陪你喝。”他一拍桌子，喜笑颜开，高举着手招呼着服务员。王勃在刘子轩还未反应过来之前就点了三瓶最贵的红酒。

等服务员走远，刘子轩才瞪眼看着王勃，用眼神问道：“你想害死哥们儿啊？”

王勃则是一挑眉，用眼神回应道：“兄弟，人家都这么主动了，你还端着干吗？米亚失信于你，她可没有。”

刘子轩感觉到了无比强大的危机感，他想反击王勃却无话应对。服务员上酒的时候，刘子轩对徐梦莲尴尬地笑着，试探地问道：“梦莲，要不你还是喝些果汁吧？”

“你说什么呢？”王勃一看刘子轩开始做起危机公关来，当即狙杀起来。他接过红酒，往面前的三个高脚杯里边倒酒边说：“作为一名炎黄子孙，作为一名酒国子民，不喝酒对得起自己身体里流淌着的血液吗？”说着，王勃抬手指着徐梦莲说道：“妹子想喝酒，你干吗要扫了人家的兴？这可不是绅士的品格。”

见王勃贼心不死，不见着自己一失足成千古恨不罢休，刘子轩顿时有了拿起弯刀，大刀一挥砍掉他脖子的冲动。刘子轩斜眼瞪着王勃，继续对徐梦莲说道：“别听他的话，喝酒对女孩子不好。”

“没事，我好久都没有喝酒了，在蓉城因为有孩子下班就得回家，很少有聚会的机会。”说着，徐梦莲不禁低头苦笑了一下。她在笑生活对女人的不公平，一纸婚姻就让一个女人失去了很多东西。

刘子轩听着她的话，感受到了她内心的忧愁，但他不知道该说什么才好。于是，转过身，刘子轩给王勃使了一个眼色，似乎在说：“你见好就收。”

王勃用神情挑衅着刘子轩，教唆着刘子轩：“你的女人缘真是好，我好生羡慕啊。郁红晓、米亚、辛小诺、徐梦莲都心甘情愿地为你付出自己，你就好好享受吧，过了这村可就没了这店。”

刘子轩低下头整理着思绪，任凭王勃在一边瞎起哄地劝着徐梦莲喝酒。伴着重庆独一无二的璀璨夜色，徐梦莲一次接着一次地将高脚杯抬起，将杯中红酒一饮而尽。酒过六巡，即便在饭局上身经百战的徐梦莲，此刻也已经微醺，脸蛋红扑扑的。她一身成熟又不失优雅的女式装扮，代替了多半时间穿着的职业西装，似乎回到了她十九岁的模样。

王勃已经醉趴在桌上，手里却紧紧握着高脚杯不放，嘴里不停地喊着谢丽颖的名字。徐梦莲歪着头枕在了刘子轩的肩膀上，看着高脚杯里仅剩的最后一口红酒，笑了起来，不紧不慢地说道：“你知道吗？我已经好久好久没有像今天晚上这么开心了。”说着，徐梦莲抬头看向刘子轩。现在在她眼前的是她这一辈子只能藏在心里去想念的人，这个人是她这一辈子想爱但却不能相守的人。

“为什么米亚不珍惜你？为什么她要离你而去？为什么？”徐梦莲问着，见一脸淡然的刘子轩没有说话，她回过头，看着酒杯里的红酒傻笑。

刘子轩不知道米亚为何还是要离开自己，他原本以为，那一夜的情感会让他们回到过去开心的日子，却没想到她还是说出了分手，说出了再也不相见。在这一刻，刘子轩终于明白，当初自己为何有过原谅郁红晓的念头，却最终还是没能原谅她。两个人相识相知相爱，再到白头偕老，既是一件幸福的事情，也是一件应该良性发展下去的事情。可两个人爱了，并且爱得死心塌地，却不能在一起，既然如此就应该彼此不再联系，不然只会给彼此徒添烦恼。米亚提出分手时，刘子轩惊愕与悲伤，但不再沉痛，他试着从容的接受结果，没有翩翩幻想，他相信生活这样安排，一定有它的意图和道理。他现在还记得当时对米亚说的最后一句话："幸福生活的秘诀在于，对上苍给予我们的一切报以感恩之心。感激我的生命和爱情里有过你。"

"再回首，恍然如梦，再回首，我心依旧，只有那无尽的长路伴着我……"徐梦莲唱完《再回首》，仰头喝掉酒杯中的最后一口酒，放下酒杯时再次看向刘子轩。见刘子轩有些悲伤，她抬手捧住刘子轩的脸，让他看向自己。还是曾经那一张精致的脸，虽然有了男人该有的成熟味道，但是眼睛里也多了一丝难以捉摸的深邃。看着刘子轩，半梦半醒的徐梦莲没有丝毫的犹豫，她倾身上前，吻在刘子轩的嘴唇上。

趴在桌上的王勃在这个时候醒了过来，当他抬头半眯着眼看着徐梦莲吻着刘子轩时，惊得赶紧将头重新埋了下去，却用力过猛，头碰到桌子，发出砰的一声。

刘子轩顿时从恍惚中惊醒过来，赶紧将徐梦莲推开，说道："梦莲，你醉了。"

"我醉了吗？"徐梦莲冷笑，侧身回去靠在椅背上。她长叹一声，抬手摸着额头说："我在酒店看到了刘毅珑，他和何善钦在一起。"

"刘毅珑和何叔叔在一起？"刘子轩吃惊地看向徐梦莲，这才明白过来，她火急火燎地过来找自己是为了告知这个消息。

听到刘子轩惊愕的疑问，徐梦莲看向他，见他脸上满是惊恐的样子，更加肯定自己的猜测没有错。刘毅珑这个名字对刘子轩来说太有吸引力，也太有震慑力，何况是刘毅珑和何善钦在一起呢。

"好了，该说的我说完了，我得回去了，家里孩子还等着我给她讲故事呢。"说着，徐梦莲站起身来，步履蹒跚摇摇晃晃地往餐厅出口而去。

刘子轩见徐梦莲走路踉踉跄跄的样子，赶紧起身追上去，不经意间拉上了她的手，说道："今晚就在这里住下吧，你现在这个样子能不能安全到家暂且不说，我想你也没法给唐诗讲故事了。"

面对刘子轩的挽留，徐梦莲安静地抬眼看着他。看了一会儿，她才眨巴一下眼睛，跌跌撞撞地转过身来，抬手把住刘子轩的肩膀，问道："你想让我留下来吗？"

"想。"

"回答得如此犹豫不决，好假。"徐梦莲讥笑道，抚着刘子轩的肩膀，冷冷地说："那帮我开一间房吧。"

"那你先坐一会儿，我去开间房。"说着，刘子轩扶着徐梦莲坐回到包间的沙发上。看着装睡的徐梦莲，刘子轩叹了一口气，转身朝酒店大堂走去。让刘子轩有些意外的是，酒店客满竟没有空房。

刘子轩和王勃商议一番后，他搀扶着徐梦莲，送她进了酒店房间。他摊开被子将徐梦莲放在床上，轻柔地为她脱下鞋子。看着安静睡着了的徐梦莲，刘子轩蹑手蹑脚地走出房间，来到王勃房前。可是，任凭他疯狂地按门铃，王勃都没有为他开门，无奈的他只能再次回到徐梦莲所在的2816房间。

倒是这种被逼无奈，让坐在床头椅上的刘子轩第一次以这样的视角观看徐梦莲。消瘦的脸蛋泛着醉酒后的绯红，让她在妩媚之中带了一些俏皮。干净利落的披肩秀发洋洋洒洒地落在雪白如玉的肌肤上，低胸的清雅连衣裙衬出妙曼的身体，浅浅的呼吸散逸着清新如茶的芳香，这番精心打扮让她由内而外弥漫着一股端庄雅致的气质。突然，徐梦莲咳嗽起来，刘子轩猝不及防。一阵慌乱后，他拿过床头的矿泉水扶起徐梦莲喝水。徐梦莲没有睁开眼，只是小鸡啄食似的喝着瓶中的矿泉水。见此，刘子轩心中竟萌生出心疼的念头来，等她稍微平息之后，将她重新平放在床上。

在刘子轩准备离去时，徐梦莲拉住了他的手，还没等他转身看向她，她已经坐起，用嘴堵住了他的嘴唇，又瞬间倒在床上一动不动，嘴里轻唤着："小轩。"

看着眼前的徐梦莲，刘子轩有一种强烈的负罪感。他替徐梦莲盖好被单后，起身打开冰箱，拿出一瓶威士忌，打开后将酒倒入玻璃杯里。透过棕黄色的酒液，看着窗外醉人的重庆夜景，他仰起头将酒一饮而尽。

一杯，两杯，不知道多少杯酒灌了下去。随着每一次穿透身心的香醇和微辣，刘子轩不禁在想生活应该的模样，悲伤之中荡漾着几许幸福，幸福之中隐藏着浅浅的悲伤。

"为什么我会变成如今的模样……"刘子轩忍不住流出泪来，他对逆境永不服输，现在却变成了爱哭鬼。于是，这些悲伤掺杂在烈酒之中，全部钻入他的口腔，滑入他的食道，然后混入血液，随着每一次心跳流窜全身。慢慢地，他感觉到整个人有些站不稳，天和地在眼前扭动起来。他伸手想抓住一个东西让自己停下来，却发现房间的窗户旁什么都没有，等他回过身想要往沙发靠去的时候，看见徐梦莲站在自己跟前。

“你……怎么起来了？”刘子轩问着，不禁晃了晃头。

徐梦莲没有回答他，她抬起手来，轻轻脱下身上的连衣裙。

刘子轩仅剩的理智在告诉他应该阻止徐梦莲，可他的身体完全不听使唤，只能眼睁睁地看着徐梦莲一步步靠近自己。

徐梦莲的体温瞬间钻进了刘子轩的每一寸肌肤，一个哆嗦，手中的玻璃杯瞬即掉落在地板上，砰的一声摔得支离破碎，玻璃破碎的声音在房间里回荡开来。

面对徐梦莲的挑逗，昏昏沉沉的刘子轩荷尔蒙急速上升，不禁有了兴奋的错觉。一刹那，刘子轩失去了理智，双手将徐梦莲拦腰抱起，放在沙发上。他们缠绕着，淀粉酶的急速化学反应催发着荷尔蒙。当刘子轩的舌尖游动在徐梦莲的肌肤之上，她没有了矜持，没有羞耻感。此刻，她将长久以来堆积在心中难以释放的情感都宣泄了出来。她用手抚摸着刘子轩坚实的胸膛，满心欢喜地看着身上的男人为她挥汗如雨，全情投入。这一刻，她的世界遍地开满粉红色的桃花，和煦的阳光普照漫山遍野。她仿佛化身成一只五彩斑斓的蝴蝶，神采飞扬地展翅高飞，享受着花与蜜绽放的幸福。

思绪浑浑噩噩的刘子轩，看着身下的人是米亚，亦是郁红晓。那种似是虚幻或是迷幻的感觉让他激昂起来，他更加猛烈地运动着，让两个充盈饱满的身体尽情肆意地融合在一起。那些和米亚、和郁红晓在一起的快乐时光，非线性地闪烁在他脑海之间。她们奔跑着，缱绻着，水乳交融地交合着，全世界最令人无法抗拒的声音响彻在他的耳际，他享受她们的爱，全神贯注地迎合着她们。

在刘子轩精疲力尽的时候，发现脑海中那些令他着迷的影像消失不见，顿时黯然神伤。他晃悠着脑袋，看清了伏在他身上沉浸在欢乐之中的徐梦莲时，他在想，米亚此刻在干什么呢？

第二天，当太阳升腾到城市的上空，照亮一片狼藉的房间时，两人还未醒来。

徐梦莲先睁开眼睛，看着一侧的刘子轩，并没有表现出一丝开心的样子。片刻之后，她在刘子轩的嘴唇上留下一个轻吻，然后小心翼翼地掀开被子下了床。

清醒之后，总要有一个人先行离开，徐梦莲觉得应该是自己。穿好衣服，整理好妆容，提着高跟鞋，她轻手轻脚地走向门口。在她关上房门之前，最后看了一眼刘子轩，她知道自己和刘子轩之间的情感就此结束。她背叛了家庭，心里不由得升起一股自责。徐梦莲顺了顺头发，深吸一口气，穿上高跟鞋，关上门走向电梯。

听着门外徐梦莲离开的脚步声，刘子轩睁开双眼。他坐起身来，扭头看向徐梦莲睡过的地方，枕头上还有她的一根发丝。他将发丝拈起来，悬在眼前静静地看着，回想着。昨晚的一切虽然如梦如幻，但他都记得清清楚楚，他不是喝了酒就会醉得断片的那种人。所以，内心的道德谴责在这一刻迸发出来，让他痛苦万分。

和徐梦莲一样，刘子轩也知道今后恐怕再见徐梦莲会处在进退维谷之间，他不知道这是好还是坏。但有一点他相信，那就是他再也不是曾经那个干净的刘子轩了，他也落入了这个既俗不可耐又荒诞的尘世里，以孤寂为借口，靠着可笑可悲地施舍活着，既逃不出七情六欲，也做不到超然物外，还是一个大俗人。

松开指尖，望着缓缓飘落下来的发丝，刘子轩觉得过往俱是云烟，倒不如想想接下来自己该做什么。可转眼一想，他或许还得见徐梦莲一面，因为徐梦莲昨晚还没有告诉他刘毅珑的行踪。想着，他赶紧翻身下床，找到手机，拨打徐梦莲的电话。

已经上了出租车的徐梦莲见是刘子轩的电话，不禁苦笑。一番犹豫后，她还是接通了电话。瞬间，耳边传来刘子轩急促地问话："你现在在什么地方？"

"出租车上。"

"你买三张票，我和王勃也要回去。"

听着刘子轩毫不客气的话语，徐梦莲应下了一句"好"后，匆匆挂掉电话，她害怕自己不小心会把留恋的情绪带到家庭生活之中。对于刘子轩火急火燎地赶回蓉城，她倒是一点儿也不意外，因为这才是刘子轩，一个永远都不会忘记本心的大孩子，即便生活给了他诸多伤痛。

在酒店大门口等出租车的时候，王勃抬手把住刘子轩的肩膀，不怀好意地问道："少妇就是不一样吧，你要记住昨晚的感觉，将来写剧本也好，拍戏也好，会用到的。"

刘子轩拍开王勃的手，不禁朝王勃竖起一根中指，说道："有你这么陷害兄弟的吗？这件事情到此为止，你若敢在他人面前提起半句，我们就恩断义绝，老死不相往来。"

"看你说的，有那么严重吗？我都说了，激情和爱情是两码事。"

"那是你。"

"你别五十步笑百步了，我们都是半斤八两。"

王勃的话顿时让刘子轩无以言对。他说得没错，刘子轩现在是爱情和激情都有过的人了，甚至也知道了爱情和激情有着根本区别。爱情是温柔相对惺惺相惜，激情是凶猛来袭借火取暖，一个是呵护情感，一个是宣泄寂寞和失落。

刘子轩有些无奈地摇头，抬手拦下一辆出租车，和王勃一道往重庆北站赶去。在回蓉城的路上，刘子轩从徐梦莲口中得知了她所知道的一切。和徐梦莲一样，刘子轩和王勃也都想不明白，何善钦为何会私下和刘毅珑见面？

走出火车站，徐梦莲和刘子轩面对面地站着，两人之间有两米的距离。徐梦莲强挤出一抹微笑，说道："我得先回去看看唐诗，就不和你们一起回酒店了，各自保重。"

王勃听到此话，顶了一下刘子轩，干咳了一声后走到几米之外。

应着王勃的意思，刘子轩深吸一口气，浅浅一笑对徐梦莲说道："梦莲，其实我们没必要这样的，我们只是犯了一个正常人都会犯的错。"

"话虽轻巧，但理不是那个理。"徐梦莲说着，苦笑着低下了头。

刘子轩不知道说什么才好，寻思了半天，到最后也只能选择接受这一切。他展开双臂，送给徐梦莲一个拥抱，看着她往地铁站走去。

"真的就这样放走了？"王勃回到刘子轩的身边，不禁长叹了一声。

听着他的叹息，刘子轩笑了一下，问道："你叹气干吗？"

"哥们儿是为你可惜，这么好的姑娘，只可惜……"

"你这观念简直不要脸，这个社会上正是因为有像你这样的人存在，才会有歪风邪气，才会有妻离子散，才会有家破人亡！"说着，刘子轩抬手朝王勃的脑袋瓜子拍了过去。见王勃闪躲开，他没有追赶过去，朝着出租车站台径直走了过去。他必须赶紧去别院小区找到刘延烈和王一翎，因为他相信，刘毅珑再次出现，是不会放过这两个和他有着莫大关系的人。

三年未曾回到别院小区，刘子轩站在门口感慨万千。成长的喜悦和烦恼、青春期的叛逆和创造、母亲王淑芬的葬礼以及与米亚在一起时幸福甜蜜的片段，一一在他的脑海里出现，翻搅着他的思绪。看着刘子轩发呆，一旁的王勃轻轻咳嗽了一声，刘子轩回过神，没有再犹豫。他必须赶紧找到刘延烈和王一翎，把刘毅珑回到蓉城的事情告诉他们。

按响家宅的门铃，为刘子轩和王勃开门的是王一翎。王一翎意外之余赶紧将两人迎进客厅，一边高兴地打开冰箱给两人拿冰饮，一边说道："子轩，你爸要是知道你回家了，准会开心得不得了。"

"刘毅珑回来了。"刘子轩没有任何寒暄，开门见山地告诉王一翎这个消息。

王一翎听到刘子轩的话，吓得一哆嗦，手里的两瓶苏打水落在地上滚出老远。她不敢相信刘毅珑还会回到蓉城，对她和刘延烈来说，刘毅珑就是个噩梦。他们原本以为刘毅珑会消失在世界上的某个角落，他的出现势必会扰乱他们安宁的生活。

刘子轩叹息一声，转而问道："我……爸呢？"

"他接到何善钦的电话，早早就出去了。"王一翎说着，合上冰箱门，俯身将两瓶苏打水捡了起来，显得有些慌神地往客厅走去。

刘子轩一听刘延烈是去见何善钦，顿时恐慌起来。这一瞬间，他和王勃都明白过来，原来刘毅珑和何善钦见面，就是为了让何善钦将刘延烈约出去，因为刘毅珑知道他想要约见刘延烈是根本不可能的事情。想罢，刘子轩对王一翎说道："王……王姨，这几天任何人叫你出去，你都不能出去，知道吗？"

得到王一翎肯定的答复后，刘子轩和王勃转身匆忙地跑出了别院小区。

王一翎不知道发生了什么事情，见刘子轩突然变得如此焦急，她在紧张之余脸颊露出一缕开心的笑容，因为刘子轩不仅接受了她，而且还表现出了对刘延烈的担心。心急如焚的刘子轩打到车后，朝锦江王朝大酒店附近的鼎轩茶楼而去。等他和王勃匆忙赶到鼎轩茶楼时，并没有见到何善钦和刘延烈，反倒窥见陆思涵正和一个很消瘦的男人聊着话题，看得出陆思涵有一丝不悦，像是被男人的话给惹怒了。

刘子轩可不想关心陆思涵和谁见面，他只想立即找到刘延烈和何善钦，阻止刘毅珑和刘延烈的见面。可是，何善钦会把刘延烈约在什么地方呢？刘子轩实在是想不出来，在他的记忆中，鼎轩茶楼是刘延烈和何善钦经常来的地方，除了这个地方，他们两人都不喜欢去别的茶楼喝茶，更不会去什么咖啡馆。但王勃还是建议去附近的咖啡馆找一找，解释道："你知道他们经常来这里喝茶，刘毅珑绝对也知道。我刚给老何打过电话，他关了机。我在想，或许老何还没有把你爸交给刘毅珑，他这次约你爸出来，可能是纯粹的见面。如果我是老何，我要约你爸见面，一定会约在刘毅珑意想不到的地方。"

刘子轩细想了一下王勃的说辞，发现的确有这种可能，赶紧掏出手机将鼎轩茶楼附近的所有咖啡馆搜索出来。最终，他们在一家名叫"雕刻时光"的咖啡馆雅间里找到了正喝着白开水的何善钦和刘延烈。见刘延烈相安无事，刘子轩的心一下落了地。他想知道刘毅珑和何善钦之间发生了什么，借机支开了王勃和刘延烈。

等刘子轩坐到何善钦的对面，何善钦坦然一笑，说道："子轩，如果你要问我和刘毅珑的事情，大可不必了。"

"何叔叔怎么知道我要问这件事？"刘子轩诧异地看向何善钦。

何善钦喝了一口水，沉默了一小会儿，语重心长地说道："徐梦莲是一个善良的女孩，看得出她依然非常关心你。"

听着何善钦有所保留的话，刘子轩内心微起波澜，脸上却依然挂着微笑，直言不讳地说道："何叔，刘毅珑是一个非常危险的家伙，我担心他又要搞事情，您能告诉我，他为什么找您吗？"说着，刘子轩不禁把身体往何善钦面前倾了一些。

"子轩啊，不是何叔不告诉你。有些时候何叔也迫于无奈，请你理解。"说着，何善钦突然咳嗽起来，痛苦地蜷缩着身体。刘子轩赶紧站起身，走过去扶起何善钦，轻轻地拍着他的后背："何叔，身体不碍事吧？"

"不碍事，不碍事。"何善钦拿出方巾擦着嘴角，等情绪稍好后，他拉着刘子轩的手，看着他说道："子轩，如果没其他事情，何叔就先行一步。"

刘子轩见何善钦不肯说实话，自是明白其中的难处，点了点头，扶起疲惫的何善钦站起身来，然后目送他离开。埋完单的刘子轩走出包间，见王勃正和收银台的小姑娘热闹地调着情，可是他身边并没有刘延烈，刘子轩不禁慌了神，急切地走了过去，问道："我爸呢？"

"他说要买菜，所以先打车走了。"

"买菜？"刘子轩仰天长叹，无可奈何地轻笑起来，嘀咕道："这你都信？"

"信，你爸是带着购物袋出门的。"

刘子轩没想到王勃会放刘延烈一个人离开，他担心刘延烈会被刘毅珑算计。于是他赶紧打出租车去找刘延烈。出租车上，刘子轩一边和王勃争论着，一边担忧着刘延烈。所幸的是在别院小区门口，刘子轩一下车就看到了正好买菜回来的刘延烈，忐忑不安的心才平缓了下来。

瞧见刘子轩和王勃，刘延烈一下子高兴了起来，加快脚步走到两人面前，问道："你们怎么过来了？"

王勃见刘延烈轻松愉悦的样子，猜测刘延烈还不知道刘毅珑回来的事情，便在刘子轩开口之前，抢先说道："这不是想您了嘛，所以就过来看看。"

"你这孩子嘴真甜。"听到王勃的话，刘延烈笑得更开心了。他看向购物袋里的菜，再看向刘子轩和王勃，说道："哎哟，你俩陪我再去买点儿菜吧。得买一条鲤鱼，我做子轩最喜欢吃的糖醋鱼给你们吃。"

看着刘延烈开心的样子，刘子轩的心里不免轻松了不少。在刘延烈转身要走时，他上前将其拦了下来，说道："爸，你还要买什么跟我说，我和勃哥去买。"说着，刘子轩给王勃使了一个眼色。

接到刘子轩的暗示，王勃赶紧蹿到刘子轩身边，应着他的话："对啊刘叔，以后买菜这种事情都交给我们哥俩，你就负责做好吃的就行。"

"真的吗？"刘延烈有些不敢相信地看着刘子轩。

"是真的。"

"那太好了。"刘延烈见刘子轩点了点头，顿时眉开眼笑，他掏出随身携带的小本子和钢笔，将还要买的菜一一写了下来，然后撕下纸张递给刘子轩。

看见纸张上面写的菜品，刘子轩知道父亲要做的都是母亲最拿手的菜，因为那些菜都是自己最喜欢吃的，刘子轩的心不禁抽动了一下。在经历过种种事情后，刘子轩蓦然发现，岁月和自己开了一个弥天玩笑，原本憎恨的人原来一直将自己和妈妈的习惯记得这般清楚，他忘掉了对他打击最大的事情，却没有忘记过去的生活中最细小的事情。

看着刘延烈走进小区的佝偻背影，刘子轩的心底突然刮起一阵凛冽的寒风。他默默地问自己，冷吗？冷。不过，它让我知道寒风来自哪个方向，让我时刻保持着清醒，知道自己将要去向何方。曾经那段不堪回首的旧事，就让自己在老去的孤寂中再去回想，现在，就忘掉吧。

幽怨之情之所以可怕，是因为它有时在一瞬间能爆发出最真实、最壮烈、最恐怖的杀伤力，世上所有关系，在它面前何足道哉？

坏因生得坏果，坏果炮制怨恨，怨恨创造伤害，伤害决定宿命，宿命关乎未来。刘子轩在想，刘毅珑会对自己的父亲动什么样的歪脑筋？

Chapter 22 ······ 天若有情天亦老

少年听雨歌楼上，红烛昏罗帐。

壮年听雨客舟中，江阔云低，断雁叫西风。

而今听雨僧庐下，鬓已星星也。

悲欢离合总无情，一任阶前，点滴到天明。

这是他们的生命写照，

路上看到什么样的风景，与路通到哪里没有关系，

关联的是改变。

❤
❤
❤

在我们这一世的生命里，时间是一个最冷酷无情的老妖婆，她驾着一辆循环来往的列车，不会怜悯你一不小心的晚到和临门摔倒，持票上车刷票出站，在她面前人人平等，投机取巧只会被她抛弃。这段生命之旅中，我们会天南海北的漂泊，最终无论是贫穷富贵，还是迷茫失落，抑或是憎恨眷念，都会回到曾经最早的出发地——家。这是一个温暖的字眼，它自带光芒，能将我们从黑暗的空间指引到光明的世界。

刘延烈和何善钦见面说了什么，只有他们两个人知道。回到别墅门前的刘延烈并没有立即进门，反而坐在了门前的梯坎上，从裤兜里掏出一张纸来。

那是何善钦的胃癌确诊单，何善钦将所有的事情都告诉了刘延烈，包括为何要让米亚离开刘子轩，和陆思涵在一起。可是，刘毅珑的突然出现打乱了何善钦的所有计划，他知道自己已经对不起刘延烈，不能再做有悖良心的事情，所以他才把这一切都告诉了刘延烈。他除了希望得到刘延烈的理解之外，更是希望刘延烈为两个孩子做些什么。

天下的父母都是爱自己孩子的，何善钦永远都相信这一点。可是，无论如何他都没有想到，刘延烈在知道这一切后，或许会选择一条不归路。

"为了孩子，我们这一把老骨头又算得了什么?"刘延烈说着，不禁长叹一声，小心翼翼地将确诊单收了起来，起身开了门，走了进去。

此时的王一翎一脸担心地坐在沙发上，当她看见刘延烈出现在自己面前时，忍不住上前仔细地打量着他。刘延烈见王一翎这样，心想她可能已经知道了刘毅珑的事情，可他回头又一想，现在的自己对王一翎来说是精神寄托，自己不能表现出一丝的不妥。他关心地问王一翎："怎么了，哪里不舒服吗?"

经过一番打量，见刘延烈完好无损，王一翎这才放下心来。她寻思了一下，才对刘延烈说道："听说刘毅珑回来了。"

"嗯。"

"你怎么一点儿都不担心呢?"见刘延烈一脸淡然的样子，王一翎有些不理解。

刘延烈坐下来，问道："为什么他回来了我就要担心？要知道，姜还是老的辣。”

“可你又不是不知道，他这个人为达目的不择手段。”王一翎依旧显得很紧张。

看着王一翎的紧张和对自己的担心，刘延烈满心欣慰。他放下手中的茶杯，起身扶着王一翎坐在自己身边，安慰道：“好啦好啦，子轩和王勃过来了，让他们看到你这个样子，他们会更担心的。你啊，就别再提心吊胆了。”

“嗯。”

“你歇一会儿，我去弄菜。”

“不，得我来，我要好好做两个菜，不能让子轩和王勃觉得你找了个累赘。”王一翎说着，不免觉得自己的话语有些打趣，轻轻一笑，赶紧起身拿着客厅桌上的菜进了厨房。

看着王一翎在厨房里忙碌的身影，刘延烈叹息一声。在他心里，王一翎已经和早前认识的女人完全不一样了，她现在是一个不上厅堂只下厨房的小女人。可就是这样的小女人，让刘延烈感觉到了曾经自己还未发家的时候，和王淑芬在一起的日子。他觉得上天已经足够眷念自己，现在该是为过去赎罪保护孩子和爱人的时候了。想着，刘延烈起身走到王一翎身边，帮她择菜，两人没有说话，只是沉默地忙碌着。在王一翎打开水龙头洗西红柿时，刘延烈左右思量后，问道：“一场婚礼，没有繁闹的场面，没有宏大的主题音乐，没有海枯石烂的誓言，我只说一句后半辈子只能说一遍的话，一句只有你才明白的话，你愿意做它的女主人吗？”

王一翎没想到刘延烈会在这个时候向自己求婚，没有钻戒，没有精心筹备，没有浪漫的烛光晚餐，也没有小提琴在一旁拉着优雅的曲子，只有水龙头流出哗啦啦的水声。王一翎曾经憧憬过自己的求婚现场会是多么温馨浪漫，婚礼现场会是多么富丽堂皇。她幻想过和刘延烈一起步入婚姻的殿堂，但最终守来的却是一个与自己幻想相差了十万八千里的场景。但她很开心，和爱的人在一起，即使什么都没有，她也愿意。

“你不愿意吗？”见王一翎半天都没反应，刘延烈不禁问道。

“愿意，我愿意！”王一翎赶紧回答道，喜极而泣。对于历经风雨的她来说，这才是最浪漫的求婚。她赶紧将水龙头关上，然后在围裙上擦了擦手，犹豫片刻后，深情地将刘延烈搂在怀中。

刘延烈在说求婚告白词时，刚好被买菜回来的刘子轩和王勃撞见，两人躲在远处见证了他们的幸福时刻。当他们准备亲吻对方时，王勃突然冒出头来呐喊叫好。刘子轩显得很淡然，将手里的菜放在厨房柜台上，一本正经地装成司仪，问道：“刘延烈先生，你真的想要和王一翎女士相伴终老吗？不论严寒酷暑，不论生老病死，都不会放弃你的承诺和誓言吗？”

“你说的什么词啊？枉费你还是一编剧，丢人现眼是小，破坏你爸你妈的浪漫是大，起开。”王勃赶紧将刘子轩往身后一拉，然后拿起切了一节的红辣椒，举在刘延烈和王一翎跟前，清了清嗓子，有模有样地说道：“刘延烈先生，你愿意娶王一翎女士为妻吗？无论贫穷还是富有，健康或疾病，你都将关心她、呵护她、珍惜她、保护她、理解她、照顾她、谦让她、陪伴她，一生一世，直到永远……”

“停停停……”刘延烈听着王勃的词儿，突然打断了他。

刘延烈的打断顿时让王勃一头雾水：“刘叔，不是晚辈埋怨你，这么神圣的时刻，你得肃穆、肃穆、再肃穆，懂吗？”

“我紧张。”

“你紧张？你什么风浪没见过，你会紧张？”

“嗯。我真的好紧张，手心都是汗。”

当刘延烈抬手展示他湿漉漉的手心时，却把王勃手指间的红辣椒给弄到地上，满心期待的王一翎捧腹大笑起来，一边的刘子轩见状也乐呵呵地笑了起来。

王勃捡起红辣椒做成的“戒指”，走近刘延烈，在他耳际轻声问道：“刘叔，你都有过一次经验，孩子都那么大了，一枚戒指都不准备，还瞎紧张啥呢？”

“感觉怪怪的。”

笑得前俯后仰的王一翎连忙点头认可刘延烈的观点：“老刘说得对，我也紧张，王勃，你快进一点儿啊，哈哈。”

“你们都什么人啊，终身大事，如此儿戏。我们接着来，别再老不正经了。”王勃故作姿态地批判着王一翎和刘延烈。

三人各自整理了一下状态，停顿了片刻，王勃的话再次在刘延烈和王一翎耳畔响起：“刘延烈先生，从这一刻起，无论……”

“我愿意。”不等王勃说完，刘延烈当即做出回应。王一翎听到这句话，没再开怀大笑，而是抬起手捂着嘴哭了起来，双眼里闪烁着幸福的泪花。

等王一翎接过刘子轩递来的纸巾擦完眼泪后，王勃才继续说道：“王一翎女士，从这一刻起，无论贫穷还是富有，健康或疾病，你都将忠于他，陪伴他，一生一世，直到永远，你……”

“我愿意。”

王勃话音未落，王一翎点头应下了这婚礼的誓言。这是她一生只有一次的婚礼，既没有曾经幻想中的高朋满座，也没有《仲夏夜之梦》在耳边萦绕，有的只是柴米油盐酱醋茶做他们的见证，但她心满意足。

可当要交换戒指的时候，王勃看着手里的两枚辣椒圈为难起来，难道真的要用这两枚辣椒圈代替一生相传的戒指吗？想着，王勃愁眉苦脸起来，转身对刘子轩说："怎么办，我做不到让他们戴着辣椒圈结婚。"

刘子轩什么都没说，转身疾步跑上了二楼。等他再下来的时候，右手里拿着一个红色的盒子。盒子里面正好有一对婚戒。

"不是吧？都没有钻石，你哪儿淘的地摊货啊？"望着两枚平淡无奇的戒指，王勃有些嫌弃地说道。

刘子轩白了王勃一眼，然后将戒指放在了刘延烈的面前。

这两枚戒指的真正意义刘延烈十分清楚，问道："你真的愿意？"

刘子轩微微一笑，坦荡地说道："如果你真的爱王姨，你就应该用这一对戒指。"

看着戒指，刘延烈明白，儿子是要自己把没有来得及给王淑芬的爱和尽到的责任都给王一翎，同时用这一对戒指提醒自己，不能再和当初对待王淑芬那样对不起王一翎。这对戒指正是当初刘延烈和王淑芬的婚戒。所以，一旦给王一翎戴上这枚戒指，刘延烈便要承担起以往的过错，不能再让悲剧发生。

刘延烈感动得老泪纵横，将戒指戴在了王一翎右手的无名指上。对刘延烈来说，再多的承担也都变得风轻云淡，他只想用仅剩的时间去好好陪着自己爱的人，给他们快乐和幸福。

此刻，王一翎感受到了刘延烈带给自己的幸福，她没想到幸福会来得如此快，快得让自己毫无准备。在她给刘延烈戴上戒指的瞬间，还没来得及吻一下对方，她便听到烧水壶水开的鸣笛声，赶紧转身忙活起午饭来。

刘子轩不禁惋惜如此幸福的时刻居然是这样收场，可他能够感受到这份幸福是足够的幸运。一顿饭的时间，刘子轩终于找到了久违的家的味道。一开始他还犹豫着要不要留下来，最后他决定，等刘毅珑的事情过去之后，自己再也不会离开这个荡漾着幸福，让自己身心舒适的地方。

能量既不会凭空产生，也不会凭空消失，它只会从一种形式转化为另一种形式，或者从一个物体转移到其他物体，而能量的总量是保持不变的。在上天的人生概念里，幸福和悲伤就遵守着这样的能量守恒定律，有人获得幸福就有人获得悲伤，幸福的人身上的幸福必定是从一个悲伤的人那里获取的。

王一翎获得幸福，徐梦莲则弥漫着悲伤。

回到家的徐梦莲在换衣服的时候，一声电子设备的震动让她有些纳闷，原本没放在心上的她，在关上衣柜时，不经意间发现了唐一森藏在衣柜角落里的手机。她拿过手机，发现刚才拨过来的电话备注昵称是"Honey"。徐梦莲没有多想，因为她不相信唐一森会背叛自己，将手机放回原处，来到客厅，向正在哄着唐诗的家政助理询问:“孩子她爸昨晚没回来吗?”

“先是回来过的,在10点左右接了一个电话,唐先生就出去了。”

“10点?”徐梦莲双眉一蹙,赶紧回到房间找出手机,翻着里面的通讯记录,发现最后一个电话是在10点10分,而最后一条短信是在9点52分,写着:“在首座名人酒店2816房间等你哟。”

徐梦莲悲笑起来,同样的房间号,不同的城市,不同的酒店,两个人都在寻找着自己想要的惊心动魄。可让徐梦莲心寒的是,唐一森早已背叛了她,为何还要在她面前装得那么镇定自若,让她觉得他是那么爱自己,忠于家庭,忠于婚姻。那一瞬间,徐梦莲有些崩溃,原本的愧疚瞬间荡然无存,想到以后的日子不禁有些头痛。可是,最坏的打算无非是劳燕分飞,可在见到唐诗的时候,她选择放弃这一想法。

徐梦莲其实是一个传统的女人,即使没能嫁给自己喜欢的人,但自从结婚后,始终尽心尽力地为这个家付出,从没想过要背叛家庭,除了那晚的醉酒事件。可是,她没想到唐一森的身体和灵魂早就背叛了自己。她回到房间反锁房门,蜷缩在床脚,哭得歇斯底里。

在和何善钦分开后,刘毅珑打车来到九鼎集团大厦。当他被一层大厅安保人员拒之门外的时候,恰巧陆思涵从电梯走出,乘坐专车离开。刘毅珑决定将中兴力诚的财务危机告诉陆思涵。在他看来,陆思涵外表再光鲜高雅,骨子里仍流淌着商人的基因,和他交易自己的利益才会最大化。于是,刘毅珑掏出手机拨出了陆思涵的电话号码。

鼎轩茶楼,陆思涵见到刘毅珑的时候,天性的警惕让他对这个瘦得只剩皮包骨的男人很反感,若不是刘毅珑以米亚为话题,陆思涵断然不会和他多谈一句话。

刘毅珑自然知道自己不会得到陆思涵的待见,他也不想多浪费时间,毕竟他要的东西和陆思涵毫无关系,陆思涵对他来讲,也不过是一个工具。所以,刘毅珑见到陆思涵时,开门见山地说道:“陆少,我请你来,是想告诉你一件事情。”

“我还赶往下一场会议,快点说。”陆思涵克制着内心的躁动,不停地看着腕表。

刘毅珑似笑非笑地叹了一口气,然后直奔主题:“据我所知,现在的中兴力诚财政亏空巨大,九鼎集团要是入股中兴力诚,恐怕……”

“恐怕什么?”陆思涵虽然有些惊讶,但在面上还是显得淡定自若。

见陆思涵能坦然地笑起来,刘毅珑觉得他少年老成,拐弯抹角没有必要,直接说道:“如果让您的父亲知道了这个消息,恐怕对您不利吧?”

此话果真是一针见血，当即让陆思涵站了起来，双眉紧蹙地看着刘毅珑。

“你什么意思？”

“没什么意思，就是想和陆少做个交易。”说着，刘毅珑很自信地等待着陆思涵的回复，靠在沙发上，一副怡然自得的样子。

“交易？”陆思涵冷笑着，眼露冷光地望着刘毅珑，说道：“你凭什么觉得我会和你做交易？”

刘毅珑丝毫没有在意陆思涵的话，依旧显得很淡然地说道：“就凭你坐在这里。”然后，他漫不经心地补充道：“而且我相信你是真的喜欢米亚小姐。”

陆思涵没有立即应话，半眯着眼看着刘毅珑，原本他以为刘毅珑不过是个走投无路的地痞无赖，给些钱便能打发。可是现在看来他轻敌了，刘毅珑比想象中难缠可怕，心狠且精于算计。转念一想，自己在这场谈判中没有任何筹码，毕竟他对刘毅珑一无所知，可刘毅珑却有着让他胆战的筹码，米亚就是其中一个。想罢，陆思涵露出伪装的微笑，神色中却是明显不悦，问道：“什么交易？”

“投资我那堂弟的电影项目。”

陆思涵没想到如此心狠之人，花费这么大的心思，为的居然是自己的堂弟。可他自然觉得这事情不会这么简单，不解地问道：“敢问你的堂弟是谁？居然能让你如此大费周章为其谋事。”

刘毅珑冷冷一笑，答道：“谋事？笑话，我想只要你听他的名字，你就知道我到底想要什么。”

“哦，是吗？”

“我的堂弟就是刘子轩。”

刘毅珑说出此话的时候，嘴角闪过了一丝冷意。陆思涵立即明白了刘毅珑想要的是什么，也终于明白自己要和刘毅珑做的交易到底是什么。

此时，两人背后的不远处，刘子轩正在寻觅着刘延烈的身影，无果后，离开，他并没发现与陆思涵聊天的人正是刘毅珑。

恍然大悟后，陆思涵大笑起来，一边起身，一边说道：“希望我们合作愉快。”

听到陆思涵的答复，刘毅珑怡然自得起来。在他看来，一切都按照着自己的计划进行，属于他的东西他迟早要夺回来，即便自己不得安生，也不能让刘延烈他们活得太过安逸。

奈何刘毅珑没能猜透陆思涵的心思。

陆思涵的少年老成刘毅珑自然能看得出，但他看不出这位受过高等教育的年轻人内心有着自己的道德标杆。在陆思涵看来，心灵的健康是道德纯洁、精神丰富和体魄健全的强大源泉。他喜欢米亚，除了家族缘由外，更多的是想呵护她。

无论他的所作所为到底能不能打动米亚的心，陆思涵都觉得，他不能伤害米亚一分一毫。在某种意义上来说，伤害刘子轩，就是伤害米亚。虽然他想和刘毅珑站在同一个战壕，但他害怕干掉刘子轩后，得不偿失，又被刘毅珑在背后拿枪顶着。所以，他最终决定将自己和刘毅珑见面的事情告诉何善钦。当然，他这样做的原因是因为他是一名商人，他怎么会以家族的兴衰为代价去换取个人的幸福？

陆思涵不想和刘毅珑有太多纠葛，他知道这样一个处心积虑想要陷害自己堂弟的人，内心的阴暗已经到了令人发指的地步。如果将这个人逼急了，或许到最后他会选择玉石俱焚，到时候弄得个鱼死网破的局面，而真正受伤的也不过是他们这些人。要知道，刘毅珑本就是一个浑噩度日的人，要的就是将其他人也变得和自己一样。如此思虑之后，陆思涵知道不能让刘毅珑知道自己的真正想法，为此他只能见上刘子轩一面，希望刘子轩能够为了米亚做一些事情。同时，陆思涵也让手下的安保人员暗中调查刘毅珑，并让财务总监了解中兴力诚的财务状况。

几日之后，陆思涵来到了别院小区的门口。他并没有故意掩饰自己的行踪，即便刘毅珑在周围盯梢，他还是大大方方的，这也可以让刘毅珑觉得他是在按照他们之间的约定行事。刘子轩没有想到陆思涵会来找自己，当见到陆思涵的时候，不免有些吃惊。

陆思涵没有下车，摇下车窗，抬眼对刘子轩说道："上车吧。"

刘子轩没有问为什么要上车，他知道陆思涵既然找上了自己，必定是和米亚有关。刘子轩知道陆思涵是九鼎集团的继承人，作为川内数一数二的金融财团，他在日后避免不了会和陆思涵有项目上的合作。于公于私，他都无法拒绝陆思涵的邀请。

刘子轩上车后，陆思涵没有开口说话的意思，只是让司机开车在南城繁华的街道兜着圈，在将后面骑着摩托车的刘毅珑甩掉后，便往三环而去。等车子上了三环快速车道，陆思涵才和刘子轩谈及正事。一席话后让刘子轩备感诧异，他没想到陆思涵的来意居然是因为刘毅珑。对此，他不禁轻笑起来，心想为什么自己在这个城市所认识的人，现在都被一个快要被人们忘掉的人搅得不得安宁。

"刘毅珑和我做了一笔交易，希望我投资你的电影项目。"说话时，陆思涵并没有看着刘子轩。

一抹高深莫测的微笑荡漾在刘子轩的脸上，他知道刘毅珑不会对自己这么好。

“那你意下如何?”

“我是个商人,商人自有商人的法则。”面对刘子轩的双关语,陆思涵如是说道,表现得从容不迫。

刘子轩反倒是双眉一蹙,沉默了一会儿,缓缓说道:“那你还来找我干吗?直接让你传媒公司的制片人来找我就得了,等签了演员,开了新闻发布会,什么都筹备妥当后,再找个理由撤资或者开除我。然后,在新闻发布会上把一切罪责推向我,亲手毁掉一个梦想,击垮一颗奔腾的心,唾弃一段还未崛起就被泯灭的人生,不就完了吗?”说着,刘子轩不禁摇头苦笑了起来,心想刘毅珑真的是无所不用其极,为了达到自己的目的,居然能找上陆思涵。

陆思涵见刘子轩一下就揣摩到了刘毅珑的算计,不禁松了一口气,转而直截了当地说道:“既然你已经猜到了我们的目的,那你应该知道我告诉你的原因。”

“为了米亚。”

这是刘子轩和陆思涵第一次这样谈及他们都爱的女人,气氛不禁瞬间凝滞下来,陆思涵并没有立即回答刘子轩的问题,刘子轩也没有逼问下去。

等车子快到蓝天立交时,陆思涵才深吸一口气说道:“其实米亚心里只有你的位置。”

“说这个还有什么意义。”刘子轩轻笑了一下。

“我想要告诉你这个事实。”陆思涵说着停顿了一下,他发现自己还不能做到坦荡承认米亚不爱自己只爱刘子轩的事实,“所以……如果你也爱她,就应该知道我找你的目的是什么”。

陆思涵的话让刘子轩有些惊讶。他不禁扭头看向陆思涵,有些不相信地问道:“你愿意放弃米亚?还是让我离她远点?”

陆思涵没有立即回答,而是深吸一口气,把头扭向了窗外。

人,只要有一种信念,有所追求,什么艰难困苦都能忍受,什么环境也都能适应。有信念自然不会轻言放弃,不论是事业还是爱情。可是,陆思涵也明白,现在不能为了儿女情长让九鼎集团毁在他的手里。心中有再多不舍,他也决定放弃米亚。

“只要她能幸福,我放弃个人喜好都是值得的。”看着窗外不停倒退着的城市景色,陆思涵镇定自若地说道。

他这一句话让刘子轩感觉到了无形的压力。在刘子轩的脑子里,现在还残存着在重庆和徐梦莲发生的事情,道德的标尺让他无法回避自己的不忠。此刻陆思涵的风度翩翩和成算在心,更是让他心头上的这股压抑变得沉重起来。

刘子轩不知所措,唯有沉默。过了许久,他才对陆思涵说道:“可我也给不了她想要的东西。”

“你把米亚想得太复杂了,她只想和你在一起。”陆思涵没想到刘子轩会说出这句话来,不禁猛地回过头看向他,惊诧中掺杂着愤怒。

刘子轩见陆思涵的反应,轻笑着低下头来,说道:“人们常说爱情是残酷的,经历过痛苦的人才能成熟,在这个磨难之中坚强的人会感悟爱的真谛,而脆弱的人只会徒生怨恨。我知道,爱一个人有许多绵长的痛苦,如果一味记恨于悲伤,而忘掉了在一起时的快乐,就是自欺欺人。我真的很想和她在一起,虽然她竭尽全力地要和我断绝一切关系。我想,她那么做一定有她的痛处。”说着,刘子轩不禁哽咽起来,觉得有些失态的他赶紧深吸了一口气,抿嘴苦涩一笑,转头避过陆思涵的视线,自言自语道:“随缘不变,不变随缘,可放弃一个人,谈何容易。”

“难道你不知道中兴力诚的事情吗?”陆思涵突然问道。

刘子轩愣了一下,看见陆思涵满是怀疑的表情,心里顿时升起忧虑来,忧心忡忡地问道:“何叔怎么了?”

“何叔他……”

“他怎么了?”

“他胃癌晚期,而且中兴力诚的财政出了问题。”陆思涵回答刘子轩疑问的时候,不禁叹息商场上风云瞬息万变,没有谁能够担保自己一手打下的基业会在时代的洪流之中屹立不倒。

刘子轩终于知道了米亚离开自己的原因,可他反而更加不理解陆思涵为何会放弃米亚,急切地问道:“既然如此,你为何不顺水推舟地娶了米亚?”

“我何曾不想?可我不能接下何叔留下的赤字而不顾家族大业的安危。”陆思涵苦笑着说。

见陆思涵为家族大业舍弃儿女情长的洒脱,刘子轩突然欣赏起陆思涵的坦然。他生在一个不能自己做主的家庭,万事只能从家业发展的利弊考虑,他能体会到陆思涵的痛楚。他想,如果作为一个普通恋人,米亚和陆思涵在一起会比跟他在一起更幸福。然而,世上哪有完美之事,完美就如昙花一般,只能惊鸿一瞥。

他知道陆思涵担心的是什么,说道:“我将剧本以一元钱的版权费卖给你,一来你可以向刘毅珑交代。二来我恳请你不要相信任何人的一面之词,再次审核中兴力诚的财务报表,在何叔人生最后也是最需要的时候帮他一把。三来我希望你不要因为家族事业而放弃一个值得一生去珍爱的女孩,前程和爱情是可以共存的，请你好好考虑一下。”

陆思涵知道刘子轩手上的电影项目对他意味着什么？那是他为之奔腾不息的源泉。一个人能在绝境之中把视为生命的梦想抛在一边，却不知疲倦地为心爱的女人谋求未来、谋求幸福，这是一种多么可悲可泣的壮举。

见陆思涵还在犹豫，刘子轩再次申述："现在只有你能让米亚安心，因为只有你可以拯救何善钦。"说着，刘子轩盯着陆思涵，说道："而且只有这样做，我们才能结束刘毅珑对我们的纠缠。"

"我可以考虑一下。"

刘子轩对陆思涵一笑，伸出手在他眼前，坚定地回答道："虽然我只拿一元钱，但是其他主创的钱得按预算走，一分都不能少。"

刘子轩的话让陆思涵不禁抬起头看了他一眼，看着他伸出的手，陆思涵想了一下，伸手应了过去。在他们手握在一起的瞬间，两个从内心爱着米亚的人，在这一刻有了一样的想法，那就是要用他们的能力去呵护自己珍爱的人。

何善钦和刘延烈是这样，陆思涵和刘子轩也是这样。他们各自的心思，别人都难以揣摩，他们只想在一场被刘毅珑挑起的战争里，可以凭着他们的智慧和双手，让生命不被践踏，家庭不被摧毁，情感不被击破。

回到别院小区，刘子轩并没有把剧本以一元钱贱卖出去的事情告诉王勃。两个人在小区篮球场练球时，刘子轩轻描淡写地将两个小时前发生的事情告诉了王勃。王勃听后，没有多问也没有多评价，他相信刘子轩能处理好自己的事情，也相信刘子轩追逐多年的梦想就要落地开花。王勃发自肺腑地祝福刘子轩，路是一步步踏出来的，历史是一笔笔写出来的，你的每一步行动都是在书写自己的历史。兄弟，为你骄傲，为你喝彩，你是最棒的。两人相视哈哈大笑，然后在夕阳下进行着激烈的篮球对抗，挥洒的汗水落在球场上，在金黄色阳光的照耀下像镶嵌了无数片美丽的金丝，仿佛为这个一亩三分地披上了温润晶莹仪态万千的金缕玉衣。

借着一分喜庆，刘延烈在签约前夜多做了几道好菜，算是为刘子轩提前庆祝，拿起筷子之前他在心中默念，希望我儿的梦想落地生根，茁壮成长，然后开花结果。默念完后，他以一个经历过成功与失败的过来人身份，意味深长地告诫刘子轩，不管前方等待你的是什么，不管你将遇到多大阻碍，不管你以后获得什么样的成就，我们都会满心欢喜，对你充满信心，充满期待，越是艰难越需要勇往直前，用努力和耐心迎接黎明的曙光。

花非花，雾非雾，只有刘子轩和陆思涵知道他们在别院小区门口做的那个约定，一个和米亚有关的约定。

春节祥和喜悦的气氛笼罩着整座城市，路灯杆上挂满了中国红，家家户户都张灯结彩，耳边时常传来络绎不绝的鞭炮声。王勃在刘延烈和刘子轩的再三挽留下留在了蓉城，陪着他们时隔四年重新在一起过着与众不同的春节。挂完红灯笼贴完红对联之后，刘子轩一个人站在别墅前的十字路口，望着绽放的烟花，神情凝重。

新的一年伊始，它在漫天鞭炮声中结束，也将在漫天鞭炮声中开始。刘子轩希望噼里啪啦的声音能驱赶走流年不利，带来一个崭新的有希望的开端，让梦想绽放色彩斑斓的花瓣，为自己掀开一片焕然一新的天地，当然不忘祈愿他喜爱的人们岁岁平安，吉祥如意。看着天空的烟花盛宴慢慢谢幕，刘子轩掏出手机，给米亚发了一条微信："烟花易冷，人事易分。细想来，我一直忘不掉它在天空炸开的繁华旖旎、流光溢彩，虽短暂，却妙不可言。新年快乐！"

听着发送成功的提示音，刘子轩苦笑了一下，选择了放下就不该奢求回应。可一夜的未眠却赤裸裸地告诉他，要放下是多么困难。刘子轩在煎熬的等待中看了一本名叫《次第花开》的书。

书的第一页便写道：

人生充满烦恼，但如果能以烦恼为契机去勘悟世间万象的本质，从烦恼入手去实现止息烦恼的最终目的，那么这样一个充满烦恼的人生就是我们解脱的最好机缘。

刘子轩反复体会着这句话，突然在懵懵懂懂中就明白了，自己或许只有面对当下，回归内心，与烦恼开战，才能从本质上灭掉烦恼。

第三天。一直焦躁难安的刘子轩在合上《次第花开》的最后一页时，收到了米亚的回复，漫长的等待得到的只有四个字："新年快乐。"这四个字仿佛是从凛冽寒冬的冰窟窿里冒出来的，让原本豁朗的刘子轩备感悲伤，冷得他不能自主，那股寒气堵在嗓子眼，让他呼吸变得困难。鼻头的酸涩刺激着泪腺，他忍不住热泪盈眶。

人生一世，草木一秋。聚也匆匆，散也匆匆。生活中的许多事让我们辗转反侧颠沛流离，可终究抵不过岁月春秋的掠影。或许，满身的相思不如期待某年某月某日在某地看见她的身影。

时光飞逝，转眼到了约定的签约时间，签约仪式最终选在已经停业的鞠香雅苑。刘子轩希望陆思涵能履行他的诺言，如此一来，自己和米亚的一切便能够在这里结束，梦想也能在这里开花结果。鞠香雅苑的大堂被布置成一个隆重庄严的新闻发布会，签名的概念海报上赫然镌写着何善钦和刘子轩一起题写的电影名——《奔腾的心》。

作为主创的王勃和刘子轩一起坐在主席台上，在王勃的另一边则是陆思涵，他现在的职务是《奔腾的心》影视项目的出品人。在他们的眼前，摆满了几十家娱乐媒体的话筒，鞠香雅苑的大堂里更是坐满了娱乐记者。

王勃零片酬出演该影片，这让在场的所有人都诧异，其中包括刘子轩和陆思涵。王勃虽然称不上线上明星，不过在一年前他凭借电影《流年》获得过“金像星光大典年度最佳男演员”的殊荣。王勃的话语落下，记者们就炸开了锅，他们都想知道，为什么王勃会选择零片酬参加《奔腾的心》的摄制。

面对记者的提问，王勃会心一笑，扭头看向刘子轩，说道：“有一个人跟我说过，如果我戒掉一些不好的习惯，用积极的心态对待自己的初心，我就能成为一个好的演员。的确，人生就是在没有回头路的旅途中拾荒，想走得远，行得轻松，你就不能背得太重，必须经常清理背篓，该扔该留不犹豫。我旁边这位青年才俊就是那位给了我启迪的人，是他让我变得更好，我们在一起度过了一段艰难苦涩但充满希望的旅途。我相信他能把最好的才华呈现给大家，所以我才决定零片酬加盟，大家不用感到意外。”说着，王勃抬手把住刘子轩的肩膀微笑着。

刘子轩没想到王勃会在这么正式的场合，把自己曾经说的话说了出来，有些不好意思地偷笑起来。顺着王勃的回答，记者转而问向刘子轩。

“《奔腾的心》讲的是父子情仇，请问跟导演你自身的经历有什么契机呢？”

“刘导，听说这次你是以一元钱的价格卖掉你的剧本，而且更是零片酬参与影片摄制，你能否讲讲是什么让你做出这个决定？难道新人导演拍片就要如此妥协吗？”

记者的问题顿时让王勃大吃一惊，他没想到刘子轩会以一元钱的价格卖掉《奔腾的心》，剧本在编剧与导演心中就如自己的亲骨肉，但王勃理解刘子轩的心境，他贱卖自己的心血自然有他的难处，他安静地听着刘子轩的解释。

“两个问题我就一起回答。《奔腾的心》讲的是父子之间爱恨情仇的奇妙关系，但着重表现的是身处绝境的儿子如何靠着奔腾不息的心实现理想的励志故事。它发掘的是人性的闪光点，和我自身经历有一定的联系，文艺作品来自生活但高于生活嘛。我们这部影片没有硝烟战场，没有阴谋政治，没有宗教色彩，却有一个爱着儿子却不知道该用什么方式去表达的父亲，有着一个一直误会父亲却从不原谅父亲的儿子。”说着，刘子轩不禁想起他和刘延烈之间的过往，忍不住微笑了起来，然后继续说道：“改变人是个难事，尤其是拯救一个人的内心，影片中主人公的父亲用爱和生命履行了这份责任和梦想。拍摄自己的电影就是我的梦想，能够将《奔腾的心》呈现在观众面前，是我最大的欣慰，只拿一元钱更能说明我有一颗想把它做精致做好看的决心，我期待交完这份考卷，得一个高分。然后，在创作下一部影片时，再去期盼创作之外的东西，谢谢大家。”

听着刘子轩的回答，混在签约发布会现场人群里的刘毅珑不禁冷笑起来，心中暗自说道："陆思涵，你会为你的背信弃义付出代价的。"想着，刘毅珑心生不爽地转身离开鞠香雅苑。

刘毅珑万万没有想到，刘子轩会以不计报酬的方式将剧本卖给陆思涵，更没想到刘子轩会遇到王勃这样的兄弟，竟心甘情愿零片酬出演。

一股强大的愤怒在刘毅珑心中油然而生，他不明白，为什么刘延烈会得到这么多人的帮助，不管是何善钦还是陆思涵，他们都站在刘延烈那一边。可刘毅珑相信，这个世界上不会没有私心的人，他不相信陆振雄会不顾九鼎集团的生死，所以他离开鞠香雅苑之后，直接去了九鼎集团总部。可就在他来到下同仁路准备抬手招车的时候，看到了吴铭的弟弟吴笠，有备而来的吴笠明显也看到了刘毅珑。

吴笠一直在满城寻找刘毅珑，陆思涵通过对刘毅珑的背景调查很好地利用上了这一点。若不是因为刘毅珑，吴铭又怎么会锒铛入狱，最终判了终身监禁不得减刑假释。这笔账吴笠一直都想找刘毅珑算个清楚，无奈刘毅珑这两年如同人间蒸发一般。再见到刘毅珑时，吴笠自然不会放过他。见刘毅珑转身就跑，吴笠双手一挥，对着开车的小弟大喊道："追上他！"

命运和刘毅珑开了一个大玩笑，在他见到何善钦的体检单时，他觉得自己找到了东山再起的机会。可命运又一次捉弄了他，让他再次回到了抱头鼠窜的日子。

鞠香雅苑里，《奔腾的心》签约新闻发布会如预想那般顺利结束。回到后台，刘子轩看见王勃，还没等他开口，王勃先声夺人地吼了起来。

"刘子轩，你知道你为这部剧本付出了多少吗？凭什么不和我商量，就象征性地一元钱给贱卖了！"说着，王勃冷笑了一下，说道："不对，你应该只要一分钱，那才真正的象征性贱卖。"

听着王勃的讽刺，刘子轩不知道该说什么。沉默了小许，他抿嘴一笑，对王勃说："谢谢你兄弟，能够零片酬帮助我。"

"我要是知道你没要钱，我会零片酬出演吗？"王勃说着，甩给刘子轩一个白眼，转身往后台门口走去。到了门口，他撞见了陆思涵，阴阳怪气地说道："陆老板，你堂堂一大太子，在蓉城也能呼风唤雨，这次未必太不绅士了吧？不但抢了我兄弟的女人，现在还……你知道他处境有多艰难吗？你这样做合适吗？"

陆思涵没有表现出愤怒，将手里的合约亮在王勃眼前，说道："这是片酬合约，如果你看过之后没问题，就签了。"

"哟，施舍呢？"王勃说着，不禁轻笑了起来，抬手一把将合约夺了过来，径直往片酬支付一项翻了过去。等他看到片酬的瞬间，双眉一蹙，挑眼看向陆思涵。陆思涵没有说什么，将签字笔放在了合约的夹缝里，双眼专注地看着王勃。

“刘子轩知道这个合约吗？”王勃低声问道。

“不知道。”陆思涵也低声回复着。

“陆总，我是一个为兄弟可以两肋插刀的人，钱财对我来讲不是最重要的，不过，子轩为这部戏付出的心血是你我都无法想象的，我的片酬权当他的辛苦费。”说着，王勃在合约上签上了自己的名字，然后走出了后台房门。殊不知，这份合约是刘子轩与陆思涵商榷的结果。刘子轩觉得亏欠王勃太多，他不想再让王勃为自己牺牲下去，而自己能做的就是搞定这份合约。所以，当他看见王勃在合约上签字时，长松了一口气。与陆思涵擦肩而过时，刘子轩点头微笑，在心里说了一句“谢谢”。陆思涵只是抿嘴一笑，深明大义镌刻在心底。当刘子轩走到门口，陆思涵突然喊住了他，问道：“下个星期，你有空来参加我和米亚的订婚仪式吗？”

“不了，前期筹备需要静下心来张罗，怕是没时间。”应着陆思涵的话，刘子轩并没有回头。他是在怕，怕自己回了头就会后悔当初和陆思涵的约定。等他拿着王勃的片酬合约走出鞠香雅苑的大门，望着依旧熙熙攘攘人头攒动的宽巷子，不禁想起当初的自己和米亚是怎样相识的。

那一道铁门，那一辆公交车，那一张被蒙住的脸，那一片阴沉的天……

一个星期后，华润二十四城的名畔湖边，初春的天气让人感觉神清气爽，温暖而不灼热的阳光笼罩着这座城市，莱昂纳德·科恩的歌曲《Dance Me To The End Of Love》循环播放着，陆思涵在订婚现场不停地招呼着前来祝贺的宾客。

谢丽娜为此回到了蓉城，她是米亚最好的朋友，米亚不希望订婚仪式上没有她的陪伴。望着镜子里已经化好妆容的米亚，谢丽娜调皮地对着镜子说道：“魔镜魔镜，谁是这世界上最美的女人？”

“当然是我们最美最美的米亚。”谢丽娜变着声说道。

米亚看着她孩童般自娱自乐，强颜欢笑。谢丽娜能感觉得到米亚的笑不是发自肺腑的，里面没有一丝幸福和快乐。谢丽娜蹲下身来，握住米亚的手，问道：“让人心疼的米亚，你能开心一点儿吗？”

“我有不开心吗？”

见米亚再次强挤微笑，多愁善感的谢丽娜眼里噙满了泪花。她看了看紧闭的房门，寻思了一会儿，轻声说道：“要不，我们落跑吧？”

米亚摇头不语。

“人家不想看到你悲伤，也不想看到你以后戴着一副无形沉重的枷锁过日子。”谢丽娜抬起头，专注地看着米亚。

米亚抬手擦去她眼角的泪痕，笑着说道：“上学那会儿我记得你说过，找一个你爱的人不如找一个爱你的人，因为那样才会幸福，我现在就是这样做的。他是这个城市的女孩都想嫁的对象，他会很爱很爱我，让我成为最快乐的女孩，你应该祝福我。”

“可是你不喜欢他呀，你的心里只有刘子轩，这样的婚姻能幸福吗？”

“一段浪漫一段情，一场宿命一场雨，它会洗刷掉一切，哪怕是最历久弥新的记忆。”

谢丽娜不知道该如何回答米亚的话，每个人都有自己的无奈，而上天永远是公平的，不会把一切都给你，在你得到一些的时候势必会让你失去一些。现在，米亚守住了何善钦用一生心血打拼出来的事业，代价就是要失去自己的爱情。

坐在名畔湖边的轮椅上，何善钦望着清风下微波粼粼的湖面，忽然感觉到了一丝安详。他从来没有感觉到内心是这般宁静，在他最有钱有势的时候没有，在他妻子还在的时候也没有。

刘延烈陪在他的身边，时不时会将他腿上的毯子往上扯一扯。

何善钦发自内心的微笑，扭头看向刘延烈，说道：“延烈兄，你会恨我吗？”他的语气很虚弱，带着颤抖。

“责人之心责己，恕己之心恕人。来来去去也不过数十载光阴，这其间有欢笑，就有泪水。有圆满，就有遗憾。我们再坚强，终是抵不过宿命的安排，何不放下心结，放下包袱，好好享受这春天里温馨的阳光，如此不是更好。”刘延烈笑着说道。

“是我拆散了子轩和米亚，我知道米亚只想和子轩在一起。”何善钦说着，缓缓扭过头看向湖面，叹息了一声：“可是……我不能看着我和她一手创办的中兴力诚在我手里毁于一旦，那样我到了那边是无法向她交代的。”说着，何善钦再次抬头看向刘延烈，继续说道：“所以，你应该恨我，恨我的自私，恨我的无情。”说话的时候，何善钦的双手扶着轮椅扶手，全身颤抖着，吃力地将自己撑了起来。

“你要干吗？赶紧坐下。”看见何善钦的举动，刘延烈一下慌张起来。

可是不等他伸手将何善钦按下，何善钦手一松，整个人跪在他的面前。都说男儿膝下有黄金，跪天跪地跪父母都不可跪别人，何况何善钦这么一岁数的人。何善钦这一跪，让刘延烈不知所措，急忙想要将何善钦扶起来，却被他一把推开。何善钦知道，只有这样才能让自己的内心彻底归于平静，这是他对刘延烈父子唯一能做的事，恳求他们的原谅。刘延烈早已不过问刘子轩的感情，但是他也知道，如果自己不代替子轩原谅何善钦，何善钦就不会起来。

“好吧，我替子轩接受你的歉意。”说着，刘延烈上前伸手要将何善钦扶起来。可何善钦再次推开他，像个倔强的孩子一样，说道：“你不是子轩，你怎么知道子轩会原谅我？”说着，何善钦的眼睛一眨，眼泪顺着鱼尾纹流了下来。

见何善钦不肯起来，刘延烈赶紧也跪在了何善钦面前，然后掏出手机往刘子轩那边拨了过去。等接通后，他按下免提，将手机放在何善钦眼前，说道：“善钦兄，把你刚才的话再说一遍。”

“子轩吗？”

“是我，何叔您身体可安好？”

“好。”听见是刘子轩的声音，何善钦笑了起来。缓过激动的情绪，他才说道：“子轩，何叔对不起你，是何叔拆散了你和米亚。可何叔有难为之处，你能原谅我吗？”

“子轩从未记恨过何叔，我和米亚是有缘无分。”

“那你……那你为什么不来参加米亚的订婚典礼啊？”

何善钦的话说到了刘子轩的心痛处，刘子轩没有立即回答何善钦的问题，沉默了好一会儿，他深吸一口气应道：“剧组在做开机拍摄前的准备，我一时走不开。”说完，刘子轩觉得自己或许只有祝福了米亚，何善钦才会安心，补充道：“对了，请何叔替我向米亚和思涵问好，祝他们订婚快乐，白头偕老。”

“谢谢你能原谅我，也谢谢你能祝福米亚。”何善钦说着，长松了一口气。

刘延烈挂断电话，对何善钦说道：“看吧，我就说孩子不会记恨于你，你呀……”

刘延烈话未说完，何善钦想去扶刘延烈，无奈身体不听使唤，四肢无力无法站立起来。刘延烈费了老劲才将他扶坐到轮椅上。

“唉，造孽啊。”何善钦笑着叹息。

风停了，湖面渐渐归于平静，没有一丝波痕。

何善钦的眼睑慢慢落了下来。当陆思涵将钻戒戴在米亚手指上的时候，当礼花和鞭炮响起的时候，当陆思涵和米亚挽着手相视而笑的时候，何善钦的嘴角轻轻扬了起来。他睡了过去，永远不会醒来。在梦里，他看见米亚穿着白色的婚纱，新郎刘子轩穿着燕尾服，他与爱人和刘延烈夫妇坐在厅堂上，笑语盈盈地等着米亚和刘子轩向他们敬茶。

在日落之前，天总是最明亮的。在一个即将被终结的梦里，奇迹是一道明媚优伤的阳光，过后，风雨依然如故。

起风了，败掉的柳叶随风卷起，刺痛了刘延烈的双眼。湖堤远处，几只鸿雁飞在柳梢上空发出声声哀鸣。

Chapter 23 ······ 峰回路转

在人生的旅途中，

我们不停地寻找着一帆风顺，

经历的却只有坎坷曲折。

等一切都真的平静下来，

我才发现，坎坷才是生活，曲折才是命运，

只要最后我们获得了幸福，

再多的泪水也只是应有的调味剂。

❤
❤
❤

生命最苛刻之处，在于它会死亡。

何善钦的葬礼是在福寿园进行的。接连失去两个至爱，米亚显得格外憔悴，陆思涵将她紧紧地扶着，生怕自己一不留神，她就会摔倒在地上。

刘延烈一家人和王勃都参加了葬礼。看着何善钦墓碑上和蔼可亲的黑白照片，刘子轩感慨万千，或许生命就应该需要爱过、痛过、恨过、悔过，最后才能落叶归根，与天地共融。他抬眼看向面前沉浸在悲痛中的米亚，在想什么是幸福？或许悠然自得自暇自逸，淡然凡尘琐事，没心没肺不紧不慢地生活在自己的节奏里才是幸福。

到刘延烈发言时，他什么都没说，只在何善钦的墓前洒下一杯清茶。在他眼里生命不过是一个过程，死亡也不过是这个过程中的一个转折，转折过后，或许是崭新的升华。他默默祝福老友何善钦能在另一个空间不再有迷茫与无奈，不再有遗憾和痛楚，在阳光的温暖下活一场诗意的年华。

回城的路上，刘延烈神色凝重，他知道是刘毅珑破坏了这一切，或许是自己造成了这一切，自己应该为这一切悲伤埋单。他没有忘记当初和何善钦的约定，决定由他来将这一切都画上一个句号。

在得知丈夫唐一森对家庭的背叛后，徐梦莲终日以泪洗面，她不肯原谅自己的背叛，也无法宽恕丈夫的辜负，在参加完何善钦的葬礼后，她带着唐诗忍痛离开了蓉城。

幽幽岁月从指缝间溜走，经过两个多月的紧锣密鼓拍摄，电影《奔腾的心》只剩下最后一场戏。这是一次外景拍摄，所有人都到了拍摄现场，却少了米亚和刘延烈。

刘子轩坐在监视器后，见演员都已到位，用对讲机向场记刘闵媛喊道："小媛，准备了！"

"《奔腾的心》第九十七场第十镜。"刘闵媛将场记板猛地一合，迅速地闪到一边。

监视器里，一个六岁的小演员在一片空旷的草地上，兴致勃勃有模有样地练着京剧把式，扮演父亲的中年男人走到孩子身边，身后藏着孩子最爱吃的冰糖葫芦。

“铭泽，你在做什么呢？”中年男人弓着身子问道。

六岁的铭泽一边练撕腿，一边有些喘气地应道：“我在……练……练把式，走自己的路！”

“那你有没有尝试把眼睛蒙起来，去走一条陌生的路呢？”

铭泽停下撕腿动作，气喘吁吁，大汗淋漓地看着父亲，摇着头。

中年男人蹲下身，问铭泽：“你要不要尝试去走这条路呢？”

铭泽斩钉截铁地回答道：“我要。”

中年男人继续说道：“在这条路上你可能会失去很多东西，你还会坚持着走下去吗？”

“失去的东西包括冰糖葫芦吗？”铭泽反问道。

中年男人笑了起来，将藏在身后的冰糖葫芦拿出来，在铭泽面前晃了晃，问道：“看我给你带了什么？”

“哇，冰糖葫芦。”铭泽见到冰糖葫芦，顿时忘记一切疲惫，冲到父亲的怀里。中年男人将铭泽抱了起来，并肩坐在一块大石上，问道：“儿子，你的梦想是什么？”

“嗯，像张国荣哥哥一样演戏、唱歌。”铭泽咬了一口冰糖葫芦，脱口而出。

“‘哥哥’，那可是大明星哦。”中年男人抬手抚摸着铭泽的脑袋。

铭泽则是一扭头，不太明白地问中年男人：“爸，你觉得我长大了能像‘哥哥’一样给大家带来快乐吗？”

中年男人大笑起来，不紧不慢地说道：“你要做一个给大家带来快乐的人，就需要付出很多很多的努力，忍受他人无法承受的磨炼，一番沉淀才会有收获。你不怕苦吗？”

“我不怕吃苦。不过我想知道收获之后，是不是有很多很多的冰糖葫芦吃？”说着，铭泽的一双手不禁展开起来。

中年男人将铭泽抱在腿上，看着天空说：“等你成就自己之后就知道了。”

“我现在就要努力。”说着，铭泽从父亲的腿上跳了下来，将冰糖葫芦递到他手中，跑到刚才练把式的地方，忙着操练起来，动作一板一眼，像模像样。

看着儿子认真的样子，中年男人抿嘴一笑，自言自语：“相信你的未来不是梦。”

这一幕如此熟悉，刘子轩庆幸自己没有忘掉曾经的梦想，也没有忘掉自己对父亲的承诺。他在想，如果刘延烈今天能来片场该有多好，自己以此作为向他的道歉，他一定会满心欢喜。

一旁的王勃见刘子轩沉浸在回忆之中一直都没有喊停，小演员累得都有些挥不动手脚。他赶紧抬手摇了摇刘子轩，轻声喊道："子轩，该喊停了。"

从思绪中猛地惊醒过来，刘子轩赶紧站起身来，拿起喇叭大喊一声："OK!"

应着他的声音，所有人都鼓掌欢呼起来。刘子轩酝酿了一下感情，才很兴奋地向大家鞠躬说道："《奔腾的心》杀青了！谢谢大家这段时间与我浴血奋战，与你们共事是我刘子轩最大的荣幸，谢谢你们的付出，你们辛苦了，感激不尽。"

鼓掌声变得更加热烈起来，王勃朝刘子轩竖起大拇指。

刘子轩抬手示意大家都停下来，然后指向陆思涵说道："晚上陆总在鞠香雅苑举办杀青宴，大家一醉方休，痛痛快快地耍一宿！"

"谢谢陆总！"应着刘子轩的话，所有人不约而同向陆思涵致意起来。

《奔腾的心》的杀青，让他们陪着刘子轩走过了生命中的一个转折点。这个转折点不仅是刘子轩一个人的，国内经济回暖，内需扩大，加之九鼎集团的宣传造势，中兴力诚并没有发生像刘毅珑之前说的那种崩盘。为此，陆思涵决定将本属于刘子轩的东西交给他。于是，在大家陆陆续续收拾东西的时候，陆思涵带着新的合约和一张存有酬金的银行卡来到刘子轩所乘坐的车前。他看见刘子轩还在和饰演铭泽的小演员及家人聊天，决定上车等着他。在杂耍手中的钢笔时，陆思涵不经意打翻了一个墨绿色的手提塑料箱。这种箱子是剧组的标配，它既可当椅子，也可以放置日常用品与文件。在他捡起灰色的盖子准备合上箱子时，看到了里面写有米亚名字的红色信封，心脏不禁抽痛了一下。

陆思涵看向刘子轩的方向，刘子轩依然在谈着工作，他忍不住拿出一沓信封，信封并没有封口，里面的信很容易被他抽取出来。

亲爱的米亚：

见信佳。

我在北京的生活过得很好，今天获得了一个群众演员的角色，演的是一个解放军战士，导演夸我演得特别有质感，演员副导演在给完我片酬后，还请我吃了一顿饭。六十元，对，你没看错，是六十元，这是我一天的片酬，也是我来到这里之后得到的第一笔报酬。我很想和你分享这份喜悦，可又害怕听到你的声音之后就想回到你的身边，所以我只能把所有的快乐和思念写在这里……

思念，对我来说，是一个备受煎熬的东西。然而，就是这个东西，使我更想念和你在一起的时光。如果真有一台时光穿梭机的话，我更愿意回到从前和你在一起的日子。爱情需要与时日一起成长，我担心在这里久了，那些幸福的时光会在春雨秋叶中苍老下去，然后结上一层锈迹斑斑的躯壳。

时光散去，烦恼悠悠。米亚，时间在变，人在变，我对你的心不变……

陆思涵没想到自己对米亚的爱，原来在刘子轩面前，是那样微不足道。

想着，他又拆开了另一封信。

今天……山姆走了，我好想听你安慰我，可我知道你要是知道山姆死了会比我更伤心。不过我很幸运地遇到了王勃，他虽然不是我在这里认识的第一个朋友，却是第一个可以交心的朋友，我想我以后在这里不再是孤军作战……

看着信笺上个别模糊的字迹，陆思涵知道那是刘子轩的眼泪。他不敢再看下去，怕越往下，越发现自己是多么卑微。坐在车里拿着信纸颤抖的陆思涵在内心承认，自己对米亚的爱远不及刘子轩，他的心开始动摇，他在做着最后的挣扎。

王勃在这个时候回到了导演车里，他看到陆思涵手里的红色信封时，将信夺了回来，气愤地指着陆思涵大吼："陆思涵，你不知道这是别人的隐私吗？"

陆思涵没有一丝愧疚，抬眼安静地问道："子轩为什么没有把这些信交给米亚？"

王勃冷笑了一下："你以为子轩会和你一样，会以利益绑缚爱情吗？他当初写这些信没寄出去，是因为害怕米亚知道他在北京艰难困苦的生活，一定会伤心难过，劝他回蓉城。现在子轩没给米亚，是因为子轩真的爱着她，他知道只要他把这些信交给米亚，米亚一定会回到他身边，但他没那么做，他的爱比你更加隐忍真切！"

陆思涵整理了一下领带，将新合约交到了王勃眼前，说道："这是关于《奔腾的心》的新合约，我已经签好了字。"

虽然这一刻王勃有些看不惯陆思涵，但工作归工作，他还是将合约接了过来。看着手里的新合约，他粗略地看了一下，发现这是一份关于《奔腾的心》版权转让协议，里面明确说明原有合同在这份合约签订之后立即失效。更重要的是，陆思涵在这份协议之中给了名不见经传的刘子轩足够多的片酬。

王勃看合约的时候将手中的信件搁在车座上，陆思涵收拾好所有的信件，并趁他不注意，将信件装进了一个棕色档案袋带走了。

看着合约，王勃沉浸在无比的欢愉中，如果放在平时，这份合约在影视圈内都算得上是最大的让利，但豪迈不群的王勃觉得这是刘子轩应得的酬劳。

拿走所有信件的陆思涵，此刻的心情却糟糕到了极点。离开拍摄现场，他并没有直接回家，也没有去集团向陆振雄汇报工作情况。他带着刘子轩那厚厚的一沓红色信件，直接去了塔子山公园。

舍利塔里，香火旺盛，大殿的天顶上悬挂着的盘香正悠然地飘着浅蓝色的烟雾，诵佛的僧人正专注地敲打着木鱼，口中喃喃地念着佛经。

陆思涵先是对着佛像作揖，表示自己对佛门净地的敬意，再是向僧人作揖，表达自己对他清修的打扰，最后才寻了一块蒲团盘坐了下来。直视着刘子轩的信件，此时的陆思涵变得有些惶恐不安起来，他没有像在导演车上那样勇敢地拿起信封阅览，而是深吸了一口气，抬头看向了眼前的佛像。

"我该怎么办?"陆思涵低声询问着，心里很是矛盾。他知道佛理在信众心中是神圣的事物，是一个人精神的寄托，是一种哲学，是一味止息烦恼的灵丹妙药，是一个让人保持愉悦的秘密。不是他这个世俗之人能够领悟的东西，自然也不会得到佛的回应。在陆思涵彷徨四顾的时候，一旁的僧人却应了他，僧人没有停止敲打木鱼，也没有睁开眼，只是心和气平地告诫陆思涵："无常无我，有因有果，不悲不喜，求觉求悟，境虽心生，随心清净，乃安乐也。"

陆思涵没能将僧人的话全听明白，但至少听明白了两个词：有因有果，随心清净。陆思涵抿嘴一笑，低下头坚定地看向地上的信件。鼓足勇气后，他将那一沓红色信封拿了出来，从左往右整整齐齐地平摊在蒲团前。罢了，他对着佛像作揖祈祷，希望自己的行为可以得到宽恕。

佛依旧没有回答他，但他自觉地将最右边的一封信拿了起来，拆开信封，取出信笺，展开看了起来。

米亚：

这是我写给你的第三封信，依旧不敢寄给你。今天我遇见了一个人，一个和郁红晓长得一模一样的女孩。抱歉，在思念你的时候，提到了久违的伤感。这是一个我无法逃避的话题，只有正视自己的疼痛，才能珍惜当下的情分。在见到她的那一瞬间，我的心里充满了对生活的感激。真不敢相信造物主的天赐之举，居然将一枝燃尽了的玫瑰，让它重新娇嫩欲滴含苞待放。感激上天给了我弥补愧疚的机会，即便我知道那人不是郁红晓……

米亚：

上次跟你说的那个长得像郁红晓的女孩叫作辛小诺，和我一样是一个北漂。今天她被房东赶了出来，我让她搬到了我这里。我这么做你一定会理解的，是吗？因为我爱的只有你。对辛小诺，我把她当作了郁红晓，只是想弥补先前对郁红晓的愧疚和过错，或许是缘分，让我们都不愿忘掉最不愿忘掉的人。米亚，我无意伤害你，如果我做错了，请你宽恕我。如果得不到你的宽恕，我的所作所为都将背负沉重的枷锁，生命将被无休止的怨恨和自责所控制，一辈子都无法走出鹤唳华亭的炼狱。

米亚：

辛小诺告诉我，她是刘毅珑的人，她的出现是为了让我永远不会再出现在刘毅珑的视野之中。虽然我已经跟过往不想再有关联，可当我知道辛小诺真实身份的时候，依旧还是会心痛，会恨刘毅珑对我的伤害。原来，我还是没能从过去完全走出来，悲痛在我双眸的每一次眨闪与聚焦之间，放肆的漫溢。时间许诺的安然，也在深夜的辗转不寐时，恣意崩塌。

米亚：

今天我去北京电影学院听课了，感觉我离梦想又近了一步，你会开心吗？其实，你一直都在，你给了我一个没有你的空间去想象你的爱，我在这场无实物的表演课上成绩斐然出类拔萃。只是，我一个人好累。

米亚：

我来到这里已经一年了，今天是我的生日，是王勃陪着我过了我在这里的第一个生日。我不在的这一年里，你过得好吗？一定还在气我的不辞而别和不联系吧？我真的有很多苦衷，希望你能宽宥。或许你已经遇上了对你更好的男人，或许匆匆岁月已经把我们幸福的时光蹂躏成了一道糟糕的陌影，或许，没有或许，我厌恶或许……

米亚：

王勃今天接演了一个男一号的角色，我真的太开心了。

米亚：

我已经不知道该向你说些什么才好。我心里有千言万语想要告诉你，却又不知道从何说起，怕说下去你会厌烦，也惧怕我的啰唆会打扰你的生活。

米亚：

见信佳，最近我很好。

红色信封一封接着一封地被拆开，看着刘子轩真切率性的字迹，陆思涵仿佛看到了一个活在北京追逐梦想的人，对恋人深深的爱。而写这些信的主人，爱着的人是米亚，他的未婚妻。

陆思涵越往后看，越是了解到刘子轩在北京受的困苦与煎熬。

等看到最后一封信，陆思涵发现这一封信要比之前所有信看上去都要厚实许多。当他取出里面的信笺，发现是一封没有信头的信，字迹依然是洋洋洒洒风姿飘逸，可信纸足有五张多。

那是刘子轩在北京遇到王勃之后发生的一件事情，在信的开头，刘子轩只写了两个字：心魔。

"《心魔》……"

拍完戏的刘子轩拖着沉甸甸的脚步回到百子湾路后现代城的家里，他的身上带着一股让人恶心的气味。一进客厅，那股气味瞬间弥漫开来，吓得王勃赶紧捏住鼻子将他逼进洗手间。

饭桌上，王勃把电影《心魔》招募男一号的事情告诉了刘子轩，并擅作主张地向制片人推荐了刘子轩。当刘子轩听到此时，没能憋住内心想笑的冲动，将满嘴嚼碎了的鸭肉喷了王勃一脸。对此，刘子轩不禁自嘲道："推荐我？算了吧，就我现在这副走到街上就要遭警察开罚单的脸，观众肯定没有做好接受的心理准备。"

王勃没有理会他的自嘲，反倒是更加坚定地说："不去不行，人家看了你的资料，愿意给你一个机会。"说着，王勃拿着吃剩的鸡骨指着刘子轩说道："哥们儿好不容易给你找来的角色，你千万别说不想演。"

话音未落，王勃转身将电视机上的剧本拿到手里拍了拍，扬扬得意地笑了起来。

见剧本都已经到手，刘子轩这才信了王勃的话，不免有些惊讶地拿过剧本，说道："可以啊勃哥，功与名深藏不浅啊。"

王勃倒是耸了耸肩，说："你王大爷我就像蜘蛛一样，能坐享其成，靠的就是一张关系网。"

听着王勃自吹自擂，刘子轩没有急着翻开剧本，而是放在了一旁，一边啃着骨头上为数不多的肉，一边问道："说说故事大纲和制作团队呗。"

"说这个干吗，你一死跑龙套的别作啊，演男一号还不够你嘚瑟？"王勃斜了刘子轩一眼。

“我要向人家姜大师学习，也细挑剧本，精选导演。”说着，刘子轩笑了起来。

王勃看着他的笑，不禁埋汰起来：“你就嘚瑟吧。”

刘子轩听了这话笑得更加张狂，并且没有丝毫收敛地拍了拍胸脯，说道：“废话可是人际关系的第一句，你看那些拿奖的家伙第一句都是感谢 CCTV，感谢 MTV。”

王勃上下打量了他一番，说道：“别说，你和姜大师在某些地方还是挺像的。”

“有烦仁兄指教。”说着，刘子轩抱起拳来。

王勃无奈地摇头，说道：“你俩都属于说得云山雾罩类型的。”

“云山雾罩何解？”

“《太阳照常升起》你看懂了没？”

“没有。”说着，刘子轩的头摇得像个拨浪鼓一样。

王勃抬手按住刘子轩的脑袋，说道：“连这个都没有看懂，你真厉害。我对你的敬仰犹如滔滔江水连绵不绝……”

“又如黄河泛滥一发不可收拾……哈哈！”

“至于笑得这么猖狂吗？”王勃虽然这么说，但也忍不住笑了起来。

刘子轩始终记得他们在拿到《心魔》剧本的时候是多么开心，毕竟那是他接到的第一个男一号的角色，对他的梦想和人生都有着里程碑的意义。

为了能够在试镜中有着良好的表现，王勃把刘子轩要在剧中饰演的角色向刘子轩讲解了一遍。

“于是，你喜欢上了黑暗，喜欢一个人待在黑黑的房子里。有一天，母亲无法再承受父亲在外面有女人的事实，便割腕自杀了。你再也忍受不住父亲的强权主义，与父亲对峙时，打了父亲一巴掌，父子关系彻底断绝。”说着，王勃将双手展开，兴高采烈地说起来，他的脑子里已经浮现出刘子轩会在这场戏里的优异表现。但他没有留意到刘子轩此刻的表情已经变得冰冷，还继续讲解着：“再后来，父亲迷恋上了酒和形形色色的女人，经常喝得酩酊大醉带着不同的女人回家。你开始痛恨父亲，这让你举起屠刀，拿那些混迹在灯红酒绿场所的男人们消遣，最终成了一个智商很高却很变态的杀人狂魔……”

“闭嘴，你够了！”刘子轩突然站了起来，不停地喘息着大气。

此刻，他的脑袋如同快要崩裂一般疼痛。曾经的一切充斥着他的思绪，与其说《心魔》的故事是他真实的人生，倒不如说，他的内心也住着这样的心魔。

王勃却丝毫不理解刘子轩的反应，咧嘴一笑，问道：“干吗呢？给你梳理故事你还上脸子了?”

“你告诉我,你是不是知道我原来的所有事情?”

“我……”王勃在这一瞬间才反应过来,不禁低头看向《心魔》剧本,心想自己怎么如此糊涂,居然忘记了刘子轩早些年悲痛的经历,而现在的自己岂不是在向刘子轩的伤口撒盐。王勃解释道:“听我说,事情不是你想的那样。”

“那是哪样?”刘子轩已经被过往的痛苦折磨得失去了理智,说着将挡在自己和王勃之间的桌子掀开,抬手提起王勃的衣领怒吼着:“那是哪样!”

“其实我们都有不堪回首的过去,但我们的生活要往前看,不是吗?”

“看来你真的知道了我的过去,可我并没有给你说过。”刘子轩说着,当即将王勃往后推走,直到将他按在墙上,紧紧地卡住他的脖子,然后瞪大愤怒的双眼问道:“谁告诉你的?”

这虽然不是王勃第一次见刘子轩发怒,但这一次要比之前山姆被打死的时候还要有过之而无不及。王勃心里清楚,此刻的刘子轩一定是回想起了曾经和刘延烈之间的事情,才会失去冷静。

被刘子轩压得有些喘不过气来,王勃只好说道:“先放手,我……快喘不过气了。”

“告诉我,你怎么知道我的事的?”刘子轩说着,但并没有松手,反倒是更加用力。

王勃想了一番,觉得自己和刘延烈认识这件事,终究要告诉刘子轩,应道:“你爸……说……的。”说着,王勃一脸痛苦。

“你居然背着我去见……”刘子轩的声音颤抖着。“他终究是你爸……”王勃艰难地挤出几个字。“与你何干?”所有的愤怒顿时凝聚在刘子轩的拳头上,猛地打在王勃的身上,并将他打翻在地。

嘴角的痛感让王勃抬手摸了一下,看到手背上的血渍,他不禁有些吃惊,心想自己到底做错了什么?冤枉和委屈的感觉瞬间让王勃也变得愤怒起来。他站起身,大喝一声,抬手抓住刘子轩的肩膀,猛地将他往一边甩开。

两个男人扭打在一起,你一拳我一掌的回击着对方。见刘子轩完全魔障了,王勃挣脱开来,跨步骑在他的身上,抡起巴掌,一巴掌接着一巴掌地落在刘子轩的脸上。他要把刘子轩打醒过来,任何一个背负着过去的人,都不可能朝未来轻装前行。自己被冤枉算得了什么,自己的委屈又算得了什么,没有人比王勃更了解刘子轩,所以他只想让刘子轩清醒过来,哪怕这会让他们之间的感情受到创伤。

刘子轩的愤怒随着眩晕渐渐平静了下来,等他的脸上满是淤青的时候,眼泪也从眼角钻了出来。

“为什么你要瞒着我见他?”刘子轩有气无力地问道。

停下手的王勃打得有些累,喘了一口大气才应道:“其实你父亲比谁都爱你,你只是不愿知道罢了。”说完,王勃站起身来,将刘子轩从地上拖到了床上,然后一个人收拾一片狼藉的屋子。

那一晚,王勃和刘子轩一句话都没说,即便到了深夜,两人也都没有睡觉,并且一上一下地躺在上下铺,望着窗外发呆,各自游荡在各自的世界。

沉默了许久,刘子轩的手机铃音响了一下。应声将手机拿起,见是王勃发来的短信,内容是《心魔》里的一句台词:“做父亲的不能在众人面前谈谈自己的儿子吗?”

沉寂了许久,刘子轩才回复了一句:“你说的那个人是我吗?”

“知子莫若父,知父莫若子……”

刘子轩没有再回复这条短信,侧了一个身,对着上铺的王勃道了一声“晚安”,闭眼睡了过去。谁都没有说对不起,但一声晚安,已经足够道明一切情感。生活依旧会继续,这一次的争执并没有让刘子轩和王勃的友情出现间隙,反而让他们更加心照不宣,同时也让刘子轩开始反思自己和父亲之间的一切。

或许是《心魔》有着刘子轩太多的记忆共鸣,刘子轩的试镜出乎意料得好。和他对戏的是一个知名的中年演员,戏中扮演的是他的父亲。随着导演一声“Action”响起,脸上还有些淤青的刘子轩顿时进入了角色之中。

“你懂我?呵呵……你讲的那些故事大多是你胡扯的,你不是你,我不是我。”

“拜托,别那么认真,大家喜欢我讲的这些故事。”

“可是我听烦了,我讨厌你的故事。我不明白,在那些故事里,妈妈为何变成了一个蛇蝎心肠的女巫?你在外面风花雪月累了,回到家里到底是谁照顾你?在生意场上不如意的时候,是谁支持你,默默帮助你?现在你有权有势,以为自己能呼风唤雨,以为全世界都以你为中心了吗?不,没有,现在的你只会让我觉得丢脸!”在说台词的时候,刘子轩完全沉浸在剧情之中,他把面前的中年演员看成了自己的父亲刘延烈,似乎这些对峙的话语是在责问刘延烈。

话音未落,中年演员猛地抽了刘子轩一记耳光,刘子轩在那一瞬间抬手捂着脸,表情狠狠地等着中年演员的反应,眼前的中年男人又何尝不是曾经他怒视着的刘延烈的样子。

中年演员不禁义愤填膺地呵斥道:“很抱歉让你丢脸了。”

刘子轩双眉一蹙,半眯着眼,眼中闪露着鄙夷的眼光,对中年演员说道:“你丢的是你自己的脸,你不知道罢了!”

中年演员摆了摆手,不想再和刘子轩争执什么,转身离开了刘子轩的视线。戏似乎到此结束了，可刘子轩双眼还噙着眼泪，紧张而愤怒的心情让他的嘴角不听使唤地抽搐着。

刘子轩记得那个时候，整个片场安静得只能听到自己的心跳声，留着大胡子剃着光头的导演看着刘子轩很久才缓过神来，起身大喊道："停！"随即，所有人为刘子轩的精彩表现给予了雷鸣般的掌声，而王勃知道刘子轩演的是他自己悲悯的生活和无法抹忘的过去。

刘子轩没想到的是，第一出品人还是以刘子轩曾经拿枪对着导演的事情为理由，拒绝让刘子轩出演男一号。一番理论和争取后，最后的结果依然是刘子轩和王勃带着满心的失落回到了出租屋。正是这次残酷的现实给了刘子轩沉重的打击，更是让他坚定要自主创作，自编自导自己的梦想。

出租屋的阳台上，一个铁皮垃圾桶里正燃烧着熊熊大火。王勃一边哼着小曲，一边将他看过的所有好的与不好的光盘一张一张地扔进火里，然后看着光盘卷曲，最后化成灰烬。

"对于一切沉溺于口腹之乐，并在吃喝情爱方面度过时光的人，快乐的时间总是短暂的。"

刘子轩没想到到了这个时候，王勃还能说出这种文绉绉的话来，不禁一笑，应道："你上辈子估计是个落魄文人，张扬、尖酸、刻薄，你样样齐全。"

王勃则是一声叹息，哀怨道："管他上辈子下辈子是什么样，这辈子的事情我还没整利索呢。"

刘子轩轻笑了一下，说道："我真的不信你能把烟酒色给戒掉。"

"我必须要改头换面。"王勃突然很深沉地看着刘子轩，难得一本正经地说："这社会如同封闭的炉子，我们想看到更大的天，就得牺牲七情六欲来寻找出路。"

刘子轩习惯了王勃偶尔说出这种很有哲学味道的话，所以这次没有调侃，转而问道："你烧了这些，就没有什么东西是要留给我的吗？"

"当然有。"王勃应着，起身从铁床下拉出一个纸箱子来，猛地将上面铺着的灰吹散，然后放在刘子轩面前，说："这是你爸让我转交给你的，你别问我是怎么认识你爸的，也别问他现在在做什么，我只想在即将分开的时候告诉你一句话——你父亲真的很爱你。"

说着，王勃从上衣口袋掏出一张银行卡，放在刘子轩的面前。

"这是他让你交给我的吗？"刘子轩冷冷地问着。

王勃抿嘴一笑，点着头说："你别较劲儿了，演员这条路你算是走到头了。其实我看了你写的剧本，真的不错。"说着，王勃不禁深吸了一口气，压制着即将离别的悲伤，低头看着那一张银行卡，说："如果你真的不愿接受刘叔的钱，你就当他是你电影梦想的投资人，等你成功之后，再把欠他的全部还他。”

刘子轩没有再说什么，其实他心里不知道自己到底能不能偿还王勃的情，也不知道该不该接受父亲的爱。

离开蓉城一年多，突然听到父亲的消息，刘子轩的心情无疑是沉重的。而王勃离开的悲伤，将他沉重的心情很好地掩藏住了。

五张信笺终于到了收尾的时候，陆思涵此刻不禁有些哽咽起来，他没想到刘子轩在北京还经历了这么多事情。他终于明白，刘子轩到底有多么爱米亚。

亲爱的米亚：

为了梦想，我或许不会再给你写信，因为我害怕对你的思念会让我放弃自己的梦想。如果可以，我会用这些信作为聘礼，与你携手到老，共度余生。如果你已经有了新的生活，这些信会是我对你最深的爱的祭奠，也将永远伴随我一生，无论我今后孑然一身还是子孙满堂，无论是贫穷还是富有，无论是顺境还是逆境……

陆思涵笑了起来，抬头看向佛像，似乎看见佛像朝他微笑。

将信笺一封一封地放回信封里，陆思涵突然觉得内心轻松了不少。他知道，这大半年的时间里，米亚过得并不快乐，即便她的脸上每天都挂着最美的笑容。陆思涵一边站起身来，转身往舍利塔外走去，一边掏出手机向米亚打了过去。在电话接通的那一瞬间，陆思涵和往常一样，问着：“还在公司呢?”

“对啊，我现在才发现爸爸原来有多辛苦。”

“是吗?”说着，走到舍利塔梯坎下的陆思涵停了下来，深吸一口气，回头看着舍利塔，说：“那我给你带点儿吃的过来吧。”

米亚轻松地笑起来，应道：“好啊，我等你。”

挂断电话，陆思涵会心一笑。他感激这些日子里，米亚没有拒绝他对她的好，也感激米亚努力地扮演着未婚妻的角色，在他不开心的时候安慰他，在他疲惫的时候给他一个依靠和怀抱。

现在陆思涵能给米亚的，只有最后对她好一些。

陆思涵买了一堆米亚最喜欢的零食和水果，到了川信大厦中兴力诚总部。当他看到米亚的时候，表现得和以往一样。每一次，当他将一块提拉米苏递到米亚面前时，米亚都会送给他一个香甜的吻，如同一对恩爱的夫妻，彼此践行着对彼此的承诺。

吃着零食的米亚好奇地看向玻璃茶几上，那儿放着陆思涵带来的棕色档案袋,问道:“思涵,你把请帖买回来了?”

陆思涵看着棕色档案袋尴尬地笑了一下,摇头说道:“一个朋友的东西,他之前没能来参加我们的订婚仪式,里面装着的是他送给你的礼物。”

“我的?”米亚疑惑起来,说着抬手想要拿过棕色档案袋看看里面到底是什么东西。

陆思涵按住棕色档案袋,即便选择了放手,他还是不愿米亚当着自己的面知道刘子轩对她的爱,他也不想让米亚因为自己的存在而左右为难。现在的他,只想安静地陪着米亚吃完他们在一起的最后一顿晚餐。

陆思涵的举动,让米亚更加好奇棕色档案袋里装的是什么东西。

满满一桌小吃被米亚吃完了,陆思涵才从安静地凝视中抽离出来,看了一眼腕表后站起了身,带着迷人的微笑说道:“好了,我去忙了,你现在可以看只属于你的礼物了。”说着,陆思涵转身离开米亚的办公室,径直往电梯口走去。

米亚全然不知棕色档案袋里装着的是刘子轩写给自己的信,当她满心好奇地拿出信封,见里面都是写给自己的信时,整个人都愣住了,仿佛连全世界都跟着停滞了下来。

良久,米亚缓过神来,不可思议地自语道:“这怎么可能?”

当她将棕色档案袋里所有的信封倒出来,铺满整张办公桌的时候,才顿然明白,刘子轩到底有多么爱自己,而自己又多么爱他。

拆开信封,展开信笺,看着刘子轩写给自己的每一个字,米亚忍不住落起泪来。

过了一会儿,米亚收到了陆思涵的短信:“谢谢你这些日子里带给我的快乐和幸福。”

这一瞬间,米亚发现自己是这个世界上最幸福的女人,有两个用一切来爱自己的男人。一个给了她真正的爱情,一个在她最困难的时刻给了她依靠。面对这两个男人,米亚不知道该如何抉择,她知道不管选择哪一个,都会伤害另一个。

就在她左右为难的时候,她接到了徐梦莲的电话。

平复了一下心情,米亚才接通徐梦莲的电话。在电话接通的那一瞬间,米亚听到的是徐梦莲因惊恐万分而变得颤抖的声音。

“怎么了?”米亚没有料到快半年没有联系过的徐梦莲,突然的来电竟是这般出人意料,让人不知所措。

“米亚,救救我,现在只有你能救我了。”

电话那头的徐梦莲说话很小声,而且断断续续,这让米亚顿时察觉到徐梦莲一定是身处极度的危险之中,她是偷着给自己打的电话。

不敢多想，米亚赶紧冲出办公室，一边往电梯口匆忙跑去，一边安抚着徐梦莲说："梦莲，你不要害怕，告诉我发生了什么事情？然后把你见到的和听到的细节都告诉我……"

"还敢偷偷打电话？你活得不耐烦了是吧？"

"啊！"电话那头响起了一声徐梦莲的惨叫，随即再也没有了信号。那个男人的声音，米亚觉得她在什么地方听到过，可一时之间却想不起来是谁。米亚知道，徐梦莲在蓉城最信任的人是刘子轩，所以走出电梯她赶紧给刘子轩打电话。

此时的刘子轩正在回酒店的路上，他完全没有想到徐梦莲会突然联系上米亚，而且还出了祸事，正处于极度的危险之中。不敢多想其他事情，刘子轩和王勃很快赶到了相约的地点。

见到米亚的那一刻，刘子轩和米亚都无心过问红色信件的事情，刘子轩万分焦急地询问着徐梦莲的事情。

"不知道，唯一知道的就是徐梦莲被一个男人绑架了。"

"绑架？"王勃有些不敢相信地喊了出来。

"可能是。"说着，米亚掏出手机，将刚才录下的语音放给他们听，并问道："听得出这个说话的男人是谁吗？"

刘子轩也觉得这个男人的声音很熟悉，可怎么也想不起来。倒是一旁的王勃很快就想了起来，一拍手，说道："她老公，唐……唐……唐什么？"

"唐一森？"刘子轩和米亚异口同声地应着，两个人的脸上同时挂上了不敢置信的表情。反复听着录音，他们没想到唐一森会对徐梦莲做出如此偏激又胆大妄为的事情来。

在米亚思索营救办法的时候，王勃趁机将刘子轩拉到一边，凑到他耳边轻声说道："你说，是不是她和你的事情被唐一森发现了？"

"这都快一年了，而且我们后来都没有联系了，要发现也早就发现了。"

"也对。"

米亚见两个人到了这个时候还有闲心说悄悄话，有些不悦地吼道："你们能不能不要在这个时候还耳鬓厮磨的啊？我们得赶紧知道徐梦莲现在在什么地方。"

听到米亚的话，王勃干咳了一声，说道："美女，耳鬓厮磨不是用在这个地方的。"

"你管老娘把它用在什么场合。"说着，米亚横了王勃一眼，眼角闪着冷光，吓得王勃赶紧闭上了嘴，退到一旁不再打扰她和刘子轩。

米亚对刘子轩说道："赶紧给唐一森打过去，接通之后尽量多说点儿话，那样我才能追踪到他的地址。”

一旁的王勃见米亚居然还有位置追踪这一套玩意儿，有些意外地赞叹道：“哟，还真有这玩意儿呢。”

“你要么闭嘴，要么出去！反正别帮倒忙。”米亚说着，抬手指向茶楼的门口。

王勃苦涩一笑，说道：“其实我想说，你们的电话唐一森一定不会接的。”

“那赶紧用你的手机打啊！”刘子轩吼了起来，顿了一下，说道：“你不是在北京电影学院学配音的吗？把你那些口若悬河的本事尽情发挥出来，知道吗？”

王勃掏出手机，按着刘子轩手机里存着的唐一森的号码拨了过去。

很快，电话如愿接通。

“您好，请问是唐一森先生吗？我是新华保险的业务经理唐健，早前您的爱人徐梦莲在我们这里为您买了两份分红保险，现在我们在做一份回执报告。”

“你是新华保险的？那来电应该是客户服务热线啊？”

“我是专险专责的执行总经理，可以不使用座机专号。”

“哦，你刚才说的什么保险？”

“您爱人给您买的分红保险。”看唐一森上了钩，王勃赶紧应道。

电话那头，唐一森沉默了眨眼的工夫，吞吞吐吐地问道：“她怎么给我买保险？哦，那个，我想问一下，我能不能给她购置一份意外保险呢？”

唐一森的话让刘子轩和米亚不禁对视，他们有些意外唐一森会给徐梦莲办理保险，难道两人并未出事？然而唐一森接下来说的话，却让他们看清了唐一森的丑恶内心，不禁叹息徐梦莲居然会和这个人面兽心的家伙生活了四年，还为他生了一个孩子。

“最好是两天之内能办理下来的那种。”

听到这句话，米亚顿时明白过来，唐一森是想趁机谋害徐梦莲进行骗保，顿时气得怒不可遏。可米亚知道，只有冷静下来，才能解救徐梦莲，即刻在白纸上写道：“顺着他的意思说。”

“当然可以，如果方便，您能提供一下你的身份证号码吗？”

“给我妻子办理，干吗要我的身份证？”

见差点儿说漏了嘴，王勃赶紧解释：“您是经办人。您的身份证我们也需要在系统中核实您是否已经为他人办理了相应险种。”

“我第一次给他人买保险，需要这么麻烦吗？”电话那头的唐一森变得有些不耐烦起来。

“先生，请您理解，这是流程需要，我也没有办法的。”王勃继续嬉皮笑脸地应着。

此话一出，唐一森当即挂断了电话。不过幸运的是，米亚成功追踪到了唐一森现在所在的位置，但是并不是在他们蓉城的家里，而是在西郊外一个废弃的工厂。

米亚并没有立马报警，她知道报警只会让这件事情变得更加复杂。最终，她和刘子轩还有王勃，三人前往唐一森所在的地方而去。等他们到了才发现废弃的厂区周遭三公里荒无人烟。因为是待开发区，厂房周围的杂草已经没过了他们的腰杆。

从才开辟出来的路来看，米亚分析出，唐一森是不久前才把徐梦莲带过来的。或许是在他不在的时候，徐梦莲才想出办法联系到自己。现在，他们要做的就是等，等唐一森离开的时候，趁机将徐梦莲解救出来。王勃原本以为这次自主营救会花费他们很多时间，没想到唐一森丝毫没有察觉到他们的存在。在天色擦黑的时候，唐一森就从废弃的工厂里走出来，并开车离开了。

看见唐一森的那一瞬间，刘子轩的双拳已经捏得“咯咯”直响，若不是米亚不想打草惊蛇，他早已经上前将唐一森一顿暴打。三人冲进废弃的厂房，看到被捆绑的徐梦莲，异常震惊。她身上满是被唐一森打出来的伤痕，有的已经结疤，有的新伤还往外渗着血珠。揭开蒙在徐梦莲头上的黑布袋，他们都没有想到她会变成现在这副模样，脸上没有一丝血色，苍白的嘴角挂着血渍，眼睛因为很久没有见到阳光而变得发灰，失去了神采，整个人都消瘦了许多，颓废而彷徨。

刘子轩缓过神来，赶紧将身上的衣服脱下来，披在徐梦莲的身上。一旁的米亚在进门那一秒，就一直拿着手机拍摄着取证视频。

被解开绳索的徐梦莲虚弱地抬起眼来，见是刘子轩，猛地扑在了他的怀里，声嘶力竭地哭了起来。

“哥，我好害怕，真的好害怕……”

“好了好了，哥在这里，不会再有任何人欺负你了。”刘子轩安慰着，用手轻抚着徐梦莲的后背，他的眼眶里已满是愤恨的火花。

在徐梦莲声嘶力竭地哭泣时，谁都没有料到唐一森竟然折返回来，来不及撤走的四个人被唐一森堵在屋子里。经过一番质问，刘子轩等人才看清了唐一森衣冠楚楚禽兽的那一面。在出轨被徐梦莲发现之后，唐一森不仅没有忏悔，反而变本加厉地对徐梦莲实施家庭暴力，更不准徐梦莲和他离婚。因为在别人眼里他是一个优秀的丈夫，他完美的丈夫形象对他的生意有着很大帮助，所以他不允许任何人破坏自己得到的一切。

这何尝不是曾经的刘延烈，徐梦莲又何尝不是曾经的王淑芬。徐梦莲比王淑芬更加的可悲，她的丈夫已经对她毫无爱意，可徐梦莲又比王淑芬幸运，因为她有刘子轩他们。刘子轩此刻也在想，如果当初有人能够帮一帮妈妈，妈妈或许就不会得忧郁症，将他一个人留在这个世上，一度孤独彷徨。

不能再让唐诗和自己一样。压抑不住的愤怒让刘子轩站起身来，顺手从身边捡起一根钢管，朝唐一森走了过去。王勃从未见过如此愤怒的刘子轩，可他更加担心失去理智的唐一森会伤到米亚和徐梦莲，也捡起一根钢管，将两个人护在身后。

唐一森并没有被刘子轩的气势给吓住，从身边拿起一根木棍，指着靠近自己的刘子轩，警告道："你来呀，大不了鱼死网破！"

等刘子轩逼到很近的时候，他还没扬起手来，唐一森就吓得手一抖，将木棍丢在地上，转身连滚带爬地跑出了工厂棚屋，一溜烟地消失在刘子轩的视野之中。

刘子轩在门口站了许久，见唐一森没有再回来，这才猛地将手里的钢管砸在地上，转身回到徐梦莲身边，用衣服将她包裹起来，抱着她往棚屋外走去。米亚看着刘子轩伟岸的背影，不禁仰天长叹起来。她在想，或许她不该去打扰刘子轩和徐梦莲，也不该去破坏刘子轩给予徐梦莲的安全感，因为徐梦莲此刻太需要他了。

杂草是长错地方的植物，在麦田里找到一株油菜花，那油菜花就是杂草，如果在我的院子里，那它就是一株花。此时此刻的米亚觉得自己就是在长在刘子轩麦田间的一棵油菜花。爱，从来就不是一个一蹴而就的故事，历经风霜百转千回才能起死回生。

想着，米亚笑了起来，迈步朝棚屋外走去。王勃却还愣在原地，他发现这三个人的关系，不，是他们四个人的关系越来越复杂，让人有了剪不断理还乱的感觉。

王勃朝一旁立在墙壁边的镜子看去，镜中的自己有些变形，从里面的满怀喜悦到外面的阴沉现实，微笑的坦诚曾在虚伪与狡诈的时候上演，满口的嘲讽曾在渴望与信任的时机暴走，你或喜欢或逃避的人会告诉你生活与成长的真谛。眼前的故事告诉他，无论你遇见谁，他都是你生命里本该出现的人，而这些都有原因，都有使命，绝非偶然。

Chapter 24 生死救赎

我们，

总是忙于汲汲营营，追求满足物质上的欲望，

却忘却生而为人的真正意义。

在我们常常忙着左顾右盼地评断别人时，

却忘了应先审视自己，认识自己，

问一句，

人生的价值与意义究竟是什么？

人生如战场，战火硝烟总会在某一时刻不经意地弥漫在你的生活中。

徐梦莲在米亚的陪同下，当即被送往省人民医院进行康复治疗。经过医生的诊断，目前的徐梦莲处于极度营养不良的状态，精神上也因为长期的家庭暴力而受到了损伤，需要一段时间静养。与此同时，刘子轩和王勃报了警，在警察的陪同下，刘子轩在徐梦莲家里的卧室内，营救出了虚弱的唐诗。

看着刘子轩抱着唐诗冲进省人民医院急救室的时候，米亚和王勃明白，他成了徐梦莲母女俩现在唯一的依靠。

不过，王勃趁着刘子轩照顾徐梦莲母女俩的时候，还是把米亚叫到了医院外的天桥上。看着华灯初上，天桥下川流不息的人潮车流，问道："你和陆思涵什么时候结婚？"

米亚苦笑了一下，觉得这个问题在现在看来是如此讽刺。

"还没确定好，我打算把公司重新带回正轨后再说。"

对于米亚的这个回答，王勃浅笑了一下，然后数落起陆思涵来："陆少也太不积极了，怎么还不求婚？"

"我想，他是还没有准备好吧。"米亚说着，不禁长吁了一口气。近一年，她深切感受着陆思涵的爱，虽然她感受不到和刘子轩在一起时的开心，却时刻都能感觉到他刻意营造的温暖和安心。

王勃没有立即说话，犹豫了一番后，才对米亚说道："其实子轩给你写了很多信。"

"我知道。"

"你知道？"王勃有些不敢相信地看着米亚，愣了一下，问道："怎么可能？"

"陆思涵给我的。"米亚说着，一本正经地看向王勃。

王勃没有追问什么，看着他的不惑，米亚回过头来，双手枕在护栏上，说："可笑吧，其实我也觉得可笑，他明明那么爱我，却什么都不说，宁愿一个人承受着分开的痛苦。"说着，她不禁低下头来，一滴眼泪落在栏杆上，发出一声脆响。

王勃不知道该如何去安慰米亚。就如同当初谢丽颖决定离开的时候，自己到底有多悲伤，没有人知道，连刘子轩也不知道。可米亚的悲伤和他不一样，她的内心此刻有一种恨，恨刘子轩的不争取，也恨命运的坎坷曲折，即便他们相遇相爱，却无法相守白头。或许，这个时候需要给自己一条活路，放自己爱的人自由，让这一切都归于平淡。邓紫棋的《泡沫》突然在天桥旁边的影像店响起来，王勃和米亚不约而同往影像店看了过去。

美丽的泡沫，虽然一刹花火
你所有承诺，虽然都太脆弱
爱本是泡沫，如果能够看破，有什么难过
再美的花朵，盛开过就凋落
再亮眼的星，一闪过就坠落
爱本是泡沫，如果能够看破
有什么难过，为什么难过
有什么难过，为什么难过……

和唱着高潮，米亚放声大哭了起来。她不再顾及形象，只想好好地哭一会儿，让心里所有的不甘，所有的遗憾，都随着哭声钻进风里，最后随风飘逝。哭了好一阵子，她才缓和过来，接过王勃手上的纸巾擦拭掉眼泪。想起今天是《奔腾的心》杀青的日子，笑着问道："电影杀青了，你们不去庆祝一下吗？"

经米亚这么一提醒，王勃猛地想起今晚在鞠香雅苑的庆功宴来，拍手说道："还真忘了！"说着，他犯起愁来，抬头看向住院部，说道："可是徐梦莲需要人照顾……"

米亚捋了捋飘拂在空中的长发，说道："我留下来照顾她吧，主演和编剧兼导演要是都不在，怎么能算是庆功宴呢？"

"那也只能这样，难为你了。"王勃有些亏欠地看着米亚。

米亚咧嘴一笑，抬手拍了一下他的肩膀，说："兄弟之间不说这些！"

两人说笑间，王勃掏出电话，给刘子轩打了过去。他告诉刘子轩该去鞠香雅苑参加庆功宴，并将米亚会留下来照顾徐梦莲的事情也告诉了他。虽然刘子轩放心不下徐梦莲，但他还是在王勃的劝说下离开了医院。离开时，他再三嘱咐米亚该如何如何照顾徐梦莲。米亚冷静地听着，内心的酸醋却一溜烟地全部涌了出来，惊涛骇浪地打在礁石上。

刘子轩和王勃前脚刚上车，刘毅珑后脚便出现在医院大厅里，正巧被要进大厅的米亚撞见。不过，刘毅珑没有发现米亚，他拿着一袋子药，疾步从门诊大楼走出来，顺手将处方单扔进了垃圾桶里，然后神色慌张地上了一辆出租车。一般的人不会对这个画面感到任何不对劲，但米亚心存不安。她将刘毅珑的处方单从垃圾桶里找了出来，展开一看，见单子上面开的药居然是强心所用的特种处方药，不禁有些疑惑。看来刘毅珑一定又是憋着什么坏心思。一顿思索无果后，米亚最终没有理会这件事情，将处方单收了起来，转身往住院楼径直走去。

等提着开水瓶的米亚来到病房的时候，徐梦莲已经醒了过来，正眼神呆滞又备感痛心地望着一旁沉睡的唐诗。米亚猜想，此时徐梦莲一定是在想自己和唐一森的事情，在想自己和唐诗今后的打算。米亚调整了一下心情，敲门后放下开水瓶，笑着坐到了徐梦莲的身边，牵住她的手问道："感觉怎么样了？"

徐梦莲转过头来，对米亚微笑，治疗有了初步的成效，她现在看上去已经有了些气色："好多了，谢谢你们。"

见徐梦莲能笑起来，米亚放了心，安慰道："你应该谢谢你自己，谢谢你永远这么幸运，能够遇上我，尤其是子轩。"

应着米亚的安慰，徐梦莲微微点了点头。可她没有和米亚诉说自己遇上的不幸，反而是想和米亚说说自己经历了这么多事情之后的想法。

"米亚姐，你还爱子轩，对吗？"

米亚不知道徐梦莲为何会问这个问题，不禁猜想，这可能是她在试探自己和刘子轩有没有在一起的机会。

徐梦莲的这个问题，再次将米亚推到刘子轩和陆思涵之间，她的回答就是她的选择。米亚没有立即回答徐梦莲的问话，沉默了许久，微微一笑，说道："爱情在人的一生中，固然是重要的，可它也无法支撑起一切。"

"不！"徐梦莲猛地摇着头否定米亚。

米亚没想到自己的回答会让徐梦莲有如此大的反应，她有些不知所措地捧着徐梦莲的脸，轻声问道："怎么了，哪里不舒服？"

"不是这样的，米亚姐你错了。"徐梦莲抬手抓住米亚的手，说道："人们都说婚姻是爱情的坟墓，可没有爱情的婚姻注定会失败，就像我一样。"徐梦莲说着，一行泪从眼角滚落出来。

"你想告诉我什么？"

"其实我知道，当子轩将我从废弃的棚屋里抱起来的时候，你的心里是痛苦的，因为我看见了你失落的眼神。可是米亚姐，我要告诉你的是，我和子轩不会有爱情之意，即便我曾经执迷不悟爱过他，这也无法改变我和他的结局。现在的我只想带着唐诗好好生活下去，她才是我的所有。"

"别忘了，你和唐诗有子轩，还有我，不是吗？"米亚说着，轻轻拍了拍徐梦莲的手，安抚着她。

米亚的安慰让徐梦莲感觉到了温暖，这股暖流让徐梦莲知道，自己不能再成为米亚和刘子轩在一起的绊脚石。这近一年她都忍受着出轨的煎熬，这种负罪感让她终究明白，两个相爱的人如果不能在一起是多么悲哀，那种失去的伤痛彻心扉。

爱，是两个人在一起生活时的往返车票，如果其中一方是一张单程票，那么注定会有另一方放手。放开手，不再为形单影只的爱独守，才能从爱的站台出发，前往下一个站台。或许在下一个站台，他们能遇见自己爱的人，那个人或许是和自己在某个时候擦身而过之后，又回眸一笑的人。

那天，徐梦莲和米亚说了许多，多得让米亚有些记不住。不过米亚倒是记住了徐梦莲最后说的一句话："人的一生注定坎坷曲折，而我们却永远寻找着一帆风顺。似乎只有平静下来，我们才会明白，坎坷是命运的主旋律，曲折才是生命的本色，而一帆风顺只不过是人生的旅途疲惫之后，上天赐予我们的风景。"

经历风霜后的徐梦莲似乎领悟了生活和成长的真谛，她把自己痛彻心扉换来的领悟告诉了米亚，让米亚也明白自己该如何抉择。

"流过泪的眼睛更明亮，滴过血的心灵更坚强。谢谢你在我的爱情里停留过，虽然昙花一现，却可以倾国倾城。"看着陆思涵刚刚发来的短信，米亚笑着落起泪来。她一个字一个字在回复栏里输入："你是一个有着非凡品格的男人，得到你的爱是我的荣幸，这一年我很幸福。"随着发送成功的提示音响起，米亚站在门诊大楼外的广场，不禁看着满天繁星的夜空长松了一口气。

一切都还没有就此画上句号。当刘子轩和王勃赶到鞠香雅苑的时候，在门口碰到了王一翎，可是没有在她身边看到刘延烈的身影。

刘子轩不禁问道："王姨，我爸怎么没来？"

面对刘子轩的疑问，王一翎回答道："说是何先生生前拜托他办一件事情，所以他今天很早就出了门。"

"办什么事情？"王勃双眉一蹙，心想何善钦生前拜托的事情，怎么现在才去做？

见王勃有些担心，王一翎安慰道："别担心，他说了会尽早赶过来的。"说着，王一翎从皮包里拿出两支包裹好的冰糖葫芦，递给了刘子轩，说道："对了，这是你爸送给你的贺礼，祝他能干的儿子永远优秀，永远能给大家带来快乐！"

看着冰糖葫芦，刘子轩不禁潸然泪下。此刻，对他来说没有比这更好的礼物了。

吃完冰糖葫芦的刘子轩，在美女司仪的引领下，和王勃一起走进鞠香雅苑大堂。大堂摆着二十多桌宴席，剧组全体工作人员都已经落座。他接过司仪手上的话筒，径直走向主席，整理一番情绪后说道："抱歉，让大家久等了。谢谢在座的各位这几个月来为《奔腾的心》所作出的贡献，你们是我见过最优秀的电影工作者，没有你们就不会有《奔腾的心》这部电影，你们辛苦了。"话音落下，刘子轩对所有人深深鞠了一躬，良久才直起身板。

刘子轩准备再一番畅谈，不经意间瞥见王勃心急火燎的眼神，便打消了念头，开心地说道："时间已经不早了，上菜吧。大家要吃好喝好哟！"

"好。"鞠香雅苑的大堂里，顿时响起雷鸣般的掌声。

菜上齐的时候，主席桌上的陆思涵一直未出现。看着桌子上都是鞠香雅苑的招牌菜，早已经垂涎三尺的王勃问起身边的刘子轩："这陆少到底在干吗啊？迟到十分钟了还不来，我们也开整吧？"

刘子轩横了王勃一眼，说道："有这么急不可耐吗？我怎么觉得你和谢丽娜才是亲兄妹呢。两个十足的吃货。"

"我花了几亿年进化到食物链的最顶端，为的就是吃，知道吗？"见刘子轩拿他和那个谢胖子说事，王勃回了刘子轩一个白眼。

就在这个时候，气喘吁吁的米亚出现在鞠香雅苑的门口。

"什么情况？"刘子轩见米亚手上拿着棕色档案袋心里嘀咕着。

王勃会心一笑，和同席友人动筷享受起美味佳肴来，其他宴席桌上的人们早已推杯换盏，觥筹交错起来。

见刘子轩吃惊地看着自己，米亚怒气冲冲，三步并作两步来到他面前，将棕色档案袋猛地拍在餐桌上，紧锁双眉地问道："你不解释一下吗？"

"解释什么？"刘子轩看着自己写给米亚的信，反问着她。

见刘子轩到了这个时候还死要面子，米亚把陆思涵的短信翻了出来，亮在刘子轩的面前，然后问道："真的不解释一下吗？"

看见陆思涵的短信，刘子轩终于明白他的信件怎么会在米亚手里。他笑了起来，抬手将棕色档案袋拿过，对米亚说道："累了一天，我也饿了，有什么事情等吃完了饭再说也不迟。"

王勃已经听出米亚的来意，当即将手上的筷子放下，快速咽下嘴里的食物，站起来，敲打着桌子起哄喊道："诸位，安静！导演有好事想和我们这些同甘共苦过的兄弟姐妹分享。来，有请导演！"说着，王勃双手上下摆动着，示意大家也赶紧配合自己。

得到王勃的提示，场记刘闵媛与执行导演冯柯先后吼了起来，说道："对啊刘导，有什么好事得分享啊！独乐乐不如众乐乐，是吧大家？"

"对！"其他人异口同声地吼着，不约而同地鼓着掌看向刘子轩。

刘子轩恨透了王勃总是在关键时刻落井下石，在想自己到底是交了一个损友还是挚友。可他不敢想，要是信的秘密被大家知道，这一场庆功宴会演变成什么样子？他当即摆手让大家少安毋躁，说道："其实也没什么事情，就是……"

亲爱的米亚：

这是我来到北京的第一个月，没有你的夜里是那么……孤单寂寞……

刘子轩没想到米亚倒是挺大方的，直接举着信大声念了起来，吓得他忙不迭地抬手捂住米亚的嘴。可米亚读出来的内容已经勾起了在场每个人的好奇心，场面顿时热闹起来。所有人不约而同笑着声讨起刘子轩来，高吼着："放开她，我们要知情权，我们要自由话语权！"

见冯柯吼得最大声，刘子轩拿起一根筷子朝他砸了过去。

米亚趁机抬手把刘子轩捂住自己嘴的手掰开，继续念起来。

你知道吗？我是多么怀念我们在一起的日子，是你给了我新生，是你给了我生活的希望，我不知道如果我没有你，我的世界会变成什么样……

这一次刘子轩没有再抬手拦住米亚，反而是安静地看着她，看着她读着信时开心的样子。他想，或许自己真的该勇敢一次，爱情里面不需要懦夫。想着，刘子轩抬手捧住米亚的脸，倾身吻了下去。

这个吻来得有些猝不及防，吓得米亚愣了一下。可很快，她松开了手里的信笺，伸手紧紧地抱住刘子轩的脖子，和他热情地拥吻。这是多么值得纪念的一刻！顿时，各种手机高举起来，摄影师更是扛起摄影机对着这一对幸福的人儿拍摄。

米亚要这里所有人做她和刘子轩的见证人，吻了一会儿之后，她猛地将刘子轩推开。这出乎意料的情况让所有人都呆住了，都在想接下来会发生什么。

只见米亚突然抬手，指着刘子轩的鼻尖，大声喝道："跪下！"

"噗。"王勃没能忍住笑，喷了出来。

"不……不好吧？这么多人看着呢。"刘子轩说着，眼睛不时偷瞄了一下其他人。

米亚哪会管这些，瞪大双眼，趾高气扬地说道："难道你不该为自己的懦弱忏悔吗？"

"忏悔！"冯柯是第一个顺着米亚的话吼起来的人。

看来，今天不好好地顺从米亚的意思是收不了场，刘子轩只好跪了下去，开始忏悔起来，柔声细语地说道："我忏悔，不该……"

"谁让你双膝跪地的？"

米亚的这一句话顿时让王勃明白了她的真正意图，当即兴奋地站了起来，拿着筷子很有节奏地敲打着餐盘，喊道："求婚！求婚！求婚！"

刘子轩哪会想到米亚的意图是这个，有些不知所措，傻乎乎地挠着头说："可我现在没有钻戒啊。"

"这儿有！"道具老大在这个时候蹿了起来，说着从皮包里掏出一个盒子，屁颠屁颠地跑到米亚面前，将盒子打开。盒子里装着的是为了拍摄《奔腾的心》而制作的一枚婚戒。米亚没有嫌弃，抿着嘴，害羞地将右手放在了刘子轩面前。

"急什么啊，他还没说话呢。"王一翎这个时候提醒着米亚。

听到王一翎的话，米亚赶紧把手背到了身后，问道："小子，没什么要说的吗？"

刘子轩原本以为这件事情终于能顺利结束了，却没想到王一翎突然跑出来凑热闹。他也挺气愤自己曾经想了那么多遍的求婚誓词，怎么在这个时候就一个字都想不起来了。

憋了半天，他才抬眼看着米亚，问道："米亚姐姐，你还愿意保护子轩弟弟一辈子吗？"

"这是我听过的最碉堡的求婚誓词了。"王勃满心期待着刘子轩会说出怎样煽情的话来，却没想到会是这么一句话，顿时无奈地抬手拍在脑门上。让他更惊讶的是米亚居然接受了这样的求婚，并说道："没问题，只要小弟听话卖力，姐姐一定会保护好你的。"米亚的双关语博得众人哈哈大乐，等大家安静后，她将右手再次伸出来。

刘子轩从未想过会是以这样的方式向米亚求婚，给她戴上戒指。他是被迫的，可他却感觉到了无比幸福。戒指虽然是道具，但米亚依然落下泪。

两条原本不会交织的直线如今幸运地变成了两条交织的曲线，相遇、分开、回转，绕了一个大大的圈，最终又走到了一起。他们的旅途不会就此停下，因为有了彼此的陪伴，两条曲线决定往未来一并前行。或许平淡会让他们的生活不经意之间出现波折，他们的距离也因为波折而变远，但只要愿意相信初心，渐远的距离终究会重新归于平静。

这是一个幸福的夜，但这幸福的夜只属于刘子轩和米亚。当米亚戴上那枚戒指的时候，陆思涵一个人站在自家别墅的阳台上望着夜空喝着闷酒。不胜酒力的他醒来的时候，发现自己躺在医院肠胃科急诊室的病床上，当无影灯照在他的身上，谁又能料想，这一切只不过是另外一段缘分的开始。

缘起自然会有缘灭，缘分是一种能量，也遵从着能量守恒定律。

庆功宴已经酒过几巡，所有人都已经变得微醺起来。刘子轩因为还要进行善后安排，从这一场劝酒斗酒的战斗中幸免于难。王勃虽然喝了不少，但他海量的酒量让他看上去依旧正常。即便到了这个时候，刘延烈也没有像王一翎说的那样出现。这不禁让刘子轩有些失望，让他准备对父亲想要说的道歉变得荡然一空。

米亚自然知道刘子轩此刻在想些什么，问道："刘叔怎么没来？这不像他的风格啊。"

王一翎看着鞠香雅苑的门口叹息了一声，说道："说好要来的。"说着，王一翎从皮包里拿出一盒药来，放在米亚的面前，说道："这不，我怕他一开心就喝多了心脏会受不了，药都带来了。"

米亚好奇地拿过药瓶一看，见是强心药，当即瞪大双眼问道："刘叔有心脏问题？"

王一翎怕刘子轩听到，凑到米亚的耳边，轻声说道："其实他一直都有心脏问题，只是一直瞒着子轩。当初他不告诉子轩，现在也不让我说。"说着，王一翎不禁叹息一声，为刘延烈担心着。

米亚此时在意的不是这个，她顿时想起刘毅珑扔掉的那张处方单来，赶紧从身上摸了出来。对比着王一翎带来的药名，竟是一样的名字。这顿时让米亚惊慌不已，明白了刘毅珑为何要买强心药。毕竟，这种强心药只能在心脏功能突然出现衰竭情况的时候才能使用，若平时吃了，无疑和毒药一样，会致人死亡。不敢多想，米亚当即将正在和王勃喝酒谈心的刘子轩拉起来，神色慌张地说道："刘叔出事了。"

"他能出什么事？"说着，刘子轩转过身坐下，继续和王勃碰杯，在他准备喝下高脚杯中的酒时，意识到了不对，立马放下酒杯站起身来，焦急地问道："我爸怎么了？"

"我现在也不知道怎么跟你解释，反正你现在赶紧跟我走，否则再等一会儿，就指不定你爸会发生什么事情。"说着，米亚拉着刘子轩往门口跑去。

王勃见米亚慌张的样子，愣了一下，喊道："等我。"随即追过去。

车上，等米亚将自己的猜想告诉两人之后，刘子轩顿时明白父亲替何善钦去做的事情是什么。或许他们早就约定好了，不能让刘毅珑破坏他们儿女的生活。

刘延烈现在会在什么地方？分析了一圈后，刘子轩还是无从得知。米亚也不知道该从何下手，他们都没有刘毅珑的联系方式，自然无法像解救徐梦莲那样知道刘毅珑和刘延烈现在所在的位置。

“打刘叔的手机啊。”王勃看两个人急得失去了理智，提醒道。

书房木桌上的手机铃声响了一遍又一遍，一直无人接听，因为刘延烈铁了心要和刘毅珑做个了断，所以根本就没有带手机。

现在对他们来说，刘延烈和刘毅珑就如同人间蒸发一般。这个城市如此之大，又该去什么地方找人？难道要漫无目的的寻找吗？这无疑是大海捞针。

“冷静下来，冷静！”米亚努力提醒着自己，她的法学专业给了她足够的理智，让她始终相信一切事物都是有迹可循的，只要找到这条线索，就能顺藤摸瓜找到刘毅珑。苦思冥想了一番，她才想起，在省人民医院的天桥下有交通监视器。

“去交管局！”米亚吩咐着开车的司机。

刘子轩不明白米亚为何要去交管局，这个时候难道不是该去公安局报案吗？所以他疑惑不解地问道：“去那儿干吗？我们得立即报案才行。”

“都没到 24 小时，报什么案，听我的一定行。”

刘子轩也没有别的办法，只能听从米亚的主意。当他和王勃在交管局的大屏幕上见到刘毅珑坐上出租车的画面时，终于明白米亚为何要来这里的原因。王勃更是由衷钦佩起米亚的刑侦本领。

有了出租车的车牌号，米亚当即联系长蓉出租车公司，取得了出租车司机的联系方式。经过一番询问与打探之后，米亚得知了刘毅珑最后下车的地方是汉风集团的大本营——锦江王朝大酒店。

锦江王朝大酒店的天台，刘毅珑此刻觉得他的计划天衣无缝，因此没有任何防备，一脸春风得意，在刘延烈面前来回走动着。

时间回到下午 3 点。准备出门参加儿子刘子轩电影杀青庆功宴的刘延烈，正俯身擦着从路边市场买回来的皮鞋，手机铃声响了起来，是一个陌生人的来电。犹豫后，刘延烈还是接通了电话。

“二叔，别来无恙吧。”电话那头是刘毅珑冰冷刺骨的声音。

听到刘毅珑的声音，刘延烈整个人连同心脏都颤抖着，手里的刷子一下落到了地上。

“毅珑？”

刘延烈怕王一翎担心，赶紧回头看了看上楼的楼梯，没见王一翎下楼的身影，赶紧捡起刷子走到阳台，合上落地窗说道：“你突然打电话有什么事？”

“没什么事就不能问候自己的亲二叔吗？”

“是吗？可我怎么觉得我们已经没了这层关系。”刘延烈说着，想起刘毅珑当初对自己和子轩的所作所为，双眼透出一股恨意。

可他的话得到的却是刘毅珑猖狂的笑声："二叔可不能这么说，我的身体里可是流着刘家的血。"

"你个孽障，居然还知道自己是刘家的子孙?"刘延烈不禁骂了起来。

刘毅珑淡然地笑着回应道："自然知道，若不是因为我是刘家的儿孙，我又怎么敢给你打这个电话呢?"

"说吧，你要干吗?"刘延烈不想浪费时间和刘毅珑纠缠下去，有些不耐烦地问道。

见刘延烈失去了耐心，刘毅珑也没有再啰唆下去，转而冷笑了一下，威胁着刘延烈说："如果你不想刘子轩和四年前一样出事，今天晚上7点一个人来见我，地址就在锦江王朝大酒店的天台，记住，是你一个人。"

刘延烈悲叹刘毅珑依旧和几年前一样心狠手辣，为达目的不择手段，不讲原则，不讲情面。但他又别无选择，一年前自己本就和何善钦达成了约定，一定不能让刘毅珑破坏子轩他们的生活。算是为了完成何善钦的遗愿，以慰何善钦的在天之灵，刘延烈应下了刘毅珑的邀请："好，我会准时出现在你面前。"

"那我就等你了，我亲爱的二叔。"话音未落，刘毅珑挂断了电话。

刘延烈看着手机，不禁双腿一虚，他知道必须让刘毅珑从子轩他们的世界中消失，即便赌上自己的性命。可这样一来，他势必要对不起王一翎。心中油然而生的亏欠，让他深吸了一口气，然后调整了一下心情来到二楼的卧室。此时的王一翎正对着梳妆镜描眉，见刘延烈进来，笑着说道："快好了，别催。"

刘延烈浅浅地一笑，来到王一翎的身前，抬手拿过王一翎手中的眉笔，说道："在古时候，一个男人对一个女人的承诺，是为她画眉一生。"说着，刘延烈握住眉笔，将笔尖落在了王一翎的眉毛上。这是刘延烈给王一翎第一次画眉，或许是最后一次。他一笔一笔地画着，似乎每一笔都是他对王一翎深情似海的爱和万箭穿心的愧疚。

王一翎自然不知道刘延烈为何会突然这样，可她此刻却像个害羞的小女孩抿着嘴，闭着眼，微红着脸，双手放在大腿上端坐着，静静地让刘延烈在她的眉梢添上他的爱。她甚至希望时间能停止，让她可以永远地沉醉在这个时刻。

刘延烈的手终究还是放了下来，王一翎迫不及待地睁开眼，转头看向梳妆镜，见刘延烈画得甚至比自己都好，情不自禁地欢喜。

不等她高兴完，刘延烈放下眉笔，握住了她的手，抱歉地说道："今晚的庆功宴，或许我要晚点过去。"

"怎么了?"王一翎突然平静下来，问道。

刘延烈摇了摇头，说："没什么事，就是何善钦之前拜托了我一件事情，我今天得去处理下。"说着，刘延烈拍了拍王一翎的手，他不知道自己还能不能陪着她见到明天的太阳。顿了一下,刘延烈对王一翎说道:“对了,子轩喜欢吃冰糖葫芦,你等一下买两支,算我给他的小礼物。”

“好。”王一翎笑着应着刘延烈,将另一只空着的掌心放在刘延烈握着自己手的手背上,一副依依不舍的样子。可她不知道,刘延烈是要去会刘毅珑。

夜幕悄然落下,它像一张奇大无比的油布罩在整个城市的夜空,在它的衬托下,街道上昏黄灯光下的景致显得朦朦胧胧。

当刘延烈出现在锦江王朝大酒店的顶楼天台时,他深吸了一口气。往事虽不堪回首,但过往并不是过眼云烟。几百平方米的天台上有一面霓虹灯做的广告牌,暗沉的灯光将刘延烈的影子拉得纤长。

“您来了。”刘毅珑的声音如鬼魅般在刘延烈的背后响起。

刘延烈一听是刘毅珑的声音,赶紧转过身去。当他见到骨瘦如柴的刘毅珑时,竟有些不敢相信自己的眼睛。不管怎样,刘毅珑始终是他的亲侄子,再多的恨也改变不了这个关系,掩盖不了他发自肺腑地对刘毅珑的关心:“毅珑,你这是怎么了?怎么变成这副模样?”

刘毅珑咧嘴一笑,讽刺地说道:“难道你不希望我变成这个样子吗?”

刘延烈没想到刘毅珑会这样回答自己,顿时感觉到一阵心寒,叹了一口气,说道:“看样子你并不打算和我好好说话,那我们就开门见山,说说你找我干吗?”

“急什么,既然来了,先叙叙旧,摆摆龙门阵嘛。”说着,刘毅珑迈步走了过来,昏黄的灯光打在他的身上,让他看上去更加萎靡不振。

在刘毅珑靠近时,刘延烈不禁问道:“你在吸毒?”

“你有什么权力管我?”刘毅珑的回答很淡然。

刘延烈顿时对着刘毅珑吼了起来:“难道你忘了当初你弟弟被毒品祸害的样子吗?你怎么可以去沾染那种东西!”

“你是在责备我?”

“毅珑,虽然我不知道你为什么会变成现在这样,但二叔希望你能迷途知返,好吗?”

“迷途知返?怎么个迷途知返?”刘毅珑问着。

“去公安局自首,然后去戒毒所把毒戒了,出来后重新做人。”

“我做错了什么?凭什么要去自首?凭什么你要对我人五人六?算了不说了,说什么都是错。”刘毅珑说着,轻笑了一声,然后从一旁的纸箱子中取出一瓶矿泉水拧开喝了几口,又拿出一瓶未开瓶的矿泉水扔向刘延烈。

接过矿泉水的刘延烈拧开瓶盖,毫不犹豫将一瓶水“咕嘟咕嘟”地喝了一半。看着刘延烈喝水时,刘毅珑僵硬的脸颊露出一丝诡异的微笑。

"啪"的一声，刘延烈将剩下的半瓶水扔到地面上，继续劝着刘毅珑："毅珑，一个人在迷茫的时候走过弯路，犯过错误，并不是坏事，更不是什么耻辱。你现在还年轻，还有机会改正错误。"

"我说过，我没错。"刘毅珑咆哮着，不禁抬起手指向刘延烈，冷冷地说道："错的是你们。我小时候你夺走我父母的性命，等我长大了你们又无视我的存在，才让我变成了现在这个样子……"

"毅珑，你爸妈也是我的家人，那次车祸完全是一次意外……"

"不要再说了！我恨你！恨刘家所有人！所以我要搞垮你一手创建的汉风集团，搞散你的家庭，我要让你知道走不出无尽的黑夜是什么滋味。哈哈！"

刘延烈没想到刘毅珑这般大逆不道，当即气得发抖。他刚要说话，突然感觉心脏疼痛难忍，心跳变得快起来，整个人痛不欲生。

瘫坐在天台的椅子上，刘延烈看向地上的矿泉水，问道："你做了什么？"

"哦，我记得二叔你有心肌梗死，所以我怕你见到我犯病，就在里面放了强心药。"说着，刘毅珑将装有强心药的药瓶在刘延烈面前晃了晃。

"你，你个孽障！你怎么对得起你死去的父母，怎么对得起刘家的列祖列宗！"刘延烈用手按着心口，强忍着胸内撕裂般的疼痛，喘息着问道："你这么做是为什么？"

见刘延烈痛得冷汗淋漓的样子，刘毅珑感觉到了从未有过的快感，甚至比三年前从刘延烈手中夺走汉风集团还要兴奋。为什么要这么做？他只要一个公平，要每一个把他变成这样的人为自己的命运埋单！延烈只不过是他第一个要对付的人，在他的计划里，接下来是王一翎、刘子轩、王勃和米亚。为了让复仇的快感更加浓烈，让刘延烈的痛苦更加深刻，刘毅珑不禁把自己的计划说了出来。

"你知道吗，等你因心肌梗死而死之后，我就去找王一翎那个贱人。"说着，刘毅珑捡起地上的矿泉水瓶，往里面放了好几粒强心药，然后晃动起来，一边晃动，一边狂妄地笑着，说道："你们不是结婚了吗？不是很恩爱吗？可是我不明白，她有什么值得你去爱？再说，你对得起死去的二婶吗？"说着，他见药粒已经全部溶解，转身拿着矿泉水瓶来到刘延烈跟前，蹲下身来继续说道："她就是一个见异思迁的女人，还敢说什么真爱，真的太可笑了。哦，对了，你们是恩爱夫妻，那我就让你们去下面做一辈子夫妻吧！"

说完，刘毅珑突然站了起来，癫狂地笑着，闭眼一想，说道："对了，要是二婶和她在下面见了面，您说，会不会上演一出正室小三之争？"

"刘毅珑，你个畜生！"刘延烈用尽全身力气怒骂起来。

听着刘延烈光有气势却毫无伤害的咒骂，刘毅珑笑着，转而疾步走到刘延烈身边，抬手掐住刘延烈的下颌骨，将手中的水灌进刘延烈的嘴里。

“喝！都给我喝了！”看着刘延烈痛苦万分的模样，刘毅珑笑得更加猖獗起来。

刘延烈双眼瞪大看着刘毅珑，极力寻找可以将刘毅珑推开的办法。情急之下，他看见了刘毅珑别在腰间的匕首，伸手拔了出来，下意识地朝刘毅珑的身体刺了过去。刘毅珑显然看见了刘延烈扬起的匕首，在刘延烈刺过来的瞬间便闪退到了一边，但还是被刘延烈划伤了腰腹。趁着刘毅珑在一旁狂暴不安，刘延烈赶紧将还未喝下去的水给吐了出来，可他还是感觉到自己的心脏跳得越来越快，脑袋像爆炸过后一样疼痛难忍。

“敢拿刀刺我？”刘毅珑摸了一下受伤的腰腹，然后舔着手指上的血液，变得更加丧心病狂起来。狂笑一番后，他来到刘延烈跟前，右手夺回自己的匕首，左手抓着刘延烈的衣领，将毫无防备的刘延烈抓了起来。

“你敢刺我，我就让你知道恶果。”

刘毅珑疯掉般嘶吼着，猛地将匕首刺进了刘延烈的小腹。匕首瞬间刺穿了刘延烈的身体，让他整个人随即抽搐了一下。刘毅珑拔出匕首，鲜血一下子从刀口喷溅出来。刘毅珑并没有就此收手，他重复着之前的话，一刀又一刀地将匕首刺进刘延烈的身体里面。

当刘毅珑收回手，准备再刺进去一刀的时候，刘子轩三人从顶楼的入口冲了过来。

“子轩……不要过来。”此时，刘延烈的气息已经变得相当微弱，鲜血从他的小腹处不停地喷涌而出，如同打开了的水龙头一样，甚至能听到哗啦啦的声音。可刘延烈依然举起沾满鲜血的手，阻止刘子轩靠近刘毅珑。

“刘毅珑！”刘子轩愤怒了，顺手将手边的折叠椅拿了起来，冲到刘毅珑身边，猛地拍打在他身上。一旁的王勃打着报警电话和急救电话，米亚用手机拍摄完现场立马冲向刘延烈，为他止血。

被刘子轩这一打，刘毅珑像个枯竭的朽木一样倒在墙角，连爬起来的力气都没有。刘子轩此刻只想以牙还牙以眼还眼，是这个人害得他吸毒，是这个人剥夺了他的亲情，是这个人夺走了汉风集团，是这个人毁了辛小诺，是这个人害死了何善钦，是这个人让他们痛苦不堪。都是他，一切都是因为他。他想把这个十恶不赦的人挫骨扬灰，将他的尸体高悬在阳光之下暴晒，让世人知道他是多么大逆不道、禽兽不如。

“子轩，伯父快不行了！”米亚的话让刘子轩猛地回过头，只见刘延烈脸色苍白，鲜血从他的嘴角和着气息涌了出来，顺着他的脖子流下，染红了他的白色衬衫。

王勃见刘延烈需要赶紧送去医院抢救，忙对刘子轩喊道："子轩，别为了这种人耽搁了伯父的抢救时间，我已经报警了，你和米亚赶紧送伯父去医院。"

刘子轩回头愤恨地看着刘毅珑，如果可以，他不怕脏了自己的双手，也要了结刘毅珑的性命。可王勃说得对，他不能把时间浪费在这么一个人身上。刘子轩将手里的折叠椅猛地砸在刘毅珑的身上，转身将父亲抱起，疾步往楼下跑去。

刘毅珑看着已经无药可救的刘延烈，以及刘子轩那一双满是愤怒的眼睛，他露出了狰狞的笑容。对他来说，被刘子轩杀死和被法院最终以故意杀人罪判以重刑没有区别。他虽然没有让王一翎付出代价，没有让刘子轩陪葬，但他依旧感到了心满意足。刘毅珑忍着疼痛，扶着墙壁站起身来，迎着霓虹灯的光亮，在原地扭着舞蹈，疯狂地大笑着，笑声弥漫在无边的黑夜中。

远处，一道晴天霹雳响彻在天际。

很快，警察来到了现场，将刘毅珑当场逮捕。

王勃飞快地朝楼下跑去，满心担忧着刘延烈的安危，可当他跑出锦江王朝大酒店的旋转门时，看见横在前面路口米亚的车子，脚步不禁慢了下来。他不敢去想象车上的画面，带着扎心的疼痛，缓缓地走近车窗。后座上，刘延烈已经永远地闭上了双眼，怀抱着他的刘子轩此刻哭得撕心裂肺。

王勃无法接受这个结果，大吼了一声，抬手一拳打在车身上，沉重的悲伤让他痛哭了起来。当警察押着刘毅珑从酒店门口走出来的时候，王勃冲到刘毅珑面前，抬起脚猛地踹在他的小腹上，力道之重连警察都没能扶住刘毅珑。冲动气愤的王勃想要狠狠地将刘毅珑暴打一顿，几名警察却将他按了下来。王勃不停地挣扎着，对刘毅珑怒吼道："你个杀人凶手！我要杀了你！"

刘毅珑见王勃无比愤怒，抬眼看向前面路口横着的车子。他知道，刘延烈死了。他又疯笑了起来，笑得没心没肺，自言自语地念叨："黑夜给了我黑色的眼睛，它却让我爱上黑夜给我的疼痛。哈哈。待我成尘时，你将见到我的微笑……哈哈。"

听着疯掉的刘毅珑的狂笑，刘子轩紧紧地抱着父亲的遗体，脑子里全是刚才父亲的临终话语。

"子轩，我有话对你说。"

"爸，别说话，你会没事的。"

"这一年爸过得很开心，有你在身边陪伴真好。我这辈子做了很多愚蠢的事，到现在我都无法忘记对你和你妈妈的伤害，你一定要原谅我，原谅爸爸，爸爸不是一个好爸爸。"刘延烈说着，用最后的力气将手抬起来，抓住了刘子轩的肩膀。

“在我最好的时光里，我没有照顾好你们，我不知道该如何形容那种痛苦，不过我希望你能知道，我这一辈子都非常爱你，我希望还有时间，让我弥补一个父亲的过失，我一定会……好好……珍惜。”话音落下，刘延烈的手松了下来，落在了刘子轩的怀里。

“爸……”刘子轩不敢相信地摇晃着刘延烈。

“爸！你醒醒，你醒醒！其实我早就原谅你了。”刘子轩将刘延烈紧紧抱在胸前，低下头凑到他的耳边，喊道：“爸，你说句话啊，哪怕骂骂我也好。你怎么可以就这样离开我，你不能这样！”

可刘延烈始终没有说出一句话来，他的离开让这一切真正结束了。

“爸！”

“轰隆——”

一声惊雷再次在天际响起，夏雨伴着刘子轩的悲伤突然降临这个城市。

刘子轩抱着刘延烈的遗体闷闷地哭着，脑海中飞快闪现着生命中与父亲母亲在一起的快乐时光。他在心里向刘延烈诉说着自己的忏悔：

“爸，曾经我读过一句话，说这世界原本就是一面镜子，你活在世界的眼里，世界应该存在你的心里，命运的质量，就在于减轻痛苦的重量。我分不清这句话是唯心主义还是唯物主义，直到有一天你对我说，你有没有尝试把眼睛蒙起来，去走一条陌生的路？在这条路上，你可能会失去很多东西，你还会坚持着走下去吗？十多载冬去春来，经历过许多次以泪洗面后，我才明白，那些失去的东西可能有年华、幸福、疼痛、记忆，或者冰糖葫芦，却唯独没有失去爱和信仰。在别人曲折的故事里，其实都有我们自己的影子，在我们自己的血泪中，都有一个让人觉醒的道理。爸，原谅我这辈子对你做的两件事情。一件做得最正确的事情是做了你的儿子，另一件做得最后悔的事情还是做了你的儿子。感谢这一路上你的保护和指引，没有你的光影世界，我陡然失却了几分灵魂的重量……”

雨水冲刷着地面上刘延烈留下的血渍，却冲刷不掉刘子轩的悲伤，冲刷不掉一个父亲用生命对儿子进行的救赎。

我们从落地啼哭到赫然闭眼，生命中的全部偶然，其实都是命中注定。

番外 ······ 梦幻婚礼

每一个人都有自己的梦想与幸福，

或许远大，或许只在当下。

经历再多的坎坷与曲折，

都不过是为了成就梦想与幸福的精粹。

祝每一个有梦的人，幸福成真！

当我再次回到蓉城的时候，刘子轩和米亚已经结了婚，他们的小孩已经能牙牙学语。偶然在人民公园散步的时候，我遇见了陆思涵和徐梦莲，从徐梦莲隆起的小腹来看，他们已经有了属于他们爱情的结晶。徐梦莲没有细说她和陆思涵是怎么走到一起的，因为她觉得这一切都是缘分注定，在他们同时选择放手的时候，上天便让他们住在了同一家医院的同一间病房里。

姐姐没有跟我回到蓉城，她说她不想回来，因为这座城市有太多悲伤，她这个没事就喜欢惆怅的女人经不住折腾。她不愿意回来的原因之一，是她在上海有了自己的爱情归宿。

我的回来，和当初刘子轩回到这里一样，有些让人出乎意料。

当米亚看见我的时候，兴奋地将我抱了起来，在重新装修重新开业的鞠香雅苑大门口转了好几圈才停下来。

"小颖子，回上海两年半水灵了不少嘛，看这小脸蛋和小蛮腰得迷死多少人啊！"

这是我回到蓉城听到的第一句最开心的话，顺着话，我调侃着米亚。

"姐，你作为一名非著名导演的妻子，蓉城第二奢侈品卖场的董事长，干吗还要经营这家餐馆啊？"

"我要是不做这家店了，你老姐能吃到蓉城最地道的宫爆小龙虾吗？"

"悲剧就是把美好的东西毁灭给人看，你这么宠她，她还是一个胖得飞不起来的天使。"

"这家店有着我和子轩，我和父亲太多太多的记忆，同时还是我和子轩梦想发源的地方，我舍不得关掉它。"米亚把着我的肩膀，看着鞠香雅苑的招牌语重心长地说道。

看着米亚说这话的时候满脸洋溢的幸福，我感觉得到她现在的幸福知足。米亚在醉风涧里陪着我吃了一顿午饭，将我离开后这两年半里所有的事都告诉了我。

我万万没有想到这两年多会发生这么多的事情，听完之后，整个人都有些混乱了，总觉得信息量太大，大到我无法消受。最让我伤心的是何善钦和刘延烈的死。他们的死，都是为了赎罪，赎自己对子女的亏欠之罪。可他们并没有错，天下父母都希望子女能够得到最好的幸福，这一点我能够从姐姐身上体会到。那是一种唠叨却又不能没有的烦扰，是一种冰冷却真挚的保护，是一种沉默却温暖的关心。

"你最近怎么样？在上海有没有遇上高富帅？"聊过了他们的事情，米亚不禁问起我的事情来。

"这句话是什么意思？"我浅浅一笑，心想，米亚的话绝对不会有什么好心。

米亚半眯着眼指着我，我眨巴着眼睛看着她。我的反应倒是让她倒吸了一口冷气，她忽然一笑，说道："不会吧？你现在还是一条单身狗？"

"对啊，汪汪汪。"说着，我发现今天这顿宫爆小龙虾特别好吃，不禁拿起筷子又夹了几只小龙虾吃了起来。

我的举动似乎让米亚有些意外，她不禁瞪大双眼看着我，憋了半天才问道："你什么时候和娜娜一样了？一点儿都没有个吃相。"

"有吗？"说着，我抬手抹了一下嘴角上的油渍。

"太有了！"米亚右手一拍桌子，很肯定地说道。

其实，我也不知道什么时候沾染了姐姐不着边际的吃相，但细想了一下，觉得这也无可厚非，毕竟我是谢丽娜的亲妹妹，染色体组合上除了让我有一个怎么吃也长不胖的身体外，应该没有其他的区别。所以我对米亚苦涩一笑，忘乎形象地大吃大喝起来。原来，做一个放肆的吃货，真的要比做一个矜持的女孩要轻松和快乐许多。

我肆无忌惮吃着美食的时候，米亚不禁干咳了一下，成功引起了我的注意之后，她才说道："对了，你知道王勃最近怎么样吗？"

王勃，多么熟悉而且刺痛心扉的名字。虽然我已经做好了准备，知道无法避免在这里谈及他的事情，可当听到他的名字时，我的心里还是会痛，像烧红了的铁饼烙在胸口一样。

"不知道，半年了，我们没怎么联系。"应着米亚的话，我苦涩地笑了一下，掩饰着内心的悲伤，害怕米亚发现我的不舍。

"你为什么要跟他分手？"

"我觉得他该拥有更好的爱情！"

"听说他交女朋友了。"

"是吗？"我的声音突然低沉了下来，那是一种心虚的表现。我装出满不在乎的模样扭头看向一边，心里不停地咒骂着这个不过半年就把我忘得一干二净的男人，骂着当初的海誓山盟都是男人随心所欲的谎话，只有智商为零的女人才会相信。可骂完了，我又觉得心里是那样失落，不禁想他的女朋友会是什么样子？一定是一个身材曼妙性格乖巧的千金名媛，因为只有这样的女孩才配得上他现在的身份，而不是我这个没有吃相，没有家境，没有福气的“三无”女生。

在我悲伤的时候忘记了一件事情，那就是米亚曾经是蓉大法学院的高材生，有着令人羡慕的侦探思维，我的每一个动作都无法逃过她的法眼。当她终究没有忍住笑起来的时候，我才发现我中了她的套，不禁瞪了她一眼。

这还真是不打自招的反应啊，米亚笑得更开心了。而我能做什么呢？地上又没有缝，只能闷着头啃起一块椒盐排骨。直到实在是塞不下了，打了一个饱嗝，我才停了下来。

见我吃完了，米亚站起身来，对我说道：“走，我带你去个地方。”

“什么地方？”我眨巴着眼睛，好奇地看着她。

她对我眨了一下左眼，神秘兮兮地说道：“到了你就知道。”

应着她的意思，我坐上了她的车子。我以为她这是要带我去塔子山公园，但车子在成南立交转上了沪蓉高速。上了高速后，米亚疯了一样将车速直逼每小时 140 公里，吓得我紧紧抓住安全带，后背死死地贴在椅背上。

看着我紧张的神情，米亚大笑起来，她放下车窗，伸出手抓着风，说道：“和我一样，试一试。”

“米亚，我们还是开慢点儿吧。”我实在不敢和她一样，胆战心惊地说道：“你不为我和我姐考虑，你也应该为子轩哥和你家宝宝想想啊。”

她冲着我竖起中指，说道：“你胆子就是太小，所以才没有和王勃在一起。”说着，她慢慢将车速降了下来。

我终于松了一口气，这才和她说道：“你以为每个女人都和你一样啊，能逼着刘子轩向你求婚。”

当我说完的时候，米亚朝我做了一个古怪的鬼脸，摇着头说：“我逼婚，我自豪，哈哈。为了幸福，我觉得那是我人生之中做过最正确的事情。”

“幸亏蓉城的男人都是耙耳朵，不然有你受的。”我显得十分无奈地对米亚说道。

米亚哈哈大笑，说道：“家里有一个耙耳朵才幸福，知道吧。”说着，她朝金堂出口开去，下了高速将车拐进了岔道。

我以为她是要带我去金堂，结果往前行驶不久，她一打方向盘，将车开上了一条山间小路。好久都没走过这么颠簸的山路了，我感觉整个人的五脏六腑都快被颠了出来，只能抬手牢牢地抓住头顶的把手，双脚缩着紧靠着座椅，生怕自己被甩了出去。顺着山路往里走了大概有 4 公里的路程，米亚才将车子靠在路边停了下来。

下了车，她指着山下对我说道：“知道现在那儿在干嘛吗？”

“我哪儿知道在干吗？”应着米亚的话，我往山下看去，但确实什么都没有发现，除了漫山的狗尾巴草和无名的野花。

米亚没有告诉我真相，微微一笑，顺着一条小路往山下走去。看来她是早有准备了，出发前穿了一双平底鞋，倒是苦了我，穿了一双“恨天高”，走三步崴一步，害得我最后只能脱了鞋走。等我跟着米亚到了山脚，我的脚底痛得无法忍受。

“到了。”米亚指着眼前一栋两层楼的房屋对我说。此时，在楼房的院坝里坐满了人，他们有说有笑地闲聊着。

往楼房走近一些，就能听到打牌的声音，什么四万、五条、幺鸡、二条、不打、要遭之类的话不时传来。我们再走近一点，走到院坝的入口，就看到了房子的大门上贴着两个大大的“囍”字，看样子今天这里要举办一场婚礼。

我有些好奇米亚是怎么知道这里的，于是问道：“你亲戚家摆喜宴？”

“算是吧。”

我是喜欢这种坝坝筵的，它有着原汁原味的蓉城味儿，当即对米亚之前的招待恨透了心，噘起嘴来抱怨道：“太可恶了，你早说要带我来这儿，我就不吃那么多东西了。”

米亚笑了起来，说道：“等一下你可吃不了东西，顶多有喝酒的份儿。”

“为什么？”一听自己不能吃东西，我的心情顿时失落了许多。

跟着米亚，我走进了院坝。我的到来让所有人都看向了我，顿时成了焦点让我有些受宠若惊，心想自己又不是新娘，干吗都这么开心地看着我。我只能躲在米亚身后，小碎步不停地轮换着，在众人笑眯眯的眼神中来到了大门前。

我很想赶紧跑到房间里去，从这种焦点的感觉中解脱出来。可当我推门的时候，却发现门从里面锁住了。

米亚抬手敲了敲门，里面响起一个人的声音：“谁？”

“是我。”

“礼物呢？”门内的人问道。

“在我身边。”

“礼物说话。”门内的人大声地喊着。

这话倒是把我逗乐了，我在想礼物怎么可能会说话呢？而且米亚也没带礼物啊。当米亚扭头看向我的时候，我才明白，原来说的礼物就是我。一种被卖的感觉让我顿时抬手护在胸前，往后撤身地看着米亚，问道：“米亚姐，你该不会是要把我卖掉吧？你不差这点儿钱啊。”

“可我老公差啊。”

"你老公?"我不明白她的意思,双眉一蹙,随即明白过来,说道:"子轩哥也不差这点儿钱啊。"

"行了,赶紧对着门里面应话吧。"米亚说着,让到了一边。

一股让人毛骨悚然的寒意瞬间侵袭我的全身,让我不禁哆嗦了一下,总觉得自己在做梦,或者是在某个人的梦中。吞了一口口水,我鼓足了勇气,站在大门的正中央,对着门里大喊道:"我是礼物。"

"口令。"

"口令?"我顿时就抓狂了,开个门怎么还要口令啊?又不是领红包。我十分不解地看向米亚,米亚对我说可以要提示。

"我需要提示。"

"烟酒。"

"烟酒?这是什么提示啊?"我喃喃自语道,但始终还是觉得有些熟悉。不过我还是没能想起什么来,对着门里面大声嚷道:"重新提示。"

"女厕所。"

"什么跟什么啊,这都什么提示啊?能靠谱一点儿吗?"我顿时怒吼起来,反正是在梦里面,管什么形象!我挽起袖口,拍打着大门,吼道:"再不开门,我端了你们这窝。"

"口令正确。"

我顿时愣住了,心想做梦都能做到这个地步?随着门打开,屋里闪烁着温馨浪漫的紫色灯光,屋子中间放着一张八仙桌,上面放着一排排已经点燃的红色蜡烛,最前面的是用香烛围起来的一个心形。烛台的旁边则放着一束玫瑰花,我走到花束前,数了一下玫瑰花的朵数,是代表长长久久的九十九朵。

"为什么不是九百九十九朵呢?"我有些不满足地说着,反正这是做梦,哪管这些。说着,我发现在花束上还别着一张卡片。我很自觉地将卡片拿起来看,开头写的居然是我的名字。

写给我最爱的谢丽颖:

在我遇到你之前,我不知道什么叫爱情,只知道什么叫激情;我不知道什么叫珍惜,只知道什么叫不羁;我不知道什么叫作煎熬,只知道什么叫作无谓。直到你的出现,如同一颗落进我心湖的石子一般,激起我内心死水的波澜,让我明白什么叫作心动的感觉,什么是想要执守的心。请你不要再离开,因为我不愿意再离开你。

如果你也曾有这样的感觉,就打开花束旁边的盒子,将里面的戒指戴在右手无名指上。

顺着信上所写，我顺利地找到了那一枚戒指。看着在烛光下折射着五彩光芒的七克拉钻戒，我竟然有了一点点的心动，而心动的感觉是那样真实。

“哎，这个死王勃，也只能在我梦里向我求婚了，还用这么不靠谱的方式。”说着，我还是将戒指戴在了手指上，然后高举在眼前，很开心地欣赏起来。此刻，我的心里在说，反正这是一场梦，自己的表现不会有人知道。

就在这个时候，莱昂纳德·科恩的甜蜜情歌《Did I Ever Love You》突然响起来，一阵急促的脚步声跑到了我的身后，在我来不及转身的时候，一双手抱住了我的腰，抱着我旋转起来。

“我要结婚咯！”听见身后的声音，我知道是王勃。

我不禁笑了起来，心想自己的内心爱着的还是他，即便他是那样的轻浮，即便他有着无数绯闻女友，我还是这样深深爱着他。不知道为什么，我的头突然有了眩晕的感觉，让我忙不迭地喊停。

“停下来，我头晕。”

王勃真的停了下来，将我放下来之后，扶着我的肩膀，在我没有任何准备的时候吻了我。突然闪烁的灯光，让我好奇地扭头往门口看去，只见刘子轩正拿着他那老古董的莱卡相机对着我，在我惊诧的瞬间再次按下快门拍照。头部的眩晕感让我看着刘子轩的身体有种摇晃不定的感觉，闪光灯的刺激让他的样子变得模糊，我感觉这真的好像一场梦。

等我定下神来，看见王勃那张变得比半年前更帅气的脸时，抬手捏着他的鼻头，摇晃着问：“是不是去韩国整容了？比之前好看了。”

“好看了吗？”王勃问着我，露出了可爱的虎牙。

“嗯。”我很肯定地点了头。

“必须的，你老公必须是全世界最帅的男人，否则怎么配得上你呢？”

听着他的甜言蜜语，我突然笑了出来。笑完了，我叹息了一声，说：“可惜这是在我的梦里，傻瓜。”

“梦里？”王勃突然双眉紧蹙地看着我。

“对啊。”我很肯定地点了点头。

这一次王勃没有说话，又一次吻了我的嘴唇，还轻轻地咬了一下，问道：“痛吗？”

“痛！”在那一瞬间，我突然愣住，忙扭头看向门口的米亚，发现姐姐和爸妈此时也站在她的身边。我有些蒙了，他们现在应该是在上海的，怎么会在这里呢？我难道还在梦里？但嘴唇上的感觉是那样的灼热。我用力地摇起头，抬手指着王勃吼道：“何方妖孽，居然敢钻到我的梦里，装成我的男人来虐我。”

王勃忍不住一下笑了出来，其他人也哈哈大笑起来，只剩下我惊慌失措地四处张望。笑了有一小会儿，王勃才停了下来，抬手捏着我的小脸蛋说："丫头，你没有做梦，这里是我们的婚礼现场，是我拜托大家特意安排的。"

"等一下！我真的没有做梦？"我依旧不相信地扭头看着王勃。

"对。"王勃点了点头。

"你是真的王勃？"

"对。"王勃又点了点头。

"这枚戒指是真的？"

"是的。"王勃继续点着头。

我没有再问下去，而是拉起王勃的手咬了下去。当他痛得惨叫出来的时候，我傻愣愣地说道："会痛，所以真的不是在做梦咯。"

"废话嘛不是。"王勃一边不停地吹着被我咬伤的地方，一边对我吼了出来。

看着他的反应，我顿时火冒三丈，转身拿起一根蜡烛指向他。见况，他赶紧闪到一边，问道："老婆，你这是要干吗啊？这里可是我们新戏的外景地，千万别破坏了。"

但我没理会他说的话，举着蜡烛朝他追了过去。

是的，我结婚了，我的婚礼来得是那样的梦幻，让我来不及分清是梦境还是现实。故事终于迎来了每个人都向往的大团圆，我换上了满是钻石的婚纱，挽着王勃的手臂，满脸幸福的被刘子轩、米亚和家人簇拥着，在剧组所有人的祝福中，随着摄影师按下手中单反的快门，清脆悦耳的"咔嚓"声将整个时空都定格下来。

我们都拥有了各自的幸福，用我们最真挚的那一颗心，寻找到了幸福。

盛放的生命已经在奔腾，我们没有理由不去大爱奔腾不息的梦想，不要让罪恶霸占了心灵，不要让迷茫遮挡了双眼，不要让空虚侵袭了时光。如果旅途中有坎坷，那就用笑脸来迎接悲惨的厄运，用百倍的勇气来应对一切不幸，如果有宿命，就在宿命中做自己的英雄。

> 你没有过去，因为你的过去不曾发生；你也没有未来，因为你的未来已经过去了；你不可能变老，因为你从未年轻过；你也不可能年轻，因为你已经老了；你不会死亡，因为你没有生活过……

虽千万人，吾往矣！

《与青春的战争》：有梦想的青春最美——致敬路上的我们永远有一颗奔腾不息的心。